कबीर-काव्य में कालबं

कबीर-काव्य में कालबोध

डॉ. सुमीता कुकरेती

राधाकृष्ण प्रकाशन

ISBN : 978-81-7119-685-2

कबीर-काव्य में कालबोध

पहला संस्करण : 2001
पहली आवृत्ति : 2023

मूल्य : ₹895

प्रकाशक
राधाकृष्ण प्रकाशन प्राइवेट लिमिटेड
जी-17, जगतपुरी, दिल्ली-110 051
शाखाएँ : अशोक राजपथ, साइंस कॉलेज के सामने, पटना-800 006
पहली मंजिल, दरबारी बिल्डिंग, महात्मा गांधी मार्ग, प्रयागराज-211 001
वेबसाइट : www.radhakrishnaprakashan.com
ई-मेल : info@radhakrishnaprakashan.com

मुद्रक
बी.के. ऑफसेट
नवीन शाहदरा, दिल्ली-110 032

KABIR-KAVYA MAIN KAALBODH
by Dr. Sumita Kukreti

सात समन्दर पार बस गए

आदरणीय बड़े भाई रवि कोहली

को

भूमिका

प्रायः यह कहा जाता है कि विश्वविद्यालयों में शोध, विश्लेषण और व्याख्या का स्तर गिर रहा है। यह झूठ नहीं है। लेकिन उस स्तर के बारे में चिन्ता और गम्भीर प्रयत्न का नितांत अभाव भी नहीं है। कुछ अपवादों को छोड़कर लगभग हर क्षेत्र में शोध की महत्त्वपूर्ण उपलब्धियाँ, आलोचना के विवाद, व्याख्याओं और दृष्टियों के नए आयाम अभी भी विश्वविद्यालयों के बौद्धिक वातावरण से अनुपस्थित नहीं हुए हैं। लेकिन यह भी सच है कि कुछ थोड़े से विद्यार्थी और अध्यापक, जिनका सरोकार अपने समय, समाज और रचनाशील व्यापारों से जुड़ा हुआ है, उन्हीं की बदौलत यह सम्भावना बनी हुई है। अन्यथा तो विश्वविद्यालय बड़ी-बड़ी शोधाभासी उपाधियों और उनके बहाने बड़े-बड़े पदों को हथियाने का अखाड़ा बन ही चुके हैं।

डॉ. सुमीता कुकरेती का शोध-अध्ययन 'कबीर-काव्य में कालबोध' उस वैदुष्य का प्रमाण है जो विश्वविद्यालयी वातावरण में साहित्य-विमर्श की सार्थकता के बारे में भरोसा जगाता है।

भक्ति-काव्य हिन्दी का सर्वोत्तम काव्य तो है ही, हमारी सर्वोत्तम आलोचना भी भक्तिकाव्य से ही सम्बन्धित है। भक्ति-काव्य में जो आध्यात्मिक अनुशासन और विवेक है वह धर्मशास्त्र से नहीं आया है। उसका सम्बन्ध धर्म-साधना की परम्परा से है जो जीवन, मृत्यु, समाज, राज्य और गहरे दार्शनिक तत्त्ववाद से भी लगातार उलझती-लड़ती हुई विचारों और अनुभूतियों को नए सार और नए रूपाकारों में रचती रही है। मध्ययुग में धर्म-साधना के भीतर की इस सृजनशील लड़ाई को आधुनिक युग के आलोचनात्मक विमर्श ने गहराई से और सघन विवरणों के साथ पहचाना है। इधर हाल के वर्षों में सन्त साहित्य—विशेषकर कबीर का साहित्य बहुत अधिक उत्तेजक बहसों का विषय बना है। इतिहासकार, समाजशास्त्री, दलित-विमर्शकार और साहित्य के आलोचक, सभी इसमें शामिल हैं।

मुझे प्रसन्नता है कि सुमीता कुकरेती की यह किताब इस बहस में

गम्भीर स्तर पर अपनी भूमिका निभा सकती है। कबीर के काव्य में कालबोध को जिन पदों (Terms) ने सर्जनात्मक बनाया है, लेखिका ने सावधानी से उनकी पहचान की है। इस क्रम में इतिहास, समाज और दार्शनिक सत्य के अनेक उलझे, लड़ते-भिड़ते सजीव प्रसंगों के साक्षात्कार इस अध्ययन में होते हैं जो इस किताब को गहराई और सघनता प्रदान करते हैं।

मुझे आशा है, हिन्दी साहित्य में इस किताब के द्वारा सुमीता कुकरेती अपनी आलोचनात्मक प्रतिभा की पहचान बना सकेंगी।

प्रो. नित्यानंद तिवारी
पूर्व अध्यक्ष, हिन्दी-विभाग
दिल्ली विश्वविद्यालय

दो आखर

कबीर उन कालजयी कवियों में प्रमुख हैं जिनका प्रभाव देशकाल की सीमाओं का अतिक्रमण करके आज भी जनमानस पर बहुत गहरा है। प्रत्येक महान् सृजक की भाँति कबीर काल का रचनात्मक विश्लेषण करते हैं। मनुष्य जीवन का शाश्वत सत्य मृत्यु उनके लिए अपरिहार्य समस्या न होकर, जीवन की महत्ता प्रतिपादित करने का सशक्त माध्यम बन जाती है। वस्तुतः वस्तु और रूप—दोनों धरातल पर कबीर की कविता चुनौती प्रस्तुत करती है।

कबीर-काव्य का प्रयोजन युगीन विसंगतियों को दूर करना है। तत्कालीन समय में व्याप्त संस्कारहीनता, मूल्य-क्षरण और वैषम्य के कारण व्यक्ति का जीवन दुखमय हो गया था। यह सब देखकर कबीर का करुणार्द्र हृदय कराह उठा। यही सच्ची मानवीयता, सहृदयता और नैतिकता उनके कालबोध को विन्यस्त करती है। कबीर ने देखा कि सामाजिक विषमताओं और अन्धविश्वास में बदल चुके धार्मिक रूढ़ियों के दुष्परिणाम निम्न वर्ग को भुगतने पड़ते हैं। इसके विरोध में कबीर तत्पर मिलते हैं। उनके विरोध के मूल में करुणा, न्याय और समता की पक्षधरता है। यही कारण है कि उनकी वाणी में तीखापन और मार्मिकता दोनों ही हैं।

इस किताब में कबीर-काव्य में व्यंजित काल को मृत्यु के सन्दर्भ में समझने की कोशिश की है। समय, काल, मृत्यु सभी परिवर्तन सूचक शब्द हैं। अवधारणा के स्तर पर इसे देखा जा सकता है। जो था, नहीं रहा—समय और व्यक्ति के सन्दर्भ में काल की मृत्यु, दोनों एक ही अर्थ को स्पष्ट करते हैं। दरअसल काल, समय और मृत्यु तात्त्विक दृष्टि से बहुत भिन्न नहीं हैं। विशेषतः सन्तमत और भक्ति के परिप्रेक्ष्य में कबीर की काल-विषयक दृष्टि को रेखांकित करते हुए यह स्पष्ट होता है कि काल के अभिप्रेत—समय और मृत्यु अन्योन्याश्रय भाव रखते हैं और इनमें परस्पर कार्य-कारण-सम्बन्ध है। कोश, दर्शन तथा कविता कालगत अनन्तता और नैरन्तर्य के सन्दर्भ में यही अर्थ और अवधारणा प्रस्तावित करते हैं।

कबीर के कालबोध के प्रेरक सहसूत्रों में उनके चिन्तन-मनन से

उत्पन्न समता और न्यायपरक युग-दृष्टि मुख्य हैं। परिवेश की विसंगतियों तथा कर्मकांडीय पाखंड से संघर्षरत कबीर का निर्भीक व्यक्तित्त्व उनके कालबोध के नियामक स्रोतों से शक्ति अर्जित करता है। मध्यकालीन मानसिकता से द्वन्द्वात्मक प्रतिक्रियास्वरूप विकसित नैतिक दृष्टि से सम्पन्न कबीर मृत्यु से संघर्ष करनेवाले कवि के रूप में सामने आते हैं। उन्होंने जीवनगत जटिलताओं से घबराकर जीवन के नकारात्मक पक्षों की बजाय उसके सकारात्मक रूप को महत्त्व दिया है। कबीर मृत्यु से डरनेवाले कवि नहीं हैं क्योंकि वे काल की शक्ति को पहचानते हैं। इसीलिए उनकी कविता में नैतिकता से ही सत्य, नीति और सत्कर्म; व्यक्ति से समाज-स्तर पर संक्रमित होते हैं और गहरे सामाजिक शील का विकास सम्भव होता है। इस प्रक्रिया में कबीर तद्‌युगीन अज्ञान, सामाजिक वैषम्य, कर्मकांडीय रूढ़ियों से जूझते हैं। जीवन की क्षणभंगुरता एवं नश्वरता को उजागर कर, काल की अपरिहार्य शक्ति उनका सबल माध्यम बनती है। परिणामस्वरूप ऐसी धर्म-निरपेक्ष जीवन-दृष्टि का विकल्प सम्भव होता है जो अकुंठ, निस्संग रहकर प्रखर प्रहार करने में सक्षम होती है। अहंकार नष्ट होता है। मृत्यु-भय से मुक्ति के बाद भक्ति की विशद् भूमि पर सामरस्य की अमिट अनुभूति होती है। कबीर-काव्य में काल की अपरिहार्यता और अनिवार्यता के बावजूद भयानक मृत्यु से उत्पन्न त्रास नहीं है। सद्‌कर्मों के प्रति जीवन की चेतना विद्यमान है जो मृत्यु से संघर्ष को प्रदर्शित करते हैं। जीवन की सामाजिकता, मानवीय मूल्य अर्जित करने की प्रक्रिया और अत्याचारी शक्तियों के विरोध के साथ अहंकार को नष्ट करने की प्रेरणा देनेवाली कबीर की कविता जीवन के रचनात्मक पक्ष को उभारती है।

पाश्चात्य और भारतीय दृष्टियों के काल विषयक चिन्तन का मूलभूत अन्तर स्पष्ट है। भारतीय चिन्तन के प्रमुख विषय के रूप में काल का महत्त्व निर्विवाद है। यह साहित्य की प्रमुख चिन्ता भी है। मृत्यु को काल के सन्दर्भ में समझने का प्रयास प्राचीन काल से ही भारतीय मानस में व्याप्त रहा है। साहित्यिक धरातल पर तो मृत्यु और प्रेम आधुनिक विश्व-साहित्य के केन्द्रीय विषय कहे जा सकते हैं। इस अध्याय में यह स्थापना रखी गई है कि कबीर विशुद्ध भारतीय दृष्टि से जीवन को मृत्यु-अन्वेषण की प्रक्रिया के रूप में देखते हैं। पश्चिम में मृत्यु को जीवन का पूर्ण विराम माना जाता है और हमारे यहाँ मरणोपरान्त जीवन की धारणा को स्वीकार किया गया है। कबीर के जीवन-मूल्य और काव्य-दृष्टि इसी ज़मीन की उपज हैं इसलिए उनके कालबोध में अस्तित्वगत निरर्थकता के स्थान पर जीवन का नैरन्तर्य देखा जा सकता है।

कबीर के कालबोध में आधुनिक वैचारिक सन्दर्भ भी मौजूद हैं।

उनके नैतिकता-सम्पन्न मानवीय कालबोध में व्यंग्य और करुणा की महत्त्वपूर्ण भूमिका है। कबीर वास्तविक अर्थों में प्रगतिशील व्यक्तित्त्व होने के कारण आज भी प्रासंगिक हैं क्योंकि उनका भावबोध आधुनिक है। यह भी महत्त्वपूर्ण तथ्य है कि कबीर शास्त्रीय तत्त्ववेत्ता या कोरे उपदेशक कवि नहीं हैं। उनके यहाँ प्रभावशाली अभिव्यंजना-सामर्थ्य और समृद्ध भाषा-प्रणाली हैं, जो उनके कालबोध को आम पाठक तक सहज ही सम्प्रेषित करने में सक्षम हैं।

कबीर का कालबोध भगवत्-भक्ति का प्रेरक स्रोत है। मैंने कबीर-काव्य के इन्हीं रचनात्मक पक्षों के उद्‌घाटन और इसके माध्यम से कबीर के कालबोध को पहचानने का प्रयास किया है। कबीर कवियों, आलोचकों के प्रिय कवि हैं। कबीर को केन्द्र में रखकर लिखे गए अनेक ग्रन्थ इसका प्रमाण हैं। कालबोध की दृष्टि से कबीर-काव्य को परखने का यह पहला प्रयास है। इसमें मैं पूर्णतः सफल हुई हूँ—यह दावा करना निरर्थक होगा। अभी भी अनन्त सम्भावनाएँ शेष हैं।

कबीर पर काम करने की सतत प्रेरणा देनेवाले प्रो. नित्यानन्द तिवारी की मैं आभारी हूँ। डॉ. सुरेन्द्रनाथ सिंह तथा डॉ. बिन्दु माधव मिश्र को धन्यवाद देती हूँ कि उन्होंने इस विषय की बाधाओं को दूर करने के लिए अपना अमूल्य समय निकाला। अपने पति डॉ. हेमन्त कुकरेती के सहयोग को भी मैं भुला नहीं सकती। इसके साथ ही कबीर को समझने में सहायक पुस्तकों के विद्वान लेखकों की मैं कृतज्ञ हूँ। इस पुस्तक की कमियाँ-त्रुटियाँ मेरी अपनी हैं। उनके लिए क्षमाप्रार्थी हूँ।

—सुमीता कुकरेती

विषय-सूची

पहला अध्याय

कालबोध : अर्थ और अवधारणा

समय और काल परिवर्तन सूचक शब्द हैं। इसलिए तत्त्वदर्शी और सृजक इन्हें पर्यायों के रूप में देखते हैं। काल को समय और मृत्यु दोनों सन्दर्भों में देखा जा सकता है क्योंकि दोनों के मूल में 'काल' है, इसलिए इन्हें दिक्काल की अवधारणा के माध्यम से प्रस्तावित करने का प्रयास किया जाता है। समय की गति को काल की गति भी कहा जाता है। इसी प्रकार समय के व्यतीत होने या क़ाल के निरन्तर आगे बढ़ने को जीव के मृत्यु के निकट पहुँचने के अभिप्रेत रूप में समझ सकते हैं।

काल का तात्पर्य : समय और मृत्यु

समय और मृत्यु दोनों के अर्थ-सन्दर्भ काल में निहित हैं। काल का शाब्दिक अर्थ भी इसे स्पष्ट करता है। 'काल' शब्द जिस धातु से बना है, उसके कई अर्थ हैं। एक तो गिनाना, गणना करना, नाम देना, दूसरा खंड-खंड करना, तीसरा जोड़ना, चौथा ग्रसना और पाँचवाँ अर्थ है—व्युत्पतिशास्त्री काल का सम्बन्ध कर-करना और चर-चलना से भी करते हैं। इन सभी अर्थों का समाहार काल शब्द में है जो सावधि या खंडकाल के रूप में है तो कलनात्मक है, गणनात्मक है, क्रियात्मक है और निरवधिकाल के रूप में है तो सबको समेटनेवाला है (सबको संहत करनेवाला है) इसलिए इस रूप को महाकाल भी कहते हैं। शिव को संहारकर्ता मानते हुए महाकाल कहते हैं। महाकाली को संहारिणी शक्ति के रूप में देखते हैं।[1] व्यतीत होने में ही नष्ट होने का भाव छुपा है। समय के व्यापक सन्दर्भ में काल को चक्र या वृत्त के रूप में देखा गया है। वृत्तीय दृष्टि उसे समग्रता में देखती है और रैखिक दृष्टिकोण काल को क्षण-रूप में पहचानता है। कुबेरनाथ राय के अनुसार—'काल-चक्र' हमारे यहाँ आर्ष-चिन्तन से उद्भूत एक परिचित 'पद' है। चक्र अर्थात् वृत्त। वृत्त क़ा एक खंड होता है चाप। पर ईश्वर सम्पूर्ण वृत्त के केन्द्र में हैं। एक कल्प में वृत्त का जो खंड दृश्यमान रहता है, वही उसका नाम है। उससे जो 'बाण' छूटते हैं, वे हैं क्षण, मुहूर्त्त, दिवस, वर्ष, युग, कल्प आदि। 'समय का बाण' पश्चिमी चिन्तन का भी मुहावरा है। तुलसी का एक दोहा भी बताता है कि समय या

काल के 'खंड' रूप 'एक रैखिक' गति में चलते हैं। वे ही बाण हैं। पर 'समग्र' समय की गति 'एक रैखिक' नहीं, 'वृत्तीय' है। समग्र काल-प्रवाह की दृष्टि से काल 'वृत्त' है और खंडकाल की दृष्टि से काल 'रेखा' है। सही दृष्टि 'समग्र' और 'खंड' दोनों का आकलन करती है। समग्र काल-प्रवाह ही महाकाल है, शाश्वत है और खंडकाल है 'क्षण'। शाश्वत वृत्ताकार है, क्षण एक रैखिक।[2] काल-गति शाश्वत है।

समय परिवर्तनशील है। काल के केन्द्र में आवर्त्तन है। क्षण और युग में भी काल की निरन्तर गति है। काल की अवधारणा के मूल में है आवर्त्तन तत्त्व। सूर्य-चन्द्र, नक्षत्र गणों और ऋतुचक्र का आवर्त्तन इसका संकेत देता है। प्रस्थान-बिन्दु से चलकर पुनः उसी बिन्दु पर लौटना। स्पष्ट है कि ऐसा यात्रा-पथ 'वृत्तीय' ही होगा, 'एक रैखिक' नहीं। इसके साथ एक और बात जुड़ती है। प्रत्येक काल वृत्त स्वयं बिन्दु बन जाता है। किसी वृहत्तर काल की परिधि का। दिवस चक्र, मास चक्र, ऋतु चक्र, संवत्सर चक्र से लेकर युग चक्र, कल्प चक्र तक अनेक काल-वृत्त प्रत्यक्ष एवं अनुमानित किए गए हैं।[3] आवर्त्तन के कारण काल ठहरता नहीं है, सृष्टि के प्रत्येक चराचर को उसके अन्तिम काल की ओर ले जाता है।

विश्व के अनेक दर्शनों में इसी तथ्य को प्रतिपादित किया गया है। बौद्धों की कालचक्र साधना में इसके स्पष्ट सूत्र मिलते हैं। बौद्ध साधना का एक रूप ही कालचक्र साधना कहा जाता है। साधना भी रचना की तरह नया जन्म और साथ-ही-साथ आनुष्ठानिक मृत्यु ही है। तन्त्रों की साधना का प्रारम्भ संकोच शरीर को दुखाने, जलाने और पुनः शिवमय शरीर के रूप में उत्पन्न होने और शिव शक्तिमय होकर समरस की भावना से शुरू होती है।[4] यहाँ समय और मृत्यु कालचक्र के रूप में बेहतर समझ में आते हैं।

मृत्यु का समय सबके लिए निश्चित होता है। यहाँ तक कि जगत् और ग्रह भी समय आने पर काल के ग्रास बन जाते हैं। 'सभी जगत् और ग्रह व्यक्ति-रूप हैं। उन्हें अपना कर्त्तव्य पूरा करना होता है। उनके भी रोग-निरोग, जन्म-विकास, ह्रास और मृत्यु के काल होते हैं।[5] काल-सिद्धान्त का सबके लिए एक ही नियम है। सभी प्राणी जन्म लेकर विकसित होते हैं और समय आने पर मृत्यु तक पहुँचते हैं। कालचक्र के अनुसार नए रूप में अभिव्यक्ति शेष रहती है। यह पूर्णता का प्रयास है।'[6] सूर्य से लेकर घास में रेंगते कीड़े तक सृष्टि में सभी के लिए जन्म, विकास और विनाश का एक ही नियम हैं। लेकिन वस्तु अर्थात् पदार्थ और शक्ति वही रहती है। मृत्यु एक शरीर विशेष के नष्ट होने का काल है। क्योंकि शरीर के नष्ट होने का समय तय है। 'भौतिक शरीर छोड़ने की प्रक्रिया को मृत्यु कहते हैं। इस प्रक्रिया से वैयक्तिकता में कोई अन्तर नहीं आता। समस्त कायाओं को त्यागने के बाद मात्र शाश्वत मानव बचा रहता है।[7] देह के अन्त के बाद भी मनुष्य की शाश्वत आत्मा बची रहती हैं क्योंकि काल के चक्रीय स्वभाव के कारण हम यह कह सकते हैं कि जो चीज़ें हो चुकी हैं, वे वस्तुतः कालान्तर में होंगी और जो हो रही हैं वे वस्तुतः हो चुकी हैं। जिस तरह सूर्य हमारे स्थान विशेष

पर निकलने के पहले से ही निकला हुआ होता है और अस्त होने से पहले ही अस्त हुआ होता है, बस परिदृश्य का हेर-फेर है। जन्म लेनेवालों की निश्चित मृत्यु तो चिरपरिचित तथ्य है।[8] स्पष्टतः मृत्यु और समय, काल के ही पर्याय हैं। दोनों मनुष्य के जीवन से अभिन्न रूप से जुड़े हुए हैं। इसलिए कालबोध को समय और मृत्यु के सन्दर्भ में देखा जाता है।

दर्शन, विज्ञान, धर्मशास्त्र और लोक-व्यवहार में 'काल' शब्द से समय अथवा मृत्यु का बोध कराया गया है। यह अखंड और चिरन्तन सत्ता है जो अतीत, वर्तमान और भविष्य में निरन्तर व्याप्त है। इसे सहज और बोधगम्य बनाने के लिए ही उपर्युक्त तीन कालों की अवधारणा की गई है। अन्यथा भूतकाल, वर्तमानकाल और भविष्यकाल में कोई तात्त्विक अन्तर नहीं है। 'काल' शब्द के विभिन्न धातुपरक अर्थ इसके सावधि और निरवधि स्वरूप का बोध कराते हैं। इसका सावधि रूप खंडात्मक है अर्थात् भूत, भविष्य, वर्तमान के रूप में स्थित है जबकि निरवधि रूप अखंड है, सबका समाहार करने वाला है। इस अखंड निरवधि रूप को 'महाकाल' की संज्ञा प्रदान की गई है।

अन्योन्याश्रय भाव

समय और मृत्यु काल के पर्याय होने के साथ-साथ अन्योन्याश्रय भाव भी व्यक्त करते हैं। समय-चक्र वस्तुतः जीवन-चक्र है। यह काल की गति से संचालित होता है। कभी-कभी काल को सूर्य भी कहते हैं। ...सूर्य से आरब्ध होने के कारण काल संवत्सर होता है, मास होता है, दिन-रात होता है, मुहूर्त होता है, पल-विपल होता है। पलक झपकने का समय निमिष होता है। काल ही ऋतु-चक्र होता है और यह ऋतु-चक्र जीवन-चक्र का ही प्रतिरूप होता है। जन्म, कैशोर्य, यौवन, प्रौढ़ावस्था, जरा, मृत्यु यही सब क्रम तो वसन्त, ग्रीष्म, वर्षा, शरद, शिशिर, हेमन्त बनता है।[9] यह क्रम निरन्तर चलता रहता है।

काल निरन्तर चलता रहता है। गति समय का लक्षण है। यह गति सबको प्रभावित करती है। 'दिन, रात, ऋतुएँ, आकाशीय पिंड, तारे, ग्रह, नक्षत्र, तारामंडल सभी चक्रीय गति का अनुसरण करते हैं। यहाँ तक कि व्यापक जीवन-चक्र भी जन्म, बचपन, युवा, प्रौढ़, बुढ़ापा, मृत्यु, जन्म का पूर्ण न्यून चक्र का अनुसरण करता है। समष्टि की चक्रीय गति असन्दिग्ध है। जब काल को व्यक्ति या प्राणी विशेष पर प्रक्षेपित कर देखते हैं तो वह भूत से भविष्य एकदेशीय रैखिक गति जन्म से मृत्युपर्यन्त चलता प्रतीत होता है।'[10] यह अन्तहीन क्रम है। इसलिए समय और मृत्यु भी पर्याय सिद्ध होते हैं। समय के नष्ट होने में ही मृत्यु जीवन का अनिवार्य सत्य बन जाती है। 'सभी प्राणियों के जन्म और मृत्यु का चक्र शाश्वत है। शाश्वत परिवर्तन, शाश्वत गति में ही प्रकृति और ब्रह्मांड की अभिव्यक्ति होती है। मानव और सम्पूर्ण जगत्-ब्रह्मांड में सब कुछ सक्रियता और विराम, जीवन और मृत्यु के कालों से गुजरता है।...समस्त लोकों के जीवन और मृत्यु

का चक्र इसी प्रकार शाश्वत रूप से ब्रह्मांड के नियम के वशीभूत, नियमित रूप से चलता रहता है।'[11] मृत्यु के चक्र के मूल में समय है और उसका सूत्रधार काल है।

'समय' और 'मृत्यु' परस्पर पर्याय हैं। समय अथवा काल ही समस्त विश्व प्रपंच में परिवर्तन उपस्थित करता है, उसका स्वरूप बदलता है। यह स्वरूप परिवर्तन ही जंगम विश्व-प्राणिमात्र के लिए 'मृत्यु' के रूप में भयोत्पादक सिद्ध होता है। इसी घटना के जड़ जगत् के सन्दर्भ में परिवर्तन अथवा रूपान्तरण करके जाना जाता है। काल की इस धारणा के सन्दर्भ में दर्शन और विज्ञान अभिन्न हो जाते हैं। 'काल' शब्द से बोध कराए जानेवाले 'समय' और 'मृत्यु' की पदार्थता के साथ ही अन्योन्याश्रय भाव भी सिद्ध हो जाता है।

समय की अनन्तता और मृत्यु के नैरन्तर्य की समवेत धारणा

काल और मृत्यु की धारणा समवेत है। उपर्युक्त विवेचन से स्पष्ट है कि समय अनन्त है, असीम है। मृत्यु में नैरन्तर्य विद्यमान है। दोनों के मूल में कभी न ठहरनेवाले काल की सतत उपस्थिति है। काल की कल्पना सृष्टि को थामे रखनेवाले या कहें नियमित करनेवाले शेषनाग के रूप में की गई है। व्योम (स्पेस) को काल (टाइम) के साथ जोड़कर दिक्काल की दशा और दिशा का विश्लेषण दर्शनशास्त्र करता है। इस दृष्टि से शाश्वत-काल में सबकी समसामयिकता सिद्ध की जाती है।

समय की गति निरन्तर चलायमान व्योम के सन्दर्भ में देखने पर ही काल को मूर्त्तित किया जाता है। 'विश्व ब्रह्मांड का व्योम (स्पेस) ठहरा हुआ नहीं है। निरन्तर घूम रहा है और तत्फलस्वरूप काल भी ठहरा हुआ नहीं है, निरन्तर घूर्णायमान है। व्योम और काल (स्पेस और टाइम) दोनों एक सम्मिलित प्रत्यय हैं। आधुनिक विज्ञान इसलिए देश का चौथा आयाम 'काल' मानता है। आधुनिक इतिहास-विज्ञान भी अब इतिहास-भूगोल 'सातत्य' की बात करता है। काल तो अमूर्त्त है। इसे मूर्त्त-रूप से 'व्योम' अभिव्यक्त करता है।'[12] व्योम काल सातत्य का सिद्धान्त देशकाल-विशेष में समय को समझने में मदद करता है। समय विषय-वस्तुओं के क्रिया-व्यापार का आकार-प्रकार निश्चित करने वाला तत्त्व है। सृष्टि के व्यापार में काल सर्वाधिक महत्त्वपूर्ण नियामक है। विषय-वस्तुओं के रूपान्तर में काल का आकार स्वरूप प्रकट होता है। बीज से वस्तुओं का उत्पन्न होना और पुनः अपने मूल अवयवों में विलीन हो जाना काल की गति के आदेशानुसार होता है।...उत्पत्ति, विकास, पतन और विनाश की स्थितियों की कोई समझ काल की प्रकृति की समझ के बिना अधूरी है। निंश्चित तौर पर इतना ही स्थापित माना जाता है कि हर विषय वस्तु से सम्बन्धित काल का नियामक होता है जो उसकी स्थिति-निर्धारण में महत्त्वपूर्ण होता है।[13] एक क्षण का भी अपना समय होता है जिसका महत्त्व असन्दिग्ध है। 'जिस प्रकार सत्ता की हर इकाई में अक्षर ब्रह्म का अन्तर्यामी रूप आत्मा बनकर प्रतिष्ठित है, उसी के समनरूप शाश्वत काल-प्रवाह की हर एक बूँद में, इतिहास के 'खंड'

काल की हर एक बूँद में भी 'शाश्वत' बैठा है। दूसरे शब्दों में काल की हर एक बूँद में भूत, वर्तमान और भविष्य' तीनों हैं।'[14] अर्थात् क्षण भी शाश्वत महत्त्व का समय है। 'दृष्टिक्रम' सिद्धान्त यही कहता है। 'काल की अवधारणा एवं इसके अनुभव के सम्बन्ध में भी यही 'दृष्टिक्रम' का सिद्धान्त लागू होता है। यदि हम शिखर से देखते हैं तो हम सम्पूर्ण काल के महाप्रवाह को देखते हैं तो 'खंड' काल का बोध होता है जिसे हम भूत-वर्तमान-भविष्य के त्रैत के रूप में पहचानते हैं।'[15] समय की भूत से वर्तमान की एकदिशीय तीव्र रैखिक गति के समक्ष क्षण निरीह सा अमहत्त्वपूर्ण लगता है लेकिन समय की अनन्तता में क्षण की भी समग्र गति शामिल है। बौद्ध-दर्शन ने 'कालचक्र' के वृत्त को नहीं, मात्र उसके बिन्दु क्षण को ही महत्त्व दिया है। वे प्रवाह को अस्वीकार नहीं करते हैं। परन्तु उसे क्षणों की शृंखला मानते हैं जिनमें क्षण का ही महत्त्व है। प्रवाह की एकता और उसका निजी व्यक्तित्त्व उनके चिन्तन का मुख्य बिन्दु नहीं रहा है।[16] समय की अनन्त सत्ता को पूर्णता प्रदान करने में क्षण का प्रवाह महत्त्वपूर्ण है। वैसे भी समय कभी नहीं रुकता। इतना अचूक और सर्वव्यापक होने के कारण इसे काल कहा जाता है। 'काल का सर्वाधिक व्यापक गुण यह है कि यह सब प्रकार से प्रमाद-रहित, हमेशा सतर्क, कभी चूक न करनेवाला, कभी न थकनेवाला चैतन्य की पराकाष्ठा है। इतना चेतन पदार्थ ब्रह्मांड में कोई अन्य प्रतीत नहीं होता जिसके स्वरूप से जीव का प्रत्यक्ष वास्ता हो। विश्व की सारी घड़ियाँ बन्द हो जाएँ और सारी क्रियाएँ स्तब्ध रह जाएँ तब भी काल की क्रिया अवरुद्ध नहीं होती...सब कुछ इसी काल के कारण होता है। सभी कार्यों का काल प्रधान कारण हैं।'[17] कह सकते हैं कि समय सभी कार्यों का विशिष्ट और अनिवार्य हेतु है। गति इसका स्वभाव है। हम अपनी गति को काल के अनन्त प्रवाह के साथ जोड़कर चलते हैं, तथा समय हमारे प्रतिदिन के व्यवहार में हस्तक्षेप करता है। 'हम अखंड, अनन्त, अमेय काल और खंडकाल की सन्धि पर तथा निरपेक्ष देश (आकाश) और सापेक्ष देश की सन्धि पर अपने को स्थापित करके हरेक कार्य करते हैं।'[18] डार्विन का विकासवाद इसी तथ्य को पुष्ट करता है। बल्कि वह मनुष्य के विकास का प्रमुख कारक समय को मानता है। 'मनुष्य की सृष्टि के सन्दर्भ में डार्विन सिद्धान्त का सबसे महत्त्वपूर्ण सूत्र या यों कहें कि उसकी प्राण व आत्मा काल अर्थात् समय है। क्रमिक विकास का सिद्धान्त यही तो मानता है कि मनुष्य की उत्पत्ति मनुष्य के रूप में नहीं हुई अपितु काल के खेल से यह मात्र एक अस्थायी मध्यवर्ती स्थिति है जो पूर्व की निम्नतर श्रेणी की सृष्टि से उलट होकर हुई।'[19] समय की यह क्रीड़ा विचित्र किन्तु सत्य है।

समय की अनन्तता मृत्यु के निरन्तरता में रूपायित होती है। इसीलिए जीवन क्षणभंगुर सही, अनिवार्य सत्य के रूप में सृष्टि के केन्द्र में रहता है। 'जीवन का प्रधान संरचना पदार्थ काल है। समय के पैमाने पर ही जीवन मापा जाता है।'[20] समय बदल जाता है, मनुष्य की देह का रूपान्तरण हो जाता है। यही कालचक्र है। 'काल के चक्रीय स्वभाव का सबसे महत्त्वपूर्ण निष्कर्ष आत्मा के लिए जन्म-मृत्यु का चक्र है।'[21] काल-गति

के नैरन्तर्य के कारण हम मरते नहीं हैं, बदलते हैं। इस परिवर्तन में शाश्वत जीवन शेष रहता है। एक अन्तहीन क्रम में बार-बार जन्म लेकर मनुष्य जीवन-अनुभव प्राप्त करता है।...पिछले जन्म की निरन्तरता में आनेवाला प्रत्येक नया जन्म विकास के उस चरण से आगे आरम्भ होता है जहाँ मनुष्य पिछले जन्म में आकर रुक गया था।[22] इस प्रकार मृत्यु का निर्दयी भवितव्य शाश्वत जीवन का आह्वान बन जाता है।[23] इस तत्त्व ज्ञान के बाद मृत्यु भयाक्रान्त नहीं करती। 'वैयक्तिकता की दृष्टि में जिसे हम जीवन और मृत्यु कहते हैं; उसका अर्थ यह है कि उसकी चेतना का एक अंश अस्थायी रूप से निम्नतर लोकों में उतरता है और फिर वह चेतना उच्चतर लोकों में वापस चली जाती है। मृत्यु मात्र वह परिवर्तन है जो मानव को बाँधनेवाले बन्धनों में सबसे भारी बन्धन से मुक्त करता है। मृत्यु एक व्यापकतर जीवन में जन्म लेना मात्र है, यह पृथ्वी पर एक संक्षिप्त निर्वासन भोगकर सच्चे ठिकाने पर वापस पहुँचना है। यह कारागार से पर्वतीय हवा की उन्मुक्तता से संक्रमण का नाम है। मृत्यु सबसे बड़ी लौकिक भ्रान्ति है। मृत्यु कुछ नहीं होती बल्कि केवल जीवन की दशाएँ बदल जाती हैं।'[24] समय की भाँति जीवन अन्तहीन हो जाता है।

स्पष्ट है कि काल और मृत्यु की धारणा समवेत है। काल अनन्त है, अखंड है, अकाट्य है। मृत्यु निरन्तर है। दोनों की गति एक साथ है। इसलिए काल शब्द से मृत्यु का बोध कराया गया है। प्रत्यक्षतः विश्व प्रपंच में जो कुछ घटित होता है वह आविर्भाव और अन्त के दो छोरों के मध्य स्थित है। जन्म और मरण के मध्य जो अन्तराल है उसमें अखंड और अकाट्य काल विद्यमान है। यही वह शक्ति है जो जन्म को मृत्यु में और मृत्यु को जन्म में रूपान्तरित करती रहती है।

कार्य-कारण सम्बन्ध

इस अनन्त चक्र के गणित से काल जन्म और मृत्यु का कारण भूत तत्त्व सिद्ध होता है। किन्तु इस कार्य-कारण सम्बन्ध से यह प्रमाणित नहीं होता कि काल और जन्म-मरण दो भिन्न तत्त्व हैं। लोक व्यवहार में कारण से कार्य महत्त्वपूर्ण माना गया है। लेकिन यह इन्द्रियगोचर जगत् की घटनाओं के लिए ही सत्य है। जागतिक घटनाओं में दो भिन्न तत्त्व विशिष्ट भूमिकाओं में एकत्र संघटित दिखाई देते हैं। एक साधन अथवा कारण होता है, दूसरा परिणाम अथवा कार्य कहा जाता है। मीमांसा दर्शन के अनुसार काल और कुछ नहीं परिवर्तन करने का स्वभाव है, क्रिया का घटित होना है, क्रिया का पूर्ववर्ती और परवर्ती होना है, गति है।[25] गत्यात्मक प्रवृतिवाला काल मनुष्य को कर्म के बन्धन में बाँधता है। यह इसका विशिष्ट अनुशासन है। 'काल का स्वभाव चक्रीय है और मनुष्य जन्म-मृत्यु के चक्र में फँसा काल के अधीन अपने कर्म के अनुसार गति करता हुआ विभिन्न जीवों की कोटि में विचरता है।'[26] भर्तृहरि ने तो काल को लोक-जीवन का सूत्रधार कहा है। वाक्य प्रदीपकार भर्तृहरि के अनुसार काल की उत्पत्ति स्थिति और

विनाश के प्रति कारण है। वह स्वयं अविभक्त होते हुए भी भूत, वर्तमान और भविष्यत् रूप में त्रिधा विभक्त है। यही काल लोकतन्त्र का सूत्रधार है, यही रोकता है, यही आज्ञा देता है, चलो और लोक चल पड़ता है :

उत्पन्नौ च स्थितौ चापि विनाशे यापि तद्धताम्
निमित्तं कालभोवाहुर्विभक्ते नात्मनास्थितम्।
तम्नस्य लोकयंत्रस्य सूत्रधारं प्रचक्षते।
प्रति बंधाम्यनुज्ञाभ्यांतेनविश्वं विभज्यते।[27]

काल की इस निर्देशकीय भूमिका को महाभारतकार ने भी रेखांकित किया है। महाभारत (12/217/51-53) में एक काल प्रेरित विश्व दृष्टि है कि कोई भी काल से बच नहीं सकता।...यही समस्त प्राणियों की गति है। गति हि सर्वभूतानाम्।[28] अपनी अनन्त सत्ता के कारण यह प्राणियों का शासक है। जीव भी सर्वथा काल के अधीन है। 'शरीर की विभिन्न अवस्थाएँ, प्राणों का व्यापार यह सब काल के शासनान्तर्गत है। यह भी कहना सही नहीं होगा कि प्राणी के बाहर एक अन्य काल है और अन्दर अन्य काल। काल निश्चित रूप से परिमाण या घनत्व में सापेक्षता का पालन करता है पर समान संदर्भों में यह एक जैसा ही रहता है।'[29] काल की नियामक भूमिका सबके लिए एक समान होती है। उसका निर्णय कर्म द्वारा निर्धारित होता है।

उपर्युक्त विवेचन के आधार पर कहा जा सकता है कि काल और जन्म-मरण ये दोनों ही तत्त्व स्पष्ट प्रत्यक्ष होते हैं। किन्तु काल और जन्म-मरण के बीच ऐसा सम्बन्ध नहीं है कि दोनों प्रत्यक्ष होते हैं। कार्य पक्ष अर्थात् जन्म-मरण तो प्रत्यक्ष है किन्तु कारण-पक्ष अर्थात् काल अप्रत्यक्ष रहता है। इसलिए सामान्य जन के लिए जन्म-मरण तो महत्त्वपूर्ण बन जाते हैं। सुख अथवा दुख के नियामक होते हैं किन्तु काल की सूक्ष्म गति से वह अपरिचित बना रहता है। काल की गति की पहचान के लिए ज्ञान और संवेदनशीलता की अपेक्षा होती है। इसलिए काल का बोध अथवा ज्ञान प्राप्त करने के लिए विशिष्ट दृष्टि की आवश्यकता है। यही वह भेदक रेखा है जो ज्ञानी को सामन्यजन से अलग करती है। ज्ञानी ज्ञान के ही साधन से ज्ञान प्राप्त करता है। उसके लिए साधनभूत ज्ञान और साध्य ज्ञान एक ही होते हैं। शांकराद्वैतमत में ज्ञान को साधनासाध्य दोनों भूमिकाओं में स्वीकार किया गया है। यही स्थिति समय और जन्म-मरण के सम्बन्ध में भी सत्य है। ज्ञानी काल अथवा समय से जन्म-मरण की और जन्म-मरण से काल की सूक्ष्म गति का बोध प्राप्त कर लेने में सक्षम होता है। यहाँ आकर अर्थात् ज्ञानी के निकट काल और जन्म-मरण में तात्त्विक अभेद उत्पन्न हो जाता है।

काल और मृत्यु का तात्त्विक ऐक्य

काल, समय और मृत्यु दोनों के आशय रूप में ग्रहण किया जाता है। समय और मृत्यु दोनों में परिवर्तन केन्द्रीय तत्त्व हैं, अन्तहीन निरन्तरता दोनों के लक्षण हैं। इसलिए ऐसे

पर्याय हैं जिनके मध्य अन्योन्याश्रित सम्बन्ध हैं। यह सम्बन्ध कार्य-कारण के सूत्र पर आधारित हैं। परिणामतः दोनों में तत्त्वतः अभिन्नता है।

अथर्ववेद का एक पूरा सूक्त (19/53) काल तत्त्व की विशद् व्याख्या प्रस्तुत करता है। इसमें काल की व्यापकता, गतिशीलता और सब व्यापारों के प्रेरक सूत्रों के रूप काल को देखा गया है। वहाँ काल की गति को समय के प्ररिप्रेक्ष्य में भी व्यंजित किया गया है। साथ ही काल का अतिक्रमण करनेवाले रचनाकार से एक अपेक्षा की गई है। वह पीछे न देखे, वह तेजी से गुजरते समय को अपने वश में रखकर अपनी दिशा की ओर ले जाना चाहता है, तो आगे देखें, पीछे मुड़कर न देखे। जो पीछे था वह काल में ही समाया हुआ है। महाभारत में ऐसी ही दृष्टि की अपेक्षा राज्य व्यवस्था चलानेवाले से की जाती है।[30] काल की तरह मृत्यु भी जीवन के सन्दर्भ में व्यापक, गत्यात्मक और जागतिक व्यवहार का अनन्त प्रेरक तत्त्व है। 'भारतीय चिन्तन ने काल चक्र की इस अवधारणा के अनुरूप 'भवचक्र', 'जन्म-मरण चक्र', 'कर्म-चक्र', 'धर्मचक्र' आदि की कल्पना की है।' काल का एक अर्थ ऋतु या प्रवाहशील 'सत्य' भी है क्योंकि सारे क्रिया प्रवाह काल-धर्म के अधीन चलते हैं। इस आधार पर ऋतु-चक्र और धर्म-चक्र की कल्पना हुई है।[31] भारतीय जनमानस को इसका शाश्वत स्वरूप प्रभावित करता है। भारतीय चिन्तन शाश्वत या अनन्त काल को ही अधिक महत्त्व देता है। द्वापर युग में त्रेता के चरित्र यदि कथा में उपस्थित हैं तो इसे युक्तिसंगत मानते हैं क्योंकि शाश्वत बोध के भीतर हर एक खंड काल के चरित्र समसामयिक हो जाते हैं। पुराणों और काव्यों में काल-दृष्टि का परिक्रम इसी किस्म का है। परन्तु शाश्वत आधारित यह काल-परिक्रम आधुनिक इतिहास चेतना से मेल नहीं खाता। भारतीय इतिहास चेतना इतिहास और मिथक का मिश्रण बन गई है। इस मिश्रण का नाम पुराण है। आधुनिक इतिहास-दृष्टि काल के खंडबोध से ही बँधी रहने की अभ्यासी है। इसी से वह पुराण की ऐतिहासिक सत्यता के प्रति शंकाशील है। यह नई दृष्टि केवल वर्तमान की तात्कालिकता पर ही बल देती है।[32]

हम देखते हैं कि कथित आधुनिक दृष्टि के समानान्तर परम्परागत भारतीय इतिहास दृष्टि काल को उसकी विशदता में प्रस्तावित करती है। यही कारण है कि वहाँ काल मृत्यु का भय उत्पन्न करनेवाला पर्याय होकर भी त्रस्त नहीं करता बल्कि उससे जूझने का साहस और संकल्प प्रदान करता है। विराट सन्दर्भों में जीवन मृत्यु से बड़ा होता है। इसलिए अगर मृत्यु का अर्थ अस्तित्व का विलीन होना है तो प्रकृति में मृत्यु जैसी कोई चीज नहीं होती। जीवन क्षणिक रूप से अपने पराभौतिक वातावरण में खिंच जाता है और नई रचनात्मक क्षमताओं के रूप में प्राप्त अनुभवों के परिणामों को सुरक्षित रखता है। एक के बाद एक जन्मने और मरनेवाले रूप दरवाजों के समान हैं। जीवन इन्हीं दरवाजों से होकर विकास के मंच पर प्रकट होता है और ओझल होता है। न तो अनुभव का कोई अंश समाप्त होता है और न पदार्थ का कोई क्षण। उस जीवन का विकास फिर से होता है और रूपों के माध्यम से होता है। जीवन विकासमान है।[33] स्पष्ट

है कि समय की तरह जीवन व्यतीत होता है। परिवर्तित होकर नए-नए रूपों में प्रकट होने वाला जीवन समग्रता में, सत्कर्म करते हुए वास्तविक अर्थों में मृत्यु से परास्त नहीं होता।

संक्षेप में कह सकते हैं कि कार्य-कारण सम्बन्ध केवल जागतिक व्यवहार में ही घटित होता है। यह न्यायशास्त्र का पारिभाषिक शब्द है। जगत्-व्यवहार में सर्वथा असम्बद्ध घटनाओं अथवा कार्यों के मध्य अप्रत्यक्ष अन्तःसूत्र को खोजने का यह परिणाम है। व्यवहारतः इसकी उपयोगिता असन्दिग्ध किन्तु तत्त्वतः कार्य और कारणं अभिन्न है। एक ही तत्त्व के दो भिन्न विस्तार हैं। जिस प्रकार ज्ञान साधन और साध्य दोनों होता है, उसी प्रकार काल भी कार्य और कारण दोनों हैं। काल चलता है। इस यात्रा में जन्म और मृत्यु अथवा रूपान्तरण के पड़ाव आते हैं। वास्तव में जन्म अथवा मृत्यु अथवा काल से रूपान्तरण भिन्न तत्त्व नहीं हैं। काल की गति के मोड़ हैं। ज्ञानी जन अथवा संवेदनशील कवि इस रहस्य को समझता है। यह रहस्योद्घाटन एकान्त निस्संगता और निश्चिन्तता की सृष्टि को भीतर से बाहर तक बदल देता है। यह बदलाव ज्ञानी और कवि के नैतिक बल के रूप में प्रकट होता है। जिसके सहारे वह अपने भीतरी सन्देह और संशय से उबरता है और बाहरी असंगतियाँ, विषमताओं और विडम्बनाओं से जूझता है।

कालबोध का विस्तार

काल सम्बन्धी यह अवधारणा अध्यात्म के क्षेत्र में पहुँचकर पाप और पुण्य की धारणा से युक्त हो जाती है। यहाँ मृत्यु की अनिवार्यता के रहते प्राणी का सत्कर्मों की ओर प्रेरित करने का उपक्रम ही है। पुण्य से मृत्यु की विभीषिका शान्त होती है और मृत्यु मोक्ष का द्वार सिद्ध हो जाती है। काल की धारणा मानवीय कर्मों के दो विभाग बना देती है—पुण्य और पाप अथवा करणीय और अकरणीय। इसी से मानवीय मूल्यों का जन्म होता है। जब इन मूल्यों का व्यक्ति स्तर से समाज स्तर पर संक्रमण होता है तो वृहत्तर सामाजिक शील विकसित होते हैं।

साहित्य में काल की अवधारणा कवि अथवा लेखक का कालबोध कहलाती है। कालबोध और नैतिकता परस्पर कार्य-कारण सम्बन्ध से जुड़े हैं। काल का सत्य कवि की नैतिकता को जन्म देता है। इससे मानव नीति का विकास होता है। यही नीति मानवीय सम्बन्धों का परिष्कार करती है। इसी नीति से कर्म का अनुशासन विकसित होता है।

कवि जब काल की अपरिहार्य शक्ति का अनुभव करता है तो उसे जीव-जगत् की क्षणभंगुरता और नश्वरता का बोध होता है। व्यक्ति-अनुभव के वृत्त से निकलकर कवि सामाजिक वैषम्य, दुख, दरिद्रता, अज्ञान और कर्मकांडीय विभीषिका से टकराता है। इसी क्षण कवि के कालबोध से नैतिकता का जन्म होता है। जिसकी चरम परिणति सामाजिक

शील की प्रतिष्ठा में होती है। कवि का यह सामाजिक शील उसकी वाणी को धर्म-सापेक्ष होते हुए भी धर्म-निरपेक्ष बनाता है। समाज के असत् पक्ष की दुर्धर्ष मानवता विरोधी शक्ति से मोर्चा लेने में सक्षम बनाता है। पीड़ा सहन करते हुए भी पीड़ा अनुभव नहीं होने देना उसकी प्रहारक क्षमता को अधिक धार देता है। समाज की विषमता से उत्पन्न दुःख, ग्लानि, अपमान में आकंठ डूबे रहने के बावजूद उसमें कुंठा, असहायता अथवा हीनता का जन्म नहीं होने देता। मानवीय सम्बन्धों के उलझाव से उत्पन्न तनाव के बीच भी कवि की निस्संगता अक्षुण्ण रहती है। उसमें मृत्यु का साक्षात्कार करने की अद्भुत शक्ति और साहस का जन्म होता है। इस प्रक्रिया में उसका अहंकार क्रमशः घुलता रहता है और वह मायाच्छन्न जीव से विशुद्ध मुक्त आत्मा में रूपान्तरित होता जाता है। यहाँ पर उसे समरसता की अखंडानुभूति होती है, जो आनन्द की सर्वोच्च भूमिका है।

मध्यकालीन भक्ति साहित्य के सन्दर्भ में कवि की इस नैतिक यात्रा का विशेष महत्त्व है। इस प्रसंग में कबीर और तुलसीदास विशेष रूप से चर्चित रहे हैं। यहाँ इन दोनों भक्त कवियों की संक्षिप्त तुलना अपेक्षित है। इससे यह समझने में सहायता मिलेगी कि कवि-विशेष के काल अनुभव से उसकी रचना किस प्रकार बलवती बनती है। तुलसी और कबीर दोनों को व्यक्ति और समाज स्तर पर भीषण वैषम्य का सामना करना पड़ा है। तुलसी ने समाज के विभिन्न स्तरों पर जीवन-यापन किया है। उनका भुक्त यथार्थ उनके जीवन की दुरूहता का ही निर्माण नहीं है। यह उनके युग की अपरिहार्य नियति भी है। इस वैषम्य के निवारण के लिए तुलसी समन्वयात्मकता और मर्यादावाद का आश्रय लेते हैं। तुलसी की समन्वय-साधना और मर्यादावादी दृष्टि मात्र आरोपित नहीं थी अपितु उस विराट् विभीषिका से उपजी थी जिसके लिए तुलसी ने रामकथा में प्रतिपक्ष रावण को दारिद्र्य, अनीति और अहंक़ार के रूप में चित्रण किया है। कवितावली के उत्तरकांड और मानस के कलि-वर्णन में इसी संवेदना का विशेष विस्तार है। इस दैहिक और भौतिक ताप के शमन के लिए तुलसी ने रामचरणामृत का आश्रय लिया है, जिससे दैविक ताप स्वतः शान्त हो जाता है। उनकी यह लोक-कल्याण-कामना ही रामराज्य की धारणा के रूप में व्यक्त हुई है, जो तुलसी के काव्य का चरम आदर्श है।

तुलसी सगुण भक्त हैं। उनकी भक्ति का आधार अवतारवाद है। अवतार लोकस्थ धारणा है। इसलिए तुलसीदास का रचनाकर्म लोकोन्मुखी बना रहता है। तुलसी का आराध्य लोक में स्थित है। उन्हें अपने भीतरी अन्तर्द्वन्द्व से जूझने में लोकस्थित आराध्य सहायक होता है। आराध्य के शील-शक्ति और सौन्दर्य का आश्रय उन्हें अतिरिक्त बल प्रदान करता है। भीतर के द्वन्द्व को निकालकर वे बाहर फेंक देते हैं और लोकस्थ आराध्य की शरण ग्रहण कर लेते हैं। इस प्रकार द्वन्द्व को निरस्त करने का दायित्व आराध्य का बन जाता है। तुलसी के पास आराध्य की लीला और उसकी कथा का ठोस सहारा है। अपने अन्तर्द्वन्द्व को कथा-प्रवाह में मिलाकर उसकी समाप्ति और तज्जनित सन्तोष प्राप्त करने का उनके पास बड़ा भारी साधन है।

निर्गुणवादियों की भाँति भीतरी द्वन्द्व को मारने में उन्हें कठिनाई नहीं होती। शत्रु जब अपने से अलग होता है, लक्ष्य-सन्धान करना सुगम होता है। निर्गुणिया भक्त को भीतर बैठे शत्रु से दिन-रात का सतत संघर्ष करना होता है। भले ही उसे कितनी बार मार दिया जाए, उसका बार-बार सिर उठाना सम्भव बना रहता है। इसलिए निर्गुण-ज्ञान-मार्ग में खतरा अधिक होता है।

कबीर निर्गुण भक्त हैं। अवतारवाद की सुविधा उनके पास नहीं है। लोक की धारणा उनके पास नहीं है। लोक की धारणा उनके लिए मायाजन्य है। इसलिए अपनी लड़ाई में उन्हें लोक से सहायता नहीं मिलती। कबीर को मायाच्छन्न स्वकीय चैतन्य के परिष्कार के लिए तो प्रयास करना ही पड़ता है, मायाजन्य लोक प्रपंच से टकराकर उसकी निस्सारता भी सिद्ध करनी पड़ती है। इस प्रकार कबीर एक साथ दो मोर्चों पर लड़ते हैं। भीतर का अहंकार एक नहीं अनेक बार विनष्ट हो जाता है परन्तु उसके पुनः जागृत होने की सतत सम्भावना रहती है :

काटी कूटी मछली छींके धरी चहोड़ि।
कोइ एक अषिर मनबस्या, दह में पड़ी बहोड़ि।[34]

इस आन्तरिक द्वन्द्व के शमन के लिए एकान्त और कठोर साधना अपेक्षित हैं। यदि साधक यह न कर सका तो साधना आडम्बर मात्र है। ज्ञान मिथ्या है, केवल अहंकार है :

काया कसूं कमांण ज्यूं, पंचतत्त करि बांण।
मारो तौ मन मृग कूं, नहीं तो मिथ्या जांण।[35]

व्यवहारतः अहंकार से मुक्ति असम्भव है। मायाच्छन्न मोहग्रस्त प्राणी अहंकारशून्य नहीं हो सकता। जीवन अहंकार को नहीं लाँघ सकता किन्तु मृत्यु उसे लाँघ जाती है। मृत्यु-पथ पर खड़ा प्राणी अहंकार मुक्त तो हो जाता है किन्तु असहायता उसे ग्रस लेती है। एक दुख छूटता है, दूसरा पकड़ लेता है। किन्तु कबीर इस सामान्य लोक-रीति से सहमत नहीं हैं। यह कालबोध नहीं है। काल का आतंक है। आतंक से मुक्त होकर काल का वस्तुनिष्ठ अनुभव करना उनका आदर्श है। यही अनुभव उनके आनन्द का कारण है :

जिस मरनै थै जग डरै, सो मेरे आनन्द।
कब मरिहूँ कब देखिहूँ, पूरन परमानन्द।।[36]

इस अनुभव तक पहुँचाने में नाम-स्मरण सहायक होता है। यदि साधक के पास नाम-बल न हो तो कालानुभव मात्र कालान्तक बनकर रह जाता है। काल सत्य है। उसकी सत्ता अखंड है, अकाट्य है। प्राणिमात्र की अपरिहार्य नियति है। उसकी कल्पना-मात्र दुखदायी है। वह ऐसा विराट् सत्य है कि परमसत्ता के अतिरिक्त यदि कुछ सत्य है तो काल ही सत्य है। ऐसे दुर्धर्ष काल का साक्षात्कार कबीर पूरी तैयारी से करते हैं। उनके हाथ में नामस्मरण की लाठी है। इस स्मरण-कवच को भेद सकना काल के लिए सम्भव नहीं है। इसलिए कबीर उसको निकट से देख पाते हैं। काल के निकट से

निकटतर पहुँचते हुए कबीर उसकी सूक्ष्मातिसूक्ष्म रेखाओं को पहचान लेते हैं और उसे ललकारने में सक्षम होते हैं :

कबीर सुमिरन सार है और सकल जंजाल।
आदि अन्त सब सोधिया, दूजा देखो काल।[37]

यह कबीर का अन्तःसंघर्ष है। इस संघर्ष से विजयी होकर निकलना ही जीवन्मोक्ष है। कहना न होगा कि निर्गुण सन्तों की साधना का आदर्श जीवनमुक्ति ही है। यही वह महान् आश्चर्य है जब घर फूँकने से घर की रक्षा होती है। जब घर की रखवाली करने से घर नष्ट होता है। जब मृतक काल को ही खा जाता है :

घर जालौं घर ऊबरै, घर राखौं घर जाइ।
एक अचम्भा देखिया, मड़ा काल कों खाइ।[38]

यह साधना कठिन है, एकान्त है और वैयक्तिक है। इसमें दूसरे की भागीदारी नहीं। यह मोर्चा अकेले ही लड़ा जाता है, इसके लिए पूर्ण त्याग और अहंकार से मुक्ति आवश्यक है। मनुष्य जब तक पद्मपत्र निर्लिप्त होकर जीने का अभ्यासी नहीं होता यह साधना अपूर्ण रहती है। इसलिए साथ चलनेवालों को कबीर खबरदार करते हुए कहते हैं—

हम घर जाल्या आपणाँ, लिया मुराडा हाथि।
अब घर जालौं, तास का, जे चले हमारे साथि।[39]

कबीर का दूसरा मोर्चा इस लोक प्रपंच से है। यहाँ भी कबीर का कालानुभव उनकी सहायता करता है। काल की अपरिहार्य शक्ति का बोध होने पर जीव-जगत् की क्षण-भंगुरता और नश्वरता के कारण उसकी निस्सारता से उत्पन्न खेद और ग्लानि उन्हें पीड़ित करती है। आहार-निद्रा-भय-मैथुन से चतुर्दिक घिरे मनुष्य की नियति उन्हें दुखी करती है। चौरासी लाख जन्मों में एक मनुष्य-जन्म ही है जिसमें जीव को ज्ञान प्राप्ति की सम्भावना रहती है। किन्तु अज्ञान के कारण इस दुर्लभ अवसर को वह व्यर्थ गँवा देता है। ज्ञान-विहीन मनुष्य पशु-तुल्य व्यवहार करता है। इस मायाजन्य जगत् के असार सुख-वैभव और इन्द्रिय भोग में डूबा रहता है :

इहि औसर चैत्या नहीं, पाली पसु ज्यूँ देह।
राम नाम जाण्या नहीं, अन्त पड़ी मुख खेह।[40]

काल का ग्रास बनते मनुष्य का अहंकार कबीर के अवसाद का कारण है। मनुष्य की विडम्बना यह है कि काल की दाढ़ों में फँसा होने पर भी वह अहंकार के वश सुख का अनुभव करता है। इस स्थिति को कबीर ने इस प्रकार चिह्नित किया है :

झूठे सुख को सुख कहै, मानत हैं मन मोद।
खलक चबीणा काल का, कुछ मुख में कुछ गोद।[41]

मनुष्य के दुख का मूल कारण अहंकार है। अहंकार ही अज्ञान का हेतु है। इसी के कारण मनुष्य अपनी नश्वरता को अनदेखा करता है। जबकि किसी भी क्षण उसकी जीवन-लीला समाप्त हो सकती है। जीवन रूई की भाँति ज्वलनशील है। यदि अहंकार

का अंगारा रूई में लपेटकर रखा जाए तो क्या फल होगा ? कबीर का यह प्रश्न समस्त चराचर के सम्मुख उपस्थित है। विडम्बना यह है कि कोई भी इसका समाधान खोजने का कष्ट नहीं करता। अहंकार से छूटने में किसी की रुचि नहीं है। व्यक्ति अपने भ्रम में सुखी है, सोता है। अकेले कबीर उसके दुख से दुखी हैं और जागते हैं :

सुखिया सब संसार है, खावै अरु सोवै।
दुखिया दास कबीर है, जागै अरु रोवै।[12]

व्यक्ति-अहंकार का विस्तार होने पर समष्टि-अहंकार सामाजिक विषमता बनकर उपस्थित होता है। जाति, धर्म, कुल, ज्ञान, शक्ति, धन इत्यादि विभिन्न क्षेत्रों में असमानता और विसंगति समाज की शक्ति क्षीण करती है, जिससे भेद-वृत्ति बढ़ती है और समाज को बाँधे रखनेवाला अन्तःसूत्र विनष्ट होता जाता है। इस बिखराव से सामाजिक मूल्यों का ह्रास होता है और पूरा ढाँचा ताश के महल की भाँति धराशायी हो जाता है। कबीर की पीड़ा का यह एक बड़ा कारण है। कबीर के समय में सामाजिक वैषम्य का प्रायः वही रूप प्राप्त होता है जो आज के भारतीय समाज में व्याप्त है। हिन्दू और मुसलमान विपरीत समाज के दो बड़े वर्ग हैं। इन दो धर्मों के आश्रय में पनपने वाले विपरीत कर्मकांडों के कारण विषमता निरन्तर बढ़ती गई। यही नहीं धर्म-श्रेष्ठता से उत्पन्न जातीय अहंकार भी इसे तीव्रता करने में सहायक बनता रहा। वैषम्य की प्रतिक्रिया कबीर की वाणी में आक्रोश बनकर फटती है। उनका एक प्रसिद्ध पद है, जिसमें ब्राह्मण और तुर्क दोनों के जातीय अहंकार की निस्सारता सिद्ध करने में कबीर अश्लील अभिव्यक्ति से भी संकोच नहीं करते :

जौ तूँ बांभन बंभनी जाया
तौ आन बाट ह्वै काहे न आया।
जो तूँ तुरुक तुरुकिनी जाया।
तौ भीतर खतनाँ क्यों न कराया।[13]

जौं रन खुदाई तुरुक मोहि करता तो आपै कटि किन जाई।
हौं तौ तुरुक किया करि सुनंति ओरति सौं का कहिए।
अरध सरीरी नारि न छूटै, आधा हिन्दू रहिए।[14]

कर्मकांड की विभीषिका धर्म के मूलतत्त्व को छिपाए हुए है। समाज, जाति-पाँति, हिन्दू-मुसलमान, ब्राह्मण-शूद्र इत्यादि अहंकार-जन्य विभागों में बँटा है। जीव-हत्या, परस्पर द्वेष, मसीत और देवल का अन्तर मानवीय मूल्यों के विकसित होने में बाधक है। अहिंसा, करुणा, सदाचार, शील आदि नैतिक मूल्यों की ओर किसी का ध्यान नहीं है। कबीर के लिए काल की अपरिहार्यता के सामने यह स्थिति और भी विषम हो जाती है। समझाने पर भी जब कोई इस पर ध्यान नहीं देता तो कबीर व्यंग्य और कटूक्तियों का आश्रय लेते हैं।

जगत् की अनिवार्य नियति क्षणभंगुरता और नश्वरता है। काल की अपरिहार्य शक्ति के सम्मुख वह विवश है। किन्तु अपने अज्ञान के कारण मिथ्या अहंकार के

वशीभूत यह जगत् सामाजिक वैषम्य का विस्तार करता जाता है और कर्मकांड का जाल स्वतः बुनकर उसमें अपने प्राण देने के लिए तत्पर खड़ा है। समाज की इस असहाय दशा से कबीर दुखी होकर रोते हैं :

चलती चक्की देखकर, दिया कबीरा रोय।
दुई पाटन के बीच में, साबित बचा न कोय।[45]

काल की अखंड, अकाट्य और अपरिहार्य शक्ति का बोध ही कबीर की धर्म-निरपेक्ष जीवन दृष्टि का कारण है। अज्ञानताजन्य अहंकार से उत्पन्न आन्तरिक द्वन्द्व और सामाजिक विषमता का शमन विधि-निषेध मूलक धर्म के बाह्य स्वरूप से सम्भव नहीं है। दो विभिन्न धर्मों के विपरीत विधि-निषेध के सिद्धान्तों के टकराव से द्वन्द्व और विषमता तो उत्पन्न होती है। एक ही धर्म के आभोग में भी जाति-वर्ण-भाषा-संस्कार आदि की विभिन्नता से विषमता बढ़ती रहती है। भिन्न सम्प्रदायों का संघर्ष संसार के सभी धर्मों के इतिहास में कोई अज्ञात तथ्य नहीं है। इस विडम्बना की शान्ति का एकमात्र साधन धर्म-निरपेक्षता ही है। कबीर की वाणी का यह स्वर आज के लिए भी प्रासंगिक है।

कबीर और अन्य सन्तों में एक मूलभूत अन्तर है। अन्य सन्त जीव को अज्ञानजन्य अहंकार में आकंठ लिप्त होकर मृत्यु के सम्मुख असहाय होकर प्राणोत्सर्ग के लिए विवश देखकर पीड़ा से कराह उठते हैं। यह पीड़ा कबीर को भी दुखी करती है। किन्तु दूसरे जहाँ असहाय जीव को भगवत्शरणगति का उपदेश देकर अपनी पीड़ा को करुणा में बदलने का प्रयास करते हैं, वहीं कबीर की पीड़ा जितनी ही बढ़ती है, वे उतने ही प्रहारक होते जाते हैं। उनका प्रहार जितना समाज पर होता है; उतना ही स्वयं पर भी होता है। इतनी खरी आत्मालोचना अन्यत्र दुर्लभ है। काल की सूक्ष्म पहचान से कबीर में निस्संगता उत्पन्न होती है जो उनको मृत्यु से टकराने के लिए विलक्षण साहस प्रदान करती है। उनमें मृत्यु के लिए ललक पैदा करती है। मृत्यु को अंगीकार करने का अद्भुत उत्साह उनमें जन्म लेता है। यह उत्साह उन्हें मृत्यु की कुंठा से मुक्ति दिलाता है :

गगन दमांभां बाजिया पड्या निसानै घाव।
षेत बुहारया सूरिवैं, मुझ मरणों का चाव।[46]

काल-साक्षात्कार से जिस साहस और उत्साह का जन्म होता है, वह अहंकार शमन का कारण बनता है। कबीर की रचना के अध्ययन से यह तथ्य स्पष्ट रूप से उजागर होता है कि उनकी साधना का एकान्त प्रयास अहंकार से मुक्ति पाने का है। जब तक अहंकार से मुक्ति नहीं होती, योग-साधना का लक्ष्य खोया रहता है। अहंकार, जिसके अस्तित्व का अनेक रूपों में विस्तार है। जब तक यह 'स्वत्व' जीवित रहता है तब तक साधना अपूर्ण रहती है। मध्यकालीन आध्यात्मिक साधना में योग और भक्ति के दो मार्ग मिलते हैं। भक्ति की प्रतिष्ठा योगमार्ग की प्रतिक्रिया में हुई है, यह संकेत विद्वान् करते रहे हैं। योग एकान्तिक, गोपनीय और वैयक्तिक साधना है। भक्ति सामाजिक अवधारणा है। उसका लक्ष्य लोक-कल्याण है। योग व्यक्ति के उन्नयन का मार्ग है। कबीर की

साधना व्यक्ति के उद्धार से लोक-कल्याण पर संक्रमण करती है। वे केवल अपने स्वत्व के परिष्कार के लिए ही प्रयत्नशील नहीं रहे हैं, लोक के उद्धार और कल्याण के बिना उन्हें साधना अधूरी प्रतीत हुई है। इसलिए वे योगमार्ग से भक्तिमार्ग पर संक्रमण कर जाते हैं। भक्ति की विशद भूमि पर स्थित होकर, नाम-स्मरण का अवलम्ब लेकर सभी के दुख में भागीदार बन जाते हैं। योगसिद्धि के फल की प्राप्ति साधक अकेला ही करता है किन्तु भक्ति का भोग दूसरों के साथ मिलकर ही सम्भव है। भक्ति निष्काम साधना है। अपनी समस्त कामनाओं का अन्त हो जाने पर ही भक्ति सम्भव है। जब अपना कुछ रहा ही नहीं, तो जो भी फल प्राप्त होता है, उसे दूसरों के साथ बाँट लेने में सुविधा होती है। समानुभूति और सहयोग का भाव भक्त को अपने से भिन्न मनुष्यों के साथ एकरस कर देता है। यही समरसता की अखंडानुभूति है।

कालबोध और नैतिकता में परस्पर अन्तःसम्बन्ध है। काल और उसकी अनिश्चित किन्तु अपरिहार्य गति की पहचान हो जाने पर शुद्ध स्वत्व का विकास होता है। सन्त का यही लक्षण है कि वह अपने स्वत्व की शुद्धता के बल से शाश्वत सत्य के दर्शन कर लेता है। सत्य के प्रकाश में उसे जीवन और जगत् के सन्दर्भ में नीति निर्धारण करने में सुविधा होती है। सत्य का प्रकाश उसे निष्काम और निर्वैर बनाता है। निष्कामता और निर्वैरता से वह क्रमशः अपने जीवन में और समाज के प्रति कर्म का अनुशासन विकसित करने में सक्षम होता है। इस प्रकार निर्धारित किया हुआ कर्मानुशासन सन्त के वैयक्तिक सत्व को समाज के प्रति करुणा और सेवाभाव में रूपान्तरित कर देता है। यही सामाजिक शील है जो सन्त की साधना का चरम आदर्श है।

पाद-टिप्पणियाँ

1. विद्यानिवास मिश्र : नभाटा, 31-7-94, पृ. 5
2. कुबेरनाथ राय : आजकल, अक्तूबर 96, पृ. 8
3. वही
4. विद्यानिवास मिश्र : नभाटा, 3-7-94, पृ. 5
5. स्तेपान स्तुलगिंस्की—सृष्टि, पृथ्वी और मनुष्य, पृ. 24
6. वही, पृ. 31
7. वही, पृ. 65
8. देवकीनन्दन गौतम—कालचक्र, पृ. 32
9. विद्यानिवास मिश्र : नभाटा, 31-7-94, पृ. 6
10. देवकीनन्दन गौतम : कालचक्र, पृ. 29
11. स्तेपान स्तुलगिंस्की—सृष्टि, पृथ्वी और मनुष्य, पृ. 13
12. कुबेरनाथ राय—आजकल, अक्तूबर 96, पृ. 8
13. देवकीनन्दन गौतम : कालचक्र, पृ. 26

14. कुबरनाथ राय : आजकल, पृ. 10, अक्तूबर 96
15. कुबरेनाथ राय : आजकल, पृ. 9
16. वही, पृ. 12
17. देवकीनन्दन गौतम : कालचक्र, पृ. 28
18. विद्यानिवास मिश्र : नभाटा, 10-7-94, पृ. 5
19. देवकीनंदन गौतम : कालचक्र, पृ. 27
20. वही, पृ. 31
21. वही, पृ. 30
22. स्तेपान स्तुलगिंस्की : सृष्टि, पृथ्वी और मनुष्य, पृ. 68
23. वही, पृ. 68
24. वही, पृ. 65-66
25. विद्यानिवास मिश्र : नभाटा, 7-8-94, पृ. 6
26. देवकीनन्दन गौतम : कालचक्र, पृ. 91
27. विद्यानिवास मिश्र : नभाटा 7-8-94, पृ. 6
28. वही, नभाटा, 31-7-94, पृ. 5
29. देवकीनन्दन गौतम : कालचक्र, पृ. 33
30. विद्यानिवास मिश्र : नभाटा, 31-7-94, पृ. 6
31. कुबेरनाथ राय, आजकल, अक्तूबर 96, पृ. 9
32. वही, अक्तूबर 97, पृ. 12
33. स्तेपान स्तुलगिंस्की : सृष्टि, पृथ्वी और मनुष्य, पृ. 26
34. कबीर ग्रन्थावली. (श्यामसुन्दर दास) मन को अंग, दो.-24, पृ. 23
35. वही, दो. 30, पृ. 24
36. वही, दो. 13, पृ. 54
37. वही, सुमिरण को अंग, दो. 5, पृ. 4
38. वही, जीवन मृतक को अंग, दो. 4, पृ. 50
39. वही, गुरुसिष हेरा को अंग, दो. 13, पृ. 53
40. वही, साध महिमा को अंग, दो. 10, पृ. 41
41. वही, काल को अंग, दो. 1, पृ. 56
42. वही, विरह को अंग, दो. 45, पृ. 9
43. वही, पद 41, पृ. 79
44. कबीर ग्रन्थावली (पारसनाथ तिवारी), पृ. 55
45. वही, पृ. 34
46. कबीर ग्रन्थावली, श्यामसुन्दर दास, सूरा तन को अंग, दो. 6, पृ. 53

दूसरा अध्याय

काल की तात्त्विक मीमांसा

काल एक अदृश्य शक्ति है। काल ही प्राणियों की रचना करता है और काल की समस्त प्रजा का संहार भी करता है। काल की गति का कोई भी मनुष्य उल्लंघन नहीं कर सकता। मृत्यु संसार में सर्वाधिक भयानक एवं दुखदायी मानी गई है। मनुष्य के सामने मृत्यु एक दीवार के समान खड़ी रहती है जिसके परे मनुष्य भरसक प्रयत्न द्वारा भी कुछ नहीं जान पाता। इस भौतिक संसार में सभी दुःखों का मूलकारण मृत्यु (काल) को ही माना जाता है। सर्वान्तकारी काल को सम्पूर्ण विश्व का स्वामी माना गया है। सम्भवतः इसी कारण वैदिक साहित्य से लेकर आधुनिक साहित्य तक में काल की तात्त्विक मीमांसा कई रूपों में की गई है।

सर्वशक्तिमान काल के क्रूर हाथों से किसी भी मानव का बचना सम्भव नहीं है। काल की गति बड़ी निर्मम होती है जो धीरे-धीरे सभी को अपने फन्दे में कसती रहती है। काल के हाथों बालक, तरुण, वृद्ध सभी मारे जाते हैं। राजा हो या रंक सभी को एक-न-एक दिन काल का ग्रास बनना पड़ता है। जीवन क्या है? मृत्यु क्यों होती है? मृत्यु के बाद मनुष्य कहाँ जाता है? भौतिक भोगों का महत्त्व क्या है? जीवन-जगत् की प्रासंगिकता क्या है ?—आदि ऐसे अनेक प्रश्न हैं जो मनुष्य को सदैव उद्वेलित करते रहते हैं। ये प्रश्न सार्वभौमिक हैं तथा मनुष्य सदैव उनके चिन्तन-मनन में लीन रहता है।

संसार की नश्वरता तथा क्षणभंगुरता सर्वविदित है। यौवन, रूप, धन-ऐश्वर्य सभी अनित्य हैं। मृत्यु की अपरिहार्यता से कोई बच नहीं सकता। काल किसी की पदवी देखकर उसका भक्षण नहीं करता। बड़े-बड़े शक्तिशाली राजा, वीर योद्धा, महान् तपस्वी—कोई भी उसके हाथों बच नहीं सका। काल की अमिट गति से कोई बच नहीं सका। जिसने देह धारण की है उसे शरीर त्यागना ही पड़ेगा। हमारे जीवन की डोर सदैव काल के हाथों में रहती है। मृत्यु को आज तक न तो कोई जीत सका है और न जीत सकेगा। इस नश्वर संसार में कुछ भी शाश्वत नहीं है। मानव के समक्ष काल एक व्यापक और अनिवार्य सत्य है।

काल सृष्टि का केन्द्रीय तत्त्व है। इसी में जीव-जगत् की सृष्टि, स्थिति तथा समाप्ति

निहित है। सर्वशक्तिमान काल की गति निर्धारित है। मृत्यु इस संसार में सभी अवस्थाओं में रहनेवाले मनुष्यों को अचानक घसीटकर ले जाती है। मृत्यु से किसी भी प्रकार का भय उचित नहीं—यह शिक्षा वैदिक साहित्य से लेकर आधुनिक साहित्य तक के रचनाकारों ने मानव को दी है। काल का स्वरूप समझ लेने पर मृत्यु का डर जाता रहता है। मृत्यु भयंकर व दुखदायी तो है लेकिन हमें अपने कर्मों की ओर अग्रसर करती है। काल के स्वरूप का ज्ञान कर्म करने में सचेत और सदाचार में तत्पर करता है। संसारी भोगों में डूबे व्यक्ति मोह-माया के कारण ही मृत्यु से डरते हैं। काल के भय से आतंकित होकर हमें वर्तमान समय को दुखद नहीं बनाना चाहिए बल्कि दृढ़ता से इस सच्चाई का सामना करना चाहिए। मनुष्य को इस नश्वर और क्षणभंगुर जीवन में विषय-भोगों को त्याग, सच्चे मन से कर्मरत रहना चाहिए। मृत्यु दुख नहीं, दुखों से छूट जाने का परिणाम है। मृत्यु जीवन का चरम विकास है। मृत्यु मोक्ष का द्वार है। मनुष्य का यह कर्तव्य है कि वह असार संसार को त्यागकर, वीतराग होकर कल्याण का मार्ग अपनाए।

कोश एवं दर्शन ग्रन्थों में व्यक्त काल-तत्त्व

कोशगत काल तत्त्व

'हिन्दी शब्द सागर' में काल की व्याख्या इस प्रकार की गई है—काल—संज्ञा पु. (सं.) समय। वक्त। वह सम्बन्ध सत्ता जिसके द्वारा भूत, भविष्य, वर्तमान आदि की प्रतीति होती है और एक घटना दूसरी से आगे, पीछे आदि समझी जाती है।[1] विशेष—वैशेषिक में काल एक नित्य द्रव्य माना गया है और 'आगे', 'पीछे', 'साथ', 'धीरे', 'जल्दी' आदि उसके लिंग बताए गए हैं। संख्या, परिमाण, पृथकत्व, संयोग और उसके विभाग उसके गुण कहे गए हैं। 'पर', 'अपर' आदि प्रत्ययों का मान सर्वत्र सब प्राणियों में समान होता है। और इस परत्व अपरत्व की उत्पत्ति में असमवायि कारण से काल का संयोग होता है।[2]

इस प्रकार काल सबका कारण तथा व्यापक और एक माना गया है। उसकी अनेकता की प्रतीति केवल उपाधि से होती है।[3] काल शब्द जिस धातु से बना है, उसके कई अर्थ हैं। एक तो गिनाना, गणना करना, नाम देना, दूसरा खंड-खंड करना, तीसरा जोड़ना, चौथा ग्रसना और पाँचवाँ अर्थ है—व्युत्पतिशास्त्री काल का सम्बन्ध कर-करना और चल-चलना से भी करते हैं। इन सभी अर्थों का समाहार काल शब्द में है, और सावधि या खंडकाल के रूप में है तो कलात्मक है, गणनात्मक है, क्रियात्मक है और निरवधिकाल के रूप में है तो सबको समेटनेवाला है (सबको सहृत करनेवाला है) इसलिए इस रूप को महाकाल कहते हैं।[4]

दूसरे अर्थों में 'हिन्दी शब्द सागर' में काल से तात्पर्य है—अन्तिम काल। नाश का समय। मृत्यु इत्यादि।[5]

'विष्णु पुराण' में काल को परब्रह्म का रूप माना गया है :

परस्य ब्रह्मणो रूपं पुरुषः प्रथम द्विज।
व्यक्ताव्यक्ते तथैवान्ये रूपे कालस्तथा परम्।[6]

इसी विचार की पुष्टि 'हारीत' ने भी की है—'काल तीन प्रकार का जानना चाहिए, अतीत, अनागत और वर्तमान...काल लोक की गणना करता है, काल जगत् की गणना करता है, काल विश्व की गणना करता है, इसलिए यह काल कहलाता है। सभी देव, ऋषि, सिद्ध और किन्नर काल के वश हैं। काल स्वयं ही भगवान देव है, वह साक्षात् परमेश्वर है। वह सृष्टि पालन और संहार करनेवाला है।...काल ही सम्पूर्ण भूतों को उत्पन्न करता है, काल ही प्रजा का संहार करता है। काल ही सोता और जागता है। काल दुरतिक्रम है अर्थात् कोई उसका अतिक्रमण नहीं कर सकता।'[7]

'भागवत पुराण' में कहा गया है कि काल मृत्यु का पर्याय है। 'मेदिनी कोश' में काल को ही महाकाल कहा गया है।[8] इस प्रकार 'ऋग्वेद' व परवर्ती साहित्य में 'काल' को 'मृत्यु' का पर्याय मानते हुए भयसूचक कहा गया है।

'पतंजलि' ने अपने 'महाभाष्य' में काल के विषय में अपना यह विचार प्रकट किया है—'जिससे मूर्तियों' का अपचय तथा उपचय लक्षित होता है, उसे काल कहते हैं। आदित्य की गति से युक्त होनेवाला वही काल दिन तथा रात्रि की संज्ञा पाता है।[9]

तत्त्वदर्शी नीतिविज्ञ चाणक्य की मृत्युविषयक दृष्टि यथार्थपरक है। उनके अनुसार सर्वमनित्यं भवति।[10]

सब कुछ अनित्य है। संसार की प्रत्येक वस्तु एक न एक दिन नष्ट हो जाती है। नश्वरता सबसे बड़ी कमी है। इसके मूल में दुख है। जन्मरणादिषु दुखभवं।[11] जन्म-मरण आदि में दुख ही है।

संसार में जन्म लेना तथा फिर मृत्यु होना, पुनर्जन्म फिर मृत्यु, यही चक्र चलता रहता है। प्राणी को बार-बार इस दुख को सहना पड़ता है। जन्मने में तथा मृत्यु में भी दुख ही दुख है। शाश्वत सत्य यही है कि अन्ततः सभी को नष्ट होना है। देह क्षणभंगुर है।

न कृतार्थानां मरण भयम्।[12]

सभी की मृत्यु होती है, इस सत्य को जानकर सच्चाई के साथ अपना कर्तव्य पूरा करनेवाले व्यक्ति मृत्यु से नहीं डरते। शरीर को ही सत्य मानकर विषयों में डूबे व्यक्तियों को ही इसका भय होता है।[13] यह स्पष्ट होना चाहिए कि मृत्यु सबसे बड़ी सच्चाई है, जो किसी को नहीं छोड़ती इसलिए इसका वीरता के साथ सामना करना चाहिए।

जैन-मत की काल विषयक धारणा यथार्थवादी है। जैन मत में काल 'अनिस्तकाय' द्रव्य माना जाता है। काल के बिना पदार्थों की स्थिति की कल्पना कदापि नहीं की जा सकती।

जगत् के समस्त पदार्थ परिणामशील होते हैं। इस परिणाम का साधारण कारण काल ही होता है।[14]

'बौद्ध दर्शन' में काल को 'ईश्वरात्मक' माना गया है। काल ईश्वर से अतिरिक्त

कोई पदार्थ नहीं होता।

'योगदर्शन' के अनुसार काल वास्तव न होकर विकल्प मात्र है—शब्द—ज्ञानानुपाती वस्तु शून्यों विकल्पः ... यह काल को वस्तु नहीं केवल क्षण का क्रम कहते हैं। देश के अत्यन्त सूक्ष्मतम अवयव परमाणु के समान क्षण काल का सूक्ष्मतम अंश है।[15]

यथार्थवादी दर्शन काल की व्यावहारिक तथा पारमार्थिक उभयविध सत्ता मानते हैं परन्तु आदर्शवादी दर्शन की परमार्थिक सत्ता का निषेध करते हैं। ... इस काल की सत्ता का प्रमाण अनुमान है।[16]

न्यायमत में काल को एक विभु तथा नित्य माना जाता है। काल सब कार्यों की उत्पत्ति, स्थिति तथा विनाश का कारण होता है।[17]

'आधुनिक विद्वान काल को वस्तुओं के निर्माण में कारण स्वरूप मानता है। वहाँ काल को चतुर्थ विभा (फोर्थ डाइमेंशन) माना गया है।'[18]

'कबीर कोश' में काल का अर्थ इस प्रकार वर्णित है :

काल—सं. पु. (सं.)—मृत्यु, अन्तिम काल। उदाहरण—

आदि अन्त सब सोधिया दूजा देखौं काल।[19]

स्पष्ट है कि कबीर ने काल को मृत्यु का पर्याय माना है।

आक्सफार्ड अंग्रेजी शब्दकोश में काल को 'टाइम' शीर्षक के अन्तर्गत कई सन्दर्भों में देखने की कोशिश की गई है :

(A) A space or extent of time, A limited stretch or space of continued existence, as the internal between two successive events or acts or the period through which an action, condition or state continues, a finite portion of time.

(B) A particular period indicated or characterized in some way.

(C) A period in the existence or history of the world, an age, an era. In later use more indifinite.

(D) With possesive as of : The period contemporary with life occupUncy or activity of some one, age, era or generation.[20]

वैदिक ग्रन्थों में काल तत्त्व

विश्व-वाङ्मय में वेदों को सबसे प्राचीन पुस्तक माना जाता है। वेदों में अनेक स्थानों पर काल (मृत्यु), आत्मा की अनेक अवस्थाओं तथा मृत्यूपरान्त जीवन की सच्चाई अनेक रूपों में व्यक्त की गई है। 'अथर्ववेद' में काल के देवता यमराज का स्तुतिगान करते हुए कहा गया है, 'हे मृत्यु के देवता, यमराज! आपको नमस्कार है। आपकी तीक्ष्ण तेजस्विनी संहार शक्ति समस्त बन्धन पाश को काटकर हमें सभी सांसारिक जालों से,

चिन्ताओं से मुक्त कर देती है। आपको नमस्कार।'[21] काल में ही सब कुछ निहित है। काल की सर्वश्रेष्ठ तत्त्व के रूप में प्रतिष्ठा 'अर्थववेद' में की गई है।[22] वेदों में एक ओर काल को सम्पूर्ण विश्व का स्वामी माना गया है—कालो हि सर्वस्येश्वर[23] तो दूसरी ओर काल का मन से स्वागत भी किया गया है :

मृत्यो नमो स्तुते।[24]

मनुष्य सदैव मृत्यु के रहस्य को जानने के लिए प्रयत्नशील रहा है। मृत्यु सदैव एक अन्धकारमयी दीवार के समान रही है। वेदों में भी मनुष्य को यह सीख दी गई है कि मृत्यु से कभी भयभीत नहीं होना चाहिए :

मैं प्राण भा बिभेः।[25]

अथर्ववेद में इस प्रकार काल तत्त्व की व्याख्या की गई है[26] :

सप्त चक्रान वहति काल एवं सप्तास्य नामीर मृतं न्वश्रः।
स इमा विश्वा भुवनान्यंजन् कालः स ईयते प्रथमो नु देवः।

अर्थात् काल के सात पहिए हैं, उनकी सात नाभियाँ हैं, अमृतत्त्व ही उनकी धुरी है।

मृत्यु निश्चित है और वह भयंकर तथा दुखदायी भी है तथापि मृत्यु से ऊपर उठकर मृत्युंजय बनना चाहिए।[27] जीवन तो क्षण-प्रतिक्षण बीतता जा रहा है। काल तो सर्वसंहारी है—'आयु को ऋण के समान पाकर काल उसे काटता ही जा रहा है।'[28] वेदों में स्पष्ट रूप से वर्णित है कि काल सभी पर शासन करता है—मृत्यु दो पाँववाले मनुष्य आदि और चौपायों—गौ, घोड़े आदि सभी पर शासन करती है।[29] प्रत्येक व्यक्ति का यह कर्तव्य है कि वह अपने कर्मों द्वारा अपने वर्तमान को सुखमय बनाए न कि मृत्यु के भय में जीवन व्यर्थ ही गँवा दे, 'हे मनुष्यो ! मृत्यु के पैर (कारणों) को परे धकेलते हुए जीवन में आगे बढ़ो।'[30] जीवन की सच्चाई के रूप में मृत्यु को सहर्ष स्वीकार कर लेना चाहिए। मृत्यु के भय मात्र से मानव को दुखी व निराश नहीं होना चाहिए बल्कि साहसपूर्वक इस सच्चाई का सामना करना चाहिए :

'हे मूर्ख! तू मृत्यु से क्यों डरता है? वह डरे हुए को छोड़ती नहीं। आज अथवा सौ वर्ष बाद मरना तो होगा ही क्योंकि प्राणियों की मृत्यु निश्चित है।'[31] वेदों में मृत्यु-भय से बचने का एकमात्र उपाय ईश्वरीय साधना को माना गया है। ईश्वरीय साधना में लीन होने पर स्वयमेव मृत्यु का भय दूर हो जाता है—उस आनन्दमय प्रभु को जानकर मनुष्य मृत्यु से भयभीत नहीं होता, मृत्यु भय से छूट जाता है।[32]

अथर्ववेद के अनुसार :

स एवं सं भुवनान्याभरत् स एवं सं भुवनानि पर्येत।
पिता सन्नभवत् पुत्र एषा तस्माद्वै नान्यत परमस्ति तेजः।

अर्थात् उसी काल ने पूरे विश्व और उसमें घटनेवाले व्यापारों को एकत्र कर रखा है। काल इन सभी के भीतर से गुजरता रहता है। वह सबका पिता भी है, पुत्र भी है। पिता इसलिए कि काल ही रचता है, पुत्र इसलिए कि घटना रचना का सम्प्रेषण भी काल

है। काल से अधिक कोई तेजस्वी नहीं है।[33]

अथर्ववेद के अनुसार :

कालो अश्वो वहति सप्तरश्मिः सहस्राक्षो अजरोभूरिरेताः।
तमारोहन्ति कवयो विपश्चितस्तस्य चक्राः भुवनानि विश्वा।।[34]

अर्थात् कालरूपी अश्व सात लगामों से (सात ऋतुओं से) नियन्त्रित दौड़ा जा रहा है। उसकी हजार आँखें हैं, वह सब कुछ देखता रहता है। वह कभी बूढ़ा नहीं होता, कभी थकता नहीं, उसका बल-वीर्य कभी कम नहीं होता। उसके ऊपर, पीछे न देखनेवाले मनीषी रचनाकार ही सवारी कर सकते हैं। समस्त भुवन और उनके समस्त प्राणी इस कालक्रम अश्व से खिंचे रथ के पहिए हैं, वे भी काल की गति के कारण घूमते रहते हैं, घूमते-घूमते आगे बढ़ते रहते हैं।

क्षणभंगुर जगत् में कुछ भी शाश्वत नहीं है। सांसारिक पदार्थों में मृत्यु और जन्म की पुनरावृत्ति इस जगत् की नश्वरता का प्रमाण है लेकिन 'आत्मा' अमरणधर्मा है, यह प्रमुख वैदिक विचार है। 'छान्दोग्य उपनिषद्' में कहा गया है कि 'जीवोपतं वावकिलेन्द म्रियते न जीवो म्रियते' अर्थात् जीव नहीं मरता, जब यह शरीर से निकल जाता है तो यह शरीर मर जाता है।[35] यही बात 'बृहदारण्यकोपनिषद्' तथा 'कठोपनिषद्' में भी प्रकारान्तर से मिलती है।

वैदिक साहित्य के संक्षिप्त अध्ययन के पश्चात् हम कह सकते हैं कि वेदों में मनुष्य को किसी भी प्रकार काल से भयभीत नहीं किया गया बल्कि मृत्यु के भय से बचने के लिए ईश्वरीय साधना के प्रयोग पर बल दिया गया है। विज्ञान के आधुनिक निष्कर्ष भी यह सिद्ध कर चुके हैं कि वस्तु या पदार्थ के नाश में उसका अन्त नहीं बल्कि नवनिर्माण निहित है। भारतीय दर्शन भी इसी परम्परा को मानता है कि मृत्यु से आत्मा का नहीं शरीर का नाश होता है। इस प्रकार मृत्यु अन्त की नहीं नव-निर्माण की सूचक है। मृत्यु एक कालगत प्रक्रिया है—मृत्यु अथवा योनि-परिवर्तन के सम्बन्ध में उपनिषदों का दृष्टिकोण निराशावादी नहीं है। उपनिषदों का कथन है कि जैसे एक सुनार सोने के टुकड़े को लेकर उससे अच्छी और नए रूपवाली वस्तु, अँगूठी आदि बना लेता है उसी प्रकार यह जीव वर्तमान जीर्ण-शीर्ण शरीर को छोड़कर उसी जगह नया और अधिक सुखप्रद शरीर बना लेता है।...यही भाव गीता में भी व्यक्त किया गया है।[36] काल की भूमिका वैदिक वाङ्मय में सबसे उल्लेखनीय इसी कारण है कि समस्त अनुष्ठान, समस्त घटनाक्रम समस्त देवता काल में ही अवस्थित हैं। काल लोक को संचालित करता है और लोक का अतिक्रमण भी करता है। काल ने पूरे विश्व और उसमें घटनेवाले व्यापारों को एकत्र कर रखा है। सारी सृष्टि का चक्र कालानुसार घूमता है।

रामायण एवं पौराणिक ग्रंथों में काल तत्व

वैदिक साहित्य के पश्चात् रामायण, महाभारत, पुराणों आदि में काल की चर्चा मिलती

है। 'रामायण' में वाल्मीकि लिखते हैं, संसार की प्रत्येक घटना पर उस अदृश्य शक्ति का दृढ़ अंकुश है। न वह जीवन के पूर्वकृत कर्मों का ध्यान रखती है और न उसकी इच्छा-अनिच्छा का और न औचित्य-अनौचित्य का। बड़े-बड़े कठोर तप करनेवाले तपस्वी लोग भी उसके द्वारा सताए जाने पर अपने लक्ष्य से भ्रष्ट हो जाते हैं।[37] 'रामायण' में वाल्मीकि ने स्पष्ट रूप से वर्णित किया है कि काल एक अदृश्य शक्ति है, उसके क्रूर हाथों से आज तक कोई नहीं बचा। बिना काल आए मरना असम्भव है लेकिन काल किसी का सगा नहीं है—'काल का किसी के साथ बन्धुत्व, मित्रता अथवा जाति-बिरादरी का सम्बन्ध नहीं है। उसे वश में करने का कोई उपाय नहीं है और उस पर किसी का पराक्रम नहीं चल सकता। कारणस्वरूप काल जीवन के भी वश में नहीं है।'[38] वाल्मीकि का कथन है कि काल एक दिन अवश्य ही हमारे सामने आएगा—'शरीर धारण करनेवाले प्राणी की मृत्यु अवश्यंभावी है फिर उससे भय कैसा, काल भी काल का उल्लंघन नहीं कर सकता। काल कभी क्षीण नहीं होता।'[39] 'रामायण' के समान ही 'महाभारत' में भी काल की व्यापकता और प्राणी की विवशता कई स्थानों पर व्यक्त की गई है। 'काल की गति बड़ी निर्मम है—सोते हुओं में काल जागता रहता है। काल की गति का कोई उल्लंघन नहीं कर सकता। वह सम्पूर्ण प्राणियों में समान रूप से बेरोकटोक विचरण करता रहता है।'[40] इस नश्वर संसार में प्रत्येक प्राणी को एक-न-एक दिन जाना है। जिसका काल पहले जाता है वह पहले चला जाता है। अतः व्यर्थ शोक करना उचित नहीं। जन्म और मृत्यु ये दोनों क्रियाएँ समान रूप से चलती रहती हैं और काल ही इन्हें कराता है इसलिए प्राणी जीवित नहीं रह पाता।[41] महाभारतकार के अनुसार भक्षक काल को शान्त करने का उपाय केवल महाकाल के पास है—'काल ही प्राणियों की सृष्टि करता है और काल ही समस्त प्रजा का संहार करता है। फिर प्रजा का संहार करनेवाले काल को महाकाल ही शान्त करता है।'[42] काल की गति का उल्लंघन सम्भव नहीं है। कोई भी मनुष्य मौत को लाँघ नहीं सकता। विश्वविजयी मानव को भी काल के सम्मुख हार माननी पड़ती है—'मृत्यु के इस विशाल मार्ग का सेवन सभी प्राणियों को करना पड़ता हैं। इस अनित्य मानव को भी काल से विवश होकर कभी न टलनेवाली मृत्यु के मार्ग पर आना ही पड़ता है।'[43] काल के सामने किसी भी प्राणी का कोई महत्त्व नहीं। समय बीत जाने पर कोई भी मनुष्य एक क्षण भी इस पृथ्वी पर जीवित नहीं रह सकता और न ही मृत्यु के वश में पड़े हुए मनुष्य को औषध, जप, तप, मन्त्र आदि बचा सकते हैं—'जिसकी मृत्यु का समय नहीं आया है वह सैकड़ों बाणों से बिंध जाने पर भी नहीं मरता किन्तु जिसके जीवन की अवधि पूरी हो चुकी है वह एक तृण के स्पर्श से ही मृत्युमुख में चला जाता है।'[44] जिसने इस मर्त्यलोक में जन्म लिया उसे जाना तो अवश्य पड़ेगा ही। काल द्वारा निर्मित पथ पर अग्रसर प्राणी को कौन बचा सकता है? महाभारतकार ने अनेक स्थानों पर संसार की नश्वरता और असारता का वर्णन किया है। मनुष्य आजीवन मोह-माया के जाल में फँसा रहता है और एक दिन अचानक काल का ग्रास बन जाता है—'वन में फूल चुन रहे मनुष्य पर जिस प्रकार कोई हिंसक जीव

आक्रमण कर देता है उसी प्रकार मनुष्य विषय-भोगों में मग्न होता है कि सहसा मृत्यु उसे दबोच लेती है।'[45] मनुष्य रात-दिन सुख-साधनों को जोड़ने में लगा रहता है। मानव इस तथ्य से आजीवन अनभिज्ञ रहता है कि पल-पल व्यतीत होने पर काल का क्रूर पंजा उसकी ओर निरन्तर अग्रसर हो रहा है—'जब प्रत्येक रात बीतने के बाद आयु क्षीण होती चली जाती है, तब छिछले पानी में रहनेवाली मछली के समान कौन सुख पा सकता है।'[46]

रामायण की भाँति महाभारत में कई स्थलों पर काल की विकरालता का वर्णन किया गया है। 'काल की गति का उल्लंघन करना अत्यन्त कठिन है।'[47] काल के लिए न तो कोई प्रिय है न अप्रिय। वह अपनी इच्छानुसार मनुष्य का संहार कर देता है। मृत्यु तो सारे जगत् को पीट रही है। वेदव्यासजी भी मानते थे कि मनुष्य जीवन की डोर यमराज के हाथों बँधी है। केवल विषय-वासनाओं में डूबा व्यक्ति काल के भय से भयभीत रहता है।

विषयासक्त मनुष्य पतन के गर्त में उसी प्रकार गिरता है जिस प्रकार मदिरा के नशे में डूबा व्यक्ति। आयु अत्यन्त चपलता से बीत जाती है। युवावस्था में व्यक्ति चंचल होता है तथा बाल्यावस्था में तो पूर्ण अज्ञान ही होता है। इसी प्रकार मनुष्य का सम्पूर्ण जीवन यूँ ही बीतता जाता है। काल का सामना तो अज्ञानी तथा ज्ञानी दोनों को ही करना पड़ता है लेकिन ज्ञान सम्पन्न व्यक्ति काल के भय से भयभीत न होकर दृढ़ता से उसका सामना करते हैं।

श्रीमद्भगवद्गीता में भी मृत्यु की निश्चितता पर अटल विश्वास प्रकट करते हुए कहा गया है कि 'मान्यता के अनुसार जन्मे हुए की मृत्यु निश्चित है और मरे हुए का जन्म निश्चित है। इसलिए इस बिना उपायवाले विषय में शोक करना उचित नहीं।'[48] गीता में बार-बार यही समझाया गया है कि मृत्यु पर किसी का वश सम्भव नहीं। अतः व्यर्थ ही इसे दुख व चिन्ता का विषय नहीं बनाना चाहिए। गीता के इस विश्वप्रसिद्ध श्लोक में कितनी सरलता से इस तथ्य का परिचय कराया गया है—'जैसे मनुष्य पुराने वस्त्रों को त्यागकर दूसरे नए वस्त्रों को ग्रहण करता है, वैसे ही जीवात्मा पुराने शरीरों को त्यागकर दूसरे नए शरीरों को प्राप्त होती है।'[49]

पुराणों में भी काल की कुटिल गति का वर्णन हुआ है। भला काल की अमिट गति से कोई बच सकता है—'जिसने देह धारण किया है, उसके प्राण एक न एक दिन अवश्य जाएँगे।'[50] पुराणों में काल का भय दिखाते हुए सद्कर्मों की ओर प्रवृत होने की प्रेरणा दी गई है—'देखते हुए कि लोगों के सामने उनकी मृत्यु खड़ी रहती है, मनुष्य स्वयं मृत्यु-रहित व्यक्ति के समान आचरण करता है—यह बड़े आश्चर्य की बात है।'[51] जब हम काल के प्रहार से बच नहीं सकते फिर हम उसकी चिन्ता में वर्तमान जीवन नष्ट क्यों करें? सदा काल ही सबको मारता है अतः व्यर्थ का गर्व उचित नहीं—'इस सम्पूर्ण जगत् को काल ही पका देता है। तुम्हारे जैसे लोग तो केवल निमित्त मात्र होते हैं।'[52] महाभारतकार के अनुसार काल प्रेरित विश्वदृष्टि है। कोई भी काल से बच नहीं सकता।

काल अग्नि है, जीवन में ऊष्मा देता है, यही तमाम दुख-सुख भस्म करता है। यह समस्त सत्ता का नियामक है। यही समस्त प्राणियों की गति है।[53] स्पष्ट है कि पुराणों में भी काल-शक्ति का बड़ी विशदता से वर्णन हुआ है। पुराणों में काल की व्यापकता और गतिशीलता का वर्णन मनुष्य को कर्म-पथ पर अग्रसर करने हेतु किया गया है। कोई भी प्राणी काल की गति का उल्लंघन करने में सक्षम नहीं है। काल द्वारा निर्मित पथ का अनुगमन सभी को करना है इसलिए उचित यही है कि हम अपना जीवन श्रेष्ठ कर्मों द्वारा व्यतीत करें। काल से भयभीत न होकर कर्तव्यनिष्ठा को प्रमुखता दें।

जैन और बौद्ध ग्रन्थों में काल तत्त्व

भारतीय दर्शन परम्परा में जैन-मत अपना प्रमुख स्थान रखता है। जैन-मत की काल विषयक अवधारणा यथार्थपरक है। महावीर स्वामी का उद्देश्य समाज के विरोधी स्वरों को शान्त करना, मनुष्य की समानता का प्रसार करना, जातिवादी संकीर्णता को समाप्त करना, ऊँच-नीच की अवधारणाओं को निरस्त करते हुए कर्मशीलता को जीवनचर्या से जोड़ना था।

जैन दर्शन के 'स्यादबाद' की तरह ही जैन दार्शनिक काल की सत्ता को अनुमानजन्य मानते हैं। उनके अनुसार काल ही पदार्थों की स्थिति निश्चित करता है इसलिए समस्त पदार्थ परिणामशील होते हैं। इस सन्दर्भ में वे अपने यथार्थवादी दृष्टिकोण के चलते न्याय और वैशेषिकों से साम्य रखते हैं। 'जैन दर्शन में काल के दो रूप स्वीकृत किए गए हैं—व्यावहारिक काल तथा पारमार्थिक काल। द्रव्यों के परिणाम से अनुमित तथा दंड, घटी, पल आदि अवयवों से सम्पन्न काल व्यावहारिक नाम से अभिहित किया जाता है परन्तु पारमार्थिक काल नित्य तथा निरवयव होता है।...पदार्थों की स्थिति इसका सामान्य लक्षण है। व्यावहारिक काल के ही अंगों की कल्पना की जाती है। वही सादि एवं सांत होता है, परन्तु पारमार्थिक काल अनवच्छिन्न रूप से सतत विद्यमान रहनेवाला द्रव्य है।'[54]

जैन दर्शन में जीवन की सात्त्विकता पर विशेष बल दिया गया है। इसके अन्तर्गत सम्यक् दर्शन, सम्यक् ज्ञान और सम्यक् जीवन की अवधारणा का प्रतिपादन हुआ है। इसी विचार दर्शन के आधार पर जैन-जीवन-चर्या में प्रारम्भ से ही आत्म-संयम, तप, सदाचार, अपरिग्रह, अहिंसा और समता भावना का प्राधान्य रहा है। समभाव प्राप्ति के लिए 'भय-मुक्ति', 'ऊँच-नीच' की अवधारणा-त्याग एवं सभी प्राणियों के प्रति सद्भाव की आवश्यकता पर जोर दिया है।[55] यह भय-मुक्ति काल से मुक्त होने का ही संकेत देती है।

काल एक अदृश्य सत्ता है। जैन शास्त्रकार काल को एक अरूपी द्रव्य मानते हैं और उसकी उत्सर्पिणी और अवसर्पिणी दो गतियाँ कहते हैं।[56]

सभी जैन कवियों ने अपने ग्रन्थों में संसार की अनित्यता, जीवन की क्षणभंगुरता

तथा दुख-बहुलता दिखाकर वैराग्य भावना उत्पन्न की है। इन कवियों की वाणी में उस समय प्रचलित पाखंड-बाह्याचार-आडम्बरों का खुलकर विरोध देखने को मिलता है। प्रसिद्ध जैन-रचनाकार मुनि रामसिंह के 'पाहुड़दूहा' में वर्णित है कि 'पंचेन्द्रिय संयम से ही मनुष्य निर्वाण प्राप्त कर सकता है।[57]

जैन-ग्रन्थों का मूल स्वर समाज में सदाचार की संवेदना का प्रसार करना, जीवन की अनित्यता प्रतिपादित करते हुए काल-भय से मुक्ति के उपाय सुझाना था। जैन कवियों ने समाज में व्याप्त दुराचार का विरोध किया तथा नैतिकता एवं आत्मिक शुद्धता पर बल देते हुए आध्यात्मिक जीवन बिताने की शिक्षा प्राणी मात्र को दी है। जैन साहित्यानुसार काल एक व्यापक और अनिवार्य सत्य है। प्रत्येक जीव को अपने निर्धारित कर्मों का फल भोगना ही पड़ता है। जीव अकेला ही अपने कर्मों में लिप्त रहता हुआ अन्ततः मृत्यु को प्राप्त होता है। जन्मान्तर से अकेला ही दुख सहता रहता है—'सत्य ही इस संसार में कहीं सुख नहीं, सच है कि मेरु पर्वत के समान अपरिमित दुख है। सच ही जरा, जन्म-मरण का भय लगा रहता है और जीवन जल-बिन्दु के समान है।[58] सांसारिक आसन्न काल से अनभिज्ञ जीव सदैव विषयों में उलझा रहता है जबकि यह संसार केवल मायाजाल है और भ्रममात्र है। शरीर तो नाशवान है ही।

मीमांसा दर्शन काल को द्रव्य मानने के साथ-साथ समस्त ज्ञान का प्रति-कारण मानता है। गौड़ीय दर्शन काल को चार शाश्वत सत्यों में से एक सत्य मानता है। जैन आगम 'उत्तराध्ययन सूत्र' में काल को वर्तनालक्षण (परिवर्तन लानेवाला) कहा गया है।... काल की जैन अवधारणा इस प्रकार काल को न तो अस्वीकार करती है न इसे आत्यन्तिक रूप में स्वीकार करती है, इसकी स्थिति बीच में है। यह काल को एक अन्त्य इकाई समय या अद्धा मानती है, जिसको मापा नहीं जा सकता, जिसको विश्लेषित नहीं किया जा सकता।[59]

जैन-दर्शन और साहित्य में काल को व्यापक और अनिवार्य सत्य माना गया है। इनके अनुसार काल एक सरूपी द्रव्य है और अदृश्य सत्ता के रूप में विद्यमान है। यह तो मानव-जीवन की विडम्बना है कि वह संसार की नश्वरता और क्षणभंगुरता से अपरिचित रहते हुए सांसारिक भोगों में लीन रहता है। इसलिए इन कवियों ने मानव को विनाशशील जगत् से परामुख होकर मोक्ष प्राप्ति की ओर प्रेरित किया है। प्रत्येक जीव में काल का अंश निहित है। जिसने इस मर्त्यलोक में जन्म लिया है उसे काल का शिकार होना ही पड़ेगा। इससे बचने का एकमात्र उपाय ईश्वरीय साधना द्वारा मुक्ति-मार्ग खोजना है, यही जैन दर्शन का मूल सार है।

बौद्ध दर्शन के अनुसार मनुष्य जड़ तत्त्वों (पृथ्वी, जल, वायु, आकाश, अग्नि) से मिलकर बना है। इनका परस्पर घर्षण ही उसे जीवित रखता है। ये तत्त्व परिवर्तनशील हैं। एक का भी क्षय मृत्यु का कारण बन जाता है। बुद्ध के 'सब्बं दुखं' के सिद्धान्त में मृत्यु को दुख का कारण कहा गया है—'गौतम बुद्ध ने घोषणा की कि सब कुछ दुख है (सब्बं दुखं, सर्वदुखम्) फिर इस लोक को ही दुखलोक और मृत्युलोक (मृत्यु सबसे

बड़ा दुख है) माना गया। जरा और मरण घोर दुख समझे गए। जरा-मरण, बौद्ध-धर्म तथा दर्शन में दुख-सामान्य का पर्याय बन गया। जन्म, इच्छा, तृष्णा आदि भी दुख का रूप समझे गए।'[60]

बौद्ध धर्मानुसार तृष्णा के निरोध में ही मनुष्य का निर्वाण निहित है। बौद्ध ग्रन्थाकारों ने समाज में व्याप्त रूढ़िवादी कर्मकांड का खुलकर विरोध किया है। भोग-विलास का जीवन त्यागकर ही मनुष्य सच्चा ज्ञान प्राप्त कर सकता है।

बौद्ध धर्म-दर्शन विनाश में वस्तु का अन्त न मानकर उसे रचनात्मक परिवर्तन का नाम देता है—'पुरानी वस्तु के विनाश से नई वस्तु की उत्पत्ति होती है। उत्पत्ति के इस सिद्धान्त को 'प्रतीत्य समुत्पाद' अथवा 'आश्रित उद्भव' कहते थे। इसका अर्थ, बुद्ध के ही शब्दों में यह था कि उसकी उत्पति से, इसकी उत्पति होती है। अथवा जब एक वस्तु नष्ट अथवा विलुप्त हो जाती है, तो दूसरी की उत्पति होती है अथवा जब यह था तो यह आया, और यह था तो यह हुआ।'[61]

बौद्ध धर्म में संसार की अनित्यता, तृष्णा की व्यापकता का विस्तृत वर्णन करते हुए निवृत्ति के उपाय अपने ग्रन्थों में समझाए हैं। 'धम्मपद' में कहा गया है—'जो व्यक्ति संसार को बुलबुले के समान अनित्य जानता है और विजय तथा वैर को समान भाव से ग्रहण करता है वही सुख-निद्रा को प्राप्त करता है।'[62]

बौद्ध दर्शन में प्रत्येक वस्तु को निरन्तर परिवर्तनशील और वस्तुओं की स्थिरता को चाक्षुष-भ्रम माना गया है। किसी भी वस्तु या पदार्थ का अस्तित्व शाश्वत नहीं है। इस पृथ्वी पर सभी तत्त्व अस्थायी और परिवर्तनशील हैं। कुछ भी अनश्वर या शाश्वत नहीं है। स्पष्ट है कि अनवरत परिवर्तनशीलता वस्तु या पदार्थ में इसलिए दृष्टिगत होती है क्योंकि वे अस्तित्व प्राप्त करने की प्रक्रिया से गुजर रहे हैं। बुद्ध की इस अवधारणा को 'धम्मपद' में इस प्रकार विश्लेषित किया गया है—... प्रत्येक वस्तु जिसका अस्तित्व है, किन्हीं विशेष कारणों और स्रोतों से उत्पन्न होती है, और ये सदा ही अस्थायी रहते हैं। जो शाश्वत दृष्टिगोचर होता है उसका अन्त भी अवश्य होना चाहिए, जो जोड़ा जाता है, उसे अलग भी होना चाहिए, जो पैदा हुआ है, उसे मरना भी चाहिए।[63] इन पंक्तियों से स्पष्ट होता है कि परिवर्तन ही पदार्थ और वस्तु का सत्य है, यही बौद्ध दर्शन का सार है—जीवन...अस्तित्व में आने और अस्तित्वहीन हो जाने की एक निरन्तर प्रक्रिया है।[64] यहाँ आना और जाना गत्यात्मकता का सूचक है।

बौद्ध-दर्शन के अनुसार मृत्यु परिवर्तन-चक्र का अनिवार्य सत्य है। 'वहाँ मृत्यु को धर्मों (तत्त्वों) के निश्चित संयोग का बिखराव माना जाता था जिसके बाद एक नया संयोग तैयार होना था।'[65] जातक में स्पष्ट कहा गया है—'संसार में ऐसा स्थान नहीं है जहाँ कोई न मरा हो।'[66] सांसारिक नश्वरता पर यह स्पष्ट टिप्पणी है।

शून्यवाद का मत है—काल की स्थिति और उत्पत्ति नहीं है क्योंकि वह प्रतीत्य प्रत्युत्पन्न है। भाव के अभाव के कारण काल की स्थिति भी सिद्ध नहीं होती। हेतु और प्रत्यय से सामग्री और फल की उत्पति नहीं हो सकती।...जन्म और मरण को ही

माध्यमिक कारिकाओं में सम्भव-विभव कहा गया है।...तीनों कालों में भी संसार सृष्टि नहीं है और जो त्रिकाल में भी नहीं है, तो वह सृष्टि कैसी।[67]

अनात्मवादी बुद्ध ईश्वर एवं आत्मा की अवधारणा का निषेध करते हुए मृत्यु को शरीर-परिवर्तन न मानने के बावजूद जीवन को शरीर से परे वैयक्तिक चेतना के स्तर पर वर्तमान मानते हैं। इस प्रकार बौद्ध-दर्शन काल को केवल व्यावहारिक सत्ता स्वीकार करता है।

सांख्यदर्शन काल को अलग तत्त्व नहीं मानता—

न कालो नाम कश्चित् पदार्थो अस्ति।
किं तर्हि क्रियासु काल संज्ञा। ताश्च करणवृत्ति।[68]

अर्थात् काल क्रिया से भिन्न नहीं है और क्रिया इन्द्रियों की वृत्ति या चेष्टा मात्र है और इन्द्रियाँ अन्ततः प्रवृत्ति तत्त्व में।

माध्यमिक या शून्यवादी बौद्ध और योगाचारवादी या विज्ञानवादी बौद्ध भी काल की निरपेक्ष सत्ता नहीं स्वीकार करते।

काव्य-ग्रन्थों में काल तत्त्व

संस्कृत काव्य

विश्व-प्रसिद्ध संस्कृत-ग्रन्थों में भी काल के स्वरूप पर बहुविध विचार किया गया है। भर्तृहरि अपने 'वैराग्यशतक' में कहते हैं कि काल की गति तो निर्धारित है ही, मृत्यु के समक्ष मनुष्य विवश है—जो मनुष्य जन्म ग्रहण करता है, उसे मृत्यु जबर्दस्ती अपने वश में कर लेती है।[69] समस्त जीवन सुख-प्राप्ति में व्यतीत करने के पश्चात् वृद्धावस्था आने पर मानव-शरीर कान्तिहीन होने लगता है। काल के हाथों बँधा व्यक्ति चुपचाप यम-नगरी की ओर चला जाता है—बुढ़ापे से जीर्ण-शीर्ण होकर मनुष्य नट की भाँति यमराज की नगरी के पर्दे के पीछे चला जाता है।[70] काल का देवता यमराज नट के समान मनुष्य को अपने वश में रखता है। दिन-रात काल मानव जीवन से क्रीडा करता रहता है। विधि का विधान तो निश्चित है। मानव तो काल के हाथों का मोहरा मात्र है। 'काल-पुरुष मनुष्यों की गोट बनाकर दिन-रात पाँसों को फेंककर, कालयामिनी से क्रीड़ा करता है। उस गृह में जहाँ केवल बहुत लोग थे, वहाँ केवल एक ही शेष है, अन्त में एक भी नहीं रह जाता है।'[71] प्रसिद्ध संस्कृत ग्रन्थकार भर्तृहरि ने अपने वैराग्यशतक द्वारा यह समझाने का प्रयास किया है कि मानव जीवन तो क्षणभंगुर है। हम प्रतिदिन नदी के तट पर उगे बालू के पेड़ की भाँति निरन्तर पतन की ओर जा रहे हैं। सभी सगे-सम्बन्धी एक-एक करके साथ छोड़कर चले जाते हैं। जीवन तो क्षण-क्षण में समाप्त होता जा रहा है—आयु प्रतिदिन कच्चे घड़े से स्रवित जल के समान नष्ट होती जा रही है।[72]

अश्वघोष के अनुसार काल बड़ा घातक है। मृत्यु इस संसार में सब अवस्थाओं में रहनेवाले मनुष्यों को अचानक घसीटकर ले जाती है। 'काल नित्य ही लोगों का हरण कर रहा है, वह बुढ़ापे की प्रतीक्षा नहीं करता।'[73] मनुष्य इस लोक में मृत्यु से सबसे अधिक डरता है लेकिन फिर भी इससे बचने का कोई मार्ग दिखाई नहीं देता—बुढ़ापा, रोग और मृत्यु इस संसार का महाभय है। ऐसा कोई देश नहीं है जहाँ लोगों को यह भय नहीं होता है।[74] इस लोक में मृत्यु पर विजय पाना सम्भव नहीं है। भला मृत्यु के ऊपर किसका अधिकार हो सका है ? बड़े से बड़े शूरवीर, ज्ञानी भक्त भी इसके सामने दुर्बल हैं—संसार में जन्मा मनुष्य विद्वान और बलवान होने पर भी मृत्यु को न जीत सकता है, जीत सका है और न जीत सकेगा।[75] अश्वघोष का यही विचार था कि मृत्यु का सामना किसी भी अवस्था के प्राणी को करना पड़ सकता है।

प्रसिद्ध संस्कृत-कवि भास अपने काव्य 'स्वप्नवासवदत्ता' में संसार की नश्वरता के चिरपरिचित सत्य का वर्णन करते हुए कहते हैं कि मृत्यु का समय आ जाने पर कौन किसको बचा सकता है? रस्सी के टूट जाने पर घड़े को गिरने से कौन रोक सकता है? इसी तरह मनुष्य भी वृक्षों के समान (जैसे वृक्ष समय-समय पर काटे जाते हैं और उत्पन्न हो जाते हैं) समय-समय पर मरते और उत्पन्न होते हैं।[76]

भारवि के अनुसार, 'काल की आज्ञा अनुल्लंघनीय है।'[77] 'हर्षचरित' में बाणभट्ट का कहना है कि, 'निरन्तर परिवर्तित होता हुआ यह काल लोक महापुरुषों को भी एक साथ अनादरपूर्वक गिरा देता है जैसे बड़े-बड़े पर्वतों को शेषनाग।'[78]

संस्कृत ग्रन्थों में यही वर्णित है कि काल-गति अत्यन्त वेग के साथ चलती है। शिशु, युवा, वृद्ध किसी भी अवस्था का ध्यान नहीं रखती। काल तो जगत् का भक्षक है। काल अपनी गति-अनुसार चलता रहता है। क्षेमेन्द्र का कथन है कि वेग के साथ घूमती हुई चक्र का भ्रम उत्पन्न करनेवाली काल-गति देखी नहीं जाती।

कल जो शिशु था आज वही पूर्ण युवा है और कल।
प्रातः वही जरा-जीर्ण शरीरवाला हो जाएगा।[79]

स्पष्ट है कि संस्कृत रचनाकारों भर्तृहरि, अश्वघोष, भास, भारवि, बाणभट्ट इत्यादि ने मानवीय जीवन के सन्दर्भ में काल के अपरिहार्य आतंक का मार्मिक वर्णन किया है। उनके अनुसार काल काल्पनिक नहीं, यथार्थ सत्ता है। मृत्यु से कोई, किसी को नहीं बचा सकता। अत्यन्त तीव्र गति से क्रियाशील मृत्युरूपी काल अवस्था-विशेष का ध्यान नहीं रखता और अपनी गति से चलता हुआ, अपने मार्ग में आनेवाले जीवों को नष्ट कर देता है। क्षणभंगुर मनुष्य घातक काल का सामना नहीं कर सकता। अत्यन्त बलशाली और सत्ताधारी भी काल के हाथों मृत्यु को प्राप्त होते हैं।

आदिकालीन हिन्दी काव्य

आदिकालीन हिन्दी काव्य में वीररसपूर्ण काव्य की प्रधानता रही है। कवि की दृष्टि

राजदरबार तथा युद्धभूमि के वर्णनों तक सीमित रही है। आदिकाल हिन्दी साहित्य का प्रारम्भिक काल था, इसलिए इस काल में किसी भी गम्भीर विचारधारा का सम्यक् विकास नहीं हुआ। इस काल का साहित्य राजाओं की प्रशस्ति का साहित्य है। इस काल का साहित्य लोक जीवन से कोसों दूर था। इसी कारण काल सम्बन्धी विचारों का संक्षिप्त समावेश इस काल के काव्य में सम्भव हो पाया है।

चन्दबरदायी इस युग के प्रतिनिधि हैं। अपने काव्य 'पृथ्वीराजरासो' में उन्होंने यदा-कदा अपने काल (मृत्यु) सम्बन्धी विचारों का परिचय दिया है। रासो में चन्दबरदायी ने अनेक स्थानों पर यह विचार व्यक्त किया है कि 'जिसकी रक्षा ईश्वर करता है उसे कोई मार नहीं सकता। जब जिसकी मृत्यु आती है तब उसे कोई बचा नहीं सकता और मृत्यु जब भवितव्य होती है तभी आती है, पहले या बाद में नहीं।'[80] कवि के अनुसार काल की गति नियति द्वारा निर्धारित होती है। मनुष्य का अस्तित्व कुछ भी नहीं है। अतः उसे अपनी शक्ति, धन आदि पर अभिमान नहीं करना चाहिए। काल-गति के अनुसार वह उन्नति और पतन की ओर जाता है। जब काल-गति मनुष्य के पक्ष में होती है तब वह राई से पर्वत बन जाता है और जब काल-गति विपरीत होती है तब एक क्षण में मानव इन्द्रासन से च्युत होकर धराशायी हो जाता है। 'रासो' में चन्द ने अपने इस मत की पुष्टि कई दृष्टान्तों द्वारा की है।'[81] अन्य ज्ञानियों की भाँति चन्द भी यह स्वीकारते हैं कि यह संसार केवल मोह माया का बन्धन है। काल के आगे तो सब विवश हैं।[82] पृथ्वीराज काल-गति की विविधता में बहुत विश्वास करते थे। तभी तो वह राजकुमार को समझाते हुए कहते हैं :

कालं देव देव संहारं। कालं मन्दिर मेर ढहारं।
कालं जगत विलोमं। कालं सिध साधक्क न ओभं।
कालं अजा जठर हरिवासं। कालं मानुष इन्द्र विनासं।
कालं लकां गढ़ किए पाजं। कालं दियंवभीषन राजं।[83]

कवि चन्द काल की सर्वव्यापकता स्वीकार करते हुए भी मनुष्य के मन में मृत्यु के प्रति किसी भी प्रकार का भय अपने काव्य में वर्णित नहीं करते क्योंकि वह पूर्णतः नियतिवादी दृष्टिकोण अपनाते हुए चलते हैं। उनका कहना है कि हम सब काल के अधीन हैं लेकिन मृत्यु तभी होती है जब उसका समय आता है। अतः किसी भी प्रकार भयभीत होना उचित नहीं।[84]

वीरगाथा काल हिन्दी साहित्य का प्रारम्भिक काल है। इस काल में राजनीतिक, धार्मिक तथा सामाजिक जीवन में अनेक विशृंखलताओं के दर्शन होते हैं जिससे काव्य-भूमि का सम्यक् विकास नहीं हो पाया है। परिस्थितियों की कठोरता ने कवि की चेतना को अवरुद्ध कर दिया। अतः नवीन विचारों का उन्मेष तो सम्भव ही नहीं हो पाया। लोक-जीवन तथा जीवन के गम्भीरतम विषयों पर किसी भी कवि के विचार काव्यों में दृष्टिगोचर नहीं होते। संक्षेप में इस काल की 'काल' सम्बन्धी अवधारणा के विषय में यही कहा जा सकता है कि काल सर्वशक्तिमान है। व्यक्ति की नियति ही

प्रधान है। काल-गति के सम्मुख सभी प्राणी विवश हैं। व्यक्ति को माया-मोह से बचना चाहिए तथा ईश्वर की आराधना में लीन रहना चाहिए।

आदिकालीन वीररसात्मक काव्याख्यानों के अतिरिक्त अन्य काव्य-रचनाओं में भी काल की अपरिहार्य शक्ति को थोड़ा बहुत रेखांकित किया गया है लेकिन मृत्यु उन रचनाकारों की चिन्ता की मुख्यधारा में नहीं है। इसीलिए यहाँ अधिक विस्तार समीचीन नहीं होगा।

मध्यकालीन हिन्दी काव्य

भक्तिकाल में ईश्वर की आराधना पर विशेष बल दिया है। कबीर, सूर, तुलसी और जायसी इस युग के प्रतिनिधि कवि हैं। इन कवियों ने अपने काव्यों में प्रेम, ज्ञान व भक्ति का ऐसा अजस्र स्रोत प्रवाहित किया है जिसकी रसधारा में भक्तजन आज तक आकंठ निमग्न हैं। भक्तिकाल में निराकार-साकार के रूप में भक्ति का विवेचन किया है। दोनों ही रूपों में ईश्वर को सर्वशक्तिमान और सृष्टिकर्त्ता माना गया है तथा काल पर भी अपना गम्भीर चिन्तन पेश किया है।

दादू ने अपनी वाणी में काल पर विशद विवेचन करते हुए लिखा है कि जो मनुष्य आजन्म बुरे कर्म करता है उसे भवचक्र से कभी छुटकारा नहीं मिलता। काल-गति बड़ी भयंकर है। समस्त जगत् इससे आतंकित रहता है, ब्रह्मा, विष्णु एवं महेश आदि देवता भी उससे काँपते रहते हैं।[85] इस विषय में जीव निरीह है। वह स्वयं कुछ भी नहीं करता। ईश्वर जिसकी रक्षा करता है वह जीवित रहता है और ईश्वर जिसे मारता है, वह मरता है।[86] दादूजी का कहना है कि मनुष्य की आयु तो क्षण-क्षण में घटती रहती हैं। काल शरीर रूपी काठ को कीड़े की भाँति नित्यप्रति खाता है जिससे मनुष्य की आयु क्षीण होती जाती है।[87] इस संसार में आते ही मनुष्य विषय-वासनाओं में डूब जाता है। जगत् की वास्तविकता से अनभिज्ञ, भोगों में डूबा व्यक्ति काल से उसी प्रकार बेखबर रहता है जैसे वन में क्रीड़ामग्न मृग व्याघ्र के तीर से अनजान रहता है।[88] भक्त कवि दादू का कथन है कि हम सब काल के शिकार हैं तथा किसी भी उपाय से उसके हाथों जाने से बच नहीं सकते। उन्होंने इस बात पर दुख व्यक्त किया है कि काल सदैव मनुष्य के सिर पर मँडराता रहता है फिर भी वह नश्वर सुखों के पीछे भागता हुआ अपना जीवन व्यर्थ खो देता है। दादू के अनुसार जिस पदार्थ की उत्पत्ति होती है उसका नाश भी होता है। अतः शरीर की उत्पति और नाश दोनों ही होते हैं। शरीर को तो मिट्टी में मिलना ही है।[89]

मलूकदास भाग्यवादी कवि हैं। उनके अनुसार ईश्वर की आज्ञा का कोई उल्लंघन नहीं कर सकता। इस संसार में कोई भी अमर नहीं है। सब मिट्टी के पुतले हैं, जब काल आता है तो जाना ही पड़ता है।

जबहीं भेजे तबहि बुलावैं, हुकुम भया कोई रहन न पावैं।[90]

उम्र-भर सुखों में लिप्त प्राणी काल के सम्मुख जाने पर रोता-चिल्लाता रह जाता है।[91] मलूकदास का कहना है कि जगत् में सब सम्बन्ध मिथ्या हैं। संसार के सभी सम्बन्ध अल्प-स्थायी हैं। अनित्य संसार के साथ संसार के सुख भी अनित्य हैं।

सन्त कवि रज्जब का भी यही मानना है कि पल-पल में आयु क्षीण होती जाती है। यम ही मनुष्य का सबसे बड़ा दुश्मन है जो हर समय प्राणों की ताक में रहता है।[92] उनके अनुसार काल उसी प्रकार दग्ध कर देता है जिस प्रकार वनखंड की दावाग्नि वन को नष्ट कर देती है।[93] अपनी एक अन्य साखी में रज्जब का कथन है कि मृत्यु किसी भी व्यक्ति की पदवी, ऐश्वर्य, सौन्दर्य आदि कुछ भी नहीं देखती। बड़े-बड़े बलवान राजा और महान् तपस्वी भी काल के ग्रास बन गए तो सामान्य मनुष्य की बिसात ही क्या है।[94] काल तो नित्यप्रति कोल्हू के बैल के समान मनुष्य रूपी तिलों को कुचलता रहता है। जिस प्रकार सूर्य और चन्द्र रोज उदित व अस्त होते हैं उसी प्रकार मानव का जन्म व मृत्यु-रूपी चक्र सदैव चलता ही रहता है।

सन्त सुन्दरदास के मतानुसार सभी सांसारिक सम्बन्ध व्यावहारिक हैं और व्यावहारिक जीवन अनित्य है। मनुष्य इस जीवन में आकर सुखों में इतना उलझ जाता है कि वह अपने स्वरूप की महत्ता को भूल जाता है। सुन्दरदास का कहना है कि मृत्यु के आघात को कोई नहीं बचा सकता। मरण-काल में, मनुष्य जिन्हें अपना सहायक समझता है, वे भी मृत्यु को रोक रखने में निरुपाय होते हैं।[95] आगे इनका कहना है कि 'काल एक बली राजा है, जिसकी सेनाएँ सदा सिर पर गरजती हैं। दुर्ग का ऐसा कोई द्वार नहीं जहाँ उसने घेरा न डाला हो। इससे बचकर मनुष्य कहीं भी नहीं जा सकता। वह मनुष्य को केशों से पकड़कर जीवन और मृत्यु के बीच ऐसा झुलाता है कि कोई भी सहायता नहीं कर सकता।'[96] सन्त कवियों के सदृश धरमदासजी ने भी ऐसा ही विचार अपने काव्य में वर्णित किया है कि 'मनुष्य बार-बार उत्पन्न होता है, बार-बार यम का ग्रास बनता है। यह संसार तो मानो रहट-घड़ियाँ हैं जो एक-एक करके रिक्त होती जाती हैं, पुनः भरती हैं, पुनः रिक्त होती हैं। यह क्रम अनादिकाल से चल रहा है और अनन्त काल तक चलता रहेगा।'[97]

सन्त जगजीवन साहब ने संसार को चार दिन का बसेरा माना है। इनके अनुसार माता-पिता, धन-दौलत सबका साथ एक दिन अवश्य छूट जाएगा अतः हमें गुरु की शरण में जाकर इस अनित्य संसार से मुक्त होने का उपाय खोजना चाहिए।[98]

सन्त पलटू ने मृत्यु का दृश्य वर्णित करते हुए कहा है कि परिवार के व्यक्ति श्मशान जाकर मृत का अन्तिम संस्कार कर देंगे, जीवन की अभिलाषा अधूरी रह जाएगी किन्तु माया-मोह से मुक्ति नहीं मिल पाएगी। इसलिए ऐसे जीवन का विश्वास करना उचित नहीं। पारिवारिक सुख क्षणिक है। जीवन मिट्टी के घट के समान विनाशशील, धुएँ के महल के समान अस्तित्वहीन और बालू की दीवार के समान अनिश्चित है।[99]

ज्ञानाश्रयी कवियों ने संसार की अनित्यता पर विशेष प्रकाश डाला है। यम के दूतों से बचना सम्भव नहीं। सभी सांसारिक सम्बन्ध स्वार्थपूर्ण हैं, इसलिए इनसे बचना

चाहिए। मनुष्य को आत्मज्ञान की प्राप्ति के लिए प्रयत्नशील रहना चाहिए। मनुष्य को सांसारिक सुखों की खोज में व्यर्थ न भटककर ईश्वरीय साधना में लीन रहना चाहिए। तभी वह काल-भय से मुक्त रह सकेगा तथा निडरतापूर्वक उसका सामना कर सकेगा।

सूफी कवियों ने भी संसार की आसारता, नश्वरता तथा क्षणभंगुरता का विशद वर्णन अपने काव्य में किया है। सूफी कवियों के अनुसार सृष्टि की प्रत्येक वस्तु का निश्चित अवसान है, उसका नाश तो अवश्यंभावी है। एक दिन सभी को परमसत्ता के पास जाना है। इस संसार में कुछ भी अमर नहीं है, हर वस्तु का अन्त होना है। नूर मुहम्मद का मानना है कि सृष्टि नाशवान है, इसका वास्तविक अस्तित्व कुछ भी नहीं। स्वप्न के समान यह जीवन क्षणिक एवं महत्त्वहीन है। मानव जीवन दीपक की लौ के समान है जिसे कालरूपी वायु प्रतिक्षण नष्ट कर देने को उत्सुक है।[100]

परिवर्तनशीलता संसार का नियम है। जीव अकेला ही जन्म लेता है व अकेला ही उसे यमलोक जाना पड़ता है। संसार की भाँति सांसारिक सम्बन्ध भी मिथ्या है। मानव का साथ कोई नहीं देता। जब अपनी काया ही साथ नहीं देती तो किसी अन्य से यह आशा करना व्यर्थ है।

कासिमशाह कहते हैं कि इस संसार से प्रीति अच्छी नहीं।[101]

शेख रहीम सृष्टि की नश्वरता व्यक्त करते हुए कहते हैं–'काल रूपी बाज दिन-रात जीव रूपी मैना के पिंजरे के ऊपर मँडराता रहता है। थोड़ा सा अवकाश पाते ही वह उसे नष्ट कर डालने को तत्पर रहता है।[102]

सूफी कवियों ने काल की अवधारणा पर गम्भीर तथा चिन्तनपूर्ण विचार किया है। सूफी कवियों का कहना है कि संसार की प्रत्येक वस्तु एक निश्चित काल तक रहती है। क्षणभंगुर संसार की कोई वस्तु स्थिर नहीं है। काल ने पूरे विश्व पर अपना साम्राज्य स्थापित किया हुआ है। सांसारिक सुख, सगे-सम्बन्धी मिथ्या हैं। काल के निकट आने पर ही मानव को इस संसार की नश्वरता का ज्ञान होता है।

भक्तिकाल के प्रसिद्ध भक्त कवि तुलसी ने भी काल की अवधारणा पर सूक्ष्म विचार प्रस्तुत किया है। तुलसी के अनुसार जन्म-मरण, सुख-दुख, मिलन-वियोग आदि सब काल और कर्म की गति पर निर्भर है :

जन्म-मरन सब सुख-दुख भोगा।
हानि लाभ प्रिय मिलन वियोगा।।
काल करम बस होहिं गोसाईं।
बरबस राति-दिवस की नाईं।।[103]

राम के वनवास जाने के उपरान्त दशरथ का प्राणान्त हो जाता है। स्वयं माता कौशल्या धैर्य धारण करते हुए सबको काल-गति का स्मरण दिलाती हुई कहती हैं :

सो आंदरि अ करि अ हित मानी।
तजिअ विषादु काल गति जानी।।

लखि विधि बाम कालु कठिनाई।
धीरजु धरहु मातु बलि जाई।।[104]

काल-गति के विपरीत होने पर सब कार्य प्रतिकूल होते हैं। मन्दोदरी के लाख समझाने पर रावण जब सीता को त्यागने की बात नहीं मानता तो वे जान जाती हैं कि रावण पूर्णतः काल के वशीभूत हो गया है :

मन्दोदरी हृदय अस जाना।
काल वस्य उपजा अभिमाना।।[105]

काल के वश में होने पर रावण को उचित-अनुचित का ज्ञान नहीं रह जाता :

मन्दोदरि मन महुँ अस ठयऊ।
पियहि काल बस मति भ्रम भयऊ।।[106]

काल के वशीभूत रावण को मन्दोदरी यह समझाने का प्रयास करती है :

काल दंड गहि काहु न मारा।
हरइ धर्म बल बुद्धि विचारा।।
निकट काल जेहि आवत साईं।
तेहि भ्रम होहि तुम्हारिहि नाईं।[107]

तुलसीदासजी का कहना था कि जो व्यक्ति काल के वशीभूत हो जाता है, वह किसी भी शिक्षा को ग्रहण करने योग्य नहीं रहता :

सुन-सूत भयउ काल-बस रावन।
सो कि मान अब परम सिखावन।।[108]

बड़े-बड़े राजा, पराक्रमी व्यक्ति, दस-मुखोंवाले व्यक्ति भी काल की गति का शिकार होने से बच नहीं सकते :

सहसबाहु, दसबदन आदि नृप बचे न काल वलीते।
हम-हम करि धन-धाम सँवारे, अन्त चले उठि रीते।।[109]

तुलसीदासजी ने अपनी रचनाओं में काल की गति को अनिवार्य बतलाया है। एक बार काल के वशीभूत होने पर मनुष्य को कोई भी नहीं बचा सकता।

भक्तिकाल के अधिकांश कवियों ने काल-विषयक गम्भीर विचारों का विवेचन अपने काव्य में किया है तथा लोगों के मन में काल के प्रति भय उत्पन्न न करके बल्कि ईश्वरीय साधना, सादगी, त्याग तथा मानवीयता की भावनाओं का समावेश प्राणीमात्र के जीवन में किया। भक्तिकाल की निर्गुण-धारा के महान् कवि कबीरदास ने 'काल' पर अपने अत्यन्त महत्त्वपूर्ण तथा गम्भीर विचार व्यक्त किए हैं, जिनका विवेचन एक पृथक् अध्याय में किया जाएगा।

मध्यकाल के उत्तरार्ध अर्थात् रीतिकालीन काव्य में काल-सम्बन्धी वर्णन बिल्कुल नगण्य हैं क्योंकि इस काल के अधिकांश कवियों का काव्य-उद्देश्य शृंगारपरक रचनाओं द्वारा अपने आश्रयदाताओं का गुणगान करना था न कि अपने काव्य द्वारा जीवन-जगत् सम्बन्धी किसी गहन विषय का वर्णन करना। केशव, पद्माकर, देव[110] आदि रीतिकालीन

कवियों ने जीवन-जगत् के बारे में बड़ा संक्षिप्त वर्णन एकाधिक स्थान पर किया है। संक्षेप में इतना ही कहा जा सकता है कि रीतिकालीन काव्य-धारा में काल सम्बन्धी चिन्ता का अभाव ही दृष्टिगोचर होता है।

आधुनिक हिन्दी काव्य

नवीन चेतना तथा उद्भावनाओं से ओतप्रोत आधुनिक साहित्य के प्रतिभाशाली लेखकों व कवियों ने 'काल' की अनेकविध तात्त्विक मीमांसा की है। काल की पूर्वकालीन अवधारणा का समर्थन करते हुए सभी आधुनिक साहित्यकारों का भी यही मत है कि काल अर्थात् मृत्यु पृथ्वी का शाश्वत सत्य है। भौतिक तथा नश्वर शरीर की अमरता किसी प्रकार सम्भव नहीं। सुख-दुख जीवन रूपी रथ के दो पहिए हैं। काल से भयभीत होकर हमें अपने कर्तव्य से पीछे नहीं हटना चाहिए।

खड़ी बोली के प्रथम महाकाव्य के रचयिता अयोध्यासिंह उपाध्यायजी का कहना है बिना कोई अपराध किए काल हमारा शत्रु बन जाता है :

बिना किए अपराध भी रिपु बनता है काल।
गाली देती जीभ है मुँह बनता है लाल।[111]

आधुनिक बँगला साहित्य के महत्तम रचनाकार महाकवि टैगोर का कथन है कि मानव जीवन का भौतिक ऐश्वर्य क्षणभंगुर है। मनुष्य को कभी भी अहंकार नहीं करना चाहिए। काल की अक्रूर गति से हमारा बचना सम्भव नहीं :

आमार कीर्ति रे अभि करि ना विश्वास
जानि, काल सिन्धु तारे
नियत तरंग धाते
दिनै दिनै दिबै लुप्त करि।[112]

अर्थात् मैं अपनी कीर्ति का विश्वास नहीं करता। मैं जानता हूँ कि काल-सिन्धु अपनी प्रतिदिन की नियमित तरंगों की मार से उसे लुप्त कर देगा।

कवि नरेश मेहता का मानना है कि काल तो अनश्वर है। हम उसे किसी तरह जीत नहीं सकते। हमारा कर्तव्य केवल कर्म करना है :

उस अजन्मे अमर्त्य महाकाल को
न जन्म से
न मृत्यु से
न सम्बन्धों से
योजित या विभाजित किया जा सकता
उस महानियम के निकट
हम केवल कर्म के क्षण हैं।[113]

राष्ट्रकवि मैथिलीशरणजी सम्पूर्ण विश्व में काल को एक बली राजा के रूप में

देखते हैं :

हैं विश्व में सबसे बली सर्वान्तकारी काल ही
होता अहो. अपना पराया काल के वश हाल ही।[114]

गुप्तजी के अनुसार समय का पहिया तो निरन्तर घूमता रहता है। रोज असंख्य प्राणी शरीर धारण करते हैं व असंख्य काल की गोद में समा जाते हैं :

हा देव! अब वे दिन कहाँ हैं और वे रातें कहाँ?
हैं काल की घातें कि कल की आज हैं बातें कहाँ?
क्या थे तथा अब क्या हुए हम, जानता बस काल है
भगवान जानें, काल की कैसी निराली चाल है।[115]

प्रसिद्ध छायावादी कवि प्रसादजी का कहना है :

खाली न काल है निषंग।[116]

प्रसाद के अनुसार काल बड़ा निर्मोही है। काल के आने पर सब कुछ धरा का धरा रह जाता है :

निर्मोह काल के काले
पट पर कुछ अस्फुट लेखा।[117]

'कामायनी' महाकाव्य में प्रसाद ने मृत्यु को 'चिरनिद्रा' की संज्ञा देते हुए उसकी गोद को सुख प्रदान करनेवाली भी कहा है :

मृत्यु, अरी चिर-निद्रे ! तेरा
अंक हिमानी सा शीतल
तू अनन्त में लहर बनाती
काल जलधि की-सी हलचल।[118]

सुमित्रानंदन पंत के अनुसार मृत्यु से पूर्व उसकी चिन्ता में डूबकर हमें अपने आगामी जीवन को दुष्कर नहीं बनाना चाहिए :

मृत्यु के लिए सोचना
व्यर्थ - व्यर्थ है
जीवन ही है सत्य—
हमारे लिए उसी का मात्र अर्थ है।[119]

दिनकरजी का कथन है कि जीवन ही वास्तविक सत्य है। कठिनाइयों का सामना करने पर मृत्यु हमें भयभीत नहीं करतीं :

तुम स्वयं मरण के मुख पर चरण धरो रे।
जीना हो तो मरने से नहीं डरो रे।[120]

आधुनिक युग के कवियों ने काल की सर्वोपरि सत्ता को स्वीकारते हुए मानव-मन में किसी प्रकार का भय उत्पन्न करने का प्रयास नहीं किया अपितु पुरातन अवधारणाओं के अनुरूप ही अपने विचार प्रकट किए हैं। गीता के विचारों की पुनरावृत्ति करते हुए रामनरेश त्रिपाठी का कहना है :

मृत्यु एक सरिता है जिसमें
श्रम से कातर जीव नहाकर
फिर नूतन धारण करता है
काया-रूपी वस्त्र बहाकर।[121]

'तार-सप्तक' के सम्पादक कवि 'अज्ञेय' ने व्यक्ति की आत्मनिष्ठा को सर्वोपरि महत्त्व प्रदान किया है तथा काल की निष्ठुरता से टकराने का अदम्य साहस और अमिट जिजीविषा मानव को प्रदान की है :

यदि ऐसा भी हो
यह स्रोतस्विनी कर्मनाशा कीर्तिनाशा घोर काल प्रवाहिनी
बन जाए
तो हमें स्वीकार है वह भी
उसी में रेत होकर
फिर छनेंगे हम, जमेंगे हम।[122]

सुप्रसिद्ध कवि हरिवंशराय बच्चन अपने काव्य 'निशा निमन्त्रण' में कहते हैं :

चोट कड़ी है काल प्रबल की, उसकी मुस्कानों से हलकी
राजमहल कितने सपनों का पल में नित्य ढहा करता है।[123]

बच्चनजी जहाँ काल की अचूक मारक क्षमता को रेखांकित करते हैं वही आज के चर्चित कवि अशोक वाजपेयी अपने मृत्यु और अनुपस्थिति-विषयक कविताओं के संग्रह 'जो नहीं है' की विशिष्ट कविता 'फिर आऊँगा' में मृत्यु के बाद पुनः जीवन की संवेदना को व्यंजित करते हैं :

सब-कुछ राख हो जाने के बाद भी
बची रह गई पवित्र चिनगारी की तरह,
नीम के बौर की कड़वी-मीठी गन्ध की तरह,
किसी बेहद बूढ़े के जीवनव्यापी विषाद सा
किसी बच्चे की अकारण हँसी की तरह,
मैं फिर आऊँगा
भले ही जन्मान्तर के बाद
तुम्हारे ही पास।[124]

यहाँ सब कुछ नष्ट होने के बाद भी बचे रहने का भाव है।

राष्ट्रपिता महात्मा गाँधीजी का विचार था कि मृत्यु के शाश्वत सत्य से परिचित होते हुए भी मानव इससे भयभीत रहता है—'अगर कोई वस्तु मनुष्य के सामने प्रत्यक्ष है, तो वह मृत्यु ही है। ऐसा होते हुए भी इस अनिवार्य प्रत्यक्ष वस्तु का भारी डर लगता है।'[125] लेकिन गाँधीजी मनुष्य को यह बताना चाहते थे कि मृत्यु से डरकर हमें अकर्मण्य नहीं बनना चाहिए बल्कि अपने जीवन में महान कार्य कर लोगों का पथ-प्रदर्शित करते हुए अपने कर्तव्यों का पालन करना चाहिए—'काल हम सबको अपने मुख में रखे है

और नचा रहा है। जीवन-डोरी कच्चे सूत से भी कच्ची है। थोड़े दिन में दुनिया से मिट जाना है, तब कर्तव्य से क्यों भ्रष्ट हों, क्यों काम, क्रोध में जीवन गँवा दे ?'[126] उनका विचार था कि भवसागर का द्वार मृत्यु ही खोलती है। अतः उसका स्वागत मित्र की भाँति किया जाना चाहिए।

प्रसिद्ध शिक्षाशास्त्री तथा भूतपूर्व राष्ट्रपति श्री राधाकृष्णन का विचार था—'जीवन अनन्त जन्म तथा अनन्त मृत्यु की प्रक्रिया है। जन्म मृत्यु है और मृत्यु जन्म है।'[127]

बँगला के प्रसिद्ध उपन्यासकार शरद्चन्द्रजी का कहना है—'जन्म और मृत्यु का मामला एकदम प्रकृति का नियम है। इसमें हम किसी भी तरह अपना हस्तक्षेप नहीं कर सकते।'[128]

स्पष्ट है कि आधुनिक काल के कवियों ने भी पूर्ववर्ती धारा का अनुसरण करते हुए मनुष्य के मन में काल के प्रति किसी भी प्रकार का भय उत्पन्न नहीं किया बल्कि मृत्यु को जीवन का चरम विकास तथा सृष्टि का अमिट विधान कहा है। हमें अपने जीवन को कर्मण्य बनाना चाहिए तथा निर्भय हो मृत्यु का स्वागत करना चाहिए क्योंकि मृत्यु जीवन का अन्त नहीं बल्कि नवनिर्माण की प्रक्रिया है।

भक्ति की सापेक्षता में काल तत्त्व

भक्ति कालभय से मुक्ति का कारक है। काल के समानान्तर मृत्यु है और मृत्यु-भय से मुक्ति का उपाय केवल भक्ति है। सम्पूर्ण भक्ति-साहित्य इसी तथ्य की पुष्टि करता है। सन्तों ने जन-साधारण को यह ज्ञान दिया कि इस संसार की नश्वरता तथा क्षणिकता को जानकर ईश्वर में मन लगाना चाहिए। राम-नाम ही मुक्ति का हेतु है। समस्त जगत् माया का जाल है। जगत् प्रतिपल उत्पन्न और नष्ट होता रहता है—सभी वस्तुएँ मरणशील हैं एवं माया के कारण उत्पन्न और नष्ट होती हैं। मोह-माया में लीन व्यक्ति का, ज्ञान और बुद्धि नष्ट हो जाती है। सन्त रैदास के अनुसार अविद्या हरिस्मरण में बाधक है। इस शरीर की रचना पाँच तत्त्वों से मिलकर हुई है। त्रिगुणात्मक माया भ्रम है, जिसमें जीवात्मा अपने स्वरूप को विस्मृत कर पाप-पुण्य के अन्तर को भूल जाती है।[129] सन्तों के अनुसार सांसारिक सम्बन्धों के माया-जाल में जकड़ा व्यक्ति ईश्वर को भूल जाता है। मोह-माया जीवन के बन्धन का कारण है तथा आत्मबोध के मार्ग में बाधक है। सांसारिक आडम्बरों तथा धार्मिक रूढ़ियों से ग्रसित मनुष्य के लिए ईश्वरीय साधना अतिआवश्यक है तभी वह काल-भय से मुक्त होकर उन्मुक्त जीवन जी सकता है। यदि प्राणियों के मन में भगवान् के प्रति सच्ची भक्ति नहीं है तो अपने कर्मों से बँधे जीव को यमपुर ही जाना पड़ेगा।[130]

सन्तों के अनुसार मोह और अहंकार माया के ही रूप हैं। मनुष्य आजीवन भौतिक वस्तुओं और सम्बन्धों के अभिमान में डूबा रहता है परन्तु यह मायिक पदार्थ अनित्य है। पंचभूतात्मक तत्त्व विनाशशील हैं, केवल राम ही नित्य और सत्य है।[131] अहंकार

के मद में मस्त व्यक्ति कभी जन्म-मरण के चक्र से छूट नहीं सकता। अज्ञानी जीव माया-मोह में जकड़कर अपना सारा जीवन व्यर्थ खो देता है तथा वृद्धावस्था आते ही उसे काल का भय सताने लगता है। इसलिए भक्तिकाल के कवियों का यही मत था कि मानव को झूठी माया को त्यागकर राम की शरण में जाना चाहिए। संसार स्वप्न के समान मिथ्या है। पाप और पुण्य के संस्कारों से शरीर जन्मता और मरता है। उत्पन्न तथा नष्ट होना माया का धर्म और स्वभाव है।[132]

सन्त रैदासजी का कहना है कि माया अपने दुखों से मनुष्य को दुखी करती है। सांसारिक भोग तथा स्त्री, पुत्र आदि भौतिक सम्बन्ध माया के रूप हैं। मृत्यु हो जाने पर प्राणी को संसार से अकेले ही परलोक जाना पड़ता है।[133] सन्तों ने सात्त्विक जीवन की प्रतिष्ठा एवं काल-भय से मुक्त होने के लिए जनसामान्य के समक्ष सदाचार, त्याग, निष्ठा एवं भक्ति की जो नैतिक अवधारणा प्रस्तुत की, वह सामाजिक जीवन में एक व्यावहारिक आदर्श का रूप प्रस्तुत करती है। आत्मबोध के लिए सर्वाधिक आवश्यक एकनिष्ठ साधना, साहस एवं अहं-त्याग की भावना है। परमतत्त्व को पाने के लिए सर्वस्व समर्पण की भावना होनी चाहिए। मरने के भय को त्यागने के लिए ही सन्तों ने 'मरजीवा' दर्शन को प्रस्तुत किया है। भौतिक सुखों की आकांक्षा में काल एक भय है तथा मोहासक्ति का त्याग काल पर विजय का प्रतीक है।[134]

सन्तों का जीवनोद्देश्य तत्कालीन समाज में फैली अशान्ति और अव्यवस्था से पीड़ित जनता के हृदय में समता, समरसता, निर्भयता की भावना उत्पन्न करना तथा उनकी जर्जरित मनोभावना को सम्बल प्रदान करना था। व्यक्ति-व्यक्ति में फैले अन्तर्द्वन्द्व को समाप्त करना था तथा सच्ची भक्ति के प्रसार पर बल देना था। उस समय की पारिवारिक, सामाजिक, धार्मिक एवं राजनीतिक परिस्थितियों से पराजित मानव के मनोभावों को ऊँचा उठाना, सन्तों का जीवन लक्ष्य था तभी तो उन्होंने भगवान् के प्रति सच्ची भक्ति की भावना पर जोर दिया।[135]

मोह-माया मृत्यु का प्रत्यक्ष रूप है। मन के कारण ही मनुष्य जीवन-मरण के बन्धन में पड़ता है। सन्त रैदास के अनुसार माया में लिपटा व्यक्ति हरि के स्वरूप को भूल जाता है। भौतिक सम्बन्ध अनित्य हैं और प्राणी की मृत्यु हो जाने पर यह सम्बन्ध छूट जाते हैं। इसलिए मनुष्य को हरि-नाम का आश्रय लेकर मन को माया के जाल से विमुख रखना चाहिए। यदि हमारा मन शुद्ध है तो विषयासक्ति का ग्रहण उसे नहीं लग सकता।[136] मन को हरिस्मरण में लगा देने से वह आवागमन के चक्र से छूट जाता है। भौतिक बन्धनों में बँधा व्यक्ति पुनः-पुनः शरीर धारण करता है और पुनः-पुनः मृत्यु को प्राप्त होता है। मोह-माया का नाश करने पर ही आत्मस्वरूप का ज्ञान प्राप्त होता है तथा प्रभु की आराधना द्वारा ही मृत्यु-भय से छुटकारा मिलता है।

जनमानस को सम्बोधित एवं अनुशासित करने के लिए तथा तत्कालीन विकृत देशकालगत परिस्थितियों को सुधारने के लिए सन्त-कवियों ने काल के क्रूरतम रूप का चित्रण किया।[137] सन्तों द्वारा काल के भयंकर रूप को प्रस्तुत करने का उद्देश्य लोगों

को मोहासक्ति की चेतना से मुक्त कराना, लोक-रूढ़ियों को तोड़ना तथा नाम-स्मरण की महत्ता पर जोर देना था। सन्तों द्वारा प्रतिपादित कालगत अवधारणा के अन्तर्गत व्यापक 'काल-सत्य' ही निरन्तर जीवन के रूप में अभिव्यंजित हुआ मिलता है।[138] इस संसार को काल-गति से कोई बचा नहीं सकता। केवल वही बच सकता है जिसने ईश्वर में अपने को साकार कर लिया है अथवा अकाल-तत्त्व में अपनी चेतना को प्रतिष्ठित कर चुका है।[139] अन्यथा सभी कुछ काल के मुख में है। यहाँ तक कि स्वयं 'काल' भी काल के वशीभूत है।[140]

व्यक्ति की अन्तर्चेतना को जागृत करके समाज का कल्याण करना सन्तों का जीवनोद्देश्य था। भक्ति ही सब सुखों का सार है। प्रभु-स्मरण जहाँ एक ओर जीवन के संघर्षों का सामना करने की शक्ति देता है वहीं दूसरी ओर काल के भय से मन को मुक्त कर सकता है। परमतत्त्व के वास्तविक स्वरूप से परिचित होकर व्यक्ति मोक्ष प्राप्त कर सकता है। सच्ची भक्ति द्वारा ही मनुष्य में विवेक जागृत होता है और वह आजीवन सत्कर्मों में लीन रहता है। ईश्वरीय ज्ञान द्वारा ही प्राणी सांसारिक वासनाओं पर विजय प्राप्त कर सकता है। भक्ति के बिना जीवन निस्सार है तथा मरण दुखदायी है।

सन्त कवियों ने संसार की असारता प्रतिपादित करते हुए व्यक्ति के मन में काल का भय उत्पन्न किया। काल की भयानकता के बोध द्वारा वह मनुष्यों को अपने कर्तव्यों से परिचित करवाना चाहते थे। सन्त काल की सर्वशक्तिमयता और भयावहता के द्वारा जनमानस को भौतिक संसार की नश्वरता तथा क्षणिकता से अवगत करना उनका परम लक्ष्य था।

सन्त व्यक्ति के स्तर पर उसकी अन्तरात्मा को जागृत करना चाहते थे। काल-भय द्वारा मानव-मन में किसी प्रकार की कुंठा उत्पन्न करना उनका उद्देश्य नहीं था। मोह-माया के बन्धनों में जकड़े, स्वार्थों में डूबे लोगों को ईश्वरीय भक्ति की महत्ता का ज्ञान कराके, प्रभु-चरणों में जीवन अर्पित करने की शिक्षा देना उनका ध्येय था। सद्वृत्तियों को अपनाकर, दया, प्रेम, करुणा जैसे मानवीय भावों से परिपूर्ण होकर हम प्रभु की आराधना कर सकते हैं तथा काल-भय से मुक्त होकर भवसागर रूपी नौका को पार कर सकते हैं। यही सन्त-काव्य का सार है।

सन्तमत और कबीरदास

सन्त-साहित्य में सद्भावना, सहनशीलता, उदारता, प्रेम-भावना, भक्ति का उदात्त स्वरूप, काल का भय और मुक्ति के उपाय, मोह-माया, अहंकार का नाश तथा जीवन की सात्त्विकता जैसे तत्त्व उभरकर सामने आते हैं। जातिगत संकीर्णता एवं वर्ण-व्यवस्था में विश्वास न करने के कारण यह सच्चे ईश्वर-भक्त कहलाए। सन्तों ने आजीवन सत्य का पक्ष लिया[141] और अपनी वाणी के माध्यम से इन्होंने जो वैचारिक क्रान्ति का रूप

लोगों के सम्मुख रखा, वह समूचे मानव-समाज के लिए एक आदर्श है। 'सत्य का आग्रह' सन्तों की सबसे प्रमुख विशेषता है। जिसके हृदय में सत्य प्रतिष्ठित है, वहाँ परमात्मा का बास होता है। जो आन्तरिक सत्य है, वह बिना बताए ही सामने आ जाता है।[142]

सन्तों ने 'काल' के सौम्य और क्रूर दोनों रूपों को अपनी संवेदना के अनुरूप चित्रित किया है। उन्होंने काल-सत्य की अभिव्यक्ति अपने चिन्तन की सूक्ष्मता और व्याप्ति के आधार पर की है। लोक को सम्बोधित एवं अनुशासित करने के लिए काल के क्रूर एवं पौराणिक रूपों को प्रस्तुत किया। सन्तों के विचारानुसार काल के भयंकर रूप का सामना करने के पश्चात् ही हम काल के स्वरूप से अवगत हो सकेंगे तथा अपने मन को काल-भय मुक्त कर सकेंगे।[143] सन्तों के विचारानुसार काल से भय मुक्त होने का उपाय केवल गुरु ही बता सकते हैं।[144] सच्ची आराधना मानव को सन्मार्ग की ओर प्रेरित करती है। उल्लेखनीय बात यह है कि कबीर ने बाह्याचार तथा आडम्बरों को भक्ति की संज्ञा नहीं दी है। ऐसी भक्ति मृत्यु से छुटकारा दिलाने में सक्षम नहीं। मृत्यु अवश्यंभावी है। इस संसार में जो आया है, वह अवश्य जाएगा। केवल सच्ची भक्ति द्वारा ही हम आसानी से इस भव-सागर को पार कर सकते हैं। इस नश्वर संसार में कुछ भी स्थिर नहीं है। जगत् में सब कुछ नष्ट हो जाता है, केवल चेतन तत्त्व ही सत्य है। इसी के स्मरण में सबका कल्याण है। भगवान् की अनुकम्पा से जीव काल से भयभीत नहीं होता।[145] वासना के मोह में अन्धे जीव को समझाते हुए कबीर कहते हैं कि तुम राम का जाप क्यों नहीं करते, राम-भजन के बिना यमराज का फन्दा तुम पर अवश्य ही पड़ेगा। केवल प्रभु के वास्तविक स्वरूप का ज्ञान ही हमें मोक्ष दिला सकता है। इसलिए कबीर कहते हैं कि मैं प्रभु-कृपा से काल को नष्ट कर दूँगा और मृत्यु को पराजित कर दूँगा।[146] कालभय से मुक्ति वास्तविक भक्ति से सम्भव होती है।

सारे संसार पर काल का प्रभाव छाया हुआ है। केवल रामभक्त ही इसके भय से मुक्त रहकर निर्भीक जीवन व्यतीत कर सकते हैं। सांसारिक वासनाओं पर विजय प्राप्त करना ही सच्ची भक्ति है। कबीर कहते हैं कि यह मन का स्वभाव है कि भगवान् की भक्ति के बिना उसमें यमराज का भय बना रहता है।[147]

जन्म-मरण के चक्र से व्यथित व्यक्ति धीरे-धीरे भगवान् में अनुरक्त होता है। राम-नाम का सार जान लेने पर व्यक्ति के सब दुखों का अन्त हो जाता है। कबीर के अनुसार एक पल भी जीवन की आशा नहीं की जा सकती। यम निरन्तर इसके श्वास गिनते रहते हैं। श्वास समाप्त होते ही यम इस शरीर को ले जाते हैं। इस संसार में जो विवेकपूर्ण कार्य नहीं करता, अन्तिम समय वह अनेक उलझनों में फँस जाता है।[148]

जो प्राणी अहंकार के मद में मस्त रहते हैं, वह कभी भी जन्म-मरण के चक्र से मुक्त नहीं होते। अज्ञानवश जीव भौतिक सुखों में अपना सारा जीवन व्यर्थ ही गँवा देता है और अवसान-काल में उसे वृद्धावस्था का भय सताने लगता है। गुरु-कृपा से ब्रह्मज्ञान प्राप्त होता है जिससे अज्ञान के संस्कार नष्ट हो जाते हैं। अनादि ज्ञान की प्राप्ति होने

पर जीव आध्यात्मिक रहस्यों को समझने में समर्थ हो जाता है तथा बार-बार जन्म-मरण के चक्रों से मुक्त हो जाता है।[149] अज्ञानी जीवों को शिक्षा देते हुए कबीर कहते हैं कि ज्ञान द्वारा ही साधक मृत्यु पर विजय प्राप्त कर सकता है। कबीरदासजी का कहना है कि राम-नाम का स्मरण करने में तुम लज्जा का अनुभव क्यों करते हो ? क्षण-क्षण में आयु कम होती जा रही है। जिन्होंने राम-नाम भुला दिया है, वे सब यमराज के समक्ष पराजित हुए हैं[150]—केवल सच्ची आराधना द्वारा ही जीवन सार्थक हो सकता है। इस नश्वर संसार में केवल राम-नाम ही अनश्वर है। कबीर कहते हैं कि जब इस शरीर रूपी घर में यमराज रूपी चोर घुसेगा, तब तुम किसका सहारा लोगे ? अतः प्रभु का स्मरण उचित समय पर ही कर लेना चाहिए। राम की शरण गए बिना जीव निरन्तर आवागमन के चक्र में भटकता रहता है।[151]—जब व्यक्ति भक्ति की महिमा जान लेता है, तब उसका चित्त भगवान् के चरणों में लग जाता है। ऐसे व्यक्ति के समक्ष काल शक्तिहीन हो जाएगा :

कबीर गन तीषा किया, विरह लाइ परसांड।
चित चर्णूं में चुभि रह्यो, तहाँ नहीं काल की पांण।[152]

कबीर के अनुसार भक्ति के बिना जीवन निस्सार है तथा मरण अत्यन्त दुखदायी है। कबीर मोह-माया के नश्वर सम्बन्धों में उलझे जीव को चेतावनी देते हुए कहते हैं कि शरीर तो मिट्टी का पुतला है, किसी भी समय ढह सकता है। कामी व्यक्ति को विषयों से ही प्रेम होता है, उसे भक्ति अच्छी नहीं लगती। लेकिन भगवद्भक्ति के बिना जीव इस भवसागर से पार नहीं उतर सकता। कबीर ने भक्ति रूपी मणि प्राप्त कर ली है अतः उन्हें मृत्यु से कोई भय नहीं लगता।[153] कबीर ने सात्त्विक जीवन अपनाने पर बल दिया। असत् भावनाओं को त्यागने में ही मानव की भलाई है। कसाई के दरवाजे पर बँधे हुए पशु की आयु ही कितनी शेष रह जाती है। उसी प्रकार तुम यमराज के द्वार पर पहुँच गए हो। नाम-स्मरण में ही मनुष्य के जीवन का उद्धार सम्भव है।[154] मानव जीवन अनमोल है। भगवद्भक्ति द्वारा शरीर का सदुपयोग करना चाहिए। जीवन को व्यर्थ के कामों में नष्ट नहीं करना चाहिए :

कबीर हरि की भगति करि, तजि विषिया रस चोज।
बार-बार नहीं पाइए, मनिषा जन्म की मोज।।[155]

मनुष्य के साथ कुछ भी नहीं जाता। जिन लोगों के पास लाखों-करोड़ों की सम्पत्ति थी, वे भी खाली हाथ गए। सांसारिक माया से अनासक्त होकर भगवद्-भजन रूपी पुण्य कर्मों का संचय करना चाहिए।[156] मिट्टी से उत्पन्न शरीर मिट्टी में मिल जाता है। ईश्वर-भक्ति ही मुक्ति का मार्ग है। आवागमन-चक्र से बचने का सम्बल है।[157] कबीरदासजी के अनुसार भक्ति सब सुखों का सार है। ईश्वर का चिन्तन जहाँ एक ओर जीवन के संघर्षों का सामना करने की शक्ति देता है वहाँ दूसरी ओर काल के भय से मन को मुक्त रखता है। परमसत्ता की उपासना मनुष्य में विवेक जाग्रत करती है, सत्कर्मों की ओर प्रवृत करती है तथा सांसारिक वासनाओं पर विजय प्राप्त करने की शक्ति

प्रदान करती है।

सन्त कवियों में प्रमुख कबीर की वाणी का प्रभाव तत्कालीन भारतीय जनमानस पर बहुत गहरा पड़ा। इनकी कविता में आचरण और शब्द का अलगाव मिट गया इसलिए सन्त काव्य के साथ व्यापक जनसम्पृक्ति को सहज ही रेखांकित किया जा सकता है। सामाजिक पर्यावरण की असंगतियों और जटिल परिस्थितियों के मध्य इन कवियों के संघर्ष ने इनकी कविता में आवेश नहीं आवेग का संचार किया। यह शक्ति सन्त कवियों ने जन से ग्रहण की और निरक्षर मन को चतुर्दिक फैले हाहाकार से मुक्ति के उपाय सुझाए।

व्यक्तिगत विकारों और समूचे सामाजिक क्षय को एक साथ देखनेवाले सन्त कवियों ने काल अहेरी को परास्त करने के लिए मानस की जागृति पर बल दिया और इस जागृति के लिए अज्ञान-निद्रा के संजाल को तोड़ने के लिए भक्ति-मार्ग सुझाया। कबीर और उनके समकालीन सन्त कवियों ने अपनी-अपनी शैली में इस संवेदना को व्यक्त किया है।

पाद-टिप्पणियाँ

1. हिन्दी शब्द सागर, (मूल सं.), श्यामसुन्दर दास, पृ. 923
2. वही।
3. वही।
4. काल बोध (1) विद्यानिवास मिश्र, उद्धृत–नभाटा, 31 जुलाई, 1994, पृ. 6
5. हिन्दी शब्द सागर : (मूल सं.) श्याम सुन्दर दास, पृ. 923
6. हिन्दू धर्मकोश : सं. (राजबली पांडेय), सं. प्रथम, पृ. 179
7. वही, पृ. 180
8. वही, पृ. 180
9. उद्धृत–हिन्दी विश्वकोश (2) सं. धीरेन्द्र वर्मा इत्यादि, पृ. 486
10. चाणक्य सूत्र–डॉ. भवान सिंह राणा, पृ. 146
11. वही।
12. चाणक्य सूत्र, डॉ. भगवान सिंह राणा, पृ.74
13. वही, पृ. 75
14. उद्धृत–हिन्दी विश्वकोश (2) सं. धीरेन्द्र वर्मा इत्यादि, पृ. 486
15. वही।
16. वही, पृ. 485
17. वही।
18. वही, पृ.486
19. कबीर कोश–सं. परशुराम चतुर्वेदी, डॉ. महेन्द्र, पृ. 40

20. The oxford eng. Dic : Ed. James Murray, p.100-101.
21. नमो स्तुते निक्रतो तिम्मतेजो
    अयसस्मान् विधृता बंध पाशात्
    यमो मयं पुनरित त्वां ददाति
    तस्मै यमाय नमो स्तु मृत्युेव—अथर्ववेद, 622/2
22. काले मनः काले प्राणः काले नाम समाहितम्।
    कालेन सर्वा नन्दनत्यागतेन प्रजा हमाः —अथर्ववेद, 63/7
23. अथर्ववेद उद्धृत—वि. सू. को, पृ. 244
24. उद्धृत—अथर्ववेद सूक्ति सुधा, पृ. 55
25. वही, पृ. 16
26. कालबोध—विद्यानिवास मिश्र, उद्धृत—नभाटा, 31 जुलाई, 94, पृ. 6
27. उदेहि मृत्योर्गम्मीरात्। —उद्धृत अथर्ववेद सूक्ति सुधा, पृ. 53
28. आयुः स्तम्भिवासाय कालस्तामपि कुन्तति।
    —उद्धृत महोपनिषद् वि. सू. को., पृ. 244
29. मृत्युरीशै द्विपदां मृत्यु रीशै चतुष्पदाम्।
    —उद्धृत अथर्ववेद सूक्ति सुधा, पृ. 84
30. मृत्युः पदं योपयन्त एत।
    —उद्धृत अथर्ववेद सूक्ति सुधा, पृ. 108
31. मृत्योविभषि किं बाल न सभीतं विभुचति।
    अथ वाव्दशतान्ते वा मृत्युर्वे प्राणिनां ध्रुवः।
    —उद्धृत पंचतंत्र, वि. सू. को., पृ. 858
32. तमैव विद्वान न बिभाय मृत्यौः।
    —उद्धृत अथर्ववेद, सूक्ति सुधा, पृ. 97
33. कालबोध—विद्यानिवास मिश्र, उद्धृत नभाटा, 31 जुलाई, 94, पृ. 6
34. वही।
35. द्रष्टव्य—छायावाद और वैदिक दर्शन—प्रेम प्रकाश रस्तोगी, पृ. 104
36. वही, पृ. 105
37. ऋषयो प्युग्रतंपसो देवनाभि प्रपीड़िताः।
    उत्सृज्य नियमांस्ती व्रान्मंश्यन्त काममन्युभिः।
    —श्रीमद्वाल्मीकि रामायण, अयोध्या कांड, 22, 23
38. न कालस्याति बन्धुत्वं न हेतुर्म पराक्रमः।
    न मित्रज्ञाप्ति सम्बन्धः कारणं नात्मनो वशः।।
    —श्रीमद्वाल्मीकि रामायण, किष्किन्धाकांड, 25, 7
39. न कालः कालमर्त्येति न कालः परिहीयते।
    —वही किष्किन्धाकांड, 25, 6
40. कालः सुप्तेषु जागर्ति कालो हि दुरति क्रमः
    काल सर्वेषु भूतेषु चरत्य विधृत सभः।।—सूक्ति सरिता

41. तुल्यं चोभे प्रवर्तते मरणं जन्म चेवह
कार्य तं चैव कालेन तन्निमित्तं न जीवति। —सूक्ति सरिता
42. कालः सृजति भूतानि कालः संहरते प्रजाः
संहरन्तं प्रजाः काल कालः शमयते पुनः। —सूक्ति सरिता
43. सोऽयं विपुलमध्वानं कालेन ध्रुवमध्रुवः।
नरो वशः समम्येति सर्वभूत निषेवितम्।
—महाभारत, शान्तिपर्व 28/50, वेदव्यास उद्धृत वि. सू. को., पृ. 856
44. नाप्राप्त कालो भ्रियते विह : शरश्तेरपि
तृणाग्रेणापि सम्पृष्टः प्राप्तकालो न जीवति।
—महा. अनु. पर्व., अध्याय 163
45. पुष्पाणीवं विचिन्वन्तमन्यत्र गतमानसम्।
अनवाप्तेषु कामेषु मृत्युरम्येति मानवम्।।
—महा., पृ. 5139-40
46. रात्र्यां-रात्र्यां व्यतीता यामा पुरल्पतरं यदा।
गधोदके मत्स्य इव सुखं विन्देत करन्तवा।
—महा., पृ. 5139-40
47. असंशयं हि कालस्य पर्यायो दुरतिक्रमः
जातस्य हि ध्रुवो मृत्युर्ध्रुवं जन्म मृतस्य च।
—उद्धृत वि. सू. को., पृ. 244
48. तस्माद परिहार्येर्थे न त्वं शोचितुमर्हसि।—गीता श्लोक, पृ. 27
49. वासांसि जीर्णानि यथा विहाय
नवानि गृहणाति नरोपराणि
तथा शरीराणि विहाय जीर्णा-
न्यन्यानि संयाति नवानि देही। —गीता, 2/22
50. प्राणः सर्वऽस्यापि देहान्वितस्य यातारो वे नात्र संदेहलेशः।
—वि. सू. को., पृ. 100
51. पश्चतो प्यस्य लोकस्य मरण पुरतः स्थितम्।
अमरस्येव चरिमत्याश्चर्य सुरोत्तम।
—मत्स्य पुराण, उद्धृत वि. सू. को., पृ. 107
52. कालपक्वमिदं सर्व हेतु भूतस्तु त्वद्विधः।
—हरिवंश पुराण, उद्धृत वि. सू. को., पृ. 245
53. कालबोध (1) विद्यानिवास मिश्र, उद्धृत नभाटा, 31 जुलाई, 94, पृ. 6
54. हिन्दी विश्वकोश (2), पृ. 486
55. तम्हा पंडिए णो हरिसे, णो कुज्झे।
अर्थात् पंडित हर्षित न हो और नीच पर कुपित न हो।
सब्बे पाणा पियाउया सुहसाय दुक्ख पड़िकूल अप्पिवहा पिय जीवणो जीवड़ कामा।
अर्थात् सब प्राणियों को आयुष्य प्रिय है। वे सुख का आस्वाद करना चाहते हैं, दुख

से घबराते हैं। उन्हें वध अप्रिय है, जीवन प्रिय है। वे जीवित रहना चाहते हैं।—महावीर सिद्धान्त और उपदेश : आयारो, पृ. 80

56. हिन्दी-शब्दसागर, पृ. 924
57. असु जीवतंहं मणु मुकउ, पंचेन्द्रिंयई समाणु।
सो जाणिज्जइ मोक्कलउ, लद्घउ पहु णिण्वाणुं।
—पाहुड़, दो. 123, पृ. 36
58. सच्चउ संसारि ण अत्थि सुहु, सच्चउ गिरि-मेरु समाण दुहु,
सच्चउ जर जम्भण-भउ, सच्चउ जीविउ जल विन्द सउ।
—परमचरिउ : उद्धृत अपभ्रंश साहित्य, हरिवंश कोछड़, पृ. 6
59. कालबोध—विद्यानिवास मिश्र, उद्धृत, नभाटा, 7 अग., '94, पृ. 6
60. हिन्दी साहित्य कोश (1), पृ. 369
61. के. दामोदरन, भारतीय चिन्तन परम्परा, पृ. 120
62. यथा बुब्बुलकं पस्से यथा पस्से मरीचिकं
एवं लोकं अवेक्खन्त मच्चुराजा न पस्सति।
—उद्धृत निर्गुण काव्य में शान्त रस : डॉ. का. झीगन, पृ. 68
63. के. दामोदरन, भारतीय चिन्तन परम्परा, पृ. 120
64. वही, पृ. 122
65. वही, पृ. 125
66. नत्थि लोके अनामतं। —उद्धृत वि. सू. कोश, पृ. 859
67. उद्धृतः शांकर अद्वैत वेदान्त का निर्गुण काव्य पर प्रभाव : शान्तिस्वरूप त्रिपाठी, पृ. 68-69
68. कालबोध—विद्यानिवास मिश्र, उद्धृत नभाटा, 7 अग., '94, पृ. 6
69. जातं जातमवश्यमाशु विवशं मृत्युः करोत्यात्मसा
तत्कि नाम निरंकुशेन विधिना यन्मिर्मितं सुस्थितम्। —वैराग्य शतक, पृ. 105
70. जरा जीर्णेरर्गेनटे इव क्लीमण्डित तनुर्नरः।
संसारान्ते विशति यमघानी जब निकाम। —वैराग्य शतक, पृ. 112
71. यत्रानेके क्वचिदपि गृहे तत्र तिष्ठत्यपको
यत्राप्येक स्तदनु वहवस्तत्र चान्ते न चेकः
इत्थं चेमो रजनिदिवसौ ढोलथन्द्रा विवक्षो।
कालः काल्या सह बहुकलः क्रीड़ति प्राणसारेः।। —वैराग्य शतक, पृ. 39
72. आयुः परिस्तवति भिन्न घटादिवाभ्यौ। —वैराग्य शतक, पृ. 39
73. नित्य हरति कालो हि स्थाविर्य न प्रतीक्षते।
—सौन्दरनन्द 1562, उद्धृत वि. सू. को., पृ. 246
74. जरा व्याधिश्च मृत्युश्व लोकस्यास्य महद्मयम्।
नास्ति देशः स यत्रास्य तद्भयं नोपपद्यते।
—सौन्दरनन्द 1562, उद्धृत वि. सू. को., पृ. 729
75. प्रसूतः पुरुषो लोके श्रुतवान् बलवानपि
न जयत्यन्तकं कश्चिन्ना जय. नपि जेष्यति।—वही, पृ. 857

76. कः कः शक्तो रक्षितुं मृत्युकाले
रज्जुच्छेद के घटं धारयन्ति।
एवं लोक स्तुल्यधर्मो वनानां
काले काले छिद्यते रुध्यते च।
—भास, स्वप्नवासवदत्ता, उद्धृत वि. सू. को., पृ. 857
77. लंघ्यते न खलु काल नियोगः।—किरातार्जुनीय, उद्धृत : वही, पृ. 246
78. पातयति महापुरुषान्सममेव बहूनना दरेषेव।
परिवर्तन मानः एकः कालः शैलानिवानन्तः।
—हर्षचरित, उद्धृत वि. सू. को., पृ. 246
79. न लक्ष्यते कालगतिः संवेग चक्र भ्रमभ्रान्ति विद्यायिहयो
या शिशु सस्फुट यौवनोऽद्य प्रातर्जरा जीर्णतनुः।
—क्षेमेन्द्र (दर्पदलन, 4/7) उद्धृत वि. सू. को (1) पृ. 246
80. मारे जाहि रमा सुबर तिनह न रष्णै कोइ।
रष्णन हारो राम जिन, मारि न सक्के कोइ।।
—चन्दबरदायी, पृथ्वीराज रासो, समय 64, छन्द-96
81. मरन यार वर भोज। धग्ग गुक्के मलेच्छ भी।
मरन काल पंड़वन। ग्यान छुट्टो मोहि लम्मो।
वितो न चिन्त चितंह नहीं । नरक निवासी होहिं नर।
धिग धिग सुवीर वसुधा करें। तो न छुट्टे नर काल झर।
—वही, समय 66, छन्द-689
82. है संसार प्रमान सुपन सोभै सु वस्त्र सब।
दिष्टमान निवासि है, मोह बँध्यौ सु काल अब।
काल कृत्य पैट्टीक, आज बँध्यौ नर ग्रेही।। —वही, समय-44, छन्द-202
83. चन्दवरदायी, पृथ्वीराजरासो, समय-66, छन्द-587 से 592
84. सुनि हम्मीर नरिन्द, विविध बन्ध बन्धन वर।
डोरी धन त्रिम्मान, काल बचो निकट कर।। —वही, समय 66, छंद 683
85. दादू सब जग कपे काल थें, ब्रह्म बिसुन महेस
सुन नर मुनि जन लोक सब, सर्ग रसातल सेस।
—दादूदयाल की वाणी, छन्द-86
86. साहिब मारे तै मुए, कोई जीवै नाहिं।
साहिब राखै ते रहे, दादू निज घर माहिं।। —वही, छंद-50
87. काल कीट तन काठ को, जुरा जनर कूँ खाइ।
दादू दिन दिन जीव की, आव घटती जाई। —वही, काल को अंग, 3
88. मोह्यो मृग देखि बन अन्धा, सूझत नहिं काल के फन्दा
फूल्यो फिरत सकल बल माहीं सिर साधे सर सूझत नाहीं।।
—दादूदयाल की वाणी, शब्द-33
89. दादू जियरा जाइगा, यहु तन माटी होइ।

जे उपज्या सो विनसि है अमर नहीं कलि कोइ।
—दादूदयाल की वाणी, काल को अंग-22

90. मलूकदास की वाणी, शब्द-5

91. सीक रासो काल है कलसरी सी लपेट ले हैं।
चंगुल के तले दबे पड़े चिचियाएँगे। —वही, शब्द-13

92. पल-पल आयु घटै तन छीजै, जम बेरी सिरपरु है रै
बादल विपति बीजुरी मनसा, विविध विघन का झर है रे।
—रज्जब वाणी, पृ. 400

93. रज्जब रहै न राज बलि, छूटै रंक न होई।
जम ज्वाला नर तन सु तृण, क्यूँ करि बचै कोई।।
—वही, काल को अंग, साखी-2

94. काल किसी छोड़े नहीं सुर नर सब ब्रह्मांड।
जन रज्जब दृष्टान्त को यथा अग्नि वनखंड। —वही, साखी-1

95. खेंचि कमर सो बान्ध्या पटका। अधपति हुआ बैठि कर पटका।
काल अचानक मारा पटका। सुन्दर पकरि जिमी सौ पटका।
—सुन्दर ग्रन्थावली, साखी-16

96. चेतत क्यों न अचेतन ऊँघन काल सदा सिर ऊपर गाजै।
रोकि रहैं गढ़ के सब द्वारनि तूँ तब कौन गलि होई भाजै।
आई अचानक केस गहै जब पाकरि कै पुनि तोहि झुलाजे।
सुन्दर कौन सहाइ करै जब मूंड हि मूंड भरामरि बाजै।
—सुन्दर ग्रन्थावली, पृ. 412

97. ऐसा यह संसार, जैसे रहट की धरिया
इक रोते फिरि जाय एक आवें फिरि भरिया।
—धरमदास शब्दावली : मुक्ति लीला-20

98. थिर ह्वै कोऊ रहै न पइहि, इहाँ बसेरा है दिन चारि।
अइहैं दूत बाँधि लै जाइहै कोऊ नाही लगाहि गोहारि।
दौलत धाम छूटि सब जाइहि छूटिहै मातु पिता सुत नारि।
जगजीवन गुरु चरन गहै रहु गाढ़ परिहि तौ लेहै उबारि।
—जगजीवन साहब की शब्दावली (2) शब्द-23

99. काची माटि कै घैला हो फूटति नहिं बेर।
पानी बीच बतासा हो लागे गलत न देर।।
—पलटू साहब की बानी, चितावणी-25, भाग-3

100. समन समां यह जीवन मोरा, अहै दिया सब बहै झकांरा।
यह जग जीवन थोरो आही, काज अधिक करना मोहिं चाही।
—नूर मुहम्मद, इन्द्रावती, पृ. 81

101. जब आयो तब हतो अकेला, अबहुँ जाउँ तस दख अकेला
जग मा को कोहिकर पुनि सोई, जाय न संग रहे पुनि रोई

मीत न होय सो आपन देहा, तो केहि काज जगत् कर नेहा।
—कासिमशाह : हंस जवाहिर, पृ. 142

102. काल सीस पर रैन दिन जैसे बाज मँडराय।
जिउ की मैना पीजड़े, समै पाय लै जाय। —शेख रहीम : प्रेमरस, पृ. 29
103. तुलसीदास, रामचरितमानस—अयो., दो-149, चौ.-3, पृ. 425
104. वही, अयो. दो.-175, चौ. 1, 3, पृ. 441
105. वही, सुन्दर. दो. 7, चौ. 3, पृ. 672
106. वही, दो. 15, चौ. 4, पृ. 678
107. तुलसीदास, रामचरितमानस, सुन्दर, दो. 36, चौ. 6, पृ. 695
108. वही, दो. 63, चौ. 4, पृ. 715
109. वही, विनयपत्रिका, पद-198, पृ. 247
110. जाने कहावत है जग में जग जाने नहीं जगफाँस जरी को
आपुन काल के जाल परयो अरु चाहत ओर की राज सिरी को।
—देव, देवशतक, उद्धृत वि. सू. को (1), पृ. 247
111. अयोध्यासिंह उपाध्याय हरिऔध, सतसई, पृ. 248
112. रवीन्द्रनाथ ठाकुर (एकोत्तरशती, 92)
उद्धृत वि.सू.को. (1), पृ. 248
113. नरेश मेहता; संशय की एक रात, पृ. 59
114. मैथिलीशरण गुप्त, भारत भारती, पृ. 79
115. वही, पृ. 88
116. प्रसाद, लहर—अशोक की चिन्ता, पृ.
117. वही, आँसू, पृ. 45
118. वही, कामायनी : चिन्ता, सर्ग, पृ. 61
119. पत-गीत हंस, कविता, पृ. 46
120. दिनकर, परशुराम की प्रतीक्षा, पृ. 21
121. रामनरेश त्रिपाठी, स्वप्न 5/20
122. अज्ञेय, नदी के द्वीप, पृ. 40
123. बच्चन, निशा निमन्त्रण, पृ. 57
124. अशोक वाजपेयी, जो नहीं हैं, पृ. 117
125. महात्मा गाँधी—प्रेमाबहन कंटकी को पत्र, 11-9-32,
उद्धृत वि. सू. को. (2), पृ. 861
126. वही, गांधी वाङ्मय, खंड 41, पृ. 71
उद्धृत वि. सू. कोश (1), पृ. 248
127. राधाकृष्णनन, रवीन्द्र दर्शन, पृ. 80
128. शरतचन्द्र, शेष परिचय, पृ. 224
129. 1. (क) सन्तो आवै जाय सो माया
है प्रतिपाल काल नहि वाकै ना कहुँ गया न आया।

ज्ञान हीन करता सब भरमे मायै जग भरमाया।

(ख) माधो अविधा हित कीन्ह तात मैं तोर नाम न लीन्ह
मृग मन भृंग पतंग कुंजर एक दास विनास
पंच व्याधि असाधि यह तन कौन ताकौ आस।
—रैदास की बानी, पृ. 28

130. 2. कहैं कबीर प्रेम नहीं उपज्यौ, बाँध्यो जमपुरि जासी।
जौं पैं करता बरण बिचारे।
—पदावली-40, पृ. 79

131. 1. माया मोह पद में चीया मुगध कहैं यहु मेरी रे।
दिवस चारि भलै मन रजें यह नाही किस केरी रे।
धरती पवन अकास जाइगा चन्द जाइगा सूरा रे।
हम नाहीं। तुम नाहीं रे भाई रहे राम भरपूरा रे। —कबीर ग्रन्थावली, पृ. 70

132. 2. पांचतत तीनि गुण जुगति करि सानियाँ।
अष्ट बिन होत नहीं क्रम काय।
पाप पुन बीज अंकुर जामैं मरैं।
उपजि। विनसैं जैती सर्व माया।—ग्रन्थावली, पद-199

133. 3. माया के भ्रम कहा भूल्यो जाहु गै कर झारि।
देखि धौं इहाँ कौन तेरो सगा सुत नहिं नारी।
यहु माया सब थोथरि रे भगति दिस प्रतिहार।—रैदास की बानी, पद-71

134. 1. (क) दादू जीवत होइ करि, मारग माहे आव।
पहली सीस उतारि करि, पीछे धरिये पाव।
—दादू ग्रन्थावली, 23/19

(ख) मृतक उठ्या धनक कर लीयै, काल अहेड़ी भागा।
उगया सूर निस किया पायना, सोवत थैं जब जागा।
—क. ग्र., पद-6, पृ. 71

135. अरुझा वेद, पुरान, ज्ञान बिनु को सुरझावें
सत्संगति से विमुख वस्तु कहवाँ से पावै।
हरि को भजै सो बड़ा है, जाति न पूछे कोय।
—पलटू की बानी (1), कुंड-201, पृ. 217

136. 1. कहु मन माया नाम सँभारि।
माया कै भ्रम कहा भूल्यौ जाहुगेकर भारि।
यह माया सब थोथरी रे भगति दिस प्रतिहार।
मन लीन विषयारस लम्पट तौं हरि नाम सँभारि।
जो हम विमल हृदय चित अन्दर दोष कौन पर धरिहौं। —रैदास की वाणी, पद-32

137. 2. कबीर कहा गरवियों, काल गहै कर केस।
ना जाणे कहाँ मारिसी के धरै परदेस।
बाध्यां बार षटीक कै ता पसु किती एक आव।

ज्यूँ-ज्यूँ नर निघड़क फिरैं, त्यूँ-त्यूँ काल हँसत। –क. ग्र., काल को अंग, दो. 19, 30, पृ. 59-60

138. 3. जो ऊग्या सो आथवै, फूल्या सो कुमिलाइ।
जो चिणियाँ सो ढहि पड़े, जो आया सो जाई।–क. ग्र., काल को अंग, दो-11, पृ. 57

139. 1. दादू कछु व्यापैं नहीं, काल झाल दुख त्रास।
संगी सोई कीजिए, जे इस्थिर इहि संसार
ना बहु खिरे न हम खपे, ऐसा लेहु विचार।
–सं. बा. संग्रह (1), दादू, पृ. 93

140. 2. साहिब बिन साहिब किया, सो रज्जब सब जाइ।
काल सहित सब काल मुख, जे देख्या निरताइ।
–रज्जब वाणी, 84/4

141. लोका जांनि न भूलो भाई।
खालिक खलक खलक मैं खालिक, सब घट रह्यो समाई।
अला एकै नूर उपाया, ताकी कैसी निन्दा।
ता नूर थैं, सब जग कीया, कौन भला कौन मन्दा।
–क. ग्र., पद-51

142. साच बराबर तप नहीं, झूठ बराबर पाप।
जाके हिरदै साच है ताकै हृदय आप।
–सन्त बानी (1), पृ. 49

143. 1. (क) काल सिहाणें यों खड़ा, जागि पियारे म्यन्त।
राम सनेही बाहिरा, तूँ क्यूँ सोवै नचयन्त।
काल खड़ा सिर ऊपरै ज्यूँ तोरणि आया बींद
काल अच्यन्ता झड़पसी, ज्यूँ तीतर को बाज।
फागुण आवत देखि करि, बन रुना मन माँहि।
ऊँची डाली पात है, दिन-दिन पीले थाँहि।
–क. ग्र. का 46/3-30

(ख) काल हमारे कन्ध चढ़ि, सदा बजावैं तूर।
सज जग छेली काल कसाई, कर्द लिए कंठ काटैं।
–दादू की बानी (1), 25/3, पृ. 41

144. 2. दादू काढ़े काल मुख, अन्धे लोचन देई।
काल झाल थैं काढ़ि करि, आतम अंगि लगाइ।। –दादू की वाणी (1), 20/40

145. 3. राम न जयहु कहा भयौ अन्धा,
राम बिना जम मेलैं फन्धा।
–क. ग्र., पदावली, 128, पृ. 98

146. परम तत आधारी मेरे, सिव नगरी घर मेरा
कालहिं पड़ूं मीच बिहंडूं, बहुरि न करिहूँ फेरा।
–क. ग्र., पदावली, 196, पृ. 115

147. दह दिसि जोवै मधुप राइ, तब भव्ररी ले चली सिर चढ़ाइ।
कहैं कबीर मन को सुभाव, रामं भगति बिन जम को डाव।
—क. ग्र., पदावली-388, पृ. 164

148. 3. एक पल जीवन की आसा नाहीं, जम निहारे सासा।
बाजीगर संसार कबीरा, जांनि ढारो पास।।
—पदावली-240, पृ. 126

149. अब मैं पाइबो ब्रह्म गियान
सहज समाधे सुख मैं रहिबो कोटि कलप विश्राम
गुर कृपाल कृपा जब कीन्हीं हिरदै कँवल बिगासा
भागा भ्रम दसौ दिस सूझया परम जोति प्रकासा
मृतक उड्या घनककर लीयै काल अहेड़ी भागा।
उदया सूर निस किया पयाना सोवत थे जब जागा।
—क. ग्र., पदावली 6, पृ. 71

150. 2. लज्या कहै हूँ जम की दासी, एकै हाथि मुदिगर दूजै हाथि पासी।
कहैं कबीर तिनहूँ सब हाप्या, राम नाम जिनि मनहु बिसाप्या।
—क. ग्र., पदावली 242, पृ. 126

151. 1. जागि जागि नर काहे सोवै, सोइ सोइ कब जागेगा।
जब घर भीतरि चोर पड़ैगे, तब अंचलि किस कै लागेगा।
कहै कबीर सुनहु रे सन्तौ करि ल्यो जे कछु करणां।
लख चौरासी जोनि फिरोंगे, बिनां रामं की सरनां।
—क. ग्र., पदा. 244, पृ. 127

152. 2. सजीवनि को अंग, दोहा-5, पृ. 60

153. 3. कबीर हरि चरणों चल्यां, माया मोह थें टूटि
मगन मंडल आसण किया, काल गया सिरकूटि।
—वही, दो. 3, पृ. 60

154. कबीर हरि सूँ हेत करि, कूँड चित न लाव।
बांध्या बार सटीक कैं, ता पसु किती एक आव।
—क. ग्र., काल को अंग, दो 27, पृ. 59

155. 2. वही, दो-13, पृ. 57

156. 3. कबीर यह तन जात है, सके तो लेहु बहोड़ि।
नागे हाथूँ ते गए, जिनके लाख करोड़ि।
—चितावणी को अंग, दो. 37, पृ. 19

157. 4. कबीर देवल ढहि पड्या, ईंट भई सेवार
करि चिजारा सों, प्रीतिड़ी, ज्यू ढहै न दूजी बार।
—वही, दो. 18, पृ. 17

तीसरा अध्याय

कबीर का कालबोध : प्रेरक सहसूत्र

कबीर का युगबोध : सामाजिक न्याय और समता की तलाश

मनुष्य एक सामाजिक प्राणी है। कोई भी व्यक्ति समाज से असम्पृक्त रहकर जीवनयापन नहीं कर सकता। जन्म से मृत्युपर्यन्त मनुष्य अपने सामाजिक परिवेश से प्रभावित होता रहता है। कवि स्रष्टा होता है। युगीन परिस्थितियाँ ही उसके काव्य का एक प्रमुख आधार होती हैं। अतः काव्य में सामाजिक जीवन की अभिव्यक्ति एक स्वाभाविक प्रक्रिया है। जहाँ एक ओर कवि अपने काव्य में सामाजिक जीवन के विभिन्न पक्षों को उजागर करता है, वहीं दूसरी ओर समाज को नई दिशा दिखाने का महत्त्वपूर्ण कार्य भी करता है। युग की चेतना को अभिव्यक्त करनेवाला कवि ही वस्तुतः युग-प्रतिनिधि कहलाता है।

इतिहास समाज से प्रभावित होता है और समाज अपनी प्राथमिक इकाई व्यक्ति द्वारा संचालित होता है। किसी समाज का इतिहास उस काल विशेष की सीमा में मर्यादित नहीं, उसकी सुदीर्घकालीन परम्परा होती है। पारस्परिक अन्तर्भाव और अन्तरावलम्बन के कारण कोई काल-विभाग नितान्त विच्छिन्न और निरपेक्ष नहीं रह जाता। भौतिक जीवन की सुविधा-असुविधा का व्यापक प्रभाव समाज के विभिन्न सांस्कृतिक स्तरों का निर्धारण करता है।[1] सभी सन्त-कवियों, विशेषकर कबीर ने सामान्य जन-समाज के भीतर से, परम्परा से प्राप्त विचार और अपनी सूक्ष्म अन्तर्दृष्टि के आधार पर मनुष्य के मन में मनुष्य मात्र के अस्तित्व-बोध की भावना जागृत करने में सक्षम रहे हैं। कबीर अपने साधारण से जीवन में भी असाधारण संकल्प-शक्ति के कारण ही युग-प्रतिनिधित्व कर सके हैं। कबीर अपने युग की परिस्थितियों और समस्याओं से भली-भाँति परिचित थे। स्वयं आर्थिक विपन्नताओं और सामाजिक दबावों में कार्यशील रहते हुए उन्होंने सक्रिय एवं जीवन्त दृष्टिकोण का परिचय दिया। कबीर-काव्य शास्त्रानुमोदित नहीं होकर 'आँखिन देखी' और प्राथमिक प्रामाणिक अनुभवों पर आधारित है। कबीर उपेक्षित, तिरस्कृत जन-समाज के बीच से उठ खड़े हुए साधारण आदमी थे। इसलिए अपने आसपास के सामाजिक परिवेश के प्रति वह अधिक जागरूक

थे—'सन्त साहित्य शोषण से त्रस्त जनता की आकांक्षा को प्रकट करता है कि ऐसे समाज का निर्माण हो, जिसमें ऊँच-नीच का भेद न हो, जिसमें सताने वाला राजा न हो और समाज-व्यवस्था का आधार प्रेम हो।[2]

कबीर का काव्य आम आदमी का काव्य है। उन्होंने समाज के विभिन्न वर्गों के परस्पर सम्बन्धों, सामाजिक विसंगति-विरोध के बीच सूत्रबद्धता, व्यक्ति और समाज के बीच सामंजस्य की भावना, आर्थिक विषमताओं को सहते हुए भी नैतिकता बनाए रखना, अभावजन्य परिस्थितियों में सन्तुलन, सामाजिक एवं मानसिक विवशताओं को सहते हुए भी हीनता का अनुभव न करना आदि बातों का सजीव अंकन अपनी वाणी द्वारा किया है। समाज का यथार्थ अंकन कबीर ने अपने साहसी और निर्भयतापूर्ण दृष्टिकोण द्वारा किया है। समाज में व्याप्त क्रूर और विषम वातावरण में भी वे अपना विरोध स्वर प्रकट करने का चारित्रिक साहस बनाए रहे :

तू ब्राह्मन मैं कासी का जुलाहा, कहु मेरो तेरो मनुवा कैसे इक होई रे।
मैं कहता हौं आँखिन देखी, तू कहता कागद की लेखी।
मैं कहता सुरझाबनहारी, तू राख्यौं अरुझाई रे।[3]

मनुष्य समाज का अविभाज्य अंग है। कबीर का लक्ष्य वैयक्तिकता की भावना को सामाजिकता की भावना में विलय करना था ताकि मानव जाति के अन्दर बहुजनहिताय की भावना पनप सके। कबीर युगीन समाज में व्याप्त असन्तुलन, विषमता, असंगति, वर्ग तथा जातिगत भेद की भावना उसके 'बहुजन-हिताय' के लक्ष्य में एक बड़ी रुकावट थी। कबीर ने समाज के अन्दर निजी स्वार्थों का तिरोभाव करने की भावना पैदा की। कबीर ने जन-समुदाय में आत्मपरक चेतना जागृत करके, जनमानस में लोकमंगलकारी बोध की भावना पैदा करने का सराहनीय प्रयास किया :

अपना सा दुख सबका जानैं, ताहि मिले अविनासी।
आदि मधि अऊ अंत लौं, अबिहड़ सदा अभंग।[4]

कबीर मानव समाज के अन्दर आस्था का बीजारोपण करके एक ऐसे समाज की स्थापना करना चाहते थे जिसमें परिवेशजन्य कोई भय न हो, सह-अस्तित्व की भावना हो, परिश्रम और कर्त्तव्य के प्रति निष्ठा की भावना हो। अपने इसी उद्देश्य को पूरा करने के लिए कबीर ने अपनी वाणी द्वारा समाज में व्याप्त विषमता को दूर करने का प्रयास किया—'ध्वंसावशेषों को साफ करना और नूतन के अंकुरों को पोषित करना, अर्थशास्त्र तथा राजनीति की दृष्टि से ही नहीं, वरन् मानवतावादी दृष्टि से भी अतीव महत्त्वपूर्ण कार्य थे।'[5]

'साहित्य जीवन की समीक्षा है'—सन्त-साहित्य पर यह बात पूर्णतः लागू होती है। सन्त-काव्य लोक-करुणा, लोक-संवेदना और लोकमंगल की भूमिका में प्रतिष्ठित है। 'साहित्य सामाजिक मंगल का विधायक है। यह सत्य है कि वह व्यक्ति विशेष की प्रतिभा से रचित होता है। किन्तु यह भी सत्य है कि प्रतिभा सामाजिक प्रगति की ही उपज है।'[6] कबीर ने तत्कालीन जन-जीवन में व्याप्त संघर्ष, शोषण, सामन्ती प्रवृत्ति और

रूढ़िवादिता का सशक्त विरोध अपनी वाणी द्वारा अभिव्यक्त किया है। कबीर का विचार है कि सभी मनुष्य एक ही मानव-समाज के अंग हैं। एक ही विशाल वृक्ष की विभिन्न शाखाओं के समान हैं, सबके मूल की ओर दृष्टि डालने पर उनमें कोई अन्तर नहीं दीखता, न इसी कारण, उसमें एक-दूसरे को पृथक् व ऊँच-नीच समझने का कोई आधार ही लक्षित होता है :

काहे कौं कीजे पांडे छाति बिचारा। छोतिहीं तैं उपना सब संसारा।
हमारे कैसैं लोहू तुम्हारैं कैसैं दूध। तुम्ह कैसैं लोहू तुम्हारे कैसैं दूध।
तुम कैसे ब्राह्मण पांडे हम कैसैं सूद। छोति-छोति करता तुम्हही जाए।
तौं ग्रभवास काहे कौं आए। जनमत छोत मरत ही छोति।[7]

कबीर ने सामाजिक विश्रृंखलता के मूल व्यक्ति के सम्मुख उच्चादर्श उपस्थित किया। उनका विचार था कि जब मनुष्य सर्वगुणसम्पन्न, साहसी, परोपकारी होगा तो समाज का पथ अपने आप ही आलोकित होता जाएगा :

अस्तुति निन्दा आसा छांडे, तजे मांन अभिमानां।
लोहा कंचन समि करि देखे, ते सूरति भगवांनां।[8]

वर्ण-भेद, ऊँच-नीच की भावना तथा जातिगत भेद के कारण मनुष्य ईर्ष्या-द्वेष, घृणा-वैमनस्य के दलदल में फँस गया। अस्पृश्यता-निवारण हेतु कबीर ने परम्परागत रूढ़ियों का घोर विरोध किया :

मुलां कहाँ पुकारै दूरि।
राम रहीम रह्या भर पूरि।
यहु तो अलह गूँगा नाँही। देखै खलक दुनी दिल माँही।[9]

कबीर युगीन समाज को साम्प्रदायिक वैमनस्य नें क्षत-विक्षत कर दिया। हिन्दू-मुस्लिम सम्प्रदायों के लोग अपने आपको दूसरे से श्रेष्ठ सिद्ध करने में लगे रहते थे, जिससे सदैव साम्प्रदायिक तनाव बना रहता था। कबीर ने साम्प्रदायिक एकता स्थापित करने का अथक परिश्रम किया :

जौ र खुदाय मसीति बसत है, और मुलिक किस केरा।
तीरथ मूरति राम निवास, दुहु में किनहूँ न हेरा।[10]

कबीर की दृष्टि में सम्पूर्ण सृष्टि, प्राकृतिक उपादान आदि सभी तत्त्व एकत्वपूर्ण हैं। हिन्दू-मुसलमान एक ही ईश्वर की सन्तान हैं। इस आध्यात्मिक एकता को भूलना नहीं चाहिए तथा सभी सम्प्रदायों को मिलजुलकर रहना चाहिए :

एकै पवन एकही पानी, एक जोति संसारा।
एकहि खाक गढै सब भांडे, एकहि सिरजनहारा।[11]

'कबीर की विचारधारा धर्म, जाति अथवा समाज विशेष तक सीमित नहीं थी—उसमें मानव मात्र के कल्याण की भावना थी। इस भावना ने समाज के नैतिक और धार्मिक दोनों प्रकार के उत्थान में सहयोग दिया।'[12] स्पष्ट है कि अपने सामाजिक परिवेश में कबीर ने एक ओर रूढ़ि-आडम्बरों से मुक्ति दिलाने का प्रयत्न तो दूसरी ओर भय-आतंक

के उस वातावरण में आस्था, विश्वास का संचार करते हुए, निडर निर्भय होने की प्रेरणा दी। कबीर ने सैकड़ों वर्षों से अन्धविश्वासों-रूढ़ियों में जकड़ी मानव-जाति की सुप्त चेतना जगाने का प्रयास किया। कबीर के विचारानुसार कर्मकांड और मिथ्याचार आदमी-आदमी के बीच भेदभाव पैदा करते हैं। समता का विचार ही मानव जाति को मुक्ति दिला सकता है।—'इन सन्तों की वाणी का प्रभाव उपेक्षित समाज पर गहराई से पड़ा है। किन्तु वाणी में हृदय की सच्चाई होने के कारण, उच्च वर्ग के श्री-सम्पन्न लोग भी सन्त-विचारों के प्रति आकृष्ट होते रहे हैं, जिससे समाज में स्त्रियों के प्रति हीन दृष्टिकोण में भी परिवर्तन आया है। सन्तों के विचार से प्रभावित होकर बाद के सभी छोटे-बड़े लोगों ने समाज सुधार के कार्य भी अपनाए हैं और हिन्दू-मुस्लिम वर्गों के निकट सम्पर्क की आकांक्षा को बलवती बनाया है।'[13] कबीर सच्चे सन्त थे। उन्होंने एक स्वस्थ चिन्तन-धारा को प्रवाहित किया। कबीर ने जनता में भेद-भाव विहीन सहजधर्म और सामाजिक नियमों का ठोस ढाँचा खड़ा किया, जिससे जनता के नैतिक जीवन में सुधार की प्रवृत्ति जागृत हुई। कबीर मानवमात्र के प्रेमी थे—'इसी मानवीय प्रेम के कारण सन्त-वाणी में जहाँ एक ओर सदाचार, सदाशयता, समता भावना की प्रधानता है, तो दूसरी ओर रूढ़ि, अज्ञानान्धता का विरोध एवं अत्याचार-अनाचार-शोषण आदि का प्रतिरोध भी है। इसलिए यह वाणी लोक अभ्युदय और धरती की खुशहाली की वाणी है।'[14]

भक्त-कवियों में कबीर ने सबसे पहले यह समझा कि जातिगत विषमता और ऊँच-नीच की भावना को त्यागकर समाज को एक नई राह दिखाई जाए। व्यक्तिगत रूप से वह किसी धर्म या जाति के विरोधी नहीं थे। वह केवल अनाचारों और कुरीतियों का नाश करना चाहते थे। उनका विचार था कि साम्प्रदायिकता, छुआछूत, ऊँच-नीच जैसी विचारधाराएँ वर्ग-संघर्ष को उत्पन्न करती हैं तथा सामाजिक विकास के मार्ग को अवरुद्ध करती हैं। सामाजिक चेतना कबीर-काव्य का आधार स्तम्भ है। वह प्रत्येक व्यक्ति को कर्मशील बनाना चाहते थे :

कबीर सूता क्या करै, जागि न जपै मुरारि।
एक दिनां भी सोवणां, लम्बे पाँव पसारि।[15]

सामाजिक कुरीतियों के निराकरण के लिए कबीर ने क्रान्ति का सहारा लिया। कबीर क्रान्ति की प्रतिभूति थे। बाह्याडम्बर और असत्य के प्रति उत्पन्न प्रखर प्रतिक्रिया ही उनकी क्रान्ति का आधार थी। अपनी ओजस्वी वाणी द्वारा कबीर ने धर्म, समाज आदि क्षेत्रों में व्याप्त कालुष्यों को धो दिया—'कबीरदास एक जबर्दस्त क्रान्तिकारी पुरुष थे। उनके कथन की ज्योति जो इतने क्षेत्रों को उद्भासित कर सकी है वो मामूली भक्तिमत्ता की परिचायिका नहीं है। कबीर की सच्ची महिमा तो कोई गहरे में गोता लगानेवाला ही समझ सकता है।'[16]

कबीर का सम्पूर्ण जीवन सत्यानुभूति और सत्य के प्रचार में व्यतीत हुआ। असत्य के वह कट्टर विरोधी थे। भारत के स्वतन्त्र विचारकों में उनका महत्त्वपूर्ण स्थान है। कबीर की सहज-भावना जन-हित की भावना थी। दलित, पिछड़े वर्गों को उत्थान का

सन्देश दिया। सम्पूर्ण मानवजाति को उन्होंने एक सम-भावना का मार्ग सुझाया। कबीर ने त्याग, तपस्या, सदाचार, समता और सद्भावना का वह साम्यवादी रूप समाज के सम्मुख रखा जिसमें जन-हित की भावना के साथ-साथ मानव की बाह्य और आन्तरिक शान्ति निहित थी।

सकारात्मक सामाजिक परिवर्तनों के रास्ते में आनेवाली निष्प्राण कुरीतियाँ और संस्कृति को पंगु बनानेवाले तंत्त्व कबीर के व्यंग्य और विद्रोह का निशाना बने हैं। उनकी वाणी और व्यवहार में जो रचनात्मक अक्खड़ता मिलती है, वह अन्यत्र दुर्लभ है। कबीर के व्यक्तित्त्व की सबसे बड़ी पहचान उनके ईमानदार स्पष्ट वक्ता होने की है–'हम कबीर को मध्ययुग का सबसे बड़ा जनवादी विचारक मानते हैं, जिसने जनता के बीच की अनेक दीवारों को गिराकर समाज में एक समतलता लाने का प्रयास किया।'[17] कबीर अपने सम्पूर्ण व्यक्तित्त्व और कृतित्व में मानवीयता के पक्षधर रहे हैं।–'गहरे मानवीय सरोकार उनके काव्य में झलकते हैं–कबीर युगावतार की शक्ति और विश्वास लेकर पैदा हुए थे और युग-प्रवर्तक की दृढ़ता उनमें विद्यमान थी, इसलिए वह युग-प्रवर्तन कर सके थे।'[18] अपने स्वाधीन एवं निर्भीक विचारों से उन्होंने सुधार का नवीन मार्ग विकसित किया। उनकी समदृष्टि ने ही उन्हें सार्वजनिक एवं सार्वभौम बनाया। 'हिन्दी साहित्य के हजार वर्ष के इतिहास में कबीर जैसा व्यक्तित्त्व लेकर कोई लेखक उत्पन्न नहीं हुआ।'[19] वास्तविक अर्थों में कबीर ऐसे कालदर्शी कवि हैं जो सामाजिक न्याय और समता को अपने युग में देखना चाहते हैं। इसीलिए यह उनके युगबोध को निर्धारित करनेवाले मुख्य तत्त्व हैं।

सामाजिक और राजनीतिक परिदृश्य : असंगति और वैषम्य

व्यक्ति के आचार-विचार के अनुरूप ही समाज का स्वरूप निर्मित होता है। सुव्यवस्थित ढंग से जीवन-यापन करने से समाज का स्वरूप भी सुव्यवस्थित रहता है लेकिन कर्तव्य-पथ से विमुखता सामाजिक अव्यवस्था का कारण बनती है।

साहित्य और समाज का अन्योन्याश्रय सम्बन्ध है। कवि एक ओर समाज से प्रेरणा ग्रहण करता है तो दूसरी ओर अपने काव्य द्वारा समाज को प्रभावित भी करता है। कबीर युगीन समाज की सामाजिक परिस्थितियों का अवलोकन करने से पूर्व यह जानना आवश्यक है कि समाज किसे कहते हैं। यहाँ मनुष्य अपनी परस्पर भावनाओं का आदान-प्रदान और आदर-सम्मान करता है। इससे जीवन में सहज-गति का संचार और सन्तुलन स्थापित होता है। मनुष्य की अनुभूति और संवेदना विकसित होती है। इस प्रकार संकीर्ण स्वार्थ-साधना की वजाय परोपकार की सद्भावनावाले व्यक्तियों के समूह को ही समाज की संज्ञा प्रदान की जा सकती है।

जिस समय कबीर का आविर्भाव हुआ, समाज के प्रत्येक क्षेत्र में अस्तव्यस्तता, विशृंखलता फैली हुई थी। सामाजिक दशा अत्यन्त शोचनीय थी। सर्वत्र मिथ्याडम्बरों

और कुरीतियों का प्राधान्य था। हिन्दू-मुस्लिम वर्गों का संघर्ष अपनी पराकाष्ठा पर था। इस युग का समाज सामन्तवादी पद्धति पर विन्यस्त था। मुस्लिम शासकों की अत्याचारपूर्ण नीतियों ने समाज को जर्जरित कर दिया। समाज अपनी हीनावस्था में था। उसमें किसी प्रकार का उत्साह शेष न रह गया था और न कोई स्फूर्ति ही थी। साधारण जनता में शिक्षा और नैतिकता की कमी थी। कुचरित्रता, वेश्यागमन, धोखाधड़ी, चोरबाजारी व ठगी समाज में चारों ओर व्याप्त थी :

परनारी राता फिरैं, चोरी बिढ़ता खाँहिं।
दिवस चारि सरसा रहैं, अन्ति समूला जाँहिं।।[20]

हिन्दू-समाज की वर्णाश्रम-व्यवस्था के कारण समाज में विषमता का जोर था। जाति-पाँति तथा भेदभाव के कारण समाज अनेक अन्धविश्वासों एवं अज्ञान का शिकार बना हुआ था। शूद्र और मलेच्छों की छाया से सनातनी वर्णाश्रम-धर्मी घृणा करते थे। हिन्दू रूढ़िवादी तथा अन्धविश्वासी थे।[21] कबीर के अनुसार समाज में व्यक्ति का स्वरूप बीभत्स हो गया था। वह लोभी और लालची था तथा दूसरों की चाटुकारी में अपना जीवन गँवा रहा था :

कलि का स्वामी लोभिया, मनसा धरी बधाइ।
राज दुवारा यों फिरैं, ज्यूँ हरि हाई गाइ।।[22]

माया के कारण जीवों में तृष्णा पैदा हो गई थी। सारा संसार माया के फन्दे में फँस गया था। कनक-कामिनी ने मनुष्य का मार्ग रोक रखा था :

कबीर माया पापणी, हरि सूँ करै हराम।
मुखि कड़ियाली कुमति की, कहण न देई राम।।[23]

सर्वत्र विलासिता का वातावरण होने के कारण मानव की चारित्रिक विशेषताएँ नष्ट हो गई थीं—'यद्यपि यह भक्ति का युग था पर उसमें इतने शृंगारिक भाव आ गए थे कि समाज में विलासी वातावरण पैदा हो गया था। मुसलमानों की देखा-देखी हिन्दू समाज का भी वातावरण विलासी हो गया था। सुन्दरियों का बलात् अपहरण तथा राजदरबार में बहु नारी-संग्रह विलासिता के प्रतीक थे।'[24] जनसाधारण इस विलासमय वातावरण से मुक्त कैसे रह सकता था :

नर-नारी सब नरक है, जब लग देह सकाम।
कहै कबीर वे राम के, जे सुमिरैं निहकाम।।[25]

कबीरयुगीन समाज में स्त्रियों की दशा दयनीय थी। स्त्रियों को मात्र भोग की वस्तु समझा जाता था। सम्मान का स्थान उन्हें प्राप्त नहीं था। विलासिता के कारण कबीर ने नारी को समाज के पतन का कारण माना है :

नारी की झाईं पड़ी, अन्धा होत भुजंग।
कबिरा तिनको कौन गति, नित नारी को संग।।[26]

भ्रष्टाचारपूर्ण समाज में केवल लालची, लोभी, मसखरी करनेवालों को ऊँचा स्थान प्राप्त था :

कबीर कलि खोटी भई मुनियर मिलै न कोइ।
लालच लोभी मसकरा तिनकूँ आदर होइ।[27]

कनक-कामिनी ने मनुष्य के सामाजिक और आध्यात्मिक विकास का मार्ग अवरुद्ध कर रखा था—क्योंकि 'माया पापणी' के कारण राम-नाम विस्मृत हो गया था और यह कुमति समाज और संस्कृति सभी को प्रभावित कर रही थी।[28]

कबीर ने समाज के विकृत रूप का यथार्थ अंकन किया है। कबीर के समय समाज अपनी निम्नतम अवस्था में था—'उसमें न तो किसी प्रकार का उत्साह अवशेष रह गया था और न कोई स्फूर्ति ही। उसमें शिक्षा और सभ्यता दोनों का अभाव था। यवनों के भावों और संस्कृति का उत्तरोत्तर विकास होता जाता था।...समुचित शिक्षा के अभाव में अनेक अन्धविश्वास और आडम्बर समाज में प्रचार पाते चले जा रहे थे। धर्म के ठेकेदारों की तूती बोल रही थी।'[29] तत्कालीन समाज जीर्ण-शीर्ण, अनैतिकता से पूर्ण वीभत्स स्वरूपवाला तथा घोर पतनावस्था की ओर उन्मुख था। असत्य, अनाचार, वाह्याडम्बर, विषमता, वर्ण-विभेद के प्रति प्रतिक्रियास्वरूप कबीर के हृदय में क्रान्ति की भावना पैदा हुई तथा उन्होंने समाज की इन विषम परिस्थितियों को दूर करने का बीड़ा उठाया—'साधारण जनता का सा सादगी में जीवन व्यतीत करनेवाला सन्तों का एक ऐसा क्रान्तिकारी वर्ग था जिसने सभी अत्याचारों एवं दुर्व्यवस्थाओं के विरोध में अपना झंडा ऊँचा किया। इन सन्तों में अधिकतर निम्न जाति के लोग थे जो समाज और राज्य की तरफ से तिरस्कृत थे।'[30] सन्तों की आवाज तत्कालीन सामाजिक एवं धार्मिक कुरीतियों को दूर करने के लिए गुंजरित हुई थी।

कबीरयुगीन सामाजिक जीवन सामाजिक मिथ्यावाद और कुरीतियों के माया-जाल से ग्रस्त था। कबीर ने उक्त वातावरण के प्रति ग्लानि का भाव पैदा कर जनता का हृदय भक्ति के क्षेत्र में उन्मुख किया।—'महाकवि कबीर ने देश की दशा को भली प्रकार परखा और एक निर्द्वन्द्व व्यक्ति के नाते साहस के साथ धर्म और समाज की कुरीतियों के विरुद्ध आवाज उठाई। निस्संकोच भाव से बुराइयों की आलोचना की। ...कबीर ने धर्म और समाज के जीवन में क्रान्ति का अमर सन्देश फूँक दिया। इस क्रान्ति के फलस्वरूप निराश्रित पड़ी जनता ने एक बार फिर से सहारा पाकर स्वतन्त्र वातावरण में श्वास लेने का प्रयास किया।'[31] अपनी निर्भीकता और स्पष्टवादिता के कारण ही कबीर ने आजीवन असत्य का खंडन किया। सामाजिक अराजकता को दूर कर समाज में समरसता लाने का भरसक प्रयास कबीर ने किया—'भारत में निर्गुण सन्तों का उदय एक ऐतिहासिक एवं उल्लेखनीय घटना है। सन्तों ने अपनी अलौकिक प्रतिभा, अदम्य पौरुष एवं कठोर साधना के बल पर तत्कालीन समस्त धर्म, दर्शन एवं सम्प्रदायों में बिखरी जीवन-शक्तियों को एकत्र करके निष्प्राण जनता में प्राणों का संचार किया।'[32] कबीर ने एक सतर्क कवि की भूमिका समझकर सामाजिक विसंगतियों पर तीव्र प्रहार किए। कबीर की विद्रोही समाज-सुधारक की भूमिका आज भी प्रासंगिक है।

महाकवि कबीर का जीवन-काल 1455 से 1575 के आसपास का माना जाता है।

यह समय लगभग चौदहवीं शताब्दी के मध्यकाल से पन्द्रहवीं शताब्दी के मध्यकाल तक ठहरता है। भारतीय इतिहास में यह समय मोहम्मद तुगलक का काल था, जिसमें देश की राजनीतिक दशा अत्यन्त दयनीय थी। 'सन् 1398 में तैमूर के आक्रमण ने केन्द्रीय शासन-व्यवस्था को छिन्न-भिन्न कर दिया था। अकाल, भुखमरी और नृशंसता ने देश में अशान्ति, अव्यवस्था और अराजकता का वातावरण उपस्थित कर दिया।'[33] राजनीतिक दृष्टि से सन्त-साहित्य की पृष्ठभूमि का काल असामान्य परिस्थितियों का युग था। विदेशी आक्रमणों का लक्ष्य धन-सम्पत्ति को लूटकर ले जाना था। इन आक्रमणों से देश में मुस्लिम शासन की जड़ें जमने लगीं तथा मुस्लिम शासन के प्रति जनता के मन में भय और द्वेष के बीज जमने लगे—'देश में मुसलमानों का राज्य प्रतिष्ठित हो जाने पर हिन्दू समाज के हृदय में गौरव-गर्व और उत्साह के लिए वह अवकाश न रह गया। उसके सामने ही उसके देव मन्दिर गिराए जाते थे, देव मूर्तियाँ तोड़ी जाती थीं और पूज्य पुरुषों का अपमान होता था और वे कुछ भी नहीं कर सकते थे।...आगे चलकर जब मुस्लिम साम्राज्य दूर तक स्थापित हो गया तब परस्पर लड़नेवाले स्वतन्त्र राज्य भी नहीं रह गए। इतने भारी राजनीतिक उलटफेर के पीछे हिन्दू जनसमुदाय पर बहुत दिनों तक उदासी छाई रही।'[34] यह हमारे सांस्कृतिक इतिहास का तिक्त यथार्थ है।

प्रारम्भ से ही हिन्दुओं के साथ पक्षपातपूर्ण नीति अपनाई गई। बराबर हिन्दू धर्म को दबाने तथा इस्लाम धर्म को उठाने के प्रयास जारी रहे। यह समय राजनीतिक संघर्षों का काल था। अनेक राजनीतिक परिवर्तन भी दृष्टिगत हो रहे थे। मुस्लिम शासकों की अत्याचारपूर्ण नीतियों ने जनता का मनोबल तोड़ दिया—'खिलजी वंश के पश्चात् शासन तुगलक वंश के हाथों में चला गया जिसके कारण मोहम्मद तुगलक के हाथों विचारहीनता तथा नृशंसता का शिकार जनसामान्य को होना पड़ा।...फिरोजशाह तुगलक की बारी आई तो इस्लाम धर्म को स्वीकार न करने के कारण असंख्य हिन्दुओं को मौत के घाट उतार दिया गया।'[35] स्पष्ट है कि राजनीतिक दृष्टि से यह कोलाहलपूर्ण तथा अशान्ति का युग था। उत्तर भारत निरन्तर आक्रमणों का सामना कर रहा था। तैमूर के आक्रमण से हिन्दुओं की बची हुई प्रतिष्ठा और शक्ति नष्ट हो गई। इतिहासकारों का कथन है कि 'तैमूर के सिपाहियों ने लाखों निरीह हिन्दुओं की हत्या की थी। कहते हैं कि भारत से लौटते समय उसका एक-एक सिपाही सौ-सौ स्त्री, पुरुष और बच्चों को गुलाम बनाकर ले गया था।'[36] इन सब बातों का परिणाम यह हुआ कि हिन्दू जनता का जीवन निराशा और दरिद्रता में बीतने लगा। शासक वर्ग निरन्तर सम्पन्न और शासित वर्ग निरीह होता गया। जनता का मनोबल समाप्त हो गया तथा जीवन एक बोझ-सा प्रतीत होने लगा। समाज में चारों ओर एक प्रकार की अधोगति के दर्शन होते हैं जिसका मुख्य कारण राजनीतिक उथल-पुथल थी। तुर्कों का शासन काल घोर नृशंसता का काल कहा जाता है—'तुर्क शासन भारत में लगभग साढ़े तीन सौ वर्ष रहा। इन वर्षों में तुर्कों ने जो भयंकर अत्याचार हिन्दुओं पर किए, उनका वर्णन दिल कँपा देनेवाला है। हमारे देश के इतिहास के किसी भी युग में प्रारम्भिक अथवा परवर्ती ब्रिटिश युग में भी, इस प्रकार मानव जीवन का नृशंसतापूर्ण

विनाश नहीं किया गया।'[37] यह इतिहास का त्रासद अनुभव है।

सन्त-कवियों, विशेषतः कबीर ने अपने युग की विषम परिस्थितियों को, अपने अनुभव-बोध जनित जीवन-मूल्यों के प्रति जागरूक रहकर वाणीबद्ध किया है। संवेदनशील कबीर ने अपनी वाणी द्वारा परिवेशजन्य परिस्थितियों से सम्पृक्त रहकर, सामाजिक दायित्व-बोध का निर्वाह किया—'निर्गुण सन्त कवियों के हृदय तथा मस्तिष्क पर इस अशान्ति एवं कोलाहल की छाप पड़ी है। चतुर्दिक अशान्ति से वे व्यथित थे। इसलिए उन्होंने यह आवश्यक समझा कि जातियों के भेदभाव को दूर कर दिया जाए और मानव का मानव के प्रति क्या कर्तव्य है, इस ओर ध्यान दिया जाए। उन्होंने क्षमा, दया, सहनशीलता एवं विश्वबन्धुत्व एवं प्रेम आदि के उपेदश देकर जनता को सन्मार्ग पर लाने की चेष्टा की।'[38] ऐसी भीषण परिस्थिति में कबीर ने हिन्दू-मुसलमान धर्मों के बीच समन्वय का सन्देश प्रसारित किया। कबीर ने भारतीय लोक-मानस का नेतृत्व ऐसे समय में किया, जब उसको ऐसे ही कर्णधार की आवश्यकता थी। कबीर की व्यंग्योक्तियाँ सुल्तान को सह्य नहीं थीं और उसने कबीर को पकड़वाकर काजी द्वारा कबीर पर हाथी चलवाया था :

रे महावत तुम डारउ काटि, इसहिं तुरावतु धालहु साटि।
हसती ने तोरे धरै धियानु वाकै रिदे बसे भगवानु।[39]

कट्टर इस्लामी शासकों के सम्मुख कबीर जैसे निडर पुरुषों की खैर नहीं थी—यह जानते हुए भी कबीर उनसे चुहल करने से बाज नहीं आते :

न जाने साहिब कैसा है।
मुल्ला होकर बाग जो देवै,
क्या तेरा साहिब बहिरा है?
कीड़ी के पग नेडर बाजे,
सो भी साहब सुनता है।[40]

कबीरयुगीन सामन्ती समाज में जो लोग बादशाहों की खुशामद में पलते थे, वह निरन्तर धनी और सम्पन्न होते गए। यह सामन्ती वर्ग, भोग-विलास की प्रवृत्ति के साथ ही सतही जीवन जीता था। पर-धन, पर-स्त्री की कामना इन्हें सदैव बेचैन बनाए रखती थी :

स्वामीं हूणाँ सोहरा, दोद्धा हूँणाँ दास।
गाडर आँणी ऊन कूँ, बाँधी चरे कपास।[41]

उस समय की राजनीतिक परिस्थितियों के अनुसार इन सामन्ती लोगों ने जनता का खूब शोषण किया। विलासी, स्वेच्छाचारी निरंकुश, शासक-वर्ग को कबीर ने कड़ी चेतावनी देते हुए कहा :

ऊँचा मन्दर धोलहर, माँटी चित्री पोलि।
एक राँम के नाँव बिन, जंम पाड़ैगा रोलि।
ऊँचा महल चिणाँइयाँ, सोवन कलसु चढ़ाइ।
ते मन्दर चिणाँइयाँ, रहे मसाणों जाइ।[42]

गरीब आदमी की पहुँच बादशाह तक नहीं थी। फरियाद करने के लिए जनता प्रतीक्षा करती रहती थी। ऐसी विषम परिस्थितियों का वर्णन कबीर ने सम्यक् रूप से किया है :

तहाँ मुझ गरीब की को गुदरावै, मजलिस दूरि महल को पावै।
सत्तरि सहस सालार हैं जाकैं, असी लाख पैकम्बर ताकै।[43]

गरीब जनता का भरपूर शोषण करके बादशाह, वैभव-ऐश्वर्यपूर्ण जीवन बिताता था। उसके नाम का 'खुतबा' पढ़ा जाता था। सुल्तान के नाम के सिक्के प्रचलित थे। राजा की हाथी-घोड़े, ताज-सिंहासन आदि राजसी वस्तुएँ होती थीं जिनका उपयोग उनके अतिरिक्त कोई नहीं कर सकता था :

नां को बन्धु न भाई साथी, बाँधे रहे तुरंगम हाथी।
मैड़ी महल बावड़ी छाजा, छाड़ि गए सब भूपति राजा।[44]

कबीर ने ऐसे शोषक, अन्यायी और विलासी शासकों का तिरस्कार किया है :

कबीर थोड़ा जीवणाँ, माड़े बहुत मंडाण।
सबही ऊभा मेल्हि गया, राव रंक सुलितान।[45]

ऐसी विषम राजनीतिक परिस्थितियों में विवश जनता के सम्मुख शोषणमुक्त न्यायप्रिय-शान्तिप्रिय राजा की कल्पना में प्रभु राम का स्मरण कबीर की दबी हुई आकांक्षाओं की ही अभिव्यक्ति है :

राम नाम जाण्याँ नहीं, लागी मोटी पोड़ि।
काया हाँडी काठ की, ना ऊँ चढ़े बहोड़ि।[46]

तत्कालीन राजनीतिक परिस्थितियों के अन्तर्गत शासन का विरोध किसी भी प्रकार के खतरे से खाली नहीं था, परन्तु सन्तों ने अपनी निर्भीक चेतना-दृष्टि के कारण अन्याय-अत्याचारों का यथार्थ अंकन किया। इसके परिणामस्वरूप उन्हें कठोर यातनाएँ भोगनी पड़ीं। कबीर ने अपने विद्रोही और क्रान्तिकारी रूप को प्रदर्शित करते हुए जन-जीवन को समझाया कि शासक और शासन का क्रोध और क्रूरता अन्तिम नहीं है। अन्यायी को अपने अन्याय का फल अवश्य मिलेगा। कबीर ने राजाओं के क्रूरतम कृत्यों से भी अधिक व निष्ठुर काल के स्वरूप को अपने काव्य द्वारा व्यंजित किया :

ढोल दमामा दुड़बड़ी, सहनाई संगि भेरि।
औसर चल्या बजाइ करि, है कोइ राखै फेरि।
कबीर कहा गरबियो, चांम पलेटे हड़।
हैंबर ऊपरि छत्र सिरि, ते भी देबा खड।[47]

शासकों की अधिकार-प्रबलता, वैभव-विलासिता, अन्याय-अत्याचार के आतंक को सन्त कबीर ने अपनी वाणी द्वारा निश्चय ही कम करने का प्रयास किया :

सब जग सूता नींद भरि, सन्त न आवै नींद।
काल खड़ा सिर ऊपरै, ज्यूँ तोरणि आया बींद।[48]

शासनाधिकारियों द्वारा फैलाए गए आतंक की तुलना कबीर ने यमराज के आतंक

से की है :

अमल सिरानो लेखा देना, आए कठिन दूत जम लेना।
क्या तैं खटिया कहाँ गँवाया। चलहु सिताब दिवान बुलाया।[49]

सन्त-कवि कबीर ने सामाजिक और राजनीतिक क्षेत्र में व्याप्त असंगति और वैषम्य का यथार्थ व हृदयस्पर्शी अंकन अपनी वाणी द्वारा किया तथा जन-जीवन में अपने आचरण और कर्मों द्वारा नैतिकता, सदाचार, निर्भयता और अटूट निष्ठा-विश्वास का वातावरण निर्मित किया।

धार्मिक वितंडा : कर्मकांडीय पाखंड

सन्त-साहित्य की विचारधारा जिस भक्ति-आन्दोलन से जुड़ी रही है, वह दक्षिण भारत में उमड़कर, स्वामी रामानन्द के माध्यम से, 14वीं शती के आसपास उत्तरी भारत पहुँची थी। 'भक्ति का जो सोता दक्षिण की ओर से धीरे-धीरे उत्तर भारत की ओर पहले से ही आ रहा है, उसे राजनीतिक परिवर्तन के कारण शून्य पड़ते हुए जनता के हृदय में फैलने के लिए पूरा स्थान मिला। रामानुजाचार्य ने शास्त्रीय पद्धति से सगुण भक्ति का निरूपण किया था। गुजरात में स्वामी माध्वाचार्य ने अपना द्वैतवादी वैष्णव सम्प्रदाय चलाया। उत्तर या मध्य भारत में एक ओर तो ईसा की 15वीं शती में रामानुजाचार्य की शिष्य परम्परा में स्वामी रामानन्द हुए। दूसरी ओर वल्लभाचार्य ने प्रेमपूर्ण कृष्ण को लेकर जनता को रसमग्न किया।'[50]

समाज, धर्म और साहित्य का घनिष्ठ सम्बन्ध है। समाज के पतित हो जाने पर धर्म और साहित्य स्वतः हीन भावनाओं से संयुक्त हो जाते हैं। 14वीं-15वीं शती में उत्तर-पश्चिम से होनेवाले आक्रमणों ने भारतीय समाज और धर्म को पद-दलित कर दिया जिससे भारतीय जनता ने अपनी समस्त मौलिकता, स्वातन्त्र्य और प्रगतिशीलता को विस्मृत कर जीवन-यापन करने में ही अपनी भलाई समझी। इसी धार्मिक रूढ़िग्रस्तता ने अनेक साधना पन्थों को पल्लवित होने का अवसर दिया—'जिस धार्मिक कट्टरता, कर्मकांड, बाह्याडम्बर तथा आध्यात्मिकता के नाम पर विभिन्न मतवाद लोकचिन्ता को प्रभावित करने में लगे हुए थे उस समय धार्मिक क्षेत्र में भी मुसलमानों की आक्रमण प्रवृत्ति के विरुद्ध आत्मरक्षा के प्रयत्न हुए, किन्तु ठीक इसी समय उत्तर भारत के हिन्दुओं को, पराजय के कारण समस्त विरक्तिमय धर्मों के उस मूलः सिद्धान्त का अपने ही जीवन में अनुभव हो रहा था जिसके अनुसार संसार केवल दुःख का आगार मात्र है।'[51] कबीर- युगीन धार्मिक स्थितियाँ अत्यन्त विकृत थीं। मनुष्य मानवीयता को त्यागकर अमानवीय कार्यों में लीन था। मानव-जीवन का कोई मूल्य शेष नहीं रह गया था। मध्यकालीन जनता जिस धार्मिक परिवेश में जीवनयापन कर रही थी, वह उसे परम्परा से प्राप्त हुआ था। प्रत्येक व्यक्ति किसी न किसी रूप से धर्म से जुड़ा था। शैव, शाक्त, वैष्णव, जैन तथा बौद्ध धर्म समाज में प्रचलित थे। सभी धर्मों में भ्रष्टाचार तथा पाखंडों

की प्रधानता थी :

छह दरसन छयानवे पाषंड आकुल किनहूँ न जाना।
जप तप संजन पूजा अरचा जोतिग जग बौरानां।[52]

शैव-वैष्णव, श्वेताम्बर-दिगम्बर, हीनयान-महायान, सिद्ध शाक्त-वैरागी आदि साधुओं के वंश तथा सम्प्रदाय समाज में वर्तमान थे :

जैन बोध अरु साकत सैना। चारवाक चतुरंग बिहूना।
जोगी गोरख गोरख करैं हिन्दू राम नाम उच्चरैं।[53]

कबीर ने अपनी वाणी द्वारा काजी, मुल्लाओं के बाह्याचारों का कड़ा विरोध किया है :

पंडित वाद वदन्ते झूठा।
राम कह्या दुनिया गति पावै षांड भह्या मुख मीठा।[54]

काजी को सम्बोधित करते हुए कबीर कहते हैं कि :

पांडे कौन कुमति तोहि लागी,
तू राम न जपहि अभागी।
वेद पुरान पढ़त अस पांडे खरचन्दन जैसे भारा।
राम नाम तत समझत नाही अन्ति जडे मुखि छारा।[55]

यहाँ यह तथ्य स्पष्ट हो जाता है कि कबीर पांडे एवं काजी के पाखंडमय कृत्रिम कार्य व्यापार पर चोट कर रहे हैं। यदि ये लोग समाज में इस प्रकार का वितंडामय वातावरण न पैदा करते तो कबीर उन पर इतने तीक्ष्ण वार न करते। उनके हरेक आक्रोश के बाद गम्भीरता के साथ काजी, मुल्ला और पांडे को समझाना भी हुआ है। इसलिए उनके व्यक्तित्त्व में कुसुमादपि, कोमल और वज्रादपि कठोरवाले गुण पाए जाते हैं।[56]

कबीरयुगीन समाज में धर्म के नाम पर बड़ी हिंसा होती थी। कबीर ने मनुष्य समाज को यह समझाने की भरपूर चेष्टा की कि हमें मन, कर्म और वाणी से हिंसा नहीं करनी चाहिए :

पांडे कौन कुमति तेहिं लागीं
जीव वधत अरु धरम कहत हौ अधरम कहाँ है भाई।
आपन तौ मुनिजन है बैठे कासनि कहों कसाई।[57]

कबीर का युग धार्मिक ह्रास का युग था। धार्मिक परिवेश अत्यन्त अस्तव्यस्त एवं विशृंखल था। सर्वत्र पाखंड का बोलबाला था। पतनोन्मुख समाज में जहाँ असंख्य आडम्बर और कुरीतियाँ व्याप्त थीं, एक साफ-सुथरे धार्मिक परिवेश की कल्पना नहीं की जा सकती थी। कबीर ने हिन्दू-इस्लाम धर्मों के आडम्बरों, पाखंडों, अन्धविश्वासों का खुलकर विरोध किया :

बैसनो भया तौ क्या भया, बूझा नहीं विवेक।
छापा तिलक बनाइ करि, दग्ध्यालोक अनेक।[58]

हिन्दू तथा इस्लाम धर्म अपनी-अपनी श्रेष्ठता सिद्ध करने में लगे हुए थे। फलस्वरूप

समाज में बाह्याचारों की बाढ़ थी। दार्शनिक पद्धतियों की जटिलता के कारण जनमानस विचारों के मायाजाल में उलझकर रह गया तथा धर्म के वास्तविक स्वरूप को भूलता गया :

काजी भुलाँ भ्रमियाँ चल्या दुनीं के साथि।
दिल थें दीन बिसारिया करद लई जब हाथि।[59]

पाखंडों की हँसी उड़ाते हुए कबीर कहते हैं :

यह सब झूठी बन्दगी बंरिया पंच निवाज।
साँचे मारै झूठ पढ़ि काजी करै अकाज।[60]

कबीर के अनुसार राम और खुदा में भेदभाव करना मृत्यु को गले लगाना है। भेदभाव से मनुष्य सन्ताप की ज्वाला में झुलसता रहता है :

हिन्दू मुये राम कहि, मुसलमान खुदाइ।
कहै कबीर सोइ जीवता, दुइ में कदै न जाइ।[61]

कबीर ने धर्म को आचरण प्रधान माना। कबीर विश्व के सभी धर्मों के बीच सामंजस्य स्थापित करना चाहते थे। अवगुणों का परित्याग करके जो सद्गुणों को ग्रहण कर लेता है वही साधक सच्चा धार्मिक पुरुष है :

असतुति निंधा आसा छाँड़े, तजे मान अभिमान।
लोहा कंचन समिकरि देखे, ते मूरति भगवांनां।[62]

मनुष्य के आत्मविश्वास को जागृत करने के लिए कबीर ने बाह्याडम्बर में फँसे लोगों को, पाखंडपूर्ण जीवन को छोड़कर, सरल जीवन बिताने की सलाह दी। कबीर का अपना सारा जीवन आध्यात्मिक विश्वास के प्रति आस्था जगाने में व्यतीत हुआ। इसलिए पाखंड का तिरस्कार करते हुए उन्होंने राम-रहीम की एकता पर बल दिया। कबीर युग-द्रष्टा थे। राजनीतिक उत्पीड़न से व्यथित, देश की धार्मिक दशा का अध्ययन करके उन्होंने देखा कि जनता की आस्था सत्य से हटकर असत्य में संलग्न है। मानव समाज बाह्याचारों में ग्रस्त है। वह भक्ति के पावन-पथ से हटकर माया-मोह के जाल में ग्रस्त है। झूठे अहंकार के वशीभूत पंडित, योगी, संन्यासी, तपस्वी आदि सभी पाखंडों, मूर्ति-पूजा, जीव-हिंसा आदि अनेक प्रकार की कुत्सित साधनाओं में लीन थे। भेष-प्रधानता एवं आडम्बर-प्रियता के वे सख्त खिलाफ थे :

मथुरा जावै द्वारिका, भावैं जाव जगन्नाथ।
साध संगति हरिभगति बिन, कछू न आवै हाथ।[63]

कबीर का विचार था कि धार्मिक रूढ़ियों के कारण मनुष्य सत्य-सार को ग्रहण नहीं कर पाता। ऐसी मानसिकता में चेतना की विशदता एवं भावना की सदाशयता की अनुभूति कैसे सम्भव है। इसलिए उन्होंने तीर्थादि में भटकते मनुष्यों से सीधे प्रश्न किए हैं :

जल कै मंजन जो गति होई, मीना नित ही न्हावै।
मन में मैला तीरथ न्हावै, तिनि बैकुंठ न जाना।
पाखंड करि करि जगत भुलाना, नाहिन राम अयाना।[64]

धर्म को कबीर ने कर्मकांड पर आधारित नहीं माना। इसलिए उन्होंने समाज में व्याप्त तीर्थाटन, मूर्तिपूजा, कीर्तन, अवतार आदि कर्मकांडों की भरसक आलोचना की। कबीर सामाजिक उत्थान के लिए प्रयत्नशील थे। इसलिए उनकी वाणी समाज के लिए सम्बोधन है। कबीर ने न केवल हिन्दुओं के बाह्याचारों की आलोचना की अपितु मुसलमानों के कर्मकांडों का भी कड़ा विरोध किया। कबीर ने भक्ति-चेतना के माध्यम से युग-युग के लिए समन्वयात्मक चेतना का द्वार खोला—'सन्तों ने हिन्दुओं और मुसलमानों के बीच द्वेष, घृणा और हिंसा के विषय को दूर कर दोनों के बीच प्रेम और स्नेह के मधुर और स्निग्ध सम्बन्धों की प्रतिष्ठा की।'[65] कबीर ने यह अनुभव किया कि साम्प्रदायिक संकीर्णता के कारण मनुष्य अपना अमूल्य जीवन नष्ट कर रहे हैं। इसलिए उन्होंने मनुष्य समाज के लिए अगतिशील रूढ़ियों का तिरस्कार किया। कबीर का लक्ष्य समाज को मिथ्याचारों के जाल से निकालकर सहज-सरल धर्म का मार्ग दिखाना था—'कबीर की कविता एक युगान्तकारी रचना है। भक्तकवियों की विनयशीलता और आत्मभर्त्सना के बीच वह स्पष्ट कंठ में कही गई धार्मिक और सामाजिक जीवन की पक्षपात रहित विवेचना है।...हिन्दी साहित्य के धार्मिक काल के नेता के रूप में कबीर ने जितने साहस से परम्परागत हिन्दू धर्म के कर्मकांड से संघर्ष लिया उतने ही साहस से उन्होंने भारत में जड़ पकड़नेवाली इस्लाम की नवीन साम्प्रदायिक भावना से भी लोहा लिया।'[66] उनकी इस नैतिक शक्ति को हम अनेक स्थलों पर देख सकते हैं।

कबीर ने एक विचारक के नाते भारतीय जनता के मानस का मन्थन किया और अपने सहज धर्म के द्वारा मानव धर्म की स्थापना की। कबीर ने अपने समय की संघर्षमूलक प्रवृत्तियों को शान्ति प्रदान करने का प्रयत्न किया और रूढ़िवादियों को समन्वय और शान्ति का मार्ग सुझाया—'कबीर के सहज धर्म में स्वानुभूति के साथ-साथ बुद्धिवादिता का भी पूरा स्थान है। जिस प्रकार उनके सहज धर्म का दर्शन अनुभूति पर टिका हुआ है, उसी प्रकार उनके विश्वास बुद्धिवादिता पर टिके हुए हैं।'[67] कबीर ने समय की अन्ध परम्पराओं को समूल नष्ट करने हेतु महत्त्वपूर्ण भूमिका निभाई। कबीर ने जिस धर्म का प्रतिपादन जन-जीवन में किया वह युगों-युगों तक मानव जीवन में शान्ति और प्रेम का अजस्र स्रोत प्रवाहित करता रहेगा। कह सकते हैं कि कबीर ने ऐसे मानवीय धर्म की स्थापना हेतु अनथक संघर्ष किया जो वितंडा और पाखंड से सर्वथा मुक्त हो और मनुष्य का नैतिक-चारित्रिक अर्थात् सर्वांगीण विकास सम्भव हो सके। काव्य के धरातल पर कबीर की कविता इस परिप्रेक्ष्य में सार्थक है।

कबीर का जीवन-वृत्त : अन्तःसाक्ष्य और बाह्य साक्ष्य

कबीर विश्व-साहित्याकाश के देदीप्यमान सूर्य हैं, जो युगों-युगों से अपनी एकनिष्ठ साधना और अलौकिक प्रतिभा के बल पर आलोकित होते रहे हैं। कबीर के जीवन-वृत्त को समझने के लिए हमें उनके साहित्य में उपलब्ध अन्तःसाक्ष्य और अन्य ग्रन्थों में

मिलने वाले बाह्य साक्ष्यों का सहारा लेना पड़ता है। जहाँ तक अन्तःसाक्ष्य का सम्बन्ध है, वहाँ हमें कबीर-सम्बन्धित बहुत कम सामग्री मिलती है। इसका प्रमुख कारण यह है कि आत्म-प्रचार करना कबीर का ध्येय नहीं था। यह कबीर-साहित्य की प्रकृति-प्रवृत्ति के सर्वथा विरुद्ध था कि वह साहित्य द्वारा आत्म-विज्ञापन करते। इसलिए कबीर साहित्य में यत्र-तत्र उनके नाम, जाति और कार्य इत्यादि के अतिरिक्त किसी अन्य तथ्य पर प्रकाश नहीं पड़ता।

कबीर का जीवन-वृत्त कुछ घटनाओं, किंवदन्तियों और यदा-कदा उल्लेखों के रूप में हमारे सामने आता है। कबीर ने अपनी रचनाओं में अपने विषय में जो कुछ कहा है और विद्वानों ने उसमें से जितना प्रामाणिक माना है, वह अन्तःसाक्ष्य है। कबीर के बारे में यह प्रसिद्ध है कि अपने अनुभव के आधार पर उन्होंने मौखिक रूप में ही अपने समय का यथार्थ व्यक्त किया है।[68] कबीर का ज्ञानार्जन सत्संगति-विद्यापीठ में हुआ था। वेद, शास्त्र, स्मृति पुराणादि में निहित तथ्यों का ज्ञान उन्हें सन्त-समाज से ही प्राप्त हुआ था।'[69] कबीर के जन्म और मरण की तिथियाँ भी आज तक विवादास्पद हैं। कबीर के जीवन-काल-निर्धारण में बाबू श्यामसुन्दर ने कबीर की दो प्राचीन हस्तलिखित रचनाओं का सहारा लिया है और उन्हीं के आधार पर कबीर के मौलिक पदों का संग्रह 'कबीर ग्रंथावली' में किया है। 'इन दोनों प्रतियों में से एक प्रति 1504 ई. की और दूसरी प्रति 1824 ई. की लिखी हुई है।'[70] अब तक पाई गई प्रतियों में 1504 ई. वाली अधिक प्राचीन है, परन्तु इसमें जितने पद संग्रहीत हैं वह कबीर के प्रामाणिक पद हैं। कबीर के पदों की भाषा यह सिद्ध करती है कि कबीर 1504 ई. के आसपास विद्यमान थे।

कबीर का काव्य-सृजन तत्कालीन समाज में प्रचलित जन-भाषा में हुआ। कबीर ने अपने काव्य में अनेक जगह पर ऐसे शब्दों का प्रयोग किया है जो इतिहास में किसी विशेष शासक से सम्बद्ध हैं। भारतीय इतिहास में सुल्तान शब्द का प्रयोग तुगलक वंश तक हुआ है। मुगल काल में शासक के लिए बादशाह शब्द का प्रयोग होने लगा था। कबीर ने अपने काव्य में सुल्तान शब्द का कई बार प्रयोग किया है :

कबीर थोड़ा जीवणां, माड़े बहुत मंडाण।
सबही ऊभा मेल्हि गया राव रंक सुलितान।[71]

इन शब्दों से स्पष्ट है कि कबीर गुलाम-वंश से लेकर मुगल-काल के प्रारम्भ तक के बीच में वर्तमान थे।

वर्ण्य विषय भी अन्तःसाक्ष्य का महत्त्वपूर्ण आधार है। कबीर ने अपने वर्ण्य विषय में किसी ऐसी घटना का उल्लेख नहीं किया जो किसी निश्चित काल का प्रमाण दे सके। कबीर काव्य में वर्णित समाज में जितने प्रकार के व्यक्तित्त्व मिलते हैं, वो अधिकांशतः 12 से 15वीं शती के बीच विद्यमान थे। कबीर काव्य में आर्थिक दुरवस्था, नैतिक पतन और सामाजिक असमानता का वर्णन है जिसके प्रति उन्होंने अपना आक्रोश व्यक्त किया है। कबीर धार्मिक बाह्याचारों व कर्मकांडों तथा सामाजिक भ्रष्टाचारों से रहित एक उज्ज्वल समाज का निर्माण करना चाहते थे। अतः वर्ण्यविषय के आधार पर हमें कबीर

सम्बन्धी कोई ठोस जानकारी नहीं उपलब्ध होती।

बाह्य साक्ष्य : कबीर की रचनाओं के अतिरिक्त उनके विषय में जो अन्य जानकारी मिलती है, वह बाह्य साक्ष्य हैं। ऐतिहासिक तथ्य एवं साहित्यिक रचनाओं में यह साक्ष्य मिलते हैं।

ऐतिहासिक प्रमाण : कबीर के जीवन काल से किसी ऐतिहासिक घटना का स्पर्श नहीं होता परन्तु उनकी मृत्यूपरान्त 16वीं शती से ऐतिहासिक पुस्तकों में कबीर का नाम पाया जाता है।

'आइन-ए-अकबरी' को अबुल फजल ने अकबर के शासन-काल के 42वें वर्ष बाद 1598 में लिखा। इसमें दो बार कबीर का नाम आया है। पृष्ठ 129 पर लिखा है कि अद्वैतवादी कबीर की आत्मा यहाँ विश्राम करती है। 1598 ई. तक कबीर के काव्य एवं कृत्यों के सम्बन्ध में विश्वस्त किंवदन्तियाँ लोगों में कही जाने लगी थीं। कबीर अपने उदात्त विचारों एवं उदार सिद्धान्तों के कारण हिन्दू-मुसलमान दोनों में पूज्य थे।...एक अन्य स्थान पृष्ठ 171 पर लिखा है, 'कुछ लोगों का यह भी कहना है कि रतनपुर में कबीर की समाधि है। कबीर अद्वैतवादी थे और उन्हें आध्यात्मिक दृष्टि मिली थी। उन्होंने अपने समय के सिद्धान्तों का भी प्रतिकार कर दिया था। हिन्दी भाषा में धार्मिक सत्यों से परिपूर्ण कबीर के अनेक पद उस समय तक वर्तमान थे।'[72] इन वर्णनों से कबीर के सम्बन्ध में यह पता चलता है कि कबीर 15वीं शती के पहले विद्यमान थे। इनके अतिरिक्त 'तजकीरुल फुकरा', 'दविस्ताने मजाहिब' नाम उर्दू-फारसी ग्रन्थों में भी कबीर का नाम वर्णित है।

साहित्यिक रचनाएँ : हिन्दी सन्त-साहित्य में कबीर से सम्बन्धित तथ्य मिलते हैं। पीपा ने कबीर की भक्ति और उनके व्यक्तित्त्व की तारीफ करते हुए लिखा है कि यदि कलियुग में नामदेव और कबीर न होते तो भक्ति का महत्त्व समूल नष्ट हो गया होता :

जो कलि नाम कबीर न होते।
तो ले वेद अरु कलिजुग मिलि करि भगति रसातलि देते।[73]

उन्होंने यह भी कहा है कि कबीर ने जिस सत्य को प्रकाशित किया, पीपा उससे लाभान्वित हुए हैं :

नाम कबीरा साँच परकास्या तहाँ पीपै कछू पाया।[74]

इन वर्णनों से स्पष्ट होता है कि कबीर पीपा से पहले हुए थे।

रैदास कबीर के गुरुभाई माने जाते हैं। इनका जीवनकाल 1414 से 1540 के मध्य माना जाता है। कबीर के बारे में सन्त रैदास ने लिखा है कि वे उच्चकोटि के निर्गुणोपासक ज्ञानी थे :

निरगुण का गुन देखौ आई। देही सहित कबीर सिधाई।[75]

इनके अतिरिक्त सन्त धर्मदास, सन्त तुकाराम, सन्त गरीबदास ने भी अपने पदों में कबीर का उल्लेख तो किया है लेकिन उनके आधार पर कबीर के निश्चित जीवनकाल का पता नहीं चलता।

कबीरपन्थी साहित्य : कबीरपन्थियों ने कबीर और उनके काव्य की महिमा बढ़ाने के लिए बहुत सी किंवदन्तियाँ तथा गेय पदों की रचना की। कबीरपन्थी साहित्य में कबीर के जन्म तथा मृत्यु सम्बन्धी दोहे भी मिलते हैं। कबीर के प्रधान शिष्य धर्मदास का कहना है :

चोदह सौ पचपन साल गए चन्द्रवार एक ठाट ठए
जेठ सुदी बरसायत को पूरनमासी प्रगट भए।[76]

इसके अनुसार लोगों ने कबीर का जन्म 1455 ई. माना है। कबीर की मृत्यु के सम्बन्ध में दो तिथियाँ प्रसिद्ध हैं :

(1) संवत् पन्द्रह सौ औ पाँच मो, मगहर कियो गवन।
अगहन सुदी एकादसी, मिले पवन में पवन।
(2) संवत् पन्द्रह सौ पछत्तरा, कियो मगहर को गवन ।
माघ सुदी एकादसी, रसो पवन में पवन।[77]

इन दोनों तिथियों में 60 वर्ष का अन्तर है। अतः कबीर पन्थी साहित्य के आधार पर कबीर के प्रामाणिक जीवनकाल का पता नहीं चलता।

प्राचीन ग्रन्थों में भक्तमाल (1585 ई.) का बड़ा महत्त्व है। इसमें वर्णित है कि कबीर वर्णाश्रम-विरोधी, पक्षपात-रहित तथा सबके हित की बात कहनेवाले व्यक्ति थे :

कबीर कानि राखी नहीं वर्णाश्रम षटरसनी।
भक्ति विमुख जो धरम ताहि अधरम करि गायो।[78]

इस प्रकार कबीर के जीवनकाल के सम्बन्ध में विभिन्न विद्वानों के विभिन्न मत दृष्टिगोचर होते हैं।

महाकवि कबीर के नाम के विषय में कोई भ्रम पैदा नहीं हुआ। अन्तः तथा बाह्य साक्ष्य के आधार पर कबीर नाम ही सर्वमान्य रहा है। कबीर ने स्वयं अपने लिए अधिकांश स्थानों पर 'कबिरा' नाम का प्रयोग किया है :

सुखिया सब संसार है, खावै अरु सोवै।
दुखिया दास कबीर है, जागै अरु रोवै।

कबीर के नाम के अनुसार ही उनकी जाति के सम्बन्ध में दो मत नहीं मिलते। कबीर जाति के जुलाहे थे। इसका उल्लेख रचनाओं में अनेक स्थानों पर पाया जाता है :

जाति जुलाह मति को धीर। हरषि-हरषि गुन रमैं कबीर।[79]

कबीर के परिवार में उनकी जीवनियों के आधार में उनके माता-पिता, (जिनका नाम नीमा और नूरी था), के अतिरिक्त पत्नी लोई, सन्तान कमाल और कमाली का उल्लेख मिलता है। कबीर के गुरु के रूप में रामानन्द का नाम लिया जाता है :

कबीर रामानन्द का, सतगुरु मिले सहाय।
जग में जुगति अनूप है, सोई दई बताय।
भक्ति द्राविड़ उपजी, लाए रामानन्द।
कबीर ने परंगट कसी, सात दीप नव खंड।[80]

यह स्पष्ट है कि कबीर के जीवन और उससे सम्बन्धित घटनाओं के सम्बन्ध में कुछ भी निश्चित रूप में नहीं कहा जा सकता क्योंकि स्वयं कबीर का स्वभाव आत्म-प्रचारवादी नहीं था। बल्कि 'शुद्ध सत्य के पुजारी' कबीर परम सत्य के 'अन्वेषण तथा अनुभूति में सदा सचेष्ट'[81] दृष्टिगत होते हैं। इसीलिए उनके जीवन-वृत्त को निर्धारित करनेवाले अन्तः एवं बाह्य साक्ष्य उनके इतने विराट और दिव्य व्यक्तित्त्व के समक्ष अपनी तमाम अतिशयोक्तियों के बावजूद छोटे और अपर्याप्त हो जाते हैं। इतना कहना पर्याप्त होगा कि उनके महान् जीवन को समझने के लिए ऐतिहासिक साक्ष्यों की नहीं, स्वयं उनकी कविता को समझना आवश्यक है। क्योंकि उनका काव्य उनके समय का सबसे पुष्ट और प्रामाणिक साक्ष्य है।

व्यक्तित्व का गठन और उसका केन्द्र : अन्तर्विरोधजन्य नैतिकता

कबीर का सम्पूर्ण साहित्य ही उनका व्यक्तित्व है। व्यक्तित्त्व का शब्दिक अर्थ है व्यक्त होने की अवस्था या भाव। मनुष्य एक सामाजिक प्राणी है। वह अपने गुण, स्वभाव तथा कांर्यों की अभिव्यक्ति समाज में ही करता है। कोई भी व्यक्ति जिस प्रकार का सामाजिक कार्य करता है, उसी के अनुरूप उसके व्यक्तित्त्व का निर्धारण समाज द्वारा होता है। समाज उसी के व्यक्तित्त्व को महत्त्व देता है जिसमें समाजोपयोगी तत्त्व पाए जाते हैं। मानव कल्याण की भावनाओं से जुड़ा हुआ व्यक्तित्व समाज के लिए अनुकरणीय एवं प्रशंसनीय होता है। कबीर अपने गहन चिन्तन और आंतरिक साधना के फलस्वरूप समाज में प्रतिष्ठित हुए। कबीर का समाज-सुधारक, सन्त, विचारक, क्रान्तिकारी तथा कवि रूप देखने को मिलता है, जिससे उनके व्यक्तित्त्व को परिभाषित किया जा सकता है।

कबीर के व्यक्तित्त्व की प्रमुख विशेषता यह है कि वह समाज के पक्षपातरहित मार्गदर्शक थे। वह समान रूप से सबके हित की बात सोचते थे। अपने इन्हीं व्यापक विचारों के कारण वह युगों-युगों से हमारे समाज में विद्यमान हैं। 'कबीर अपने इस प्रभावशाली व्यक्तित्व के लिए उत्तर भारत में ही नहीं प्रसिद्ध हुए बल्कि समस्त भारतवर्ष में उनके उदात्त विचारों की सराहना होने लगी थी। समकालीन सन्तों से लेकर परवर्ती सन्तों तक पर कबीर के व्यक्तित्व का प्रभाव दिखाई देता है।'[82] कबीर व्यक्ति के आत्मसुधार द्वारा समाज को उन्नत दिशा की ओर ले जाना चाहते थे। कबीर का युग महत्त्वाकांक्षा और लोलुपता का था। मानववादी भावनाएँ यथा दया, प्रेम, सन्तोष, क्षमा आदि सर्वथा लुप्त हो चुकी थी। इसलिए कबीर व्यक्ति के सम्मुख आदर्श प्रस्तुत करना चाहते थे। धन-लिप्सा की भावना का त्याग करने की शिक्षा दी क्योंकि सब पापाचारों के मूल में धन ही होता है :

साँई इतना दीजिए, जामे कुटुम्ब समाय।
मैं भी भूखा ना रहूँ, साधु न भूखा जाय।[83]

माँगने की वृत्ति पर रोक लगाने हेतु उन्होंने कहा :

माँगण मरण समान है, बिरला बचै कोइ।
कहैं कबीर रघुनाथ सूँ, मतिर मँगावै मोहि।[84]

कबीर का विचार है कि ऐसे धन का संचय करना चाहिए जो भविष्य में काम आ सके। काल आने पर सब कुछ यहीं पड़ा रह जाता है :

कबीर सो धन संचिए, जो आगे कू होइ।
सीस चढ़ाए पोटली, ले जात न देख्या कोइ।[85]

कबीर ने अनुसार संचित धन को परहित में लगाना चाहिए क्योंकि मृत्यु के बाद उसका कोई उपयोग नहीं। यदि व्यक्ति परहित में अपना धन व्यय नहीं करता तो उस धन को मधुमक्खी के संचित मधु के समान कोई दूसरा ग्रहण कर लेता है :

ज्यूँ माषी मधु संचि करि, जोरि-जोरि धन कीन्हों।
मूए पीछैं लेहु-लेहु करि, प्रेत रहन क्यू दीन्हों।[86]

कबीर ने सन्तोषपूर्वक जीवनयापन की सीख जनमानस को दी। सन्तोषी स्वभाव से ही अस्तेय धर्म का पालन किया जा सकता है।

कबीर के व्यक्तित्त्व की प्रमुख विशेषता यह है कि वह मानव-मात्र के प्रेमी हैं। मनुष्य-कल्याण की कामना मात्र से ही उनका मन करुणा से द्रवीभूत हो उठता है। सामाजिक भ्रष्टाचारों और धार्मिक पाखंडों को देखकर वह वितृष्णा से भर उठते हैं। वह अपने काव्य द्वारा मनुष्य की सुप्त चेतना को जागृत करना चाहते हैं :

कबीर सूता क्या करे, काहे न देखै जागि।
जाका संग तैं बीछुड़या, ताही के संग लागि।[87]

कबीर स्वयं कर्मशील व्यक्ति थे तथा समाज को भी वह सत्कर्मों की ओर प्रेरित करना चाहते थे :

कबीर गुदड़ी बीषरी, सौदा गया बिकाइ।
खोटा बाँध्या गाँठड़ी, इव कुछ लिया न जाइ।[88]

सामाजिक कर्मकांडों से कबीर को घृणा थी। वह समाज को मिथ्याचारों के जाल से निकालकर सहज-सरल धर्म के मार्ग पर चलाना चाहते थे—'कबीर की कविता एक युगान्तकारी रचना है। भक्तकवियों की विनयशीलता और आत्मभर्त्सना के बीच यह स्पष्ट कंठ में कही गई धार्मिक और सामाजिक जीवन की पक्षपातरहित विवेचना है।...हिन्दी साहित्य के धार्मिक काल के नेता के रूप में कबीर ने जितने साहस से परम्परागत हिन्दू धर्म के कर्मकांड से संघर्ष लिया उतने ही साहस से उन्होंने भारत में जड़ पकड़नेवाली इस्लाम की नवीन साम्प्रदायिक भावना से भी लोहा लिया।'[89] कबीर के उपदेश आज भी ग्राह्य हैं क्योंकि उनमें जीवन की व्यावहारिकता और सरसता है।

मानवतावाद की स्थापना के लिए कबीर ने अपरिग्रह, कष्ट-सहिष्णुता, परदुखकातरता, भाईचारे की भावना का प्रसार किया। मनुष्य-मनुष्य में भेद उत्पन्न करनेवाले बाह्याचारों, रूढ़ियों और अन्धविश्वासों के प्रति कठोर रुख कबीर ने अपनाया तथा छुआछूत और

जाति अस्पृश्यता की भावना को कभी स्वीकार नहीं किया। कबीर के प्रहारों की कठोरता में ही उनकी दृढ़निष्ठा छिपी हुई थी। कबीर के जीवन का प्रमुख लक्ष्य मानव-मात्र में समता और एकता स्थापित करना था। 'कबीर साहब एकेश्वरवाद, साम्यवाद, भक्तिवाद, जन्मान्तरवाद, अहिंसावाद और संसार की असारता के प्रतिपादक एवं मायावाद, अवतारवाद, हिंसा, मूर्तिपूजा, कर्मकांड, व्रत-उपवास, तीर्थ-यात्रादि और वर्णाश्रम के विरोधी थे।'[90]

कबीर अत्यन्त करुणाप्रिय व्यक्ति थे। हिंसा के वह कट्टर विरोधी थे। कबीर ने अहिंसा को परमधर्म माना :

मुलाँ करि ल्यौ न्याय खुदाई।
इहि विधि जीव का भरम न जाई।
कुकड़ी मारै बकरी मारै हम हक्-हक् करि बोले।
सबै जीवन साई के प्यारे उबरहुगे किस बोले।[91]

कबीर ने कनक-कामिनी की ज्वाला से समाज को बचाने का भरसक प्रयास किया। उनके विचारानुसार यह दोनों ही दुख का मूल कारण हैं :

कबीर माया डाकिनी सब किनहू को खाइ।
दाँत उपाड़ो पापिनी जो सन्तो नेडी जाँइ।[92]

कबीर ने समाज में कथनी और करनी में सामंजस्य उत्पन्न किया। कबीर के अनुसार जैसे मुख से निकले वैसी ही करनी चाहिए :

कबीर जैसी मुख तैं निकसे, तैसी चाले नाहिं।
मानिष नहीं स्वांन गति, बंध्या जमपुर जाँहि।[93]

लोक-व्यवहार की दृष्टि से कथनी-करनी की एकता को, श्रेष्ठ सामाजिक आचरण के लिए सर्वाधिक महत्त्व कबीर ने दिया। कबीर ने रूढ़ियों की जड़ता को तोड़ने का प्रयास किया :

अवधू ऐसा ग्यान बिचार।
भेरे चढ़े सु अधधर डूबे, निराधार भये पार।
अधर चले सु नगरि पहुंते बाट चले ते लूटे।[94]

कबीर का सम्पूर्ण जीवन सत्यानुभूति और सत्य के प्रचार में बीता। असत्य उन्हें अप्रिय था। सत्य के मार्ग पर वह कभी विचलित नहीं हुए। भारत के स्वतन्त्र विचारकों में उनका महत्त्वपूर्ण स्थान है। कबीर ने स्वानुभूति के आधार पर तथ्यों का विवेचन किया—'उन्होंने स्पष्ट रूप से कहा है—मैं कहता हूँ आँखिन देखी, तू कहता कागद की लेखी। वे जन्म से विद्रोही, प्रकृति से समाजसुधारक, कारणों से प्रेरित होकर धर्म-सुधारक, प्रगतिशील, दार्शनिक और आवश्यकतानुसार कवि थे। उनके व्यक्तित्व का पूरा-पूरा प्रतिबिम्ब उनके साहित्य में विद्यमान है।'[95]

कबीर की कविता समाज की छाया है। उनके काव्य-विषयक धार्मिक आडम्बर, अनैतिकता, संसार की असारता आदि हैं। कबीर की भावधारा निर्बाध रूप से जनजीवन में बही है। कबीर निरक्षर थे, उनके ज्ञान का आधार स्वानुभूतिमूलक था। अपनी कविता

द्वारा वह सामाजिक सुधार करना चाहते थे। कबीर के काव्य में हमें उनके कई रूप देखने को मिलते हैं। कहीं अपने दैन्य एवं विनम्र भाव के कारण अत्यन्त करुण प्रकृति के दृष्टिगोचर होते हैं तो कहीं काजी, मुल्ला पर चोट करते हुए कठोर प्रकृति के। कबीर-काव्य में विचारों की ताजगी है। कबीर ने अपने साहित्य द्वारा समाज को एक स्वतन्त्र विचारधारा प्रदान की है।

कबीर ने स्वतन्त्र विचारक के नाते सामाजिक कुरीतियों का समूल नाश कर मानव-धर्म की स्थापना का प्रशंसनीय कार्य किया। अपने ओजस्वी व्यक्तित्व के कारण ही कबीर ने तत्कालीन समाज की संघर्षमूल प्रवृत्तियों को शान्ति प्रदान करने का प्रयास किया और रूढ़िवादी समाज को समन्वय और शान्ति का मार्ग सुझाया। अपने स्वाधीन एवं निर्भीक विचारों से कबीर ने सुधार का नवीन मार्ग विकसित किया। उनकी समदृष्टि ने ही उन्हें सार्वजनिक व सार्वभौम बनाया। कबीर ने अपने काव्य में भौतिक जगत् के मानवीय दुखों को व्यक्त करते हुए लोगों को ईश्वर चिन्तन की ओर उन्मुख किया। अपने विराट व्यक्तित्व द्वारा कबीर ने लोगों का मार्गदर्शन किया—'भारतीय धर्म साधना के इतिहास में कबीरदास ऐसे महान् विचारक एवं प्रतिभाशाली महाकवि हैं जिन्होंने शताब्दियों की सीमा का उल्लंघन कर दीर्घकाल तक भारतीय जनता का पथ आलोकित किया और सच्चे अर्थों में जनजीवन का नायकत्व किया।'[96] कबीर मानव धर्म के अग्रदूत बन मध्ययुग में अवतरित हुए। उन्होंने भारतीय जनता को पारस्परिक प्रेम और पाखंडों के विरुद्ध कड़ी आवाज उठाते हुए समाज को विकासोन्मुख किया।

कबीर कालबोध के नियामक-तत्त्वों के स्रोत

कबीर के कालबोध के प्रेरणादायी सूत्रों में हमने देखा कि उनकी विशिष्ट जीवन-शैली और तेजस्वी व्यक्तित्व के मूल में नैतिक मूल्यों की सुदृढ़ स्थापना कार्य कर रही थी। इसके अतिरिक्त कबीर को एक व्यक्ति और एक केन्द्रीय युग-कवि के रूप में जिस युगीन पर्यावरण का सामना करना पड़ा वह भी महत्त्वपूर्ण है। उसकी महत्ता इस रूप में ही नहीं है कि उन परिस्थितियों में कबीर का कवि निर्मित किया बल्कि इस रूप में भी कबीर का युगीन दृष्टि से उल्लेखनीय स्थान है कि हर बड़े कवि की तरह कबीर अपने समय के सामने निर्भीकता से खड़े हुए। वृहत्तर सामाजिक न्याय और वास्तविक मानवीय समता के लिए कबीर अपने असंगत और वैषम्य-ग्रस्त सामाजिक और राजनीतिक तन्त्र से टकराए। इस सबसे कबीर के कालबोध ने एक स्पष्ट आकृति ग्रहण की।

कबीर के सामने गरिमामयी और विचारोत्तेजक विचार-परम्परा भी उपस्थित थी। यद्यपि कबीर की समझदारी से काम लेकर कहें कि उन्होंने 'मसि कागद' छुआ नहीं था तब भी इतना अवश्य है कि अनुभवों की जिस पाठशाला में कबीर शिक्षित-दीक्षित हुए वह अत्यन्त सम्पन्न थी। इसीलिए हम देखते हैं कि उनके कालबोध के नियामक तत्त्वों के विचारशील स्रोत कबीर-काव्य में रचनात्मक रूप में मिलते हैं, आरोपित रूप में नहीं।

शंकर का मायावाद, योगदर्शन, बौद्ध शून्यवाद, सूफी प्रेमतत्त्व और भक्ति इनमें प्रमुख हैं। इन्हें कबीर ने वैचारिक एवं काव्य-परम्परा से आत्मसात् किया इसलिए कबीर के कालबोध को समझने के लिए इनका संक्षिप्त विश्लेषण आवश्यक है।

शांकर मायावाद

वेदान्त दर्शन का मूल स्रोत उपनिषद् हैं। जहाँ जीवन का यथार्थ रूप से निरूपण किया गया हो ऐसे प्रमाणस्वरूप उपनिषदों के अनुकूल समर्थक शारीरिक सूत्र और गीता आदि अध्यात्मशास्त्रों को वेदान्त कहते हैं।[97] शंकराचार्य ने त्रुटियों का प्रमाण देते हुए बताया कि समस्त संसार में एक ही सत्ता है, नाना तत्त्व असत्य हैं। ब्रह्म सत्य है, मिथ्या नहीं; ज्ञान है, जड़ नहीं। ब्रह्म अनन्त है। ब्रह्म से जगत् के प्राणी उत्पन्न होते हैं, ब्रह्म के द्वारा वे जीते हैं और अन्त में मरणकाल में ब्रह्म में ही लीन हो जाते हैं। इस प्रकार ब्रह्म ही सृष्टि, स्थिति और प्रलय का कारण है। माया के कारण संसार मिथ्या प्रतीत होता है। माया ब्रह्म की शक्ति है, वह अनिर्वचनीय एवं कल्पित है। उसी के कारण जगत् की उत्पत्ति प्रतीत होती है। यह नाम रूपात्मक जगत् अविद्या अथवा माया का ही परिणाम है। माया त्रिगुणात्मिका है, उसी के कारण जीव अपने अन्तर्निहित ब्रह्म को पहचान नहीं पाता है। यह संसार रस्सी में दिखाई देनेवाले सर्प की भाँति मिथ्या है। शंकर के विचारानुसार व्यावहारिक दृष्टि से संसार सत्य है किन्तु पारमार्थिक दृष्टि से असत्य। जीव ब्रह्म से अभिन्न है लेकिन माया के आवरण के कारण वह अपने वास्तविक स्वरूप को पहचान नहीं पाता। अज्ञान का आवरण हटते ही जीव और ब्रह्म का अन्तर समाप्त हो जाता है। जीव ब्रह्ममय हो जाता है। शंकर के माया सम्बन्धी निष्पत्तियों का मध्यकालीन काव्य और विचार-प्रणाली पर गहरा प्रभाव पड़ा है।

वस्तुतः मध्यकालीन कवि माया को लेकर परेशान रहे हैं। कवियों के अतिरिक्त अनेक तत्त्व-चिन्तकों ने भी माया-सम्बन्धी विचार प्रस्तुत किए हैं। कबीर-काव्य के सन्दर्भ में देखने पर शांकर मायावाद एक ऐसी विचार-प्रणाली के रूप में सामने आता है, जिसने कबीर के काल-विषयक विवेक को प्रभावित किया है।

माया का शाब्दिक अर्थ है; जो है नहीं। इसका तात्पर्य यह हुआ कि माया का कोई अस्तित्व नहीं है। उसे कोई देख नहीं सकता। उसका स्पर्श नहीं कर सकता। उसे सम्पूर्णता में जानना असम्भव है और उसका सत्य व्यक्त करना और भी मुश्किल है। सत्-असत् से परे वह अनिर्वचनीय है। बावजूद इसके माया सर्व-विशेषण युक्त और अनन्त शक्तिमयी है। माया मिथ्या है। उसकी रचना, जगत् भी मिथ्या है। जगत् माया का फल और ब्रह्म का चक्र है। अर्थात् ब्रह्म उसका संचालक है। उसके संकेत पर माया अपना कार्य करती है। माया के परिणाम-रूप में जगत् का सृजन हुआ है—माया को मात्र प्रतीत यानी महसूस किया जा सकता है। जगत् का मूल सत्य ब्रह्म है।[98] शांकर अद्वैतवाद के केन्द्र में माया का विश्लेषण प्रमुख है। शंकर ने माया के स्वरूप को

प्रस्तावित करने के लिए अनेक उदाहरण दिए हैं। माया स्वप्न सृष्टि है।[99] माया छलना अथवा मिथ्याचार रूप है।[100] माया शब्द का प्रयोग सृष्टि रचना एवं व्यवहार में असारत्व तथा मिथ्यात्व प्रतिपादन करने के लिए हुआ है।[101] इतना समर्थ और शक्तिशाली होने पर भी 'श्वेताम्बर शांकर भाष्य'[102] के अनुसार ब्रह्म तो स्वेच्छापूर्वक माया का ग्रहण और त्याग कर सकता है किन्तु जीव ऐसा करने में असमर्थ है। माया ब्रह्म के वश में है पर जीव माया के वशीभूत है।

आचार्य शंकर 'गीता भाष्य' में कहते हैं कि माया शक्ति स्वरूपा है। माया का ज्ञान मन और वाणी के अनुसार नहीं हो सकता। गीता में इसको कूटस्थ कहा गया है। शंकर के अनुसार जो कूट या राशि की भाँति स्थित है उसको कूटस्थ कहते हैं, कूट नाम माया है। कूट शब्द से वंचना, छलना, कुटिलता आदि भाव ध्वनित होते हैं। शंकर मानते हैं कि माया अनेक रूपों में स्थित है। अतः वह कूटस्थ है।[103]

शांकर अद्वैतवाद में माया को अविधा भी कहा गया है। क्योंकि वह ज्ञान-विरोधिनी है। वृहदारण्य भाष्य वार्तिककार के अनुसार ज्ञान प्रकट होते ही अविद्या का अन्त हो जाता है। माया के कारण ब्रह्म से जीव का भिन्नत्व एवं जगत् की सत्य प्रतीति का भ्रम होता है। वस्तुतः माया की सत्ता पारमार्थिक या प्रातिभाषिक न होकर व्यावहारिक है। उसका आश्रय जीव है और विषय ब्रह्म। वह जीव से ब्रह्म के वस्तुस्वरूप को अदृश्य कर देती है। आचार्य शंकर ने माया को जगत्-उत्पत्ति का कारण मानते हुए 'विवेक चूड़ामणि' में उसके विशेषण इस प्रकार बताए हैं :

अव्यक्त नाम्नी परमेश शक्ति,
रघविद्या त्रिगुणात्मिका परा,
कार्यानुमेया सुधियेव माया,
यथा जगत्सर्वमिदं प्रसूयते।

उपर्युक्त पंक्तियों के अनुसार जो अव्यक्त नामवाली त्रिगुणात्मिका अनादि अविधा परमेश्वर की पराशक्ति है, वही माया है, जिससे यह सारा जगत् उत्पन्न हुआ है। बुद्धिमान जन इसके कार्य से ही, इसका अनुमान करते हैं।[104]

माया अपनी आवरण एवं विशेष शक्तियों के माध्यम से अपना क्रिया-व्यापार संचालित करती है। जीव और ब्रह्म में भिन्नत्व के परिणाम 'अध्यास' के कारण होता है। वस्तुतः मिथ्या प्रतीति का ही दूसरा नाम 'अध्यास' है। यही अध्यास का प्रथम रूप है और ब्रह्म के सगुण रूप की भाँति उसका द्वितीय रूप। तात्पर्य यह है कि जीवात्मा जब विषयी होकर अपने को विषय रूप से अलग समझने लगता है, तभी 'मैं तेरा' और 'तू मेरा' का भेद प्रारम्भ हो जाता है।[105] इसीलिए महान् आधुनिक दार्शनिक लोकमान्य बाल गंगाधर तिलक ने 'गीता रहस्य' में कहा है कि मायाभ्रम है, अज्ञान है।[106] डॉ. राधाकृष्णन् माया के स्वरूप का निरूपण करते हुए कहते हैं कि संसार के पदार्थ, जिनमें व्यक्त प्राणी भी सम्मिलित हैं, ऐसा अनुमान करते हैं कि वे सभी पृथक और निजी अस्तित्ववाले हैं और आत्मपोषण और रक्षा के कार्य में संलग्न प्रतीत होते हैं। वे यह

भूल जाते हैं कि वे सभी एक ही स्रोत से प्रादुर्भूत हैं, जिससे वे जीवन तत्त्व ग्रहण करते हैं। यह विश्वास माया का परिणाम है।[107]

कबीर-काव्य में शांकर से अद्वैत दर्शन का स्पष्ट प्रभाव लक्षित होता है। विशेषकर कबीर जहाँ काल की बात करते हैं वहाँ शांकर मायावाद के प्रत्यक्ष दर्शन किए जा सकते हैं। माया का प्रयोग, सृष्टि सृजन, सांसारिक व्यवहार की असारता, मिथ्या प्रतिपादन, नैतिक सन्दर्भों इत्यादि प्रसंगों में हुआ है। कबीर के यहाँ यह काल-विवेक के नियामक हैं। कबीर ने काल को मानवीय जीवन का निर्णयात्मक कारण या हेतु माना है।

कबीर-काव्य में माया के स्वरूप पर टिप्पणी करते हुए आचार्य हजारी प्रसाद द्विवेदी कहते हैं कि 'कबीरदास ने माया के सम्बन्ध में जो कुछ कहा है वह वस्तुतः वेदान्त द्वारा निर्धारित अर्थ में ही कहा है।'[108] डॉ. गोविन्द त्रिगुणायत ने कबीर के मायावाद को भागवत् पुराण और शंकराचार्य के माया-वर्णनों से प्रभावित माना है और यह भी कहा है कि शंकर की माया के समान कबीर की माया भी अनिर्वचनीय तत्त्व[109] है।

कबीर की दृष्टि में समस्त जगत् को भ्रमित करनेवाली माया मनुष्य की बुद्धि को विकृत कर देती है। माया आविष्ट मोहग्रस्त जीव भूल जाता है कि विषयों के राज्य का प्रतिदिन क्षय हो रहा है। दिन व्यतीत होते रहे हैं और अमूल्य मनुष्य-जन्म अकारथ हो रहा है.। मृत्यु की ओर किसी का भी (मायाग्रस्त मनुष्य का) ध्यान नहीं है। माया-मोह और सांसारिक वैभव-विलास वस्तुतः अगम्य और अनिर्वचनीय हैं। मिथ्या वासनाओं में डूबा जीव झूठे संसार में ही फँसा हुआ है। जो अलक्षित सत्य तत्त्व है उसे दुनिया नहीं देखती। जिसकी सत्य के प्रति निष्ठा है, वही ईश्वर एवं उसके प्रेम के निकट है और मिथ्या वासनाओं से ग्रस्त जीव ईश्वर से दूर है। परन्तु मोहग्रस्त जीव तो वासनाओं के विष को ही संजीवनी बूटी कहता है :

अछि तराज दिने दिन होई, दिवस सिराइ जनम गए खोई।
मृत काल किनहूँ नहीं देखा, माया मोह धन अगम अलेखा।।
झूठै झूठ रह्यौ उरझाई, साचा अलख जग लख्या न जाई।
साचै नियरै झूठे दूरी, विष कूँ कहै सजीवन मूरी।।[110]

जीव को मृत्यु की ओर धकेलनेवाली माया अपनी प्रतीति में मादक-मधुर होती है इसलिए इससे छूटना 'असम्भव है। अज्ञानी पुरुष को माया भुला-भुलाकर खाती है अर्थात् उसके सत्य स्वरूप को विस्मृत करके उसे नष्ट कर देती है। वासना एवं असत् रूप होने के कारण निर्गुण तथा जगत् के समस्त स्वरूपों में परिणत होने से सगुण—यह माया ऐसी ही अद्भुत नारी है। इस माया का परित्याग लक्ष्मण ने किया और गुरु गोरखनाथ ने इसे अपने हृदय से दूर कर दिया। लेकिन यह माया चींटी से लेकर हाथी तक में समाई हुई है। इस माया ने तीनों लोकों पर जीत प्राप्त की है, पर इसे कोई खा नहीं सका अर्थात् नष्ट नहीं कर पाया। कवि कबीरदास कहते हैं कि इस पद पर विचार कर लो। यह माया समस्त विश्व में परिव्याप्त है। यह सबको मीठी ही लगती है—किसी बिरले ज्ञानी ने ही इसे खारा कहा है :

मीठी मीठी माया तजी न जाई,
अग्यांनी पुरिष कों भोलि भोलि खाई।।
निरगुंण सगुंण नारी, संसारि पियारी,
लषमणि त्यागी गोरषि निवारी।
कीड़ी कुंजर में रही समाई,
तीनी लोक जीत्या माया किनहुँ न खाई।।
कहै कबीर पद लेहु बिचारी,
संसारि आई माया किनहुँ एक कही षारी।[111]

महाठगिनी माया जीव को मोहित करके उनका ज्ञान एवं ध्यान का अपहरण कर लेती है। अज्ञानी जीव कनक-कामिनी के वशीभूत होकर काल-पाश में बँध जाता है। ऐसे में राम ही उसका उद्धार कर सकते हैं :

माया मोहि मोहि हित कीन्हाँ,
ताथैं मेरौं ग्याँन ध्याँन हरि लीन्हाँ।।
संसार ऐसा सुपिन जैसा, जीव न सुपिन समान।
साँचा करि नरि गाँठि बाँध्यो, छाड़ि परम निधान।।
नेन नेह पतंग हुलसै, पसू त पेखे आगि।
काल पांसि जु मुगध बाँध्या, कलंक कामिनी लागि।।
करि विचार बिकार परहरि, तिरण तारण सोइ।
कहै कबीर रघुनाथ भजि नर, दूजा नाँही कोई।।[112]

निरीह जीव को माया मोहित करके प्रेम बन्धन में फँसाकर उसका सम्पूर्ण आत्मबोध एवं ईश्वरीय ध्यान हर लेती है। जगत् और जीवन स्वप्नवत् है। जीव धन संचित कर, उसे सुरक्षित करने के उपरान्त उसी में तल्लीन हो जाता है। परम-प्रेम के आगार ईश्वर को छोड़ देता है। नेत्र स्नेहपूर्ण होकर पतंग की भाँति वासनाओं के दीपक में जलकर राख हो जाते हैं। अज्ञानी पशु भीषण आग नहीं देखता, उसी में जल जाता है। अज्ञानी जीव भी ऐसे ही कनक और कामिनी के पराभूत होकर काल के पाश में बँध जाता है। कबीर जीव को परामर्श देते हैं कि वह विचारपूर्वक विकारों का परित्याग कर इस दृढ़ धारणा पर चले—ईश्वर ही इस विश्व का उद्धारक है। उसके भजन से ही, माया से, कालभय से मुक्ति सम्भव है। संसार में दूसरा कोई नहीं है जो आश्रय देने में समर्थ हो।

संसार में कुटिल स्वभाववाली माया विभेद-बुद्धि उत्पन्न कर देती है। इसी कारण सम्पूर्ण जगत् द्वेष, घृणा, मोह, क्लेश आदि की आग में झुलसता रहता है :

मोर तोर करि जरे अपारा, मृगत्रिष्णां झूठी संसारा।
माया मोह झूठ रह्यौ लागी, का भयौ इहा का ह्वै है आगी।।[113]

माया द्वारा उत्पन्न इस विभेद-बुद्धि से जीव तभी छूट सकता है जब वह अपने अहंभाव का विसर्जन कर दे :

तूँ तूँ करता तूँ भया, मुझ में रही न हूँ।
वारी फेरी बलि गई, जित देखौं तित तूँ।।[114]

सर्वत्र 'तू ही तू' का मनन करते हुए अर्थात् ब्रह्म के अतिरिक्त अन्य कोई सत्ता नहीं है—इस सत्य का ध्यान करते-करते मैंने (जीव ने) अपना अहं भुला दिया है। ईश्वर पर न्यौछावर होती हुई जीवात्मा उसे ही समर्पित हो गई है। अब वह जहाँ देखती है, वहाँ ईश्वर विद्यमान है। जीव को सम्पूर्ण जगत् ब्रह्ममय दृष्टिगत हो रहा है। कबीर ज्ञान और प्रेम के समन्वित रूप के माध्यम से जीव को माया से मुक्ति का सरल मार्ग दिखाते हैं।

माया मात्र ऐन्द्रिय कष्ट नहीं देती बल्कि उसकी पहुँच मन तक भी होती है और देहान्त के बाद भी मन और उससे निर्मित संस्कार नहीं मरते, दूसरे जन्म में भी कष्ट पहुँचते हैं :

माया मुई न मन मुवा, मरि मरि गया सरीर।
आसा तृष्णाँ नाँ मुई, यों कहि गया कबीर।।[115]

जीव माया को छोड़ने का प्रयास करके भी उससे छूट नहीं पाता। वह उसे बार-बार लपेट लेती है, घेर लेती है। इस दुनिया में सब कुछ माया है। आदर-सम्मान भी माया है। जहाँ माया का प्रभाव नहीं है, वहाँ ब्रह्म ज्ञान है। सभी विषयगत आस्वाद माया के परिणाम हैं। इसी आनन्द उपभोग के लिए जीव अपने प्राणों को दाँव पर लगा देता है। कबीर यहाँ तक कहते हैं कि जप, तप, योग आदि सब कुछ माया ही है। इसने सबको बन्धक बनाया हुआ है। जल, थल, आकाश सम्पूर्ण दृश्य पदार्थ माया ही है। माया सर्वत्र व्याप्त है। माता-पिता भी माया है। स्त्री-पुत्र आदि तो अत्यधिक मोहाश्रित होने के कारण कठिन बन्धन के विशिष्ट प्रकार हैं। अतः वे अति माया-प्रगाढ़ माया हैं। कबीर को राम पर विश्वास है। वह माया को मारकर, अज्ञान और मोह को नष्ट करके जगत् में व्यवहार करते हैं :

माया तजूं नहीं जाई,
फिर फिर माया मोहि लपटाई।
माया आदर माया मान, माया नहीं तहाँ ब्रह्म गियान।।
माया रस माया कर जान, माया कारनि तजै परान।
माया जप तप माया जोग, माया बाँधे सबही लोग।।
माया जल भलि माया आकासि, माया व्यापि रही चहुँ पासि।।
माया माता माया पिता अति माया अस्तरी सुत्ता।।
माया मारि करै ब्यौहार, कहै कबीर मेरे राम अधार।।[116]

जीव धन रूपी माया का उपभोग भी नहीं कर पाता कि यम रूपी विलाव उस पर आक्रमण कर देता है। उसने अपनी धन-सम्पत्ति को काफी यत्नपूर्वक, धरती में गाड़कर छिपाया था। यह कितनी बड़ी विडम्बना है कि किसी ने धन-संचय किया परन्तु उसका फल कोई और खाता है। जीव ने पैसा-पैसा संग्रह करके जो धन संचित किया था, मरते

समय उससे जीव का कोई सम्बन्ध शेष नहीं रह जाता। कवि कबीर घोषित करते हैं कि मैं उस ज्ञानी का दास हूँ जो धन-सम्पत्ति की मोह माया से असम्पृक्त रह सके :

माया का रस षांग न पाँवा,
तब लग जम विलवाह्वै धावा।
अनेक जतन करि गाड़ि दुराई, काहू साँची काहूँ खाई।
तिल तिल करि यहु माया ज़ोरी, चलति बेरहिणां ज्यूँ तोरी।
कहैं कबीर हूँ ताका दास, माया माहै रहै उदास।।[117]

ज्ञान और भक्ति के महान् समन्वय से जो जीवन रस उत्पन्न होता है, वह माया का प्रतिकार करने की शक्ति देता है :

सतौं भाई आई ग्यान की आँधी रे।
भ्रम की टाटी सबै उडांणी, माया रहे न बाँधी।।[118]

ज्ञान अर्जित करके ही 'सन्तत्त्व' की उपलब्धि सम्भव है। सन्त ही माया को परास्त कर सकते हैं। इसीलिए कबीर ने माया को सन्तों की दासी कहा है :

माया दासी सन्त की, ऊँ भी देइ असीस।
विलसी अरु लातौ छड़ी, सुमरि सुमरि जगदीस।।[119]

कबीर की दृष्टि में माया सन्त की सेविका है। उसकी सेवा करके माया उसे (सन्त को) आशीष देती है। सन्त ईश्वर का भजन करता हुआ माया का ज्ञानपूर्वक भोग करके, इस माया को लात मारकर दूर कर देता है; उसके विकारों से विकृत नहीं होता।

कबीर पर शांकर मायावाद का गहन प्रभाव लक्षित किया जा सकता है। कबीर माया का शास्त्रीय विश्लेषण नहीं करते बल्कि उसे लोक जीवन के सन्दर्भ में रखते हैं। माया को वह मृत्यु का प्रमुख कारक मानते हैं लेकिन विवेकी सन्त को माया से भयभीत हुए बगैर जीवन को सही अर्थ में जीने के लिए प्रेरित करते हैं।

योग दर्शन

योग-दर्शन के प्रवर्तक महर्षि पतंजलि हैं। 'सांख्य में ईश्वरवाद का सिद्धान्त जोड़कर पतंजलि ने योगशास्त्र का निर्माण किया, जिसे ईश्वर सांख्य भी कहते हैं।'[120] (सर्वदर्शन संग्रह, पृ. 266) स्पष्ट है कि योग और सांख्य में पर्याप्त समानता है। लेकिन योग का मुख्य विषय है योगाभ्यास। सांख्य जिस विवेक ज्ञान द्वारा मोक्ष की कल्पना करता है, योग के द्वारा वही विवेक ज्ञान प्राप्त किया जा सकता है। 'चित्तवृत्तियों के निरोध को योग कहते हैं।'[121] (योगवार्तिक 1/1) 'चित्त की पाँच भूमियाँ बताई गई हैं—क्षिप्त भूमि, मूढ़भूमि, विक्षिप्त भूमि, एकाग्रभूमि और निरुद्ध भूमि। प्रथम भूमि में रजस् से अभिभूत होने के कारण चित्त सांसारिक वस्तुओं में लिप्त अर्थात् चंचल रहता है। मूढ़चित तमस् से अभिभूत होने से तन्द्रा एवं निद्रा से आक्रान्त रहता है। उसमें एकाग्रता नहीं रहती। विक्षिप्त चित्त सत्य के प्रभाव के कारण अधिक चंचल रहते हुए भी कभी-कभी स्थिर

हो जाता है और दुखप्रद वस्तुओं से हटकर सुखप्रद वस्तुओं में केन्द्रित हो जाता है। उसकी चंचलता या तो स्वाभाविक है या मानसिक विक्षेपों के कारण।'[122]

आगे चलकर योग शब्द कुछ अधिक व्यापक अर्थ में प्रचलित होने लगा और 'आत्मा परमात्मा से तादात्म्य स्थिर करनेवाली किसी भी साधना को योग कहा जाने लगा।[123] (हठयोग प्रदीपिका) योग दो प्रकार का होता है। सम्प्रज्ञात और असम्प्रज्ञात। सम्प्रज्ञात योग की उस अवस्था को कहते हैं जिसमें मन की सभी क्रियाओं का निरोध हो जाता है। केवल आत्मप्रकाशित आत्मा ही शेष रह जाती है। पतंजलि ने योगसूत्र में योग की परिभाषा 'चित्तवृत्ति निरोध योगः' कहकर की है। पतंजलि ने इस चित्तवृत्ति निरोध रूपिणी साधना के आठ अंग बताए हैं—यम, नियम, आसन, प्राणायाम, प्रत्याहार, धारणा, ध्यान और समाधि। इसमें उन्होंने यमों और नियमों के भी पाँच-पाँच उपभेद किए हैं। अहिंसा, सत्य, अस्तेय, ब्रह्मचर्य और अपरिग्रह, यह पाँच यम और शौच, सन्तोष, तप, स्वाध्याय और ईश्वर-शरण-गति यह पाँच नियम हैं।[124] इनके पालन से शरीर और मन दोनों शुद्ध होते हैं। शरीर और मन के शुद्ध होने पर आसनों की साधना करनी पड़ती है। निश्चल सुखपूर्वक बैठने का नाम आसन है।[125] (योगसूत्र सूक्त) प्राणायाम की सफलता के लिए आसनों की साधना आवश्यक है। प्राणायाम के बाद प्रत्याहार की स्थिति आती है। अपने विषयों के सम्बन्ध में रहित होकर इन्द्रियों का चित्त स्वरूप में तदाकार हो जाना ही प्रत्याहार है।[126] (हठ) इससे साधक को इन्द्रियों की परमगति प्राप्त होती है। प्रत्याहार के पश्चात् साधक धारणा नामक योग की साधना में प्रवृत्त होता है। योग सूत्रों के अनुसार शरीर के किसी एक देश में चित्त को केन्द्रित करना ही धारणा है।[127] (योगसूत्र) जहाँ चित्त को लगाया जाए, उसी में लगी हुई वृत्ति की एकनिष्ठा को ध्यान कहते हैं। जब ध्यान में केवल ध्येय मात्र की प्रतीति शेष रह जाती है और चित्त का निजस्वरूप शून्य सा होने लगता है तभी समाधि की अवस्था सम्पन्न होती है।[128] (योगदर्शन) यही अष्टांग योग साधन है।

योगदर्शन में आत्मा को शुद्ध, बुद्ध, नित्य और मुक्त माना जाता है। योगदर्शन रूढ़िवादी दर्शन नहीं है। पतंजलि ईश्वर की सत्ता में विश्वास करते हैं। चित्त की एकाग्रता एवं आत्मज्ञान के लिए ईश्वर का ध्यान आवश्यक है। संसार दुखमय है। पुरुष और प्रकृति का संयोग संसार का कारण है। भविष्य में आनेवाले दुख हेय हैं। आत्मा से बुद्धि का संघर्ष इसका कारण है। जब अविद्या का नाश हो जाता है तब यह सम्बन्ध भी नष्ट हो जाता है और आत्मा मुक्त होकर अपने स्वरूप में अवस्थित हो जाती है। यही आत्मा का मोक्ष है।

कबीर साहित्य में विविध स्थानों पर योगदर्शन का वर्णन हुआ है। अष्टांग योग में प्रमुख यम के निम्न भेदों—अहिंसा, सत्य, अस्तेय, ब्रह्मचर्य और अपरिग्रह का सांगोपांग विवेचन कबीर के यहाँ मिलता है। कबीर-काव्य में अहिंसा का सर्वाधिक महत्त्व प्रतिपादित हुआ है। कबीर ने जीव-हिंसा की घोर भर्त्सना की है :

जोरी करि जिबहै करैं, कहते हैं ज हलाल।
जब दफ्तर देखैंगा दई, तब ह्वैगा कौंण हवाल।[129]

हिंसक प्रवृत्तिवालों से कबीर पूछते हैं कि यदि जीव-हिंसा धर्म है और जीव-हिंसा करनेवाले धार्मिक हैं तो फिर अधर्मी और कसाई कौन लोग हैं :

जीव बधन अरु धरम कहत हौं, अधरम कहाँ है भाई।
आपन तो मुनिजन ह्वै बैठे, कासनि कहौ कसाई।[130]

कबीर के अनुसार सभी जीवों के प्रति निर्वैर प्रेम भाव ही अहिंसा है। सभी के साथ प्रेमपूर्वक व्यवहार मानव का सर्वोपरि धर्म है। अहिंसा का पालन करनेवाले व्यक्ति कभी काल से भयभीत नहीं होते। अहिंसावादी प्रवृत्ति उनके मन से काल सम्बन्धी संशयों का हरण कर लेती है।

अहिंसा के समान सत्य भी मन का सात्त्विक विचार है। कबीर के अनुसार सत्य वही है जो स्थिर रहता है, परिवर्तनशील पदार्थ तो असत्य होते हैं—

साँच सोई थिर रहाई उपज-बिनसै झूंठ ह्वै जाई।[131]

कबीर के अनुसार सत्यशील मनुष्य का हृदय निर्मल रहता है, सत्यधर्म का पालन करनेवाला निर्भीक होता है। सत्य के अभाव में कभी भी सुखानुभूति नहीं हो सकती :

सबहीं ते साँचा भला, जो दिल साँचा होय।
साँचा बिना सुख नाहि है, कोटि करै जो कोय।[132]

कबीर कहते हैं कि सत्यवक्ता को काल का भय नहीं सताता क्योंकि सत्य का आचरण करनेवाले के साथ स्वयं ईश्वर का वास होता है :

साँचहिं साप न लगाइए, साँचहि काल न खाय।
साँचहिं साचै जो रहे, ताको काह नसाय।[133]

कबीर कहते हैं कि सत्य के समान कोई तप नहीं। जिसके हृदय में सच है उसके हृदय में ईश्वर का वास है।

कबीर के विचारानुसार दूसरे की वस्तु पर कभी अपना अधिकार नहीं जमाना चाहिए। जीवन में अस्तेय धर्म का पालन उचित और आवश्यक है। सभी प्राणियों को ईश्वर द्वारा निर्धारित अपने हिस्से के पदार्थों का उपयोग करना चाहिए :

जाकी जेता निरमया, ताको तेता होइ।
रत्ती घटै न तिल बढ़ै, जो सिर कूटे कोइ।[134]

चोरी का धन खानेवाला केवल कुछ दिन ही सुख से रहता है और फिर अन्त में उसका समूल नाश हो जाता है :

परनारी रासा फिरै, चोरी बिढ़ता खाहिं।
दिवस चारि सरसा रहै अहि समूला जाहिं।[135]

अस्तेय धर्म का पालन करनेवाले जीव ईश्वर पर अटूट आस्था रखते हैं तथा कालभय से मुक्त रहते हैं।

कबीर ने जीवन में ब्रह्मचर्य का विशेष महत्त्व स्वीकार किया है। उनके अनुसार नारी का त्याग, काम-भावना का निवारण ही ब्रह्मचर्य है। ब्रह्मचर्य-व्रत के पालन के लिए आस्वाद की साधना आवश्यक है। कबीर ने तामसिक भोजन को हानिकारक तथा स्वाद

सुख को कामवासना माना है।

नाना भोजन स्वाद सुख, नारी सेती रंग।
वेगि छांड़ि पछिताइगा, ह्वै है मूरति भंग।[136]

कबीर के अनुसार सभी प्रकार की विषय-वासना ब्रह्मचर्य-व्रत में बाधक है, इसलिए इनका परित्याग आवश्यक है :

एक कनक अरु कामनी विष फल कीए उपाइ।
देखै ही थें विष चढ़ै, खाए सूँ मरि जाइ।[137]

कबीर का कहना है कि ब्रह्मचर्य जीवन का सार है, ईश्वरोपासना का सुलभ मार्ग है तथा कालभय से मुक्त रखने का द्वार है।

कबीर धन-संग्रह के विरोधी थे। अपरिग्रह की प्राप्ति के लिए मनुष्य को धैर्य, विश्वास, सन्तोष आदि सद्‌गुणों का आश्रय लेना चाहिए। मनुष्य को कंचन-कामिनी के फेर से मुक्त रहना चाहिए, यह नरक के द्वार हैं :

एक कनक अरु कामिनी, दोऊ अगिनि की झाल।
देखे ही तन प्रजलै, परस्यां हैं पैमाल।[138]

धन-वैभव की लालसा व्यक्ति को मानसिक अशान्ति पहुँचाती है तथा विनय, करुणा, प्रेम आदि औदात्त भावों का ह्रास होता है। अपरिग्रह से चित्त शान्त और निर्मल रहता है। धन-संग्रह की भावना मनुष्य को ईश्वर-भक्ति से दूर करती है जिससे अन्तिम समय में काल का भय व्यक्ति को सताने लगता है।

कबीर-काव्य में योगदर्शन द्वारा निर्धारित नियमों का भी सम्पूर्ण विवरण मिलता है। कबीर ने जीवन की आन्तरिक स्वच्छता और पवित्रता के लिए शौच, सन्तोष, तपश्चर्या, स्वाध्याय और ईश्वरोपासना को नितान्त आवश्यक माना है।

शरीर को बाह्य स्वच्छता के साथ-साथ आन्तरिक स्वच्छता की भी आवश्यकता होती है। जप-तप एवं शुद्ध विचारों के द्वारा आन्तरिक स्वच्छता को ही शौच की संज्ञा दी जाती है। कबीर का कहना है कि मानव की अन्तःकरण की शुद्धि के लिए साधना आवश्यक है। कपटी हृदय द्वारा की गई साधना व्यर्थ है :

हिरदे कपट हरि सूँ नहीं साँचो, कहा भयो जे अनहद नांच्यो।[139]

कबीर ने जीवन की शुचिता के लिए शौच-नियम का पालन आवश्यक बताया है। उनका कहना था कि यदि हृदय अपवित्र है तो ऊपरी वेशभूषा, स्वच्छता मात्र आडम्बर है :

हृदय कपट मुख ज्ञानी, झूठे कहा विलोवसि पानी।
काया मांजसि कौन गुना, जो घर भीतर है मलनां।
लौकी अठ सठि तीरथ न्हाई। कौरापन तऊ न जाई।[140]

इच्छाओं का कभी अन्त नहीं होता। फल की इच्छा किए बिना स्वधर्म का निष्ठापूर्वक पालन करना, प्रत्येक परिस्थिति में प्रसन्न रहना तथा इच्छाओं के वशीभूत न होकर कार्य करना ही सन्तोष कहलाता है। कबीर ने सन्तोष-नियम का पालन करना

मनुष्य के लिए कल्याणकारी बताया है। उनका विचार है कि मन में आशा-तृष्णा तथा मनोरथ को स्थान नहीं देना चाहिए :

मनह मनोरथ छाड़ि दे, तरा किया न होइ।
पांणी में घीव नीकसै, तौ रूखा खाइया न कोइ।[141]

सन्तोष के समक्ष सब धन धूल के समान हैं :

जब आवे सन्तोष धन, सब धन धूरि समान।

मन, शरीर, इन्द्रिय आदि के संयम हेतु व्रत-उपवास आदि विधियों से शरीर को कष्ट देनेवाले साधनों को तप कहा जाता है। जिस प्रकार सोना अग्नि में तपकर शुद्ध हो जाता है उसी प्रकार तप द्वारा कबीर ने मन और इन्द्रिय संयम द्वारा शरीर को अमर बनाने की शिक्षा दी। कबीर ने विनय, सहनशील और धैर्यवान बनने की प्रेरणा दी है। यह तत्त्व कबीर की तपस्या की कसौटी है :

कबीर केवल राम कहि, सुध गरीबी झालि।
कूड़ बड़ाई बूड़सी, माटी पड़सी काल्हि।[142]

कबीर का विचार है मनुष्य को ईश्वर पर विश्वास रखना चाहिए तथा बिना किसी की बुराई किए अपने कार्य में धैर्यपूर्वक रत रहना चाहिए। कबीर ने क्षमा की प्रवृत्ति को व्यक्ति की महानता का सूचक माना है :

जहाँ दया तहँ धर्म है, जहाँ लोभ तहँ पाप।
जहाँ क्रोध तहँ काल है, जहाँ छिमा तहँ आप।[143]

मनुष्य जैसी संगति में रहता है वैसा ही उसका चरित्र बन जाता है। संगति के अनुरूप मनुष्य जैसे कर्म करता है वैसे ही फल उसे भोगने पड़ते हैं :

जो जैसी संगति करै, सो तैसे फल खाइ।[144]

कबीर ग्रन्थों के पठन-पाठन को ही स्वाध्याय की संज्ञा नहीं देते। उनके विचारानुसार साधुजनों की सेवा और महान् पुरुषों का संग भी जीवन में नितान्त आवश्यक है :

जिहिं घर साध न पूजिए, हरि की सेवा नाहिं।
ते घर मड़हट सारषे, भूत बसे तिन माहि।[145]

सज्जन पुरुष के संग से व्यक्ति के दोष दूर हो जाते हैं, उसका अन्तर्मन निर्मल हो जाता है तथा ज्ञान का प्रकाश मनुष्य के मन में आलोकित होता है :

कबीर संगति साध की, बेगि करीजै जाइ।
दुरमति दूरि गँवाइसी, देती सुमति बताइ।[146]

ईश्वर का सच्चे हृदय से नाम-स्मरण करना स्वाध्याय ही है क्योंकि इससे व्यक्ति का मन निश्छल हो जाता है तथा माया-मोह की भावनाएँ लुप्त हो जाती हैं। इसलिए कबीर ने नाम-जप को सर्वोत्कृष्ट कर्म कहा है।

कबीर का लक्ष्य मानव मात्र को सत्संग द्वारा ज्ञानार्जन, साधु-सन्तों की सेवा और भगवान् का जाप करने की शिक्षा देना था। उनका विचार था कि मनुष्य को सांसारिक विषयों से निर्लिप्त रहकर साधना करनी चाहिए। संसार से पूर्ण तटस्थ रहना ही

जीवनमुक्त अवस्था है :

खरी कसौंटी राम की, खोटा टिकै न कोइ।
राम कसौटी सौ टिकै, जो जीवन मृतक होइ।[147]

कबीर के अनुसार सच्चा भक्त वही है जो घर में रहकर गृहस्थ-धर्म का पालन करते हुए साधना में लीन रहता है :

अवधू भूले को घर लावे, सो जन हम कूँ भावे।
घर में जोग भोग घर ही में, घर तजि बन नहिं जावे।[148]

कबीर कहते हैं कि मानव जीवन क्षणिक और नश्वर है इसलिए 'तेरा-मेरा' का त्याग कर समरसता का जीवन व्यतीत करना चाहिए। अपने रूप-सौन्दर्य, धन-वैभव पर कभी भी व्यर्थ का अभिमान नहीं करना चाहिए :

पाणीं केरा बुदबुदा, अस मानुष की जाति।
देखते ही छिपि जाएगी, ज्यों तारा परभाति।[149]

कबीर के अनुसार आत्मज्ञानी को मृत्यु का भय नहीं रहता।

कबीर का कथन है कि माया से मुक्ति पाने के लिए वैराग्य की सिद्धि आवश्यक है और बिना योग-सिद्धि एवं ध्यान के सांसारिक माया से मोहभंग होना कठिन है :

ना मैं जोग ध्यान चित लाया।
बिन वैराग न छूटसि माया।[150]

योग की सफलता के लिए कबीर ने साधना आवश्यक मानी है। मनुष्य को सदैव जागरूक रहकर अपने स्वरूप को पहचानने का प्रयास करना चाहिए, तभी ब्रह्म में ध्यान लगाना सम्भव है। साधक अपने आत्मचिन्तन की सवारी तभी कर सकता है जब सहज-समाधि रूपी रकाब में अपने को स्थिर कर लें :

अपने बिचारि असबारी कीजै, सहज के पाइडे पाव जब दीजै।
दे मुहरा लगामं पहिराऊँ, सिकली जीन गगन दोराऊँ।[151]

योग के लिए मन की साधना जरूरी है। इन्द्रियों का निग्रह भी नितान्त आवश्यक है।

कबीर ने योग-साधना में यौगिक क्रियाओं का अभ्यास भी महत्त्वपूर्ण बताया है। वह कहते हैं कि प्राणायाम द्वारा शरीर के अन्तर्गत छः चक्रों को बेधकर अपनी आत्मा में ब्रह्म के प्रति प्रेम जागृत किया जा सकता है जो जन्म-मरण से मुक्ति दिलानेवाला है। यौगिक क्रिया प्राणायाम के द्वारा पवन को उलटकर षट्चक्रों को बेधते हुए सुषुम्ना को भर दिया। इससे सूर्य-चन्द्र का संयोग हो गया और ब्रह्माग्नि प्रज्वलित हो उठी और उसमें समस्त कामनाएँ, वासनाएँ और अहंकार जलकर भस्म हो गए :

प्रकट प्रकास ग्यान गुरु गमि थे, ब्रह्म अगिनि परजारी
ससि हर सूर दूर दूरन्तर, लागी जोग जुग तारी
उलटे पवन चक्र षट बेधा, मेरा-डंड सरपूश
गगन गरजि मन सुनि समानां, बाजो अनहद तूश

सुमति सरीर कबीर बिचारी, त्रिकुटी संगम स्वामी
पद आनन्द काल थैं, छूटै सुख में सुरति समानी।[152]

कबीर के विचारानुसार जोगी जगत् से न्यारा होता है। जो निरति की मुद्रा और सुरति की श्रृंगी बनाकर नाव की धारा को कभी खंडित नहीं होने देता। चेतना की चौकी में आसीन होकर वह संसार से विमुख हो जाता है तथा आसन ग्रहण कर निरन्तर आकाशवासी बन महारस का पान करता है। यह योगी ब्रह्माग्नि में काया को भस्मसात् कर त्रिकुटी के संगम में जागता रहता है :

अवधू जोगी जग थैं न्यारा।
मुद्रा निरति सुरति करि सींगी, नाद न पड़े धारा।
बसे गगन मैं दुनी न देखे, चेतन चौकी बैठा।
चढ़ि अकास आसण नहीं छाड़ैं, पावै महा रस मीठा
परगट कन्था माहैं जोगी, दिल में दरपन जोवै।[153]

समाधि कबीर की अनुभूत्यात्मक योग-साधना की चरम स्थिति है। जब अजपा जाप का स्वाभाविक आयास-रहित क्रम, जीवन के प्रत्येक कार्य-व्यापार में अवतारित हो जाता है तब सहज योग या समाधि की अवस्था आती है। समाधि सुख-दुख से रहित परम सुखदायिनी अवस्था है। जो इस समाधि को प्राप्त कर लेता है, उसके मन से जरा-मरण का भय भाग जाता है :

जरा मरण भ्रम भाजिया, पुनरपि जनम निवारि रे।
गुर गमि तैं पाइए, झंषि मरे जिनि कोइ रे।
तहीं कबीरा राम रह्या, सहज समाधी साइ रे।[154]

कबीर ने स्पष्ट कहा है कि जिस सहज समाधि से उन्मनी मुद्रा जागृत होती है, उसी से रघुराई भी मिलते हैं :

सहज समाधि से उन्मुनी जागे, सहज मिलै रघुराई।[155]

कबीर के अनुसार साधना के लिए गृह-त्याग की आवश्यकता नहीं है। वास्तव में लोग सहज साधना का नाम तो जानते हैं किन्तु यथार्थ रूप में इसे पहचानते नहीं हैं। सहज साधना वही है जिसमें सहज जीवनयापन करते हुए प्रभु में लीन हो जाना ही सहज समाधि है :

सहज सहज सब कोइ कहै, सहज न चीन्हे कोइ।
जिन्ह सहजै हरि जी मिले, संहज कही जै सोइ।[156]

डॉ. परशुराम चतुर्वेदी का कहना है कि 'सहज-साधना की सबसे महत्त्वपूर्ण क्रिया है अपने आपको पूर्णतः समर्पित कर देने की भावना। जिसमें अहं का भाव नितान्त रूप से नष्ट हो जाता है—मेरा मुझमें कुछ नहीं, जो कुछ है सो तेरा की भावना से सर्वस्वदान कर देता है।'[157]

कबीर ने अपने काव्य में योगी के स्वरूप का भी वर्णन किया है। असली योगी मन में ही मुद्रा और खप्पर धारण करता है, मन में ही आसन लगाता है, मन ही में

सींगी बनाता है :

सो जोगी जाके मन में मुद्रा, राति दिवस न करई निद्रा,
मन में आसण मन में रहणा, मन का जप तप मनसू कहणा।
मन में खपरा मन में सींगी, अनहद बेन बजावै रंगी।
पंचपर जारि भसम करि भूका, कह कबीर सो लह से लंका।[158]

'कबीरदास इस प्रकार योग में भोग पसन्द नहीं करते। न तो वे बाहरी भेष-भाव को पसन्द करते हैं और न सर्वमय होकर सर्वविवर्जित बने रहने के आचार को।'[159]

कबीर ने योगसाधना को आवश्यक माना है। यद्यपि कबीर की लोकाभिव्यक्ति योगसाधना द्वारा अभिव्यक्त हुई है तथापि कबीर की योगमार्गी अभिव्यक्तियाँ साहित्य की कोटि में उच्चतर स्थान न पा सकीं। कबीर ने अपने योग-वर्णन द्वारा सामाजिक जीवन में नैतिकता की उच्च भावभूमि उपस्थित की तथा आध्यात्मिक क्षेत्र में बाह्याचारपूर्ण भक्ति की अपेक्षा सहज-सात्त्विक भक्ति-भावना पर बल दिया। योग-दर्शन के अन्तर्गत कबीर ने अहिंसा, सत्य, ब्रह्मचर्य, अपरिग्रह, सन्तोष, तप, स्वाध्याय आदि उदात्त भावनाओं द्वारा मनुष्य का अन्तर्मन उज्ज्वल किया ताकि वह सात्त्विक जीवन जीकर काल-भय से अपने मन को मुक्त कर सके।

बौद्ध-शून्यवाद

बौद्ध-दर्शन के शून्यवाद का प्रभाव भी कबीर-काव्य पर आलोचक मानते हैं। शून्यवादियों का यह सिद्धान्त माध्यमिक दर्शन भी कहलाता है। नागार्जुन शून्यवाद को सैद्धान्तिक पूर्णता प्रदान करनेवाले दार्शनिक माने जाते हैं। कबीर साहित्य के अन्तर्गत 'गगन' तथा 'शून्य' शब्दों के प्रयोग कई बार हुए हैं। 'शून्य' शब्द 'विष्णु सहस्रनाम' के अनुसार भगवान् नामों में से एक है। बौद्धों की विचारधारा में इस शब्द को अधिक महत्त्व उस समय से मिलने लगा जब से नागार्जुन के शून्यवाद का प्रचार हुआ। शून्यवाद के आधार पर जो इस शब्द की परिभाषा बतलाई गई वह भी तत्त्वतः इसके शून्य तत्त्व के अनिर्वचनीय होने की ओर ही संकेत करता है । कबीर 'शून्य मंड़ल' का कई बार प्रयोग करते हैं। 'सुनि मंडल में घरकिया' तथा 'सुनि मंडल में धरौंधियान—आदि।[160] जन्म-मरण अथवा आवागमन को पारमार्थिक अवस्था में नकारनेवाले शून्यवाद के अनुसार जगत् निःस्वभाव है।[क] काल[161] की स्थिति और उत्पति नहीं है क्योंकि वह प्रतीत्य प्रत्युत्पन्न है।'[ख] भाव के अभाव के कारण काल की स्थिति भी सिद्ध नहीं होती।[ग] जन्म और मरण को ही माध्यमिक कारिकाओं में संभव-विभव कहा गया है। संभव और विभव उत्पत्ति और नाशवाचक भी हैं। इक्कीसवें प्रकरण में कहा गया है कि संभव और विभव दोनों अन्योन्याश्रित हैं।'[घ] जन्म-मरण एक साथ भी नहीं रह सकते। अस्तु संभव-विभव की स्थिति भ्रममूलक है। इसी प्रकार तीनों कालों में भी संसार-सृष्टि नहीं है और जो त्रिकाल

में भी नहीं है, तो वह सृष्टि कैसी।[३]

बुद्ध ने इस दर्शन को साधना के स्तर पर विकसित किया। उन्होंने जगत् को दुःखमय माना और दुःख के कारणभूत सत्यों—चार आर्य सत्यों को आविष्कृत किया कि दुःख है, दुःख का कारण है, दुःख का अन्त है और दुःख दूर करने का उपाय है।[162] बुद्ध-दर्शन के आधार चार आर्य सत्य हैं, और उनमें सर्वप्रथम आर्य सत्य 'दुखसत्य' है। 'दुक्खं अरियसच्चं। दुक्ख समुदयं अरियसच्चं। दुक्खनिरोधं अरियसच्चं। दुक्खनिरोधगामिनी परिपदा अरियसच्चं।' जन्म भी दुःख है, वृद्धावस्था भी दुःख है, मरण भी दुःख है, शोक-परिदेवन दोर्मनस्य-उपायास भी दुःख है, अप्रिय का योग दुःख है, प्रिय का वियोग दुःख है, इच्छा की पूर्ति न होना दुःख है। इसी प्रकार शून्यवाद के अनुसार[163] भी दुःख संसार के सभी प्राणियों में वर्तमान है। वे चाहे जिस अवस्था में हों दुःख से छुटकारा नहीं पा सकते। दूसरा सत्य यह है कि दुःख का कारण है। बिना कारण के कोई कार्य नहीं हो सकता। मनुष्य के जरा-मरण का भी कारण है और उनका कारण जन्म ग्रहण करना है। उनके कारण हमारी सांसारिक तृष्णा है और सबका कारण अज्ञान है। यदि ज्ञान के द्वारा हम यह समझ सकते हैं कि सांसारिक विषय क्षणिक एवं दुखद हैं तो फिर दुखों का ही अन्त हो जाए और पुनर्जन्म न हो। बुद्ध के शून्यवाद के अनुसार सब कुछ क्षणिक है। सृजन होता है और संहार होता है। इस प्रकार हम देखते हैं कि नागार्जुन द्वारा प्रस्तावित शून्यवाद को साधना के स्तर पर बुद्ध ने स्थापित किया। इस मत के मूल में यह धारण है कि संसार शून्य है :

'माध्यमिक अथवा शून्यवाद के अनुसार संसार शून्य है। अन्तर्बाह्य सभी असत्य हैं। इसीलिए उसे शून्यवाद कहा है।'[164] बुद्ध के शून्यवाद मत का सन्तमत पर प्रभाव पड़ा है। गौतम तथा कबीर में सैद्धान्तिक धरातल पर यहाँ आधारभूत साम्य है। वस्तुतः कबीर के दुःख के रूप वे ही हैं जो गौतम के थे :

कबीरा मैं तो तब डरौं, जो मुझ ही में होइ।
मीचु, बुढ़ापा, आपदा, सब काहू पै सोइ।।

दोहे के अन्तिम (चतुर्थ) चरण में दुःख की मुख्य पहचान सर्वव्यापकता अर्थात् प्रथम आर्य सत्यत्व सिद्ध किया गया है, और तृतीय चरण में उस आर्य सत्य (दुख) के तीन रूप बतलाए हैं—मृत्यु (मीचु), जरा (बुढ़ापा) तथा रोगादि (आपदा)। गौतम का क्रम है जरा-मरण-शोक, परन्तु कबीर का क्रम है, मीचु-बुढ़ापा-आपदा। कुमार सिद्धार्थ के तीन अनुभव ही कबीर के दुःख रूप हैं।[165]

बुद्ध ने दुःख समुदाय (दुख हेतु)—तीन प्रकार की तृष्णा (काम, भव, विभव) को माना है। कबीर ने जगत् को दुखमय माना है क्योंकि आशारूपिणी तृष्णा विश्वव्यापी है—

माया मुई न मन मुआ, मरि-मरि गया सरीर।
आसा-तृस्ना नां मुई, कहि गया दास कबीर।।[166]

शून्यवाद के समान ही 'नानक दुखिया सब संसार' सन्तमत में यह दुःख कारण

मान्य है। कबीर के अनुसार :

जो देखा सो दुखिया देखा। तनधर सुखिया कोई न देखा।।
जोगी दुखिया, जगम दुखिया, तापस को दुःख दूना।
आशा-तृष्णा सब घट व्यापे, कोई महल नहिं सूना।।[167]

तृष्णा के प्रति अनासक्ति कठिन कार्य है। बुद्ध का चतुर्थ आर्य सत्य, दुःख निरोधगामिनी प्रतिपदः सही मार्ग दिखाता है। 'यह जो कामोपभोग का हीन, अनार्य-अनर्थ का जीवन है और यह जो अपने शरीर को व्यर्थ क्लेश देने का दुःखमय, अनार्य-अनर्थकर जीवन है, इन दोनों किनारों से बचकर मध्यम मार्ग प्राप्त होता है जो शमन के लिए, बोध के लिए, निर्माण के लिए है। इसी को अष्टांगिक मार्ग[168] और इसी को 'मध्यमा प्रतिपदा' कहते हैं।

सिद्धान्त से आचरण तक की एकरूपता को बुद्ध और कबीर निस्सार सांसारिक मायामोह से उदासीन होने के लिए अनिवार्य समझते हैं। उनका चरम उद्देश्य जन्म-मृत्यु-चक्र से मुक्ति है। वस्तुतः 'सभी साधनाओं का लक्ष्य' निर्वाण है। जिस प्रकार भिक्षुओ, तेल के रहने से, बत्ती के रहने से, दीपक जलता है और तेल तथा बत्ती के समाप्त हो जाने तथा दूसरी (तेल-बत्ती) के न रहने से दीपक बुझ जाता है, उसकी प्रकार भिक्षुओ, शरीर छूटने पर मरने के पश्चात्, जीवन के परे, अनासक्त रहकर अनुभव की गई ये वेदनाएँ यहीं ठंडी पड़ जाती हैं (बुद्धवचन)। कबीर ने इसी प्रकार के दृष्टान्त का उपयोग मोक्ष-प्रतिपादन के लिए किया है :

(क) दीपक दीया तेलभरि, बाती दई अघट्ट।
पूरा कीया बिसाहुणां, बहुरि न आवों हट्ट।।
(ख) झूल उठी, झोली जली, खपरा फूटिम फूटि।
जोगी था सो रमि गया, आसन रही विभूति।।[169]

बुद्ध के इस माध्यमिक शून्यवादी दर्शन का कबीर-काव्य पर प्रभाव देखा जा सकता है। चमत्कार-प्रदर्शन मध्यकालीन मानस में विद्यमान था। उससे उत्पन्न विकारों को दूर करने के लिए जागतिक शून्यता-निरर्थकता व्यक्त करना आवश्यक था। सांसारिक आसक्तियों का विरोध करने के लिए जिस वैचारिक भावभूमि की जरूरत थी, वह शून्यवाद में कबीर को प्राप्त हुई।

नागार्जुन के शून्यवाद को शांकर अद्वैत के ब्रह्म के समानान्तर देख सकते हैं। कबीर ने सांसारिक भ्रम का अर्थ व्यक्त करने के लिए भी इसका प्रयोग किया है। जीवन-जगत् के क्षणवादी दर्शन को 'पानी केरा बुदबुदा' रूप में व्यक्त करनेवाले कबीर के विचारों के भीतर एक विरक्ति का तीव्र स्वर है, उसी में यह भाव भी निहित है कि यह संसार आँसुओं का दरिया है, दुख का सागर है। वह बराबर इस बात की याद दिलाते हैं कि अन्ततः सारी चीजें मृत्यु की ओर ले जाती हैं। 'शून्य' जैसे दार्शनिक शब्द कबीर में भी कई बार आते हैं। उनकी कुछ पंक्तियाँ नागार्जुन की 'शून्य कारिका' के अनुवाद जैसी लगती हैं :

भारी कहूँ तो बहु डरौं, हलका कहूँ तो झूठा।
मैं का जानो राम कूँ, नैनूँ कबहूँ न दीठा।।

वे बराबर कहे और अनकहे, स्वर और मौन के बीच की मध्य स्थिति का उल्लेख करते हैं। उच्च कुलीनों के ढोंग की आलोचना करते समय वे बौद्धों का उत्साह और वज्रयानियों की तीव्रता अपनाते हुए लगते हैं।[170]

नागार्जुन के खंडनात्मक और प्रहारक शून्यवाद को बुद्ध ने साधना में उतारा और कबीर ने सर्वनिषेधवादी दृष्टि में संशोधन करके उसे रचनात्मक सन्दर्भ प्रदान किए।

सूफी प्रेमतत्त्व

इस्लाम के तत्त्व-दर्शन का परिचय हमारे यहाँ 7वीं से 8वीं शती के मध्य होने लगा था। परन्तु सूफी तत्त्व चिन्तन भारत में पूरी तरह से 11-12वीं शती में ही आ पाया। 'इस्लाम के रहस्यवादी सूफी कहलाए और उनका दर्शन तसव्वुफ।[171] सूफी साधक कवियों ने अपने उदार विचारों का प्रसार और प्रभाव भारतीय कथानक और भाषा के अनुरूप कर अपने उदात्त दृष्टिकोण का परिचय दिया—'जब सूफी धर्म अपनी बुलन्दी पर था, तब भक्ति का आन्दोलन दक्षिण भारत से उत्तर में पहुँच चुका था। इन दोनों आन्दोलनों ने हिन्दुओं और मुसलमानों के बीच की दूरी कम कर दी। वे हृदय में प्रेम की पीर जगाकर उसे ईश्वरोन्मुख बनाना चाहते थे।[172] भारत में सूफी कवियों ने हिन्दू-मुस्लिम एकता स्थापित करने का सराहनीय प्रयास किया।

सूफियों ने भारतीय जन-चेतना और जन-विश्वासों के माध्यम से अपने धार्मिक विचारों का प्रसार किया। सूफी कवियों ने प्रेम कहानियों के द्वारा हिन्दू-मुस्लिम एकता स्थापित की—'सूफी काव्य ने भारत में हिन्दू-मुस्लिम सौमनस्य का महत्त्वपूर्ण कार्य किया। उनका प्रेम-दर्शन इस दिशा में एक ईमानदार प्रयत्न है। मध्यकालीन भोगवाद के विरोध में अपने सादे-सरल जीवन को जनता के समक्ष प्रस्तुत कर वे लोकप्रिय हुए।'[173] सूफी कवियों का समन्वयवादी दृष्टिकोण जनता में बड़े सहज रूप से गृहीत हुआ। हिन्दी सूफी-काव्य में प्रेम-तत्त्व की मधुरता ने अपनी स्पष्ट और निजी छाप छोड़ी है। सूफियों ने मानव-जीवन में जिस पवित्रता, परस्पर सहृदयता और सहानुभूति को व्यक्त किया वह विश्व भ्रातृत्व की भावना को नया आयाम देती है। सूफी हृदय की शुद्धता और आचरण की उदारता को महत्त्वपूर्ण मानते हैं—'इन्होंने प्रेम के जिस ऐकान्तिक रूप का जिक्र किया है वह भारतीय साहित्य में नई चीज है। प्रेम की इस पीर के सामने ये लोकाचार की कुछ परवाह नहीं करते थे। भारतीय काव्य-साधना में प्रेम की ऐसी उत्कट तन्मयता दुर्लभ थी।'[174] स्पष्ट है कि सूफी मत की साधना पद्धति प्रेम पर आधारित है। समस्त विश्व उसी प्रकार का परिणाम है। सूफी साहित्य में वर्णित प्रेम-पद्धति में विश्व-प्रेम भी परमात्मा-प्रेम का ही रूप है क्योंकि उस अनन्त सौन्दर्यशाली ने अपना सौन्दर्य एवं प्रेम प्रकृति के कण-कण में बिखेर दिया है। ईश्वरीय प्रेम में निमग्न

होकर ही सच्चे आनन्द की अनुभूति की जा सकती है।

सूफी मत का प्रभाव कबीर-काव्य में भी दृष्टिगत होता है। सूफियों की प्रेम-भावना का प्रभाव कबीर पर स्पष्ट दिखता है। आचार्य रामचन्द्र शुक्ल के अनुसार 'निर्गुण शाखा के कबीर, दादू आदि सन्तों की परम्परा में ज्ञान का जो थोड़ा बहुत भी अवयव है, वह भारतीय वेदान्त का है पर प्रेमतत्त्व बिल्कुल सूफियों का है।'[175] डॉ. रामकुमार वर्मा का भी यही कहना है—'भक्ति में प्रेम की मस्ती और मादकता सूफीमत से ही आई हुई ज्ञात होती है।'[176] कबीर ने प्रेम को द्वन्द्व-रहित माना है। उनका विचार है कि प्रेम के प्रादुर्भाव के साथ ही योग की चेतना पैदा होती है मन संशयमुक्त हो जाता है और अन्त में प्रियतम का दर्शन होता है। प्रेम कस्तूरी की तरह समस्त चेतना में व्याप्त हो जाता है :

पिंजर प्रेम प्रकासिया, जाग्या जोग अनन्त।
संसा खूटा सुख भया, मिल्या पियारा कन्त।।[177]

हृदय में प्रेम प्रकट होने से अन्तर में सर्वत्र उसका प्रकाश छा जाता है। मुख में कस्तूरी-सी महकने लगी है और वाणी से उसकी सुगन्ध फूटने लगी है :

प्यंजर प्रेम प्रकासिया, अन्तरि भया उजास।
मुखि कस्तूरी महमही, वाणी फूटी बास।[178]

कबीर-काव्य में भाव-पक्ष की जो मधुरता और कोमलता मिलती है वह सूफी सन्तों के प्रेम और पीड़ा की मधुर कोमल और करुण व्यंजना का ही प्रभाव है :

बहुत दिवस की जोवती, बाट तुम्हारी राम।
जिव तरसै तुझ मिलन कूँ मनि नाहीं विश्राम।[179]

सूफी धर्म में निरर्थक कर्मकांडों की तीव्र भर्त्सना की गई है तथा अनुभूतिजन्य ज्ञान को प्रमुखता दी गई है। कबीर ने भी सुप्त मानवजाति को जगाते हुए धार्मिक कर्मकांडों का तीव्र विरोध किया। उन्होंने वाहर्ग ज्ञान की अपेक्षा आन्तरिक ज्ञान की महत्ता पर बल दिया :

कबीर दुनिया देहुरे, सीस नवांबण नाइ।
हिरदा भीतर हरि बसै, तूँ ताही सों ल्यौ जाइ।[180]

सूफी-सन्त दोनों ही पुस्तकीय ज्ञान का विरोध करते हैं। दोनों ने अनुभूतिजन्य ज्ञान को महत्ता दी है जहाँ प्रेम ही सत्य का सबसे महत्त्वपूर्ण माध्यम है :

मैं जांण्यूँ पढ़िबौ भलौ, पढ़िवा थैं भलौ जोग।
राम नाम सूँ प्रीति करि, भल-भल नींदौ लोग।[181]

सूफियों के अनुसार ही कबीर ने भी सद्गुरु का महत्त्व मनुष्य के कल्याण हेतु स्वीकार किया है। आवागमन के चक्र से मुक्ति का उपाय गुरु ही बताता है :

माया दीपक नर पतंग, भ्रमि भ्रमि इवै पड़न्त।
कहैं कबीर गुर ग्यान थैं, एक आध उबरन्त।[182]

सूफीमत आत्मा-परमात्मा में भेदभाव नहीं मानता। अद्वैतवाद कबीर और सूफी कवियों को समान रूप से स्वीकार्य रहा है :

रहा जो एक जल गुपुत समुन्दा। बसरा सहस अठारह बुन्दा।
सोई अंस घटै घट मेला। ओ सोई बरन होई खेला।[183]

कबीर तो स्पष्ट रूप से कहते हैं—पंच-तत्व अविकारी भगवान् से उत्पन्न होते हैं और उसी एक में निवास करते हैं। वह परम-तत्त्व से बिछुड़कर पुनः उसी सहज रूप में समा जाते हैं :

जल में कुम्भ-कुम्भ में जल हैं, बाहरि भीतरि पानी।
फूटा कुम्भ जल जलहि समाना, यहु तत कथो गियानी।[184]

सूफी-साधना-पद्धति में नैतिकता को विशेष स्थान दिया गया है। सदाचरण के नियम से आत्मा स्वयं निर्मल हो जाती है। जायसी ने कहा है कि विकारों का नाश हो जाने पर त्यागवृत्ति जाग जाती है। इसी त्याग के लिए कबीर ने कहा है कि जो उस जगत् के दो फन्दों का परित्याग कर देगा मैं उसका शिष्य हो जाऊँगा :

एक कनक अरु कामिनी, जग में दोइ फन्दा।
इनपै जो न बँधावई, ताका मैं बन्धा।[185]

कबीर-काव्य में माधुर्य भावना पर भी सूफियों का प्रभाव नजर आता है। कबीर ने अपने अलौकिक प्रेम का परिचय देते हुए ईश्वर के साथ विभिन्न सम्बन्ध स्थापित किए हैं। ईश्वर का पति-रूप में वरण करते हुए उसके प्रति कान्ताभाव से प्रेम और विरह के भाव प्रकट किए :

बहुत दिनन की जोवती, बाट तुम्हारी राम।
जिव तरसै तुझ मिलन कूँ, मनि नाहीं विश्राम।[186]

कबीर की तन्मयतापूर्ण भक्ति-भावना भी सूफियों के 'इश्क' का ही रूप है। ईश्वर-मिलन की उत्कट इच्छा से उत्पन्न प्रबल विरह-वेदना भक्ति-भावना को शक्ति देती है। आचार्य शुक्ल के अनुसार ईश्वर का विरह सूफियों के यहाँ भक्त की प्रधान सम्पत्ति है। जिसके बिना साधना के मार्ग में कोई प्रवृत्त नहीं हो सकता, किसी की आँखें नहीं खुल सकतीं :

विरह-अवधि अवगाह अपारा। कोटि माहिं एक परै न पारा।
विरह कि जगत अंविरथा जाही ? विरह रूप यह सृष्टि सबाही।।
नैन विरह-अंजन जिन सारा। विरह रूप दरपन संसारा।।
कोटि माहिं बिरला जग कोटि। जाहि सरीर विरह-दुख होई।।
रतन कि सागर सागरहि ? गजमोती गज कोई।
चन्दन कि बन बन ऊपजै, विरह कितना तन होई।।

जिसके हृदय में यह विरह होता है उसके लिए यह संसार स्वच्छ दर्पण हो जाता है और इसमें परमात्मा के आभास अनेक रूपों में पड़ते हैं। तब वह देखता है कि इस सृष्टि के सारे रूप, सारे व्यापार उसी का विरह प्रकट कर रहे हैं।[187] यही भाव-भक्ति कबीर का भी अन्तिम लक्ष्य है, जिसकी उपलब्धि के लिए साधक को सर्वस्व भाव से आत्म-समर्पण करना पड़ता है :

कबीर कूता राम का, मुतिया मेरा नाऊँ।
गलै राम की जेवड़ी जित खेंचे तित जाऊँ।।[188]

सूफी कवियों ने ईश्वर को प्रेमी और अपने को प्रेमिका मानकर रति-प्रेम के माध्यम से जो मर्मस्पर्शी भाव व्यक्त किए हैं, उनसे हृदय की व्याकुलता प्रकट होती है। सूफी साधक प्रेम को सब कुछ समझते हैं। उनका कहना है कि जो ईश्वर के प्रेम-मार्ग में अपना सिर नहीं झुकाते वह व्यर्थ ही जन्म धारण करते हैं :

जो नहिं सीस प्रेम पथ लावा, सो पृथ्वी में काहे की आग।[189]

कबीर का भी कहना है कि प्रेम रूपी हरि का रस बिना सिर की आहुति दिए प्राप्त नहीं किया जा सकता :

कबीर यहु घर प्रेम का, खाला का घर नाहि।
सीस उतारै हाथि करि, सो पैसे घर माहि।।[190]

सूफी कवियों ने आध्यात्मिक प्रेम का वर्णन भावुक शैली में किया है। उन्हीं के अनुरूप कबीर भी अपने आक्रोशी और विद्रोही स्वरूप को भूलकर प्रेम और विरह की गहराइयों का विशदता से वर्णन करते हैं। कबीर अपने और ईश्वर के बीच किसी भी व्यवधान को नहीं चाहते। वे अपने हृदय के दर्द को निश्चलता से वर्णित करते हैं :

अंषड़ियाँ झाँई पड़ी, पन्थ निहारि निहारि।
जीभड़ियाँ छाला पड़्या, राम पुकारि पुकारि।[191]

इसी प्रेम के स्वरूप वे आध्यात्मिक विवाह की कल्पना करते हैं :

दुलहिनी गावहु मंगलाचार।
हम घरि आए हो राजा राम भरतार।[192]

कबीर ने जितनी तन्मयता के साथ मिलन के आनन्द का वर्णन किया है उससे भी अधिक तन्मयता और मार्मिकता से उन्होंने विरह की पीड़ा का भी हृदयग्राही वर्णन किया है। कबीर ने अपने हृदय की कसक सूफियों जैसी प्रेम-रस-माधुरी में बड़ी हृदयस्पर्शिता के साथ व्यक्त की है :

साईं बिन दरद करेजे होइ।
दिन नहीं चैन रात नहिं निंदिया, कासे कहूँ दुख होइ।
आधी रातियाँ पिछले पहरवा, साईं बिन तरस रही सोइ।
कहत कबीर सुनो भाई प्यारे, साईं मिले सुख होइ।[193]

सूफी और सन्त कवियों ने भारतीय जनमानस को जाति-धर्म और सम्प्रदाय के आधार पर बाँटनेवाली संकीर्ण दृष्टि का विरोध किया। यह उनका बड़ा योगदान है। तत्कालीन सामाजिक, सांस्कृतिक और राजनीतिक परिस्थितियों में इनका महत्त्व असन्दिग्ध है। जैसा प्रारम्भ में कहा कि सूफी कवियों ने हिन्दू-मुस्लिम-ऐक्य हेतु उल्लेखनीय प्रयास किए। यहाँ यह कहना भी समीचीन होगा कि अन्य सन्त कवियों के साथ कबीर भी इस ओर गम्भीरतापूर्वक प्रयासरत थे। आचार्य शुक्ल ने लिखा है कि 'कुतबन, जायसी आदि इन प्रेम कहानी के कवियों ने प्रेम का शुद्ध मार्ग दिखाते हुए सामान्य जीवन

दशाओं को सामने रखा जिनका मनुष्य मात्र के हृदय पर एक-सा प्रभाव दिखाई पड़ता है। हिन्दू हृदय और मुसलमान हृदय आमने-सामने करके अजनबीपन मिटानेवालों में इन्हीं का नाम लेना पड़ेगा। इन्होंने मुसलमान होकर हिन्दुओं की कहानियाँ हिन्दुओं की ही बोली में पूरी सहृदयता से कहकर उनके जीवन की मर्मस्पर्शिनी अवस्थाओं के साथ अपने उदार हृदय का पूर्ण सामंजस्य दिखा दिया।'[194] निस्सन्देह तत्कालीन अन्तर्विरोध-ग्रस्त और विपरीत परिदृश्य में यह महान् कार्य था।

सूफी कवियों ने शास्त्र और रचना, जीवन के व्यवहार और सिद्धान्त में भी इस तथ्य को आचरण की तरह आत्मसात् किया। इसी सन्दर्भ में शुक्लजी ने लिखा है कि 'कबीर ने अपनी झाड़-फटकार के द्वारा हिन्दुओं और मुसलमानों का कट्टरपन दूर करने का जो प्रयत्न किया, वह अधिकतर चिढ़ानेवाला सिद्ध हुआ, हृदय को स्पर्श करनेवाला नहीं। मनुष्य-मनुष्य के बीच जो रागात्मक सम्बन्ध है वह उसके द्वारा व्यक्त न हुआ। अपने नित्य के जीवन में जिस हृदय साम्य का अनुभव मनुष्य कभी-कभी किया करता है, उसकी अभिव्यंजना उससे न हुई।'[195] शुक्लजी थोड़ा आगे इसी प्रसंग में कहते हैं कि 'कबीर ने केवल भिन्न प्रतीत होती हुई परोक्ष सत्ता की एकता का आभास दिया था। प्रत्यक्ष जीवन की एकता का दृश्य सामने रखने की आवश्यकता बनी थी। यह जायसी द्वारा पूरी हुई।'[196] यह एक तरह से कबीर के कार्य का ही विस्तार था।

शुक्लजी की उपर्युक्त स्थापनाओं से अंशतः ही सहमत हुआ जा सकता है। परस्पर मानवीय सम्बन्धों की रागात्मक अभिव्यक्ति और प्रत्यक्ष मनुष्य-जीवन में धर्म सम्प्रदायगत एकता के अनेक गतिशील, सजीव, जीवन्त और प्रामाणिक उदाहरण कबीर काव्य में मिलते हैं। सूफी कवियों और कबीर काव्य में जो प्रेम-तत्त्व है, उसे व्यक्त करने की अभिव्यंजना-शैली और संरचना-पद्धति में अन्तर हो सकता है। यह स्वाभाविक भी है। लेकिन उसमें लक्ष्यगत और उद्देश्यपरक भेद नहीं है। दोनों अपनी शैली-विशेप के माध्यम से मानवीय प्रेम की अनिर्वचनीयता को व्यक्त करते हैं।

सूफी कवियों ने पूर्ववर्ती काव्य-परम्परा का रचनात्मक उपयोग किया, उसी तरह कबीर ने भी परम्परा से पर्याप्त विपय-सामग्री हासिल की है। परम्परा की नकल नहीं होती, उसके सशक्त पक्ष का सहज प्रभाव पड़ता है। कवि, परम्परा के साथ-साथ अपने समकालीनों से सीखता और प्रभाव ग्रहण करता है। इसीलिए प्रत्येक युग में अनेक धाराओं, मतों, सम्प्रदायों, आन्दोलनों से जुड़े कवि अपने समय की सम्मिलित कविता लिख रहे होते हैं। निजी व्यक्तित्त्व और भिन्न परिवेश के कारण उनकी कविता में फर्क दिखाई पड़ता है। कबीर-काव्य में सूफी-प्रेम-तत्त्व को इस धरातल पर देखने से यह तथ्य पुष्ट होता है। इसीलिए सूफी काव्य और सन्तकाव्य परस्पर पूरक हैं। कबीर की कविता में उनके समय के शोर और नारेबाजी का कोलाहल सुनाई पड़ता है। कबीर ही इसे बेहतर पहचानते थे कि ऐसे समय ऊँची आवाज ही सुनी जाती है। कबीर की फटकार में जो स्नेह और आत्मीयता है उसके अपने विशिष्ट अर्थ हैं।

संक्षेप में कह सकते हैं कि कबीर की वैचारिकता और काव्य-साधना सूफी-काव्य से

भिन्न प्रकार की है लेकिन प्रेम की अनन्यता, तल्लीनता और सौन्दर्य की उपासना की दृष्टि से दोनों में पर्याप्त साम्य है। सूफी मत का सारा प्रासाद प्रेम पर आश्रित है। प्रेम का अन्तिम लक्ष्य प्रेम की वास्तविकता को जानना है और प्रेम की वास्तविकता ही ईश्वरीय तत्त्व है। हल्लाज के प्रेमवाद का प्रभाव कबीर पर पर्याप्त पड़ा है। कबीर कभी तो 'प्रेम प्याले' की बात कहते हैं और कभी 'प्रेम-भक्ति' की। कबीर के प्रेम-घट में पैठना कठिन है। इस प्रेम-तत्त्व से आत्मा निर्मल होती है और परमानन्द की प्राप्ति होती है। सूफियों के समान ही कबीर हृदय में सत्विक प्रेम की स्थिति अनिवार्य मानते हैं। प्रेमहीन जीवन उनकी दृष्टि में व्यर्थ है।[197] स्पष्ट है कि सूफी विचारधारा प्रेम पर आधारित है। कबीर-काव्य में प्रेम आलोकित तत्त्व बनकर उभरता है और परमानन्द प्राप्ति का हेतु बनता है।

परिणाम और उसे अभिव्यक्त करने की पद्धति के स्तर पर भी सूफी और कबीर की कविता में समानता लक्षित की जा सकती है। 'प्रेमाश्रित सूफी साधना की परम परिणति दाम्पत्य प्रेम में होती है, जिसकी अभिव्यक्ति सूफियों ने प्रतीकों के माध्यम से की है। कबीर की रहस्यात्मक उक्तियों में भी दाम्पत्य भावना प्रतीकात्मक अभिव्यक्त की भरमार है। 'दुलहनी गावहि मंगलाचार', 'बाल्हम आव हमारे गेहरे', 'हरि मेरा पीव माई हरि मेरा पीव' आदि पद इसके उत्कृष्ट उदाहरण हैं। कबीर-काव्य में भक्तिमय प्रेम या प्रेममय भक्ति और तीव्र विरह-वेदना सूफी कवियों के प्रेम-तत्त्व की याद दिलाते हैं। इसीलिए डॉ. रामकुमार वर्मा[197] और डॉ. पीताम्बरदत्त बड़थ्वाल[198] उत्कट गहन प्रेमानुभूति और प्रबल विरह जनित असह्य पीड़ा की दृष्टि से कबीर पर सूफी-मत का प्रभाव सिद्ध करते हैं।

वस्तुतः मंझन, कुतबन, जायसी, दाऊद, नूर मोहम्मद, दामोदर, ईश्वरदास सरीखे प्रेमरस-सिद्ध सूफी कवियों ने जिस प्रेम-तत्त्व की काव्यात्मक व्याख्या की है, वह कबीर-काव्य में भी दृष्टिगत होती है। सूफी और सन्त दोनों धाराओं के कवियों ने दैहिक सम्बन्धों के सतही वर्णन से आगे जाकर व्यापक उच्चतम धरातल पर प्रेम के सत्य को उद्‌घाटित किया। उनके प्रेम-चित्रण में कोरे काल्पनिक ऊहात्मक विवरण नहीं हैं बल्कि प्रेम का उदात्त और यथार्थपरक विश्लेषण है। 'अनुराग-बाँसुरी' के रचनाकार सूफी कवि नूर मोहम्मद ने शारीरिक आकर्षण को क्षणभंगुर सिद्ध किया और यह स्पष्ट घोषित किया कि दैहिक आसक्ति पर आधारित प्रेम समय बीतने के साथ कम होता हुआ अन्ततः नष्ट हो जाता है :

सदा न रूप रहत है अन्त नसाइ।
प्रेम, रूप के नासहिं तें घटि जाइ।।[199]

कबीर ने भी प्रेम के नाम पर इन्द्रिय भोग को उद्‌दीप्त करनेवाले विचारों को कविता के शब्द नहीं दिए, बल्कि देहयष्टि की मधुरिमा और उसके निष्प्राण आकर्षण का निर्मम होकर सशक्त निषेध किया :

नर नारी सब नरक है, जब लग देह सकाम।
कहे कबीर ते राम के, जे सुमिरे निहकाम।[200]

निष्काम प्रेम की यही उदात्त और अशरीरी भावना कबीर-काव्य में लोक से

अलौकिक स्तरों तक संचरित होती है। सूफी काव्य में व्यक्त प्रेम की नैतिक मधुरता और अकुंठ गहनता, प्रेम के परम सत्य से चरम लक्ष्य—ईश्वर तक पहुँचने की सद्-अनुभूति कबीर में भी मिलती है। कबीर का प्रेम उन्हें तुच्छ सांसारिक भोगों से उदासीन कर, ईश्वरोन्मुख बनाता है और ईश्वर के प्रति अटूट ध्यान से वे मृत्यु-भय से मुक्ति का अनुभव करते हैं।

भक्ति

भक्ति शब्द 'भज्' सेवायाम धातु से 'क्तिन' प्रत्यय लगाकर बना है जिसका अर्थ है—भगवान् का सेवा प्रकार।[201] विषय-भेद से भक्ति का स्वरूप-भेद और नाम-भेद हो जाता है—'पूज्येष्वनुरागो भक्ति'[202] अर्थात् पूज्यवर्ग में अनुराग का नाम भक्ति है। गीता में भक्ति का कर्म-ज्ञान समन्वित रूप मिलता है। भक्ति के महत्त्व का प्रतिपादन करते हुए भगवान् श्रीकृष्ण कहते हैं :

भक्त्या त्वनन्यया शक्य अहभेवंविधोऽर्जन।
ज्ञातुं द्रष्टुं न तत्वेन प्रवेष्टुं परन्तप।[203]

अर्थात्—हे अर्जुन! यदि कोई अतिशय सदाचारी अनन्य भाव से मेरा भक्त होकर मुझको भजता है तो वह साधु ही मानने योग्य है।

श्रीमद्भागवत् के एकादश स्कन्ध में प्रभु कहते हैं :

न साधयति मां योगो न सांख्य धर्म उद्धव,
न स्वाध्यायतपस्त्यागो तथा भक्तिर्ममीर्जिता।[204]

अर्थात्—न मैं योग के द्वारा, न ज्ञान के द्वारा, न स्वाध्याय एवं तप के द्वारा और न त्याग के द्वारा ही प्राप्त होता हूँ। मेरी प्राप्ति का साधन तो भक्ति है।

'विवेक चूड़ामणि' में वर्णित है कि 'मुक्ति की सामग्री के रूप में भक्ति ही सबसे बढ़कर है। अपने वास्तविक स्वरूप का अनुसन्धान करना भक्ति कहलाता है। कोई-कोई स्वात्मतत्त्व का अनुसन्धान करना ही भक्ति कहते हैं।'[205]

भक्ति के द्वारा भक्त भगवान् के साथ अपना रागात्मक सम्बन्ध स्थापित करता है। भक्ति-भावना का पूर्ण विकास वैष्णव धर्म की विशेषता है। नारद ने भक्ति को परम प्रेम और अमृत स्वरूप कहा है। उनके अनुसार भक्ति चित्त की वह वृत्ति है जिसकी प्राप्ति होने पर व्यक्ति के सारे कर्म, सारे आचार ईश्वर को अर्पित हो जाते हैं और तदनुरूप ही साधक, साध्य अथवा ध्येय की विस्मृति होते ही अत्यन्त व्याकुल और अधीर हो उठता है।[206]

शांडिल्य भक्तिसूत्र में ईश्वर में परम अनुरुक्ति को ही भक्ति कहा गया है।[207] पराभक्ति ईश्वर में अनुरुक्ति या अनुराग है। शांडिल्य ज्ञान को शुद्ध प्रेमाभक्ति की प्राप्ति का पूर्ण अंग मानते हैं तथा भक्ति को शुद्ध रागात्मिका वृत्ति कहते हैं। महर्षि शांडिल्य ने भक्ति भावना के प्रथम दो सोपान माने हैं—साधनावस्था या अपराभक्ति तथा

पराभक्ति। जिस भक्ति में पूजा, कथा, श्रवण आदि सम्मिलित होता है, उसे पराभक्ति कहते हैं। यह भक्ति-भावना की शुद्ध भावभूमि है। गीता से लेकर भागवत् तक भक्ति यह स्वरूप दृष्टिगोचर होता है।

ऋग्वेद के अनेक श्लोकों में परमात्मा का स्पष्ट वर्णन है। जो कुछ हुआ है और जो कुछ होनेवाला है वह सब ईश्वर है। ईश्वर देवताओं के स्वामी हैं।[208] वैदिक काल में भक्ति केवल श्रद्धा के रूप में थी और इस श्रद्धाभाव के कारण आर्य किसी देवता के प्रति नतमस्तक होते थे तथा उसकी स्तुति, वन्दना करके लीन होते थे। स्पष्ट है कि ऋग्वेद में प्रेमलक्षणा भक्ति का रूप देखने को मिलता है। ऋग्वेद की रचना के साथ ही भारतीय भक्ति-भावना का श्रीगणेश हो चुका था। ऋग्वेद में भक्ति के साथ ज्ञान, कर्म एवं उपासना का भी विकसित स्वरूप देखने को मिलता है। किन्तु कालान्तर में कर्मकांड की प्रबलता के कारण भक्ति का प्रवाह शिथिल हो गया। उपनिषद् काल में कर्मकांड की धारा को ज्ञानकांड ने दबा लिया। किन्तु कहीं-कहीं छान्दोग्य, मुंडक उपनिषद् में भक्ति प्रतीकों के रूप में अभिव्यक्त हुई।

उपनिषद् युग के पश्चात् महाभारत में प्रवृत्तिमय भक्ति का स्वरूप नजर आया। रामायण-काल में अवतारवाद की पूर्ण प्रतिष्ठा स्थापित हुई। निर्गुण ईश्वर मानव की रक्षा करने हेतु तथा दुष्ट-संहारक-रूप में तथा सगुण भक्तों का रंजन करने हेतु हमारे सामने आते हैं।

जैन और बौद्ध मतों की अहिंसा, करुणा और लोकमंगलकारी भावनाओं को नवीन रूप में भक्ति के विकास में सम्मिलित किया गया।

आठवीं शती में शंकर के अद्वैत वेदान्त का प्रचार ज्ञान के क्षेत्र में विकसित हुआ किन्तु भक्तिपूर्ण पदों की रचना करके उन्होंने अपनी भक्ति भावना का भी परिचय दिया।

दक्षिण में आलवार सन्तों का भक्ति के क्षेत्र में विशेष योगदान रहा है। इन्होंने ईश्वर-प्रेम में विभोर होकर लोक-कल्याण की भावना का प्रसार किया। इनकी भक्ति-भावना में भक्त-हृदय की वेदना एवं तड़प है जो कहीं-कहीं गम्भीर दार्शनिक विचारों में परिवर्तित हुई है।

वैष्णवाचार्यों ने आलवारों की भक्ति के साथ ज्ञान तथा कर्म का सुन्दर समन्वय करके भक्ति-आन्दोलन को नया रूप दिया। रामानुजाचार्य ने द्रविड़-क्षेत्र में प्रचलित भक्ति का भागवत्-धर्म के साथ सामंजस्य स्थापित किया। रामानुजाचार्य के पश्चात् निम्बकाचार्य माध्वाचार्य एवं वल्लभाचार्य ने जनता के हृदय में भक्ति की अजस्र धारा प्रवाहित की।

मध्ययुग में भक्ति का प्रवाह इस काल के बौद्धिक आचार्यों द्वारा प्रस्तुत क्रान्ति का वह रूप था जिसने नीरस जनता में सरसता और समरसता लाने का स्तुत्य प्रयास किया। मध्यकाल में प्रवाहित भक्ति-धारा ने जीवन के प्रति नवीन दृष्टिकोण का श्रीगणेश किया। मध्ययुग में विभिन्न दार्शनिक वादों ने जन्म लिया। स्वामी रामानुजाचार्य ने इस काल

में भक्ति-भावना प्रवाहित करने में विशेष योगदान दिया और इसी कार्य को रामानन्द ने प्रसारित किया। भक्ति का जो सोता दक्षिण की ओर से उत्तर भारत की ओर चला था उसे शुष्क, नीरस, जर्जरित जनता के हृदय में फैलने का पूरा अवसर मिला—'कालदर्शी भक्त कवि जनता के हृदय को सँभालने और लीन रखने के लिए दबी हुई भक्ति को जगाने लगे। क्रमशः भक्ति का प्रवाह ऐसा विस्तृत और प्रबल होता गया कि उसकी लपेट में केवल हिन्दू जनता ही नहीं, देश में बसनेवाले सहृदय मुसलमानों से भी न जाने कितने आ गए। प्रेमस्वरूप ईश्वर को सामने लाकर भक्त कवियों ने हिन्दुओं और मुसलमानों दोनों को मनुष्य के सामान्य रूप में दिखाया और भेदभाव के दृश्यों को हटाकर पीछे कर दिया।'[209] इस प्रकार रामोपासक और कृष्णोपासक भक्त-कवियों की धाराएँ बहीं, जिन्होंने आगे चलकर हिन्दी-काव्य को उच्चता के शिखर पर पहुँचाने वाले रत्नों को जन्म दिया। सन्त कबीरदास ने व्यवस्थित रूप से निर्गुण पन्थ को चलाया तथा भेदभाव कर्मकांडोंवाली उपासना पद्धति को छोड़कर आन्तरिक साधना की महत्ता पर बल दिया—'कबीर ने जिस प्रकार एक निराकार ईश्वर के लिए भारतीय वेदान्त का पल्ला पकड़ा उसी प्रकार उस निराकार ईश्वर की भक्ति के लिए सूफियों का प्रेमतत्त्व लिया और अपना 'निर्गुण पन्थ' बड़ी धूमधाम से निकाला।...इसमें कोई सन्देह नहीं कि कबीर ने ठीक मौके पर जनता के उस बड़े भाग को सँभाला जो नाथ पन्थियों के प्रभाव से प्रेमभाव और भक्तिरस से शून्य और शुष्क पड़ता जा रहा था। मनुष्यत्व को सामान्य भावना को आगे करके निम्न श्रेणी की जनता में उन्होंने आत्मगौरव का भाव जगाया और भक्ति के ऊँचे से ऊँचे सोपान की ओर बढ़ने के लिए बढ़ावा दिया।'[210] कबीर ने भक्ति को कर्म, ज्ञान और योग से श्रेष्ठ माना है। कबीर ने भक्ति को मोक्ष प्राप्ति का साधन माना है।

भारतीय चिन्तन और साधना के क्षेत्र में कबीर का स्थान अद्वितीय है। मध्यकालीन साधना और चिन्तन को गहराई से समझने के लिए कबीर के व्यक्तित्त्व को जानना आवश्यक है। कबीर जैसे निर्भीक और ओजस्वी की वाणी ने ही तत्कालीन समाज में आत्मविश्वास का संचार किया। यह तो कबीर के अद्भुत व्यक्तित्त्व का ही प्रभाव है कि हिन्दू-मुस्लिम अन्धरूढ़ियों, बाह्याचारों पर अनेक कठोराघातों को सहते हुए भी कबीर की विचारधारा के अनुरूप चले। सर्वसाधारण ने कबीर की वाणी और उपदेशों को तन-मन से आत्मसात् किया।

कबीर की भक्ति-भावना को किसी प्रचलित शब्दावली में अभिव्यक्त नहीं किया जा सकता। कबीर की भक्ति-भावना पर नारदी भक्ति के प्रेम-तत्त्व के साथ-साथ तत्कालीन सूफी प्रेम-भावना, सिद्धों और नाथों की बानियों का प्रभाव है। कबीर निर्गुणोपासक सन्त थे इसलिए उन्हें ज्ञानमार्गी कहा जाता है। कबीर ने सगुणवाद, अवतारवाद, मूर्ति-पूजा का खंडन करते हुए निर्गुण ब्रह्म की सत्ता को प्रतिपादित किया। कबीर ज्ञान और धर्म को एक ही सिक्के के दो पहलू मानते हैं। उनके अनुसार ज्ञान के द्वारा ही मनुष्य अपने ज्ञान-चक्षुओं को खोलकर अन्धविश्वास और कर्मकांड के आवरण को भेद सकते हैं :

सन्तो भाई, आई ज्ञान की आँधी रे।
भ्रम की टाटी सबै उड़ाँणी, माया रहे न बाँधी रे।
हित चित की द्वै थूनी गिरानी, मोह बलींडा टूटा।
त्रिस्नां छानि परी घर ऊपर, कुबुधि का भाँडा फूटा।[211]

कबीर ने ज्ञान का सहारा लेकर मूर्तिपूजा, तीर्थाटन, अनेक प्रकार के ब्राह्माचारों की तीव्र भर्त्सना की। कबीर ने अपने जोरदार तर्कों द्वारा बाह्याडम्बरों का खोखलापन सिद्ध किया :

माला पहन्याँ कुछ नहीं, भगति न आई हाथि।
माथौ मुँछ मुंडाइ करि, चल्या जगत के साथि।।[212]

वैसनों भया तौ का भया, बुझा नहीं बबेक।
छापा तिलक बनाइ करि, दगध्या लोक अनेक।[213]

कबीर ने पुस्तकीय ज्ञान की अपेक्षा आत्मज्ञान पर जोर दिया। मोतीसिंह के अनुसार 'इन्हीं पुस्तकों के सहारे पंडितों ने अबोध जनता को अनेक प्रकार के अन्धविश्वास और आचारों में फँसाकर अनन्त काल तक शोपण किया था। अतः कबीर ने अनेक स्थानों पर इन पंडितों की निन्दा की है और साथ ही ज्ञान सम्बन्धी अपनी मान्यता को स्पष्ट किया है।'[214] कबीर केवल राम-नाम को मुक्ति का द्वार मानते हैं :

पड़िया कौन कुमति तुम लागे।
तू राम न जपहि अभागी।
वेद पुरान पड़त अस पांडे, गुन खर चन्दन जस भारा।
राम नाम तत समझत नाहीं, अन्ति पड़ै मुखि छारा।[215]

कबीर ने तर्क और बुद्धि के सहारे धर्म की कुरीतियों का भंडाफोड़ करने के लिए अपना जीवन अर्पित किया। कबीर ने बड़े मार्मिक और व्यंग्यात्मक ढंग से तीर्थ, मन्दिर, मस्जिद, मूर्ति-पूजा आदि बाह्याचारों का सजीव वर्णन किया। उनके तर्क तीखे और प्रभावशाली हैं जो व्यक्ति की अन्तरात्मा पर गहरी चोट करते हैं तथा उसे गहराई से सोचने पर विवश करते हैं :

काजी तैं कौन कितेब बखानी।
पढ़त गुनत ऐसे सब मारे, कि नहूँ खबरि न जानी।
संकति सनेह करि सुनति करिए, मैं न बढ़ोगा भाई।
जौ वे खुदाई मोहे तुरुक करेगा, आपन ही करि जाई।
सुन्नति करें तुढ़क जो छोड़गा, औरत का क्या करिए।
अर्ध सरीरी नारि न छोड़े, ताते हिन्दू रहिए।[216]

कबीर साम्प्रदायिक भक्तिभावना के पक्षपाती नहीं थे। वह सभी धर्मों के प्रति एक आस्था, एक समभाव पैदा करना चाहते थे। कबीर का ईश्वर के चरणों में आत्मनिवेदन तथा आत्मसमर्पण का भाव किसी विशेष धर्म से सम्बद्ध नहीं है :

मैं गुलाम मोहिं बेचि गुँसाईं, तन धन मेरा राम जी के ताँईं।
आँनिक बीरा हटि उतारा, सोई गाहक सोई बेचनहारा।।[217]

ईश्वर के प्रति प्रेम-भाव से अनन्य भक्ति में कबीर ने त्याग और तपस्या पर विशेष बल दिया। 'विरहिणी' आत्मा जब त्याग की चरम सीमा पर पहुँच जाती है तभी उसे ब्रह्म का साक्षात्कार होता है :

बिरह भुवंगम तन बसै, मन्त्र न लागै कोई।
राम वियोगी न जिवै, जिवै त बोरा होई।।[218]

कबीर का कहना है कि जिस शरीर में वियोग का संचार नहीं होता उसे श्मशान-तुल्य समझना चाहिए :

बिरहा बुरहा जिनि कहो, बिरहा है सुलितान।
जिस घटि बिरह न संचरे, सो घट सदा मसान।।[219]

कबीर में विरह की अवस्था और मिलन की व्याकुलता इतनी प्रबल है कि वह अपने शरीर को जलाकर उसके धुएँ द्वारा प्रिय के हृदय में करुणा का संचार करना चाहते हैं :

यहु तन जालों मसि करूँ, ज्यूँ धूबाँ जाइ सरग्नि।
मति वे राम दया करै, बरसि बुझावैं अग्नि।।[220]

कबीर ने अपने प्रेम और विरह की व्यंजना बहुत प्रत्यक्ष और सीधे ढंग से की है। दाम्पत्य सम्बन्धों का भी बड़ा सजीव वर्णन कबीर ने किया है :

हरि मेरा पीव भाई, हरि मेरा पीव।
हरि बिन रहि न सकै मेरा जीव।
हरि मेरा पीव मैं हरि की बहुरिया।
राम बड़े मैं घुटक लहुरिया।।[221]

कबीर ने विरहावस्था की तीव्रता और मार्मिकता का वर्णन करने के लिए सजीव परिस्थितियों और प्रसंगों की उद्भावना की है।

त्याग की पराकाष्ठा भक्ति की चरम सीमा है। कबीर ने अपनी भक्ति में आचरण की स्वच्छता पर विशेष बल दिया है। अभिमान और दुर्गुणों को त्यागकर तथा कुसंगति से बचकर ही ईश्वर-साधना में सफलता प्राप्त की जा सकती है :

मेर नीसांणी मीच की, कुसंगति ही काल।
कबीर कहे रे प्राणियाँ, बांणीं ब्रह्म सँभाल।।[222]

धन-कामिनी को भक्ति-मार्ग में कबीर ने बाधक माना है। इसलिए इन दोनों की कबीर ने खुलकर निन्दा की है :

कांमणि काली नागणीं, तीन्यूँ लोक मँझारि।
राम सनेही उबरे, बिषई खाए झारि।।[223]

कबीर ने 'आँखिन देखी' सत्य को आधार बनाकर आध्यात्मिक सत्यों का निरूपण किया। इन आध्यात्मिक सत्यों का सन्धान कबीर ने मानव मूल्यों की कसौटी पर कसकर किया। इसलिए अन्तर्विरोधों, अन्धविश्वासों और मिथ्या कल्पनाओं को उन्होंने त्याज्य

समझा। कबीर अत्यधिक उत्साह से कहते हैं कि राम की प्राप्ति न जप से, न तप से, न जोग से, न वेद-पुराण से सम्भव है, केवल भक्तिभाव से ईश्वर को प्राप्त किया जा सकता है।

कबीर की भक्ति में वेद, शास्त्र, पुराणों के विचारों के साथ-साथ भारतीय चिन्तन और जीवन-मूल्यों को भी प्रमुख स्थान दिया गया है। कबीर का विचार है कि ईश्वर-भक्ति हेतु मानव को अपने अन्तर्मन को सर्वथा निष्कलुष और पवित्र बनाना चाहिए। अन्तर्जगत् और बहिर्जगत् के पूर्ण सामंजस्य के बिना सच्ची भक्ति का विकास सम्भव नहीं।

सगुण भक्ति नवधा कही गई है। कबीर ने नवधा भक्ति के सभी अंगों को स्वीकार नहीं किया। आचार और कर्मकांड सम्बन्धी अंगों का कबीर ने परिहार किया है। दास्य, संख्य, रति, वात्सल्य सभी भावों की अर्चना की है :

हरि जननीं मैं बालिक तेरा, काहे न औगुण बकसहु मेरा।
सुत अपराध करै दिन केते, जननी के चित्त रहे न तेते।
कर गहि केस करै जो घाता, तऊ न हेत उतारे माता।[224]

कबीर की भक्ति में सफल होने हेतु अहं का परित्याग आवश्यक है। यदि भक्त अहंकार का उन्मूलन कर लेता है तो उसमें और भगवान में एकात्म होने में कोई कठिनाई शेष नहीं रहती। यहाँ सिर उतारने से अभिप्राय अहं के त्याग से है :

भगति दुहेली राम की, नहिं कायर का काम।
सीस उतारे हाथ करि, सो लेसी हरि नाम।[225]

दैन्य, दासता और वात्सल्य आदि विभिन्न भावों से कबीर अपनी भक्ति को सिद्ध करना चाहते हैं। वह जानते हैं कि उनका भगवान् अपने भक्तों की रक्षा करने में सदैव तत्पर एवं समर्थ है। इसी विश्वास के सहारे वह सम्पूर्ण संसार को ईश्वर की भक्ति का अवलम्बन लेने की सलाह देते हैं :

मन रे हरि भजि हरि भजि हरि भजि भाई।
जा दिन तेरो कोई नाहीं, ता दिन राम सहाई।
तन्त न जानूँ, मन्त न जानूँ, जानूँ सुन्दर काया।
मीर मलिक छत्रपति राजा, ते भी खाए माया।

राजा अम्बरीष के कारणि, चक्र सुदरसन जारै।
दास कबीर को ठाकुर ऐसो, भगत की सरन उबारै।[226]

भक्ति को उच्चतम सोपान तक ले जाने और उसे विशिष्ट मानवीय मूल्य के रूप में स्थापित करने के लिए जिस तल्लीनता और एकनिष्ठता की आवश्यकता होती है वह कबीर के यहाँ मिलती है। उनके कर्मक्षेत्र के उदाहरण देकर डॉ. विद्यानिवास मिश्र इसे स्पष्ट करते हैं :

...बुनाई करते समय बराबर ध्यान रहता है कि धागा जहाँ कहीं टूटे, ढंग से जोड़ते

जाओ, ऐसे जोड़ो कि धागा धागे में मिल जाए, गाँठ न पड़े, धागे की मँडाई करें तो फिर टूटने की सम्भावना नहीं रहती, पर मँडाई के लिए धागे को सुलझाना जरूरी है, उन्हें सीधा करना जरूरी है। माँडी बनाना भी एक कला है। मैदे को छानो, उसमें स्नेहन दो, तब जाकर तागा मजबूत होगा और उससे बुनाई अच्छी होगी :

धागा ज्यूँ टूटे त्यूँ जोरि।
तूटे तूटनि होयगी ना ऊँ मिलै बहोरि।
उरझ्यौ सूत पाँन नहिं लागे कूच फिरे सब लाई।
छितके पवन तार जब छूटे तब मेरो कहा बसाई।
सूरझयो सूत गुढ़ी सब भागी पवन राखि मन धीरा।
पचूँ भाइया भए सनमुखाँ तब यह पानु ल्रीला।
नान्हीं मैदा पीसि लई है छानि लई द्वै बारा।
कहैं कबीर तेल सब मेल्हा बुनत न लागी बारा।[227]

भक्ति की बुनाई के लिए भी इसी तरह ईश्वर से जो सम्बन्ध का तागा है, उसे विषयों की आसक्ति से छुड़ाना पड़ता है, जहाँ टूटता है, वहाँ जोड़ना पड़ता है, मन को पीसकर मैदा बनाना पड़ता है, उसे ज्ञान की चलनी से छानना पड़ता है और तब प्रेम की माँडी देकर उसे मजबूत बनाया जाता है, उसे ताने पर चढ़ाकर ही भक्ति का वस्त्र बुना जा सकता है। कपड़े बुनने के इस रूपक के माध्यम से कबीर प्रकारान्तर से भक्ति को उसकी सम्पूर्णता में विन्यस्त करते हैं।

कबीर की भक्ति व्यक्तिगत धरातल से बृहद् सामाजिक स्तरों तक व्याप्त है। आधुनिक प्रगतिशील कवि मुक्तिबोध मानते हैं कि अकेले की मुक्ति सम्भव नहीं है, उसी तरह से कबीर भक्ति की सामूहिक भावना को प्रस्तुत करते हैं–'उन्होंने सभी को साथ लेकर चलनेवाले भक्ति-भाव की मान्यता में आस्था स्थापित की है। कबीर का प्रभु के चरणों में आत्मसमर्पण और आत्मनिवेदन इसीलिए किसी विशेष-सम्प्रदाय के आदर्शों से सम्बद्ध नहीं है। ऊँच, नीच, वर्ण, धर्म सब आपकी प्रेमधारा में प्रवाहित होकर एक हो गए हैं।[228] स्पष्ट है कि उनकी भक्ति-भावना में जातिगत श्रेष्ठता का दम्भ या सम्प्रदायवादी दृष्टि का प्रतिकार है।

यह भक्ति ही है जो कालभय से मुक्त करके, बेहतर मानवीय जीवन जीने की ओर प्रेरित करती है। इसीलिए कबीर के काल विवेक के महत्त्वपूर्ण तत्त्वों में भक्ति एक प्रमुख तत्त्व है। यज्ञदत्त शर्मा ने ठीक ही कहा है कि सन्त कबीर के विचार से आत्मा का जन्म-मरण से मुक्त होना केवल भक्ति द्वारा ही सम्भव है :

भाव भगति विसवास बिन, कटै न संसै सूल।
कहे कबीर हरि भगति बिन, मुक्ति नहीं रे मूल।।[229]

ईश्वर के प्रति अगाध आस्था संशय रूपी शूल के प्रहार से बचाए रखती है। वास्तविक कालभय से मुक्ति भक्ति में ही निहित है, यह भावना कबीर-काव्य में प्रमुखता से उभरती है।

मध्यकालीन मानसिकता और कबीर की द्वन्द्व प्रतिक्रिया : नैतिक अन्तर्दृष्टि का विकास

मध्यकाल के विशिष्ट कवि कबीर उन प्रारम्भिक जातीय कवियों में से हैं जिनका युग-विवेक और कालबोध परस्पर पर्याय हैं। समाजगत समानता और सबके लिए न्याय की बात करनेवाली कबीर की कविता चतुर्दिक शोषण से सन्त्रस्त जनमानस की पीड़ा को अर्थ प्रदान करती है। मध्यकालीन परिवेश में व्याप्त विसंगतियाँ, असन्तुलन और वर्ण-वर्ग-समुदाय-भेद से उत्पन्न अलगाव उनके इस उद्देश्य की पूर्ति में विकट बाधाओं के प्रतिरूप थे। कवि ने अपने सामाजिक और राजनीतिक परिदृश्य को सूक्ष्मता से समझा और पाया कि न्याय और समता के वास्तविक लक्ष्य प्राप्त करने के लिए समाज और राजनीति के पर्यावरण को प्रदूषित करनेवाले कारकों, असंगति और वैषम्य का उपचार करना अनिवार्य है। इनके साथ ही कबीर को धार्मिक वितंडावाद, कर्मकांडीय पाखंडों पर भी प्रहार करने पड़े।

समकालीन जटिल परिस्थितियाँ और कबीर के संघर्षशील व्यक्तित्त्व को समानान्तर रखकर देखने पर ज्ञात होता है कि क्रान्तिकारी समाजसुधारक सन्त कवि कबीर ने अपने काल को सकारात्मक परिवर्तनकारी दिशा प्रदान की है। कबीर का काल विलुप्त होते मूल्यों का काल है। मूल्यों के क्षरण को समूचा पूर्वमध्यकालीन काव्य दस्तावेजित करता है। कबीर-काव्य में मूल्यों की पुनर्स्थापना पर बल दिया गया है। व्यक्ति और समाज दोनों धरातलों पर कबीर इस ओर सक्रिय हैं। वह ऐसे धन को उपयोगी बताते हैं जो जीवन को बेहतर बनाए। व्यर्थ का धन-संचय लोभ को उपजाता है। ऐसी वृति पर प्रतिकार करते हुए कबीर ठीक ही कहते हैं कि सिर पर पोटली बाँधकर किसी को साथ ले जाते नहीं देखा। संकीर्ण साम्प्रदायिकता के स्थान पर परस्पर सहिष्णुता और सहअस्तित्व की बात करनेवाले कबीर अस्पृश्यता और अहिंसा के समानान्तर करुणा को रखते हैं। प्राणी मात्र के जीवन को बचाने के पक्षधर कबीर उसे धर्म-आडम्बर के नाम पर नष्ट करने का विरोध करते हैं। जनकवि ही समाज की खरी आलोचना कर सकता है। कबीर ने यह कार्ग किया है। इसलिए उनकी कविता आत्मपरिष्कार और समाजसुधार दोनों को सम्भव करती है।

शांकर मायावाद, योगदर्शन, बौद्ध-शून्यवाद, सूफी-प्रेमतत्त्व और भक्ति कबीर के कालबोध के नियामक हैं। कबीर-काव्य का प्रभामंडल और काव्य मुहावरायुगीन दबावों के अतिरिक्त इन विचार-प्रणालियों से निर्मित हुआ है। शांकराद्वैत के मायावाद तथा नाथयोगी एवं बौद्ध-दर्शन के शून्यवाद से कबीर जगत् की निस्सारता के सूत्र ग्रहण करते हैं। इसी रास्ते वे समझाते हैं कि देह भी क्षणभंगुर है। इसलिए कुछ आलोचकों को कबीर के यहाँ व्यवहारतः लोक प्रतिबद्धता परन्तु परमार्थः लोक विरोध दिखाई देता है। लेकिन कबीर लोक में व्याप्त अन्धविश्वासों का विरोध करते हैं। ऐसी रूढ़ियाँ जीवन की सहजगति को अवरुद्ध करती हैं। हताश, दिग्भ्रमित जनमानस को सम्बल देने के लिए

कबीर ने सहजभक्ति मार्ग का रास्ता सुझाया। इसके लिए कबीर ने जिस प्रकार एक निराकार ईश्वर की भक्ति के लिए भारतीय वेदान्त का पल्ला पकड़ा उसी प्रकार उस निराकार ईश्वर की भक्ति के लिए सूफियों का प्रेमतत्त्व लिया और अपना 'निर्गुण पन्थ' बड़ी धूमधाम से निकाला। बात यह थी कि भारतीय भक्ति मार्ग साकार और सगुण रूप को लेकर चला था, निर्गुण और निराकार ब्रह्म भक्ति या प्रेम का विषय नहीं माना जाता। इसमें कोई सन्देह नहीं कि कबीर ने ठीक मौके पर जनता के उस बड़े भाग को सँभाला जो नाथपन्थियों के प्रभाव से प्रेमभाव और भक्तिरस से शून्य और शुष्क पड़ता जा रहा था।[230] शुक्लजी के इस कथन से स्पष्ट है कि कबीर ने प्रेम और भक्ति के माध्यम से वास्तविक लोक-प्रतिबद्धता प्रदर्शित की है।

मध्यकालीन मानसिकता जन्मान्तर और कर्मविपाक से निर्मित हुई है। पूर्वजन्मों के कर्मफल के भोग की यह मानसिकता मनुष्य को निष्क्रिय और उदासीन भी बनाती है। कबीर ने वर्तमान जन्म को आधार बनाया और इसी जीवन को बेहतर बनाने की प्रेरणा दी है। कबीर के अन्तर्द्वन्द्व के मूल में मध्यकालीनता के निषेध के साथ ही मायावाद और शून्यवाद से सहमति है। इसके परिणामस्वरूप प्रेमतत्त्व से युक्त भक्ति-आश्रित नैतिकता का उदय कबीर-काव्य में होता है। स्पष्ट है कि अपने और अपने समय के अन्तर्विरोधों का अतिक्रमण करते हुए कबीर नैतिकतावादी कालबोध को विकसित करते हैं। इसके केन्द्र में सत्य, नीति, अनुशासित कर्म और ऐसा सामाजिक शील सक्रिय है जो व्यक्ति और समाज दोनों स्तरों पर देखा जा सकता है। आचार्य हजारीप्रसाद द्विवेदी ने ठीक ही लिखा है कि 'कबीर परस्पर विरोधी कोटियों के मिलन-बिन्दु हैं। उनके अनुसार कबीरदास ऐसे ही मिलन-बिन्दु पर खड़े थे, जहाँ से एक ओर हिन्दुत्व निकल जाता है और दूसरी ओर मुसलमानत्व, जहाँ एक ओर योगमार्ग निकल जाता है, दूसरी ओर भक्तिमार्ग, जहाँ से एक ओर निर्गुण भावना निकल जाती है, दूसरी ओर सगुण साधना, उसी प्रशस्त चौराहे पर वे खड़े थे।'[231] कबीर के कालबोध के प्रेरक सहसूत्र और नियामक तत्त्व इसी मध्यकालीन मानसिकता और कबीर के द्वन्द्व के घात-प्रतिघात से बने हैं। इसलिए कबीर की दृष्टि नैतिक है।

पाद-टिप्पणियाँ

1. रामखेलावन पांडे : मध्यकालीन सन्त सा., प्रस्तावना, पृ. 3
2. उद्धृत—पाटल साहि. परिचय, पृ. 24
   द्रष्टव्य : रमेशचन्द्र मिश्र : सन्त सा. और समाज, पृ. 25
3. कं. ग्र. (सं.) श्या. दास, पृ. 163
4. क. ग्र. (श्या. दास), अबिहड़ कौ अंग, दो-2, पृ. 68
5. श्यामाचरण दुबे : समाज और संस्कृति, पृ. 62

6. आचार्य हजारी प्रसाद द्विवेदी—विचार और वितर्क, पृ. 278
7. क. ग्र. (संपा.) श्याम. दास, पद-42 (परि.) पृ. 79
8. वही, पद-184, पृ. 112
9. क. ग्र. (श्या. दास), पद-60, पृ. 83
10. क. ग्र. (सं.) पारसनाथ तिवारी, पृ. 176
11. वही, द-55, पृ. 82
12. यज्ञदत्त शर्मा—क. सा. और सिद्धान्त, पृ. 127
13. उद्धृत : हिन्दुस्तान के निवासियों का संक्षिप्त इतिहास—डॉ. ताराचन्द, द्रष्टव्य : सन्त साहित्य और समाज—डॉ. रमेशचन्द्र मिश्र, पृ. 67
14. रमेशचन्द्र मिश्र : सन्त साहित्य और समाज, पृ. 68
15. क. ग्र. (श्या. दास) सुमिरण कौ अंग, दो. 12, पृ. 4
16. हजारी प्रसाद द्विवेदी : कबीर, पृ. 222
17. यज्ञदत शर्मा : कबीर साहित्य और सिद्धान्त, पृ. 139
18. हजारी प्रसाद द्विवेदी : कबीर, पृ. 177
19. हजारी प्रसाद द्विवेदी, उपसंहार, पृ. 222
20. क. ग्र. (श्या. दास) कामी नर कौ अंग, दो. 3, पृ. 30
21. एस. आर. शर्मा : भारत के मुस्लिम शासन का इतिहास, पृ. 212
22. क. ग्र. (श्या. दास), चाणंक कौ अंग, दो-6, पृ. 28
23. वही, माया कौ अंग, दो. 4, पृ. 84
24. गोविन्द त्रिगुणायत : कबीर की विचारधारा, पृ. 73
25. क. ग्र. (श्या. दास), कामी नर कौ अंग, दो. 4, पृ. 31
26. वही, नारी कौ अंग, दो. 10, पृ. 30
27. वही, चांणक कौ अंग, दो. 8, पृ. 28
28. क. ग्र. (श्या. दास) माया कौ अंग, दो. 4, पृ. 84
29. गोविन्द त्रिगुणायत : कबीर की विचारधारा, पृ. 59-60
30. हजारी प्रसाद द्विवेदी : मध्य. धर्म साधना, पृ. 216
31. यज्ञदत्त शर्मा : कबीर साहित्य और सिद्धान्त, पृ. 25
32. आ. परशुराम चतुर्वेदी : सन्त-काव्य के प्रेरणास्रोत, पृ. 11
33. डॉ. एस. आर. शर्मा : भारत में मुस्लिम शासन का इतिहास, पृ. 159
34. आचार्य रामचन्द्र शुक्ल : हिन्दी साहित्य का इतिहास, पृ. 56
35. अमीर खुसरो : तारीख इलाही अथवा खजयनउल फुतुह, पृ. 27
36. उद्धृत : क. की विचार. : गो.त्रि. पृ. 57, द्रष्टव्य-मेडिवल इंडिया, पृ. 337
37. डॉ. आशीर्वादी लाल : दिल्ली सल्तनत : पृ. 378
38. उद्धृत—सन्त साहित्य और समाज : रमेशचन्द्र मिश्र, सन्त सा. की सामा. सांस्कृतिक, पृष्ठभूमि, पृ. 44
39. डॉ. रामकुमार वर्मा : सन्त कबीर, पद. 4
40. हजारी प्रसाद द्विवेदी : कबीर वाणी, पद. 67, पृ. 272
41. क. ग्र. (श्या. दास), चांणक कौ अंग, पद. 3, पृ. 27

42. वही, काल कौ अंग, दो. 18 (ख., प्रति सा.), पृ. 58
43. क. ग्र. (श्या. दास), पद-339, पृ. 152
44. वही, पद-100, पृ. 92
45. वही, चितावणी कौ अंग, दो. 5, पृ. 16
46. वही, दो. 31, पृ. 18
47. क. ग्र. (श्या. दास), चितावणी को अंग, दो. 3, पृ. 16
48. वही, काल कौ अंग, दो. 4, पृ. 56
49. वही, पद-8 (परि.), पृ. 202
50. आ. शुक्ल : हि. सा. का इतिहास, पृ. 58
51. डॉ. पीताम्बरदत्त बड़थ्वाल : हि. का. में निर्गुण संप्र., पृ. 13
52. क. ग्र. (श्यामसुन्दर दास), पद-37 पृ. 77
53. वही, अष्टपदी रमैणी (5) पृ. 182
54. वही, पद-40, पृ. 79
55. क. ग्र. (श्यामसुन्दर दास), पद-39, पृ. 70
56. हजारी प्रसाद द्विवेदी, कबीर, पृ. 169
57. क. ग्र. (श्या. दास), पद-39, पृ. 78
58. क. ग्र. (श्यामसुन्दर दास), भेष कौ अंग, दो. 16, पृ. 36
59. वही, साँच कौ अंग, दो-7, पृ. 33
60. वही, दो. 5, पृ. 33
61. वही, पद-181, पृ. 111
62. क. ग्र. (श्यामसुन्दर दास), साँच कौ अंग, दो. 184, पृ. 112
63. वही, पृ. 283
64. वही, पद-345, पृ. 145
65. डॉ. गोविन्द त्रिगुणायत-हिन्दी की निर्गुण काव्यधारा और उसकी दार्श., पृष्ठभूमि, पृ. 229
66. डॉ. रामकुमार वर्मा : सन्त कबीर, प्रस्तावना, पृ. 1
67. गोविन्द त्रिगुणायत : कबीर की विचारधारा, पृ. 254
68. मसि क़ागद छुयो नहीं कलम गह्यो नहिं हाथ।
    चारिठ जुग के महातन, कबीर मुखाहि जानाई बात।
    —उद्धृत : क. का सामा. दर्शन, प्रह्लाद मौर्य, पृ. 25
69. आ. परशुराम चतुर्वेदी : उत्तरी भारत की सन्त परम्परा, पृ. 155
70. श्यामसुन्दर दास : कबीर ग्रन्थावली, पृ. 1 (प्रथम संस्करण)
71. क. ग्र. (सं.) श्यामसुन्दर दास—चितावणी कौ अंग, दो. 5, पृ. 16
72. उद्धृत : कबीर का साहित्य दर्शन—प्रह्लाद मौर्य, पृ. 29
73. डॉ. रामकुमार वर्मा : सन्त कबीर, पृ. 55
74. वही, पृ. 54-55
75. रैदास की बानी : पृ. 33, वेलेडियर प्रेस द्वारा प्रकाशित
76. कबीर—(सं.) विजयेन्द्र स्नातक, पृ. 22

77. वही।
78. उद्धृत : कबीर का साहित्य दर्शन, प्रह्लाद मौर्य, पृ. 34
79. उद्धृत : कबीर साहित्य और सिद्धान्त : यज्ञदत्त शर्मा, पृ. 6
80. वही, पृ. 10
81. डॉ. परशुराम चतुर्वेदी : कबीर साहित्य की परख, पृ. 256
82. परशुराम चतुर्वेदी : उत्तरी भारत की सन्त परम्परा, पृ. 228
83. कबीर वचनावली, पृ. 10
84. क. ग्र. (श्यामसुंदर दास) बेसास कौ अंग, दो. 15, पृ. 46
85. वही, माया कौ अंग, दो. 13, पृ. 26
86. वही, पद-241
87. क. ग्र. (श्या. दास) सुमिरण कौ अंग, दो-10, पृ. 4
88. वही, अपरिष कौ अंग, दो. 3, पृ. 61
89. डॉ. रामकुमार वर्मा : सन्त कबीर (प्रस्तावना), पृ. 1
90. अयोध्यासिंह उपाध्याय : कबीर वचनावली, पृ. 46
91. क. ग्र. (श्या. दास), पद-62, पृ. 84
92. वही, माया कौ अंग, दो-21, पृ. 26
93. क. ग्र. (श्यामसुन्दर दास), करणी बिना कथनी कौ अंग, दो-3, पृ. 30
94. क. ग्र. (श्यामसुन्दर दास), पद-175, पृ. 110
95. डॉ. नगेन्द्र (संपा.) हिन्दी साहित्य का इतिहास, पृ. 145
96. हिन्दी साहित्य का इतिहास : संपा. डॉ. नगेन्द्र, पृ. 143
97. द्रष्टव्य : भक्तिकाव्य की दार्शनिक चेतना : डॉ. नारायण प्रसाद वाजपेयी, पृ. 33
98. ब्रह्मसूत्र : शांकर भाष्य, द्रष्टव्य—भक्ति काव्य की दार्शनिक चेतना : डॉ. नारायण प्रसाद वाजपेयी, पृ. 64
99. द्रष्टव्य : शांकर अद्वैत वेदान्त का निर्गुण काव्य पर प्रभाव : शान्ति स्व. जि., पृ. 122
100. डॉ. रामानन्द तिवारी : शंकराचार्य का आचार दर्शन, पृ. 55
101. शान्तिस्वरूप त्रिपाठी, मा. अ. वे. का नि. का. पर प्रभाव, पृ. 123
102. द्रष्टव्य : म. का. की दार्श. चेतना, डॉ. ना. प्र. वाजपेयी, पृ. 64
103. द्रष्टव्य : शां. अ. वे. का नि. का. पर प्रभाव : शान्तिस्वरूप त्रिपाठी, पृ. 128
104. द्रष्टव्य : भक्ति का. की दार्श. चेतना : ना. प्र. वाजपेयी, पृ. 65
105. डॉ. नारायण प्र. वाजपेयी, म. का. की दार्श. चेतना, पृ. 66
106. लो. बा. तिलक : गीतारहस्य, पृ. 238
107. इंडियन फिलॉसफी, भाग 2, डॉ. राधाकृष्णन्, पृ. 192
108. हजारी प्रसाद द्विवेदी—कबीर, पृ. 189
109. डॉ. गोविन्द त्रिगुणायत, कबीर की विचारधारा, पृ. 248
110. कबीर ग्रंथा. (सं.) श्यामसुन्दर दास, रमैणी-4, पृ. 179
111. कबीर ग्रंथा. (सं.) श्यामसुन्दर दास, पद-235, पृ. 124
112. कबीर ग्रंथा. (सं.) श्यामसुन्दर दास, पद-245, पृ. 127
113. क. ग्रंथा. (सं.) श्यामसुन्दर दास, रमैणी 3, पृ. 110

114. वही, साखी 2/9, पृ. 4
115. वही, साखी 16/15
116. क. ग्र. (सं.), श्यामसुन्दर दास, पद-84, पृ. 89
117. क. ग्रन्था. (सं.) श्यामसुन्दर दास, पद-101, पृ. 92
118. वही, पद-16, पृ. 73
119. वही, साखी-16/10
120. उद्धृत : भक्ति काव्य की दार्शनिक चेतना : डॉ. नारायण प्रसाद वाजपेयी, पृ. 31
121. वही, पृ. 31
122. डॉ. यदुनाथ सिन्हा : भारतीय दर्शन, पृ. 230
123. कबीर साहित्य का सांस्कृतिक अध्ययन : आर्याप्रसाद त्रिपाठी, पृ. 22
124. वही, पृ. 221
125. वही, पृ. 221
126. वही।
127. वही।
128. वही।
129. क. ग्र. (श्या. दास), सांच कौ अंग, दो. 8, पृ. 33
130. वही, पद-93, पृ. 91
131. क. ग्र. (श्यामसुन्दर दास) रमैणी-3, पृ. 177
132. कबीर बीजक (सं.) विचारदास शास्त्री, साखी-67, पृ. 48
133. वही, साखी-343
134. वही, पृ. 35
135. क. ग्र. (श्यामसुन्दर दास) दो. 4, पृ. 30
136. वही, दो. 9, पृ. 31
137. वही, दो. 12, पृ. 31
138. वही, दो. 21, पृ. 32
139. क. ग्र. (सं.) श्यामसुन्दर दास, पद-278, पृ. 136
140. वही, पद 222 (परिशिष्ट), पृ. 253
141. क. ग्र. (सं.) श्या. दास, दो. 29, पृ. 24
142. वही, चितावणि कौ अंग, दो. 52, पृ. 20
143. सन्तबानी संग्रह (भाग-1) कबीर, पृ. 59
144. क. ग्र. (सं.) श्याम दास-संगति कौ अंग, दो. 7, पृ. 38
145. क. ग्र. (श्यामसुन्दर दास) साध महिमा कौ अंग, साखी-3, पृ. 41
146. वही, साध कौ अंग, साखी-2, पृ. 38
147. वही, दो. 9
148. क. ग्र. (श्यामसुन्दर दास) साध कौ अंग, पद-24, पृ. 113
149. वही, साखी-14, पृ. 57
150. वही, पद-127 (परिशिष्ट), पृ. 229
151. वही, पद-25, पृ. 75

152. क. ग्र. (सं.) श्यामसुन्दर दास, पद 7, पृ. 71
153. वही, पद-69, पृ. 85
154. क. ग्र. (श्यामसुन्दर दास), पद-4, पृ. 70
155. कबीर बीजक (सं.) विचारदास शास्त्री, पृ. 119
156. क. ग्र. (श्यामसुन्दर दास), सहज कौ अंग, दो. 4
157. आ. परशुराम चतुर्वेदी : उत्तरी भारत की सन्त परम्परा, पृ. 445
158. क. ग्र. (श्यामसुन्दर दास), पद-206, पृ. 118
159. आ. हजारी प्रसाद द्विवेदी : कबीर, पृ. 329
160. परशुराम चतुर्वेदी : क. सा. की परख, पृ. 233
161. द्रष्टव्य : शांकर अद्वैत वेदान्त का नि. का. पर प्रभाव : शान्तिस्वरूप त्रिपाठी, पृ. 68
    क—निः स्वाभामिंद जगत्.
    ख—प्रत्युत्पन्नेऽनागतश्च तस्मत्कालो न विधते।
    ग—न च कश्चतन भावोऽश्ति, कुतः कालोभविष्यति।
    घ—न जन्म मरण चैव तुल्यकालं ही विधते।
    ङ—एवं विष्वाकालेषु न युक्ताभव सन्तति। त्रिपुकालेपुयाना स्तिसकथंभव सन्तति।
162. डॉ. ओमप्रकाश का लेख, कबीर और बौद्धमत। कबीर सं. वि. स्नातक, पृ. 225
163. द्रष्टव्य : भक्तिकाव्य की दार्शनिक चेतना : ना. प्रा. वाजपेयी, पृ. 26
164. ना. प्र. वाजपेयी : भ. का. की दार्श. चे., पृ. 26
165. द्रष्टव्य—कबीर (सं.) वि. स्नातक, पृ. 225
166. क. ग्र. वचनावली, पृ. 160
167. वही, पृ. 55
168. सम्यक् दृष्टि, सम्यक् संकल्प, सम्यक् वाणी, सम्यक् कमाते, सम्यक् आजीविका, सम्यक् व्यायाम, सम्यक् स्मृति, सम्यक् समाधि। द्रष्टव्य—कबीर (सं.) वि. स्नातक, पृ. 227
169. द्रष्टव्य—कबीर (सं.) वि. स्नातक, पृ. 229
170. प्रभाकर माचवे : कबीर, पृ. 18
171. श्रीराम पूजन तिवारी : सूफी मत साधना और साहित्य, पृ. 119
172. रामधारी सिंह दिनकर—संस्कृति के चार अध्याय, पृ. 324
173. ना. प्र. वाजपेयी : भक्ति काव्य की सा. सांस्कृतिक चेतना
174. ह. प्र. द्विवेदी : हिन्दी साहित्य की भूमिका, पृ. 65
175. आचार्य रामचन्द्र शुक्ल : जायसी ग्रन्थावली (भूमिका)
176. डॉ. रामकुमार वर्मा—अनुशीलन, पृ. 101
177. क. ग्र. (श्यामसुन्दर दास) परचा कौ अंग, दो. 13, पृ. 10
178. क. ग्र. (श्यामसुन्दर दास), वही दो. 14, पृ. 10
179. क. ग्र. (श्यामसुन्दर दास), बिरह कौ अंग, दो. 6, पृ. 6
180. क. ग्र. (श्यामसुन्दर दास) भ्रम बिधोंसण कौ अंग, दो. 11, पृ. 35
181. वही, कथणी बिना करणी को अंग दो. 1, पृ. 30
182. वही, (गुरुदेव कौ अंग, दो. 20, पृ. 2
183. मलिक मो. जायसी, जायसी ग्रन्थावली, पृ. 305

184. क. ग्र. (श्यामसुन्दर दास), पद-44, पृ. 80
185. वही, पद-188, पृ. 133
186. वही, बिरह कौ अंग, दो. 6, पृ. 6
187. रामचन्द्र शुक्ल, हि. सा. का, पृ. 97
188. क. ग्र. (श्यामसुन्दर दास) निहकर्मी पतिव्रता कौ अंग, दो. 14, पृ. 15
189. मलिक मो. जायसी, जायसी ग्रंथावली पृ. 7
190. क. ग्र. (श्यामसुन्दर दास), सूरा तन कौ अंग, दो. 19, पृ. 54
191. क. ग्र. (श्यामसुन्दर दास) बिरह कौ अंग, दो. 22, पृ. 7
192. वही, पद-1, पृ. 69
193. द्रष्टव्य—कबीर साहित्य का सांस्कृतिक अध्ययन—डॉ. आर्याप्रसाद त्रिपाठी, पृ. 243
194. आचार्य रामचन्द्र शुक्ल : हिन्दी साहित्य का इतिहास पृ. 101
195. वही, पृ. 100
196. वही, पृ. 101
197. डॉ. रामकुमार वर्मा : अनुशीलन, पृ. 101
198. डॉ. पीताम्बरदत्त बड़थ्वाल : हि. काव्य में निर्गुण सम्प्रदाय, पृ. 365
199. उद्धृत : हिन्दी साहित्य का इतिहास, आचार्य रामचन्द्र शुक्ल, पृ. 113
200. क. ग्रंथा. (सं.) श्यामसुन्दर दास। साखी-20/7, पृ. 31
201. उद्धृत : हलायुध कोश, भक्ति काव्य की दार्शनिक चेतना, नारायणप्रसाद वाजपेयी, पृ. 9
202. उद्धृत भक्ति सूत्र, वही, पृ. 11
203. गीता 11/54
204. भागवत पुराण 11/14/20
205. द्रष्टव्य : शांकर अद्वैत वेदान्त का निर्गुण पर प्रभाव—शान्तिस्वरूप त्रिपाठी पृ. 146
206. नारदस्तु तदर्पिता खिलाचारता तिद्वस्मरो परमव्याकुलता चेति। नारद भक्ति सूत्र 19
207. सापरानुक्ति रीश्वरे 1/1/2 शांडिल्य भक्ति सूत्र
208. ऋग्वेद 10/90/2
209. आचार्य रामचन्द्र शुक्ल : हिन्दी साहित्य का इतिहास, पृ. 65
210. आ. शुक्ल : हिन्दी साहित्य का इतिहास पृ. 67
211. क. ग्र. (श्यामसुन्दर दास), पद-16, पृ. 73
212. वही, भेष कौ अंग, दो. 9, पृ. 36
213. वही, दो. 10, पृ. 36
214. कबीर : सं. विजयेन्द्र स्नातक, पृ. 138
215. क. ग्र. (श्यामसुन्दर दास), पद-39, पृ. 78
216. वही, पद-59, पृ. 83
217. वही, पद-113, पृ. 95
218. क. ग्र. (श्यामसुन्दर दास) बिरह को अंग, दो. 18, पृ. 7
219. वही, दो. 21, पृ. 7
220. वही, पद-11, पृ. 6
221. वही, पद-117, पृ. 95

222. क. ग्र. (श्यामसुन्दर दास), कुसंगति कौ अंग, दो. 5, पृ. 37
223. वही, कामी नर कौ अंग, दो. 1, पृ. 30
224. क. ग्र. (श्यामसुन्दर दास), पद-11, पृ. 94
225. वही, सूरा तन कौ अंग, दो. 24, पृ. 55
226. क. ग्रंथा (सं.) श्यामसुन्दर दास, पृ. 97, पद-122
227. द्रष्टव्य—कबीर वचनामृत—सं. विद्यानिवास मिश्र, पृ. 9
228. यज्ञदत्त शर्मा : कबीर साहित्य और सिद्धान्त, पृ. 105
229. द्रष्टव्य—वही, पृ. 103
230. हिन्दी साहित्य का इतिहास, रामचन्द्र शुक्ल, पृ. 67
231. वृ. द्विवेदी—हि. सा. उद्भव और विकास, पृ. 76

चौथा अध्याय

कबीर के कालबोध का हेतु

कबीर की दृष्टि समता और सद्भाव पर आधारित सामाजिक न्याय पर केन्द्रित थी। इनके सतत अन्वेषण से उनमें वास्तविक युग-विवेक जागृत हुआ था। कबीर के सामाजिक और राजनीतिक पर्यावरण में विसंगतियाँ और असमानता व्याप्त थी। कर्मकांडीय पाखंड सदाचार में परिवर्तित हो चुके थे। धर्म का वास्तविक स्वरूप ओझल हो गया था। संस्कृति के नाम पर बिकृति छाई हुई थी। इतनी जटिल परिस्थितियों के बीच कबीर ऐसे महान व्यक्तित्व के रूप में प्रकट होते हैं जो असामान्य अन्तर्विरोधों के बावजूद नैतिकता के लिए संघर्ष करता है और उसे बचाए रखता है।

कबीर इस अर्थ में क्रान्तिकारी कवि हैं कि उनकी कविता बृहत्तर सामाजिक परिवर्तनकारी नैतिक शिक्षा देती है। इस अर्थ में कबीर काव्य नैतिक अन्तर्दृष्टि का रचनात्मक सन्दर्भ प्रस्तुत करती है। कह सकते हैं कि उनके यहाँ नैतिकता ही कालबोध को विन्यस्त करती है। कबीर अपनी कविता के माध्यम से इस तथ्य को व्यंजित करते हैं कि मानवीय मूल्यों को सिद्धान्त बनाकर और उन्हें निजी आचरण में उतारकर ही समस्त समाज में नैतिक अन्तर्दृष्टि विकसित होती है। इसीलिए कबीर सत्य-नीति से सम्पन्न कर्म करने की प्रेरणा देते हैं। जन्मान्तर के कर्म-विपाक को माननेवाली नियतिवादी भारतीय दृष्टि भी यही कहती है कि मनुष्य को अपने कर्मानुसार परिणाम भोगना पड़ता है। सद्कर्म करनेवाले व्यक्ति की दृष्टि स्वभावतः नैतिक होती है और वह कालभय से मुक्त रहता है। काल उसे त्रस्त नहीं करता। मृत्यु उसे भय-पाश में बाँधती नहीं है, मुक्त करती है।

कबीर के कालबोध में सत्य, नीति और नैतिक कर्म प्रमुख महत्त्व रखते हैं। व्यक्तिगत सदाचार इनसे निर्मित होता है और सामाजिक शील में विकसित होकर सम्पूर्ण युग के पर्यावरण को प्रभावित करता है। स्पष्ट है कि इनके माध्यम से कबीर पतनोन्मुख रूढ़ियों का प्रतिकार और कालभय से मुक्त समाज की संकल्पना प्रस्तुत करते हैं।

नैतिकता और कालबोध का कार्य-कारण सम्बन्ध

कबीर का कालबोध व्यक्तिगत शुचिता और सामाजिक नैतिकता से निर्मित हुआ है। कबीर का कालबोध मानवीय करुणा से ओतप्रोत है। आज विश्व मानवता विनाश के कगार पर खड़ी है। वर्तमान समय में सम्पूर्ण मानवजाति प्रकृति और प्रकृत नियमों या कहें कि मानवीय मूल्यों—सत्य, त्याग, कर्म, प्रेम इत्यादि से दूर हट गई है। समाज की केन्द्रीय धुरी असत्य है तथा उसके साथ अन्याय, धनलोलुपता, अमानवीयता, हिंसा आदि भी क्रियाशील हैं। कबीरयुगीन समाज भी प्रत्येक स्तर पर वर्ग, वर्ण और अन्य जटिलताओं से ग्रस्त था, धर्म बाह्य कर्मकांड में निष्प्राण हो रहा था। कबीर ने अपने समय में संस्कृति, मानवीय मूल्य और नैतिक भावनाओं का ह्रास होते देखा था। ऐसे में कबीर ने अपने काव्य के माध्यम से काल की अपरिहार्यता और मानव जीवन की क्षणभंगुरता और नश्वरता का सूक्ष्म वर्णन कर मनुष्य की नैतिकता को जगाने का प्रयास किया।

कबीर-काव्य मानव को मानव के निकट लाने का काव्य है। हजारीप्रसाद द्विवेदी ने कबीर के महत्त्व को ठीक पहचाना है--'जातिगत, धर्मगत, संस्कारगत, विश्वासगत, शास्त्रगत, सम्प्रदायगत बहुतेरी विशेषताओं के जाल को छिन्न करके ही वह आसन तैयार किया जा सकता है जहाँ एक मनुष्य दूसरे से मनुष्य की हैसियत से ही मिले। जब तक यह नहीं होता तब तक अशान्ति ही रहेगी, मारा-मारी रहेगी, हिंसा-प्रतिस्पर्द्धा रहेगी। कबीरदास ने इस महती साधना का बीज बोया था।'[1]

मानव शरीर नाशवान है। कबीर इस शरीर की क्षणभंगुरता से परिचित थे। उन्हें इस बात का दुख सालता रहता था कि इस संसार में अनेक व्यक्ति गतिहीन व अज्ञानी हैं। वे केवल अपने जीवन को व्यर्थ खोने और भटकने के लिए जन्म लेते हैं :

कबीर इस संसार में, घणे मिनष गतिहीणं।
राम नाम जांणैं नहीं, आए टापा दीन।[2]

कबीर के विचारानुसार अपने थोड़े से जीवन के लिए व्यक्ति आजीवन उपक्रमों में लगा रहता है लेकिन काल खड़े-खड़े ही राजा-रंक को ग्रस लेता है। मानव शरीर तो टेसू के फूल की तरह अस्थायी है। इस पर व्यर्थ अभिमान करना मनुष्य की मूर्खता है। ऊँचे-ऊँचे महल भी एक दिन धराशायी हो जाते हैं। इस संसार के क्षणिक एवं झूठे आकर्षणों से जीव को अपना वास्तविक स्वरूप भूलना नहीं चाहिए। यही शिक्षा कबीर ने अपने सम्पूर्ण काव्य में दी है। नैतिक जीवन-दृष्टि व्यक्ति की सोच को विस्तृत करती है। सत्याचरण, दया, क्षमा, प्रेम, परोपकार आदि मानवीय मूल्यों को जीवन में अपनाकर व्यक्ति अपने जन्म को सार्थकता प्रदान कर सकता है। कबीर का कथन है कि खुले खेत को रक्षक के अभाव में चिड़िया खा जाती है, उसी प्रकार क्षमा, सन्तोष, विचार और सत्संग रूपी रक्षकों के अभाव में मनुष्य ईश्वर से दूर एवं काल के निकट पहुँच जाता है। कबीर की जीव को यह चेतावनी है कि ज्ञान और भक्ति में प्रवृत्त होकर जीवन

को सार्थकता प्रदान करें ताकि मनुष्य को मुक्ति मिल सके :

बिन रखवाले बाहिरा, चिड़ियाँ खाया खेत।
आधा परधा ऊबरै, चेति सकै तौ चेति।[3]

इस संसार में मानवीय मूल्यों के आचरणरहित जीवन को धिक्कार है। जीव के जन्म का प्रयोजन मुक्ति के लिए प्रयास है। अपनी नैतिक अन्तर्दृष्टि के विकास के द्वारा अर्थात् असत्य, अहंकार, स्वार्थ, मोह-माया के आवरण को त्यागकर मनुष्य न केवल अपने जीवन को सँवारता है बल्कि काल-भय रो भी मुक्त हो जाता है। मानव जन्म दुर्लभ है, उसे व्यर्थ ही नहीं खोना चाहिए :

मिनषा जनम दुर्लभ है, देह न बारम्बार।
तरवर थै फल झड़ि पड़्या, बहुरि न लागे डार।[4]

मनुष्य को अपने पवित्र एवं शुद्ध मूलतत्त्व आत्मस्वरूप को विस्मृत नहीं करना चाहिए। अपने झूठे अभिमान को त्याग देने से मानव में विशुद्ध एवं व्यापक मानवत्व जागता है। व्यष्टि का यह विकास समष्टि को भी लाभ पहुँचाता है। इसके विपरीत माया से ग्रस्त अज्ञानी जीव ज्ञान और वैराग्य की बातें तो करते हैं पर उन्हें विषयों में मृत्यु दिखाई नहीं देती :

कहत सुनत जग जात है, विषै न सूझैं काल।
कबीर प्याले प्रेम कै, भरि-भरि पीवै रसाल।[5]

मानव जीवन तो कच्चे घड़े की तरह है जो काल की ठेस मात्र से ही टूट जाता है। इसलिए हमें अपने शरीर को वासनाओं से कलुषित नहीं करना चाहिए। अहंकार की भावना को त्याग देने से मनुष्य में विशिष्ट उदारता जागती है तथा ईश्वरीय साधना में लीन हो जाने पर साधक की अन्तर्चेतना जागृत हो जाती है जो उसे काल के भय से दूर ले जाती है।

नैतिकता से सत्य

मानव जीवन का चरम साध्य आत्मानुभूति है। मनुष्य ईश्वर से साक्षात्कार करके, सत्य का अनुभव करके मोक्ष प्राप्त करना चाहता है। मुमुक्ष की प्राप्ति के लिए मानव का चित्त निर्मल, निश्चल, निर्विकार तथा शान्त होना चाहिए। व्यक्ति को अपनी आत्मशुद्धि एवं पवित्रता को बनाए रखने के लिए सत्य का मार्ग कभी नहीं त्यागना चाहिए।

कबीर उच्चकोटि के साधक थे। उनका विचार था कि यदि मनुष्य का हृदय पवित्र नहीं है, तो सत्य साध्य को अपना सम्भव नहीं :

हृदय कपट हरि हो नाहीं साँचो।
कहा भया जो अनहद नाँच्यो।।[6]

कबीर के विचारानुसार मोह-माया, लोभ, क्रोध आदि दुर्गुणों के परित्याग से ही मानव ईश्वर-प्राप्ति की साधना में सफल हो सकता है :

जब लग भगति सकामता, तब लग निर्फल सेव।
कहे कबीर वे क्यूँ मिलैं, निहकामी निज सेव।[7]

कबीर ने कहा है कि आत्म-शुद्धि के बिना आत्म-साक्षात्कार असम्भव है। आत्म-शुद्धि की प्राप्ति के लिए सत्य का मार्ग आवश्यक है। धर्म के लक्षणों में सत्य का सर्वोच्च स्थान है। यम-नियमादि में इसका प्रमुख स्थान है। लोक-जीवन में सत्य को मन का सात्त्विक गुण माना गया है। आध्यात्मिक जीवन में सत्य ब्रह्म स्वरूप है। मनुष्य को मन, वचन एवं कर्म से सत्य का पालन करना चाहिए। चाणक्य का कथन है कि 'सत्येन धारयति पृथ्वी सत्ये न तपते रविः। सत्येन वाति वायुश्च सर्व सत्यं प्रतिष्ठितम्' अर्थात् संसार में सब कुछ सत्य से ही आच्छन्न है और सत्य को ब्रह्म-स्वरूप पुनर्स्थापित किया है। सत्य शब्द का तात्पर्य है स्थिर, सदैव विद्यमान, जिसका कभी अभाव न हो, जो त्रिकाल अबाधित हो। इसलिए मूल तत्त्व को चरम सत्य, परम सत्य, मूल सत्य भी कहा गया है।[8]

गाँधीजी ने भी सत्य को परमेश्वर माना है। सत्य से बढ़कर न तो कोई धर्म है और न कोई साधना। अनेक धार्मिक ग्रन्थों की भाँति कबीर ने भी सत्य बोलने एवं सत्यधर्म पालन करने का उपदेश मानवजाति को दिया है ? सत्य परम बल है। जीवन में सदैव सत्य का ही व्यवहार करना चाहिए। कबीर उसी तत्त्व को परम सत्य मानते हैं जो सदैव स्थिर है, अपरिवर्तनशील है तथा त्रिकाल अबाधित है :

साँच सोई जे थिरह रहाई,
उपजे बिनसे झूठ हैं जाई।[9]

सत्य सब बलों में परम बल है इसलिए उसी के अनुसार सत्य को व्यवहार में लाना चाहिए। 'जो धर्म है, जिसका पालन करना कर्तव्य है, जो अत्युतम है, जिसके विचारने, जिसके पालन करने में उत्साह हो, हर्ष हो, जिसका आचरण किए बिना सम्मानपूर्वक जीवित न रहा जा सके और जिसका आचरण करने के लिए जीवन में सजीवता, तत्परता आए, वही विश्वास ऐसा भाव सत्य है।'[10] कबीर ऐसे साधक को मुक्त कहते हैं जो सत्य ही कहता है, सत्य को ग्रहण करता है, असत्य का परित्याग कर देता है।

साँच ही कहत और साँच ही गहत है,
काँच कूँ त्याग कर साँच लागा।
कहैं कबीर यूँ भक्त निर्भय हुआ,
जनम और मरन का भरम भागा।[11]

कबीर ने मानव मात्र को जीवनपर्यन्त सत्यमय रहने की शिक्षा दी। जब तक जीवन में साँस चलती रहती है तब तक मनुष्य को सत्य का आचरण नहीं छोड़ना चाहिए। सत्याचरण से हृदय विकार-शून्य हो जाता तथा सत्यशील साधक को चरम सत्य का साक्षात्कार हो जाता है :

लेखा देणां साहिरा, जे दिल साँचा होइ।
उस चंगे दीवन में, पला न पकड़े कोइ।[12]

सत्य गाँधी दर्शन की आधारशिला है। सत्याचरण के सम्बन्ध में गाँधीजी का कथन

है विचार में, वाणी में और आचार में सत्य का होना ही सत्य है, जो इस सत्य को पूर्णतः समझ लेता है, उसे जगत् में दूसरा कुछ भी जानने को नहीं रहता।[13]

अगर मनुष्य का मन सच्चा है, उसने सच्चाई के साथ जीवन व्यतीत किया है तो ईश्वर के समक्ष वह निडर होकर जा सकता है। कबीर का यही विचार है कि सत्यनिष्ठ व्यक्ति आत्मविश्वास एवं उल्लास के साथ दूर परलोक की यात्रा करता है। उसके मन में किसी प्रकार का भय या शंका नहीं होती :

कबीर चित्त चमकिया, किया पयाना दूरि।
काइथि कागद काडिया, तब दरिगह लेखा पूरि।[14]

सत्य साध्य है तो अहिंसा उसकी प्राप्ति का साधन है। बिना अहिंसा-धर्म का पालन किए परम सत्य की उपलब्धि असम्भव है। कबीर ने जीव हिंसा को अधार्मिक कृत्य कहा है क्योंकि यह अत्यन्त घृणित कार्य है और मानव-धर्म के विरुद्ध है। कबीर का कथन है कि काजी ने अपनी जीभ के वशीभूत होकर जीव-हत्या की। ऐसा काजी ईश्वर-समक्ष कैसे सच्चा माना जाएगा—काजी और मौलवी धर्म के मार्ग से भटक गए हैं :

काजी मुलाँ भ्रामियाँ, चल्या दुनीं कै साथि।
दिल थै दीन बिसारिया करद लई जब हाथि।।[15]

जो व्यक्ति इस तथ्य से परिचित हो जाते हैं कि ईश्वर ही मूल तत्त्व है वह इस संसार की विषय-वासनाओं एवं धर्म-रूढ़ियों के बन्धन को तोड़ देते हैं। इसके विपरीत व्यर्थ लोक-लज्जा और रूढ़ियों में जकड़े मनुष्य सत्य-वस्तु को ग्रहण नहीं कर पाते। ईश्वर-प्रेम रूपी सोने को छोड़कर वह काँच के टुकड़े को पकड़े रहते हैं :

कबीर लज्जा लोक की, सुमिरै नाहीं साच।
जानि बूझि कंचन तजै, काठा पकड़े काच।।[16]

कबीर का विचार था कि जीवन में सत्य का अनुशीलन करने के लिए साधक को बड़ी से बड़ी विपदा सहने के लिए तत्पर रहना चाहिए तथा अपने व्रत पर दृढ़ता से बँधे रहना चाहिए। सत्य के पालक व्यक्ति को अपने जीवन को सर्वाधिक पवित्र रूप में रखना अनिवार्य है। सत्य की अनुभूति नैतिक एवं संयमी जीवन द्वारा ही हो सकती है :

एक कनक अरु कामनी, दोऊ अगनि की झाल।
देखें हीं तन प्रजलै, परस्यां ह्वै पेमाल।।[17]

कबीर कहते थे कि सत्य की अनुभूति के लिए मानव को अपने मन पर कठोर नियन्त्रण रखना आवश्यक है। वैराग्य, इन्द्रिय-निग्रह तथा यम-नियमों के पालन द्वारा ही साधक सत्य के मार्ग पर स्थिर रह सकता है। मन अत्यन्त चंचल और चोर प्रवृत्ति का है। कबीर कहते हैं कि मैंने मन-रूपी घोड़े को कसकर पकड़ लिया है तथा संयम और एकाग्रता का चाबुक अपने हाथ में ले लिया है। मैं अपने इस जीवन में ही ईश्वर के दर्शन करना चाहता हूँ क्योंकि मृत्युरूपी रात आ जाने से मेरी यात्रा रुक जाएगी :

कबीर तुरी पलांणिया, चाबक लीया हाथि।
दिवस थकाँ साँई मिलौ पीछै पड़िहै राति।।[18]

मन विषयों के स्वाद में डूबकर सत्य-मार्ग से हट जाता है तथा करोड़ों अनैतिक कर्म कर डालता है। इसलिए कबीर इस मन को गुरु-भक्ति, वैराग्य तथा सेवाभाव के अंकुश से ईश्वरोन्मुख करना चाहते हैं। जो जीव अपने मन पर नियन्त्रण नहीं रख सकें, काम, क्रोध, मद, मोह और लोभ—इन शत्रुओं पर प्रहार नहीं कर सकें वह कभी भी सत्य के मार्ग का सेवन नहीं कर सकते। यही कारण है कि तुम्हारे मन में शील और सत्य के प्रति श्रद्धा के भाव जागृत नहीं हुए। तुम्हारी इन्द्रियाँ आज भी अनियन्त्रित हैं :

मन न मार्‌या मन करि सके न पंच प्रहारि।
सील साच सरधा नहीं, इन्द्री अजहुँ उधारि।।[19]

सत्य की प्राप्ति बिना सार्वभौम प्रेम के नहीं हो सकती। सत्य की शोध का मार्ग है—जन-जन के प्रति प्रेम और सेवा-भाव। सत्य पर आरूढ़ तथा सन्तोष एवं समता को धारण करनेवाला मानव सावधान होकर चिन्तन करता है। सद्‌गुरु की कृपा से सम्पूर्ण मतों के सारभूत अंश सहजशील की प्राप्ति हो जाती है :

सती सन्तोषी सावधान, सबद भेद सुबिचार।
सातगुर के प्रसाद थैं, सहज सील मत सार।।[20]

कबीर के विचारानुसार सत्य मन का सात्विक विचार है। मानवजाति का कर्तव्य है कि वह सत्य ही बोले, सत्य-कर्म ही करे, तथा सत्य का ही विचार करे। कबीर का कथन है कि सत्य वही है जो स्थिर रहता है, परिवर्तनशील पदार्थ तो असत्य होते हैं। सत्य द्वारा ही सुखानुभूति होती है :

सबहीं ते साँचा भला, जो दिल साँचा होय।
साँचा बिना सुख नाहिं है, कोटि करै जो कोय।।[21]

वैयक्तिक आचार-विचार में सत्य का पालन अत्यन्त आवश्यक है। सत्यशील मनुष्य का हृदय निर्मल रहता है तथा वह निर्भीक होता है। सत्य का पालक काल-भय से मुक्त होकर अमरता को प्राप्त होता है :

साँच ही कहत है और साँच ही गहत है,
काँच कूँ त्यागकर साँच लागा।
कहै कबीर यूँ भक्त निर्भय हुआ,
जन्म और मरन का मर्म भागा।[22]

सत्य ही इस धरती पर सर्वश्रेष्ठ और मूल्यवान है। कबीर मानते हैं कि सत्य वस्तु में स्थिर सत्य के द्वारा व्यक्ति को कभी शाप नहीं लगता और न ही उसे काल का शिकार होना पड़ता है। सत्य में ईश्वर का वास होता है।

साँचहिं साप न लगाइए, साँचहि काल न खाय।
साँचहिं साचै जो रहे, ताको काह न साय।।[23]

कबीर के अनुसार केवल ब्रह्म ही सत्य है, बाकी सब कुछ मिथ्या है। सच से बड़ा कोई तप नहीं और झूठ से बड़ा कोई पाप नहीं। जिसके हृदय में सत्य है उसके हृदय में ईश्वर का वास है। स्पष्ट है कि कबीर का कालबोध नैतिकता से सम्पन्न है। नैतिकता

वहाँ जीवन का सहज स्वभाव है। मनुष्य और पशुवत् जीवन आचरण में यही सूक्ष्मतम भेद है। कबीर की कविता इसी मर्म को उद्घाटित करती है। नैतिक व्यक्ति को काल-भय नहीं सताता और वह सत्य और नीति से समृद्ध सकारात्मक दृष्टि से जीवन को जीता है। सत्य नैतिकता का ही विस्तार है और यही कबीर के कालबोध का उद्गम है।

सत्य से नीति

कबीर के काल-विवेक में नीति का उल्लेखनीय स्थान है। उनके यहाँ नीति का उद्गम सत्य से होता है। सत्य ही परम तत्त्व है। कल्याणकारी शिव-स्वरूप है और अखिल जगत् का वास्तविक सौन्दर्य सत्य से ही सम्भव है। जहाँ नैतिकता है, वहाँ सत्य है। जो सत्य का आचरण करता है, वह अनैतिकता का सशक्त प्रतिकार करता है। यह कबीर के काव्य-दर्शन की अटूट वैचारिक शृंखला है।

यह स्पष्ट है कि कबीर के कालबोध के केन्द्र में नैतिकता है। कबीर इसी नैतिक दृष्टि से सत्य को समझाते हैं। कबीर काव्य पर शंकर अद्वैत का गहरा प्रभाव है। शंकर ने मूल सत्ता को चरम सत्य कहा है। जिसका स्वरूप सदा सर्वदा अखंड रूप में एक ही सा बना रहे वही पारमार्थिक सत्य है, वही पारमार्थिक सत्ता हो सकती है।[24] कबीर ने भी यही भाव प्रकट किया है :

साँच सोई जे भिरइ रहाई।
उपजे विनसे झूठ है जाई।।[25]

परिवर्तनशील जगत् नाशवान अस्थिर है। अतः वह असत्य है, मिथ्या है। जो तत्त्व सदैव अखंड रूप में विद्यमान है, वही सत्य है। जहाँ सत्य है वहाँ विशुद्ध ज्ञान है।

उपनिषदों का सर्वात्मवाद सत्य की सार्वभौमिकता का प्रतिपादन करता है। चरम सत्य सर्वत्र व्याप्त है। इससे साक्षात्कार हेतु सदाचारपूर्ण जीवन व्यतीत करते हुए मनुष्य को सेवा और परोपकार को जीवन का सर्वोच्च लक्ष्य बनाना चाहिए। कबीर के अनुसार सत्य-सन्धान हेतु वनों में भटकने की आवश्यकता नहीं है। जगत् में रहकर, मानव कल्याण करते हुए ईश्वर की प्राप्ति की जा सकती है। स्पष्ट है कि कबीर मुक्ति के वास्तविक पथ का निर्देश कर रहे हैं।

सत्य की राह से भटककर मानव विश्व में भटक जाता है और भयंकर दुखों का सामना करता है :

जो देखा, सो दुखिया देखा, तन धरि सुखी न देखा।
उदै अस्त की बात कहत हो, ताकर करौं विषेखा।।
बाटै-बाटै सब कोई दुखिया, क्या गिरही, वैरागी।
सुक्राचार्य दुख ही है कारण, गभै माया त्यागी।।
जोगी दुखिया जंगम दुखिया, तापस को दुख दूना।[26]

इस दुःख का कारण मिथ्या और असत्य को सत्य मानकर उनके लिए व्यर्थ का संघर्ष करना है। कबीर की दृष्टि में बेहतर जीवन की वास्तविक नीति यह है कि नैतिक संयम द्वारा हृदय को शुद्ध करके, सत्य का मार्ग अपनाकर मनुष्य अपने जीवन को सार्थक करे।

सत्य-कर्म और सत्यपथ ही मनुष्य हृदय को काल के कलुष से मुक्त कर सकते हैं। कबीर की सत्य से निःसृत नीतिपरक दृष्टि इसीलिए महान् है कि वह बेहतर जीवन के लिए मनुष्य को तैयार करती है। क्योंकि जो सत्य पर टिकता है—सत्य का आश्रय लेकर सब प्राणियों से आत्मवत् व्यवहार करता है, उसे ही राम अपनाते हैं, अपने दर्शन देते हैं। 'कूड़ी (झूठी) करनी राम न पावै, साँच टिके निज रूप दिखावे।'[27] कबीर नीति को सत्य से जोड़कर सत्कर्म करने की प्रेरणा देते हैं। मनु ने भी नीति को धर्म माना है। 'नीति धर्म है और इस नीति धर्म से लक्षण प्रस्तुत किए हैं—अहिंसा सत्यमस्तेयं शोचमिन्द्रियनिग्रहः। अर्थात् अहिंसा, सत्य, अस्तेय, काया, वाचा, मन की शुद्धता और इन्द्रिय निगृह ये नीति धर्म के पाँच नियम हैं।'[28] स्पष्टतः सत्य नीति धर्म का केन्द्रीय नियम है। इससे आत्मघाती कारकों असत्य, सदाचार, ईर्ष्या, स्वार्थ, भय का शमन होता है और सेवा, दया, त्याग, अभय और शील सरीखे मूल्यों का उदय होता है।

कबीर के अनुसार जर्जर रूढ़ियों के बन्धन में फँसा मनुष्य सत्य तक नहीं पहुँच पाता और अज्ञानी की तरह स्वर्ण को छोड़कर काँच के टुकड़े को पकड़ लेता है :

कबीर लज्जा लोक की, सुमिरै नांही साँच।
जानि बूझि कंचन तजै, काठा कपड़े काँच।[29]

स्पष्ट है कि सत्य की राह निर्बाध नहीं है। सत्पथ का पथिक ही उच्च नीतियों को मूल्य बनाकर जीवन को मृत्यु के सामने निःशंक बना सकता है।

नीति से कर्म का अनुशासन

कर्मयोग के अनुसार कर्म करना अनिवार्य है, अपरिहार्य है। बिना कर्म किए जीवन-यात्रा सम्भव नहीं है। केवल मनुष्य ही नहीं अपितु सम्पूर्ण सृष्टि कर्मचक्र में बँधी हुई है। मनुष्य एक क्षण भी कर्म किए बिना नहीं रह सकता इसलिए मानवजाति के लिए कर्म अपरिहार्य है। कर्म के साथ ही फल भी जुड़ा हुआ है। सामान्यतया यह माना जाता है कि हम जैसा कर्म करेंगे वैसा ही फल मिलेगा। तुलसीदास ने भी कहा है :

करम प्रधान विश्व करि राखा।
जो जस करहि तो तास फल चाखा।[30]

गीता में श्रीकृष्ण ने निष्काम और स्वाभाविक कर्म करने की प्रेरणा दी है। कर्मयोगी को अपना कर्तव्य समझकर कर्मों को करना चाहिए, परिणाम की आशा किए बगैर :

कर्मण्येवाधिकारस्ते मा फलेषु कदाचन।
मा कर्मफल हेतुर्भूमा से सङ्गोऽस्तव कर्मणि।[31] (गीता 2-47)

अर्थात् तेरा कर्म करने में ही अधिकार है, उसके फलों में कभी नहीं इसलिए तू कर्मों के फल का हेतु मत हो तथा तेरी कर्म न करने में भी आसक्ति न हो।

यह धरती कर्मभूमि है। इस दुनिया में आकर हम जो कर्म करते हैं उसका परिणाम हमें भोगना ही पड़ता है। कर्म इच्छाओं का फल मात्र है। कर्मों की फसल मनुष्य को काटनी ही पड़ेगी। गुरु नानकजी का कथन है :

ददै दोसु न देऊ किसै, दोसु करमाँ आपणि आ।
जो मैं कीआ सो मैं पाइया, दोसु न दीजै अवर जना।[32]

इस पृथ्वी पर प्रत्येक जीवन कर्मों के जाल में फँसा हुआ है। इन कर्मों के कारण ही जीव को विभिन्न योनियों में भटकना पड़ता है। मनुष्य दिन-रात सुख और शान्ति की तलाश में भटकता रहता है फिर भी वह काल के भय से भयभीत रहता है। गीता में कहा गया है कि वैदिक कर्म में लगे रहनेवाले सकाम पुरुष संसार के आवागमन में पड़े रहते हैं :

एवं त्रयीधर्ममनुप्रपन्ना गतागतं कामकामा लभन्ते।[33]

(गीता 9/21)

जब तक जीव अपने व परमात्मा में भेद समझता है, वह अपने कर्मों द्वारा संसार में भटकता रहता है। कर्म लोक-संग्रह तथा चित्त शुद्धि के लिए आवश्यक है।

कबीर का विचार है कि जन्म और मृत्यु दुखों के कारण हैं। सभी कर्म-बन्धनों के कारण हैं। कर्म के अनुसार ही मनुष्य को ऊँचे-नीचे वर्णों के शरीर में जन्म लेना पड़ता है। कबीर स्वयं अपने विषय में भी यही कहते हैं कि पूर्वजन्म के कर्मों के फलस्वरूप ईश्वर ने उन्हें जुलाहे के घर पैदा किया :

पूरब जनम हम ब्राह्मण होते वोछे करम तप हीना।
रामदेव की सेवा चूका पकरि जुलाहा कीना।[34]

कबीर के अनुसार भक्तिविहीन जीवन आवागमन और जन्म-मरण का कारण है। कबीरयुगीन समाज में अधिकांश लोग विलासी और अकर्मण्य प्रवृत्ति के थे। कबीर स्वयं कर्मवादी थे। वह संसार को भी कर्म का पाठ पढ़ाना चाहते थे। जीवन की नश्वरता से परिचित होते हुए भी जीव-काल से अनभिज्ञ रहकर दुष्कर्मों में लीन रहता है :

भगति हीन अस जीवनां जन्म मरन बहु काल।
आश्रम अनेक करसि रे जियरा राम बिना कोइ न करे प्रतिपाल।[35]

मोह-माया के जाल में फँसा यह अन्धा जग कर्म के महत्त्व को स्वीकार नहीं करता। कबीर का मानना था कि जीवन के रहते हुए सत्कर्मों द्वारा अपनी दुखदायी परिस्थितियों का परिहार किया जा सकता है। मृत्यु के पश्चात् तो मानव कुछ भी नहीं कर सकता :

कबीर सूता क्या करे जागि न जपे मुरारि।
एक दिनां भी सोवणा लम्बे पाँव पसारि।।[36]

कबीर ने वैरागी की अपेक्षा गृही को अधिक महत्त्वपूर्ण माना है क्योंकि वह अपने कर्मों से भागता नहीं है। जो व्यक्ति सत्कर्मों से अपनी झोली भरता है, अपना और अपने

परिवार का खर्चा चलाता है वही सच्चा योगी है :

बाबा जोगी एक अकेला
जाके तीर्थव्रत न मेला।
झोली पत्र विभूति न बटवा अनहद बेन बजावै।
माँगि न खाइ न भूखा सोवे घर अँगना फिरि आवै।
पाँच जना की जमाति चलावे तासु गुरु मैं चेला।[37]

जीव कर्मों के वश में होकर सांसारिक कार्य करता है। जीव में कर्म की अन्विति का कारण अहंकार है। मनुष्यों को कर्म द्वारा ही ईश्वर की आराधना करनी चाहिए। जो कर्म को पूजा नहीं मानते, वे व्यक्ति समूल नष्ट हो जाते हैं :

कबीर जे धन्धै तो धूलि, बिन धन्धै छूलै नहीं।
तैं नर बिनठे भूलि, जिनि धन्धै में ध्याया नहीं।।[38]

कबीर का कथन है कि जरा-मरण शरीर के प्रमुख धर्म हैं। मृत्यु के विशाल मार्ग का सेवन सृष्टि के सभी प्राणियों को करना पड़ता है। मानव जीवन की सबसे बड़ी विडम्बना यह है कि वह काल की निरंकुशता से परिचित होते हुए भी सत्कर्मों की ओर प्रवृत्त नहीं होता। कबीर ने कर्मकांडों का विरोध किया है। शुभकर्मों द्वारा ही जीव अपना परलोक सुधार सकता है। कबीर ने व्यवहार या कर्म की श्रेष्ठता को आचरण की कसौटी माना है। केवल सैद्धान्तिक विचारों की बातें ही नहीं करनी चाहिए, उन्हें कर्म-रूप में परिणत करके जीवन में अपनाना भी चाहिए :

कथणी कथी तो क्या भया, जे करणीं नाँ ठहराई।
कालबूत के कोट ज्यूँ, देषतहीं ढहिं जाई।।[39]

केवल पोथी ज्ञान अव्यावहारिक है। कबीर ने जन-सामान्य की दृष्टि से कथनी-करनी के ऐक्य और सामाजिक आचरण की श्रेष्ठता को महत्त्व प्रदान किया। सारा संसार पुस्तकीय ज्ञान अर्जित करते-करते मृत्यु को प्राप्त हो रहा है लेकिन वास्तविक ज्ञान से कोई भी परिचित नहीं हुआ :

पोथी पढ़ि-पढ़ि जग मुवा, पंडित भया न कोइ।
एकै अषिर पीव का, पढ़ै सो पंडित होइ।।[40]

कबीर के अनुसार जो व्यक्ति अपने वचनों का पालन नहीं करते, वे मनुष्य कहलाने के अधिकारी नहीं हैं। उनकी कुत्तों की-सी गति है और वह सीधे यमलोक की ओर जाते हैं :

जैसी मुष तैं नीकसै, तैसी चालै नांहिं।
मानिष नहीं ते स्वान गति, बांध्या जमपुर जांहिं।[41]

कर्म और कर्मफल भोगने के लिए मनुष्य को आवागमन-चक्र का सहारा लेना पड़ता है। कोई भी कर्म परिणाम उत्पन्न किए बिना नहीं रहता। कबीर के कथनानुसार सत्कर्म करनेवाला व्यक्ति सज्जन तथा दुष्कर्म करनेवाला पापी कहलाता है। मनुष्य इस जन्म में जैसे कर्म करता है उसका फल उसे वर्तमान और अगले जन्म में भोगना ही पड़ता

है। निष्काम कर्म मोक्ष की प्राप्ति का साधन है। लोक तथा परलोक को सुधारने के लिए व्यक्ति को सदैव अच्छे कर्म करने चाहिए। कथनी-करनी में समता का व्यवहार करना चाहिए। कर्म से जगत् का बन्धन कारण छिन्न हो गया। कर्म से ही कर्म का नाश हो गया। कर्म अग्नि के समान विनाशकारी भी है तथा बन्धनकारी मोक्ष रूपी पुष्प भी है :

एक अचम्भा ऐसा भया करणीं पैं कारण मिटि गया।
करणी किया करम का नास पावक मांहि पुहुप प्रकास।

उपजी व्यंच व्यंत मिटि गई, भो भ्रम भागा ऐसी भई।[42]

निष्काम कर्म मनुष्य का सनातन धर्म है। कर्म ज्ञान-प्राप्ति का साधन मात्र है। शुभाशुभ कर्मों का फल अवश्य ही भोगना पड़ता है। सत्कर्मों की निष्काम भावना के द्वारा मनुष्यजाति के कल्याण का मार्ग खुल जाता है तथा वह काल-भय से मुक्त हो जाता है। अज्ञान-अविद्याजन्य कर्म जीव को सांसारिक मोहमाया में बाँधते हैं, अतः इनका त्याग ही श्रेयस्कर है। यही कबीर के कर्म-सिद्धान्त का सार है। सत्याश्रित नीति से प्रेरित कर्म ही मनुष्य को जीवन के प्रति उदार और उदात्त बनाकर उसे काल-भय से मुक्त रखता है। कबीर की कविता इसी महान् वैचारिक प्रणाली को स्पष्ट करती है।

व्यक्ति से समाज स्तर पर संक्रमण

मनुष्य एक सामाजिक प्राणी है। वह समाज की एक प्रमुख इकाई है। व्यष्टि समष्टि का आधार है। व्यक्ति के गुण-दोष, अच्छाई-बुराई समाज को बनाने और बिगाड़ने में महत्त्वपूर्ण भूमिका निभाते हैं। व्यक्ति सामाजिक विकास का प्रमुख आधार है। मनुष्य समाज का दर्पण होता है। व्यक्ति के माध्यम से समाज का सजीव चित्र देखा जा सकता है। मनुष्य आजीवन अपने सामाजिक परिवेश से प्रभावित होता रहता है। व्यक्ति सामाजिक सत्ता है। उसका जीवन सामाजिक जीवन की अभिव्यक्ति एवं प्रमाण है।

कबीर मध्ययुग के युग-प्रवर्त्तक और महाकवि हैं। उनके काव्य में समाज के विभिन्न पक्षों की अभिव्यक्ति स्वाभाविक रूप में हुई है। समाज को नई दिशा दिखाने और व्यक्ति का पथ-प्रदर्शन करने का महत्त्वपूर्ण कार्य कबीर ने किया। महात्मा कबीर का युग सामाजिक संगठन की दृष्टि से अस्त-व्यस्त, असंगति और वैषम्य का युग था। उस समय समाज की दशा बड़ी शोचनीय थी, व्यक्तिवाद का प्राबल्य था। जीवन के प्रत्येक क्षेत्र में असत्य, मिथ्याडम्बर की प्रधानता थी। अपनी निराशाजनक अवस्था के कारण समाज अपनी हीनावस्था में था। असंख्य कुरीतियों के कारण सामाजिक नैतिकता का तीव्र गति से ह्रास हो रहा था। कबीर ने इस सामाजिक विश्रृंखलता के मूल व्यक्ति के सम्मुख कुछ उच्चादर्श प्रस्तुत किए क्योंकि उनका विचार था कि समाज की प्रथम इकाई व्यक्ति चरित्रवान, परोपकारी, सर्वगुण सम्पन्न होगा तथा सामाजिक विकास अवश्य होगा।

कबीरयुगीन समाज अधोगति को प्राप्त हो चुका था। जीवन स्तर नित्य-प्रति गिरता जा रहा था। यद्यपि यह भक्ति का युग था परन्तु समाज में विलासी वातावरण फैला हुआ था। कबीर की वाणी में इनके विरुद्ध विद्रोह का स्पष्ट स्वर सुनाई देता है :

नर नारी सब नरक है, जब लग देह सकाम।
कहें कबीर ते राम के, जे सुमिरै निहकाम।[43]

विलासिता की प्रमुख वस्तु समझे जाने के कारण कबीर ने नारी को सामाजिक पतन का कारण माना है। समाज में शिक्षा और सभ्यता दोनों का अभाव था। उचित मार्ग-दर्शन करनेवाला कोई न था। थोथा अभिमान व अक्खड़पन समाज में फैला हुआ था :

जाका गुर भी अन्धला चेला खरा निरन्ध।
अन्धा अन्धा ठेलिया दून्यू कूप पडंत।[44]

कबीर के समय समाज में आर्थिक असमानता विद्यमान थी। आर्थिक स्तर पर मनुष्य में भेदभाव किया जाता था। समाज में निर्धनों का कोई स्थान नहीं था। कबीर ने अपरिग्रह भावना पर जोर दिया। कबीर ने कहा कि धन-संग्रह का भाव छोड़कर सत्कर्म करने चाहिए। सत्कर्मों द्वारा हृदय में सात्त्विक भाव उत्पन्न होते हैं। जो मनुष्य को ईश्वर की प्राप्ति में सहायता पहुँचाते हैं। धन-संग्रह का उद्देश्य परमार्थ होना चाहिए :

कबीर सो धन संचिए जो आगे कूँ होइ।
सीस चढ़ाए पोटली ले जात न देख्या कोइ।[45]

कबीर ने अनुभव किया कि समाज में कनक-कामिनी के कारण विलासिता और अकर्मण्यता फैली हुई है। कबीर कर्मवादी थे तथा व्यक्ति को कर्मशीलता का पाठ पढ़ाना चाहते थे। जो व्यक्ति कर्म के महत्त्व को नहीं पहचानते उन्हें बाद में पछताना पड़ता है :

जीवत ही कछूँ कीजै, हरि राम रसायन पीजै।
कहे कबीर जंम धन्धा, काहे न चेतहु अन्धा।[46]

कबीर व्यक्ति-स्तर पर अपने विचारों को संचरित करते हुए सामाजिक सुधार लाना चाहते थे। उन्होंने देखा कि व्यक्ति में मानवीय गुणों, यथा—प्रेम, दया, क्षमा, परोपकार आदि वृत्तियों का पूर्णता अभाव है। कबीर ने परस्पर प्रेम को अत्यधिक महत्त्व दिया क्योंकि प्रेम द्वारा ही सहानुभूति उत्पन्न होती है—

अकथ कहाणीं प्रेम की कछू कही न जाई।
गूँगे केरी सरकरा, बैठे ही मुसकाई।[47]

प्रेम और भक्ति द्वारा मनुष्य महान् हो जाता है तथा मानवता का उद्धार करता है। कबीर के अनुसार विनम्रता और सद्व्यवहार सामाजिक हित के लिए आवश्यक है। कबीर व्यक्तिगत सुधार द्वारा सामाजिक सुधार लाना चाहते थे। मानव को सत्कर्मों की ओर प्रेरित करना चाहते थे। गर्व करना व्यर्थ है क्योंकि मानव जीवन नश्वर व क्षणभंगुर है। काल के हाथों का खिलौना सभी प्राणी हैं। वह कहीं भी, किसी भी समय हमारा प्राणान्त कर सकता है :

कबीर कहा गरबियो, काल कहे कर केस।
ना जाणें कहाँ मारिसी क्या घर क्या परदेश।[48]

जन्म-मृत्यु का विचार करते हुए बुरे कर्मों को छोड़कर सामाजिक कल्याण का रास्ता अपनाना चाहिए। सत्कर्मों द्वारा ही व्यक्ति को मोक्ष की प्राप्ति हो सकती है :

जीमण मरण विचारि करि कूड़े काम निवारि।
जिनि पन्थू तुझे चालणाँ सोई पन्थ संवारि।[49]

कबीर व्यक्ति के सुधार द्वारा कुत्सित व पतित जनता को उन्नत दिशा की ओर ले जाना चाहते थे। कबीर ने सन्तोष के साथ जीवनयापन पर बल दिया। सन्तोष से ईर्ष्या-द्वेष का बहिष्कार हो जाता है। सन्तोषी स्वभाव से ही अस्तेय धर्म का पालन किया जा सकता है :

सम्पत्ति देखि न हरषिए, विपत्ति देखि न रोइ।
ज्यू सम्पत्ति त्यूँ विपत्ति है, करना करै सुं होइ।।[50]

मनुष्य को सदैव आदर्श जीवन जीना चाहिए। दूसरे की दीनता-विपन्नता पर हँसना नहीं चाहिए। जीवन में सदैव समरसता को प्रमुख स्थान देना चाहिए। स्वयं मनुष्य का जीवन निःसार एवं क्षणिक है। इसलिए निकृष्ट कर्मों से बचना चाहिए। भौतिकता का विसर्जन कर ईश्वरीय साधना में अपना जीवन व्यतीत करना चाहिए। व्यक्ति को मानव मात्र के प्रति सहानुभूति की भावना रखनी चाहिए। ईश्वर तो कण-कण में विद्यमान है :

ज्यूँ नैन में पुतली, त्यूँ खालिक घर माहि।
मूरखि लोग न जांणहीं, बाहरि ढूँढण जाहि।।[51]

परहित साधना में सच्चा सुख मिलता है। सेवा द्वारा व्यक्ति के गुणों का सर्वाधिक विकास होता है। सादा जीवन और उच्च विकारों के साथ समाज-सेवा में रत रहने का सन्देश कबीर ने अपने काव्य द्वारा दिया। आदर्शवान मनुष्य को परोपकारी तथा दयालु होना चाहिए :

तरुवर तास विल विए बारह मास फलन्त।
सीतल छाया गहर फल, पंछी केलि करन्त।।[52]

साम्प्रदायिकता की भावना समाज को अवनति की ओर ले जाती है। कबीर युग में जाति-पाँति के कारण समाज की स्थिति शोचनीय थी। कबीर ने हिन्दू-मुस्लिम झगड़ों पर तीव्र कठोराघात किए तथा कहा कि ब्रह्म सर्वत्र है, एक है। आध्यात्मिक एकता लोक कल्याण के लिए आवश्यक है। कबीर ने धर्म के नाम पर फैले आडम्बरों का विरोध किया तथा हृदय की निष्कपटता, निश्छलता, संयम तथा शुद्धता द्वारा सहज धर्म की भावना पर बल दिया। कबीर ने सदैव नैतिक संयम एवं शुद्धाचरण की महत्ता को प्रतिपादित किया। सहज धर्म जीवन में सत्यता, सरलता, समरसता को अपनाकर ही सम्पूर्ण जिया जा सकता है। कबीर के विचारानुसार समाज से विषमता, ह्रास, घृणा, पारस्परिक कलह को दूर करके ही सामाजिक कल्याण का मार्ग प्रशस्त किया जा सकता है।

कबीर के वैयक्तिक जीवन की आचार संहिता में अहिंसा, सत्य, अस्तेय, ब्रह्मचर्य,

अपरिग्रह, क्षमा, धैर्य, प्रेम, सन्तोष, सत्संग, कथनी-करनी की समानता का महत्त्वपूर्ण स्थान है। कबीर प्राणी मात्र में ब्रह्म के दर्शन करते हैं। मानवीय जीवन को पूर्ण सार्थकता प्रदान करने के लिए नैतिक एवं सदाचारपूर्ण जीवनयापन आवश्यक है। व्यक्ति की सम्पूर्णता ही सामाजिक पूर्णता है। मनुष्य स्वयं अपना विधायक है। बहुमूल्य मानव-जीवन को व्यर्थ नहीं गँवाना चाहिए। मानव की प्रतिष्ठा आचारनिष्ठ जीवन में ही सम्भव है तथा सदाचारपूर्ण जीवन सामाजिक उत्थान की सीढ़ी है। स्पष्ट है कि कबीर का कालबोध नैतिकता से निर्मित हुआ है। इसके लिए कबीर निरन्तर सत्य का सन्धान करते हैं। सत्यभय नीति से उपलब्ध कर्म के अनुशासन को कबीर व्यक्तिगत आचरण से ऊपर उठाकर व्यापक समाज में उसकी स्थापना पर बल देते हैं। उनका काल-विवेक व्यक्ति और समाज दोनों धरातलों पर इसी विशिष्ट भूमिका का निर्वाह करता है।

सामाजिक शील का विकास

सन्त साहित्य और विशेषकर कबीर, नानक इत्यादि की कविता में हम देखते हैं कि वहाँ काल-भय से सन्त्रस्त होने का पराजित बोध नहीं है बल्कि कबीर सरीखे सन्त कवि समाज में मानवीय मूल्यों की प्रतिष्ठा, दुर्लभ मनुष्य जीवन की महत्ता का उद्घाटन और विशृंखल-अराजक समाज को अनुशासित करने के लिए काल-भय का अस्त्र के रूप में रचनात्मक इस्तेमाल करते हैं।

कबीर के विशिष्ट कालबोध को निर्मित करनेवाले कारकों में सामाजिक शील का प्रमुख स्थान है। संक्रमण के उस युग में न्याय का लोप हो चुका था और समाज में वैषम्य व्याप्त था। कबीर की कविता सामाजिक शील के तलाश की कविता है। कबीर का सामाजिक विवेक और उनकी शीलपरक सामाजिक दृष्टि मानवीय मूल्यों से निर्मित हुई है। इसलिए परोपकार करने और परपीड़ा को बाँटना ही कबीर के लिए वास्तविक अर्थों में ऐसा संस्कारशील सामाजिक होना है जो समाज को मर्यादित कर सके :

कबीर सोई पीर है जो जानै पर पीर।
जो परपीर न जानई सो काफिर बेपीर।।[53]

हम देखते हैं कि यही संयम-नियम व्रत और सच्चे अर्थों में सामाजिक धर्म है। कबीर ने इसे ही धारण किया है। यही कबीर का युगबोध है। कबीर की कविता से गुजरते हुए हम देखते हैं कि किस तरह वह मानवीय समता, न्याय के लिए संघर्ष करते हुए एक संकल्पशील उच्च आदर्शों पर आधारित समाज की संकल्पना प्रस्तावित करते हैं। यह कार्य सन्त कवि द्वारा ही सम्भव है।

कबीर का सम्पूर्ण साहित्य उनके सन्त व्यक्तित्व का प्रतिफलन है। उनके व्यक्तित्व का निर्माण तत्कालीन समाज की विविध प्रतिक्रियाओं से हुआ था। कबीर सबसे पहले मानवतावादी हैं। सत्य के पालक होने के कारण वह नैतिक हैं। कबीर ने अर्थहीन सामाजिक मान्यताओं का बहिष्कार किया। अन्य सभी बातों को नकार कर मानव

समुदाय को विशुद्ध सामाजिक दृष्टि से देखा।

कबीर के विचारानुसार मानव जीवन का चरम साध्य आत्मानुभूति है। सामाजिक शील की स्थापना हेतु व्यक्ति का अन्तःकरण पवित्र होना चाहिए। मोह, माया, लोभ, क्रोध आदि दुर्गुणों के रहते ईश्वर को पाना कठिन है :

जब लग भगति सकामता, तब लग निर्फल सेव।
कहे कबीर वे क्यूँ मिलें, निहकामी निज देव।।[54]

आत्मशुद्धि अथवा नैतिक संयम एवं अच्छे आचरण के द्वारा ही मनुष्य अपने जीवन में सफल हो सकता है। धर्म के मार्ग पर चलनेवाला व्यक्ति सदाचरणशील होता है। कबीर ने असंयमी व्यक्ति के जीवन को ऐसी ज्वाला के समान बताया है जो उसी के शरीर का दहन कर देती है। कबीर के अनुसार आत्म-साक्षात्कार के लिए असंयमित जीवन का परित्याग अत्यावश्यक है :

पहिली बुरी कमाय करि, बाँधी विष की पोट।
कोटि करम झिल पलक में आया हरि की ओट।।[55]

कबीर ने सामाजिक शील की स्थापना हेतु आत्म-शुद्धि एवं हृदय-शुद्धि पर सर्वाधिक बल दिया है तथा उनका मानना है कि आत्म-साक्षात्कार द्वारा व्यक्ति ईश्वर को पा सकता है।

आत्मशुद्धि एवं हृदय की पवित्रता के लिए मनुष्य को हिंसा, वासना, असत्य, धनलिप्सा, स्वार्थ, ईर्ष्या-द्वेष, अभिमान, क्रोध, लोभ-मोह, मदिरा, कपट तथा अधीरता आदि दुर्गुणों को छोड़ना आवश्यक है। सामाजिक एवं मानवीय सद्गुण सत्य, अहिंसा, ब्रह्मचर्य, अस्तेय, सन्तोष, शील, सदाचरण, धैर्य, त्याग, परोपकार, सहनशीलता, सादा जीवन आदि व्यक्ति को पराकाष्ठा पर पहुँचाते हैं।

कबीर ने सार्वजनिक दुख को निजी समझकर उसका उन्मूलन करने का प्रयास किया—'कबीरदास के काव्य में एक ओर इतनी तड़प और इतना अकेलापन है, दूसरी ओर ऐसी मस्ती का ज्वार है जो सारी सृष्टि को समेटता चला जाता है। एक ओर अपने भीतर की यात्रा में इतनी तल्लीनता है कि बाहर का कुछ मतलब ही नहीं रखता, दूसरी ओर अपने आसपास के समाज को परिवर्तित करने का पूरा अभियान है।'[56] अपना सर्वस्व परित्याग कर वह आगे आए :

हम घर जाल्या आपणां, लिया मुराड़ा हाथि।
अब घर बालों तास का, जे चले हमारे साथि।।[57]

कबीर के अनुसार व्यक्ति का दृढ़व्रती तथा दृढ़निश्चयी होना परमावश्यक है। विनयशीलता मनुष्य में अहंकार और अभिमान का लोप करती है। वे सत्य को सबसे बड़ा धर्म मानते हैं। उनके अनुसार सत्याचरणशील व्यक्ति मानव-सेवा निष्काम भाव से करता है तथा नर-सेवा के माध्यम से प्रभु के दर्शन करता है। सत्य के साधक को अपने जीवन को पवित्रतम रूप में प्रस्तुत करना चाहिए। सत्य की अनुभूति नैतिक एवं संयमी जीवन द्वारा हो सकती है। मनुष्य को सत्य की अनुभूति के लिए अभ्यास वैराग्य, इन्द्रिय

संग्रह तथा यम-नियमों का पालन आवश्यक है।

कबीर के कथनानुसार आत्म-साक्षात्कार के साधक को अस्तेय का पालन अनिवार्य रूप से करना चाहिए। छल-कपट से धन अर्जित करना, दूसरे की वस्तु का लालच तथा अपनी आवश्यकता से अधिक वस्तुओं का संग्रह चोरी है। कबीर कहते हैं कि जगत् के पदार्थों पर केवल ईश्वर का अधिकार है। वह सबको उसकी आवश्यकता के अनुकूल देता है इसलिए व्यक्ति में सन्तोष की वृत्ति होनी चाहिए :

जोको जेता निरमिया, ताको तेता होई।
रती घटे न तिल बढ़े, जो सिर कूटे कोई।।[58]

कबीर के अनुसार ब्रह्मचर्य-व्रत का पालन करके व्यक्ति का शरीर परिशुद्ध हो जाता है तथा इसके विपरीत विषय तथा कामवासना में डूबकर व्यक्ति अपनी मृत्यु को निमन्त्रण तक दे डालता है :

एक कनक अरु कामिनी, विष फल कीउ उपाइ।
देखे ही में विष चढ़े, खाये सूँ मरि जाय।।[59]

ब्रह्मचर्य का अर्थ मन, वचन तथा कर्म से समस्त इन्द्रियों का शमन करना है। अपने शील सतीत्व की रक्षा करके ही मानव अपनी इन्द्रियों को वश में कर सकता है। इसके अभाव में मृत्यु निश्चित है। इस प्रकार कबीर दैनिक और सामाजिक क्षय एवं पतन को नैतिक मृत्यु के परिप्रेक्ष्य में देखते हैं। क्योंकि नैतिक संयमों के पालन के लिए न किसी विशिष्ट विधा की आवश्यकता है और न किसी बाह्योपचार, किसी विशिष्ट स्थान अथवा किसी विशिष्ट काल की आवश्यकता ही है। इन आचरणों का सम्बन्ध मनुष्य के मन और उसकी वृत्तियों से हैं। कबीर का अभिमत है कि :

सो भुलनाँ जो मन सूँ लरे, अह निसि काल चक्र सूँ भिरे।[60]

स्पष्ट है कि नैतिक पतन ही मृत्यु है। वस्तुतः नैतिकता ही कबीर की सामाजिक चेतना का प्रमुख सूत्र है। उनके द्वारा प्रस्तावित समाज में भेदभाव का नाम न रहेगा। जितने भी प्रकार के भेद-विभेद हैं सबका लोप हो जाएगा और उस समाज का व्यक्ति नित्य, मुक्त, शुद्ध-बुद्ध स्वरूप में स्थित एकत्वपूर्ण समाज का सुख भोगेगा। कबीर के शब्दों में :

सर्वभूत एकै करि जान्या, चूके वाद विवादा।
कहे कबीर में पूरा पाया, भए राम परसादा।।[61]

यही वस्तुतः रामराज्य और वर्गभेद रहित समाज है। ऐसे समाज की रचना के लिए आवश्यक है कि समाज के सभी स्त्री-पुरुष आत्म-पहचान से ही अपने दोषों का त्याग और सद्गुणों को ग्रहण कर सकते हैं। सद्गुणों से ही मनुष्य में सद्व्यवहार और नैतिकता आती है। नैतिकता से मनुष्य के व्यक्तिगत जीवन तथा सामूहिक जीवन में सुधार होता है। नैतिकता ही मनुष्य को सत्कर्म करना सिखाती है। सत्कर्म से व्यक्ति और समाज का हित होता है। मानव जीवन का एकमात्र लक्ष्य सत्कर्म करना है।[62] व्यापक सामाजिक शील के विस्तार के लिए कबीर व्यक्ति से समाज तक जाते हैं। यह

अत्यन्त जटिल कार्य है कबीर को ऊँचे स्वर में अपनी बात लोगों तक पहुँचानी पड़ती है। इस मार्ग में उन्हें अनेक विरोधी तत्त्वों से टकराना पड़ता है लेकिन वह साहस नहीं छोड़ते। यही उनकी सर्जनात्मक विजय है।

कबीर के समय में अपनी बात नारे या वक्र कथनों में ही बेहतर कही जा सकती थी क्योंकि चतुर्दिक व्याप्त कोलाहल में अपना मन्तव्य व्यापक जन-समुदाय तक पहुँचाने के लिए शोर मचाना जरूरी था। कबीर ने सम्भवतः इसीलिए विरोध, खंडन और फटकार का सहारा लिया। भक्ति-काव्य के शीर्षस्थ कवि तुलसी और विद्रोही कवि कबीर में गहराई से देखने पर अपने लक्ष्य को लेकर कोई मतभेद नहीं है। साधन अवश्य दोनों के भिन्न हैं। दोनों कवि व्यक्तिगत और सामाजिक धरातल पर मर्यादावादी हैं। लक्ष्य दोनों महान् कवियों का सामाजिक वैषम्य का शमन करके ऐसी व्यवस्था को प्रतिष्ठित करना है जिसमें अमर्यादित आचरण का सशक्त व्यक्तिगत और सामाजिक प्रतिरोध सहज रूप में हो सके। यहाँ कर्म-सम्प्रदाय, वर्ग-वर्ण जाति के नाम पर किए जानेवाले साधारण जन के शोषण और दमन के लिए कोई स्थान नहीं है। दोनों कवियों के पास अपने समय के समाज और देश की राजनीति को समझने की अचूक समझ है। दोनों गरीबी से सन्त्रस्त हैं। तुलसी का रावण गरीबी का निहितार्थ-समाहित प्रतीक मात्र है। भक्ति तुलसी और कबीर के लिए उच्चतम मानवीय मूल्य है। वर्णाश्रम में अटूट विश्वास रखनेवाले तुलसी पक्षियों में भी अधम जटायु को पितातुल्य मानकर राम द्वारा उसका तर्पण करवाते हैं। वह प्रसंग कितना मार्मिक है जहाँ राम यह अनुभव करते हैं कि जटायु की मृत्यु का अर्थ होगा वस्तुतः पिता का अभाव! वहाँ तुलसी ने एक महान् कविता सम्भव करने के साथ-साथ अपनी प्रगतिशील सामाजिक दृष्टि का प्रमाण भी दिया है। मध्यकालीन साहित्य के अध्येता यह भलीभाँति जानते हैं कि तुलसी काव्य में ऐसे प्रसंग कम नहीं हैं, दूसरी ओर, कबीर की समग्र कविता सामाजिक शील की प्रस्तावना के रूप में पाठक के सामने आती है। प्रश्न उठता है कि अपने लक्ष्य मर्यादित समाज की स्थापना के लिए कबीर विद्रोह और खंडन का सहारा क्यों लेते हैं जबकि तुलसी समन्वय और मर्यादा को अपना उपकरण बनाते हैं? उत्तर स्पष्ट है कि तुलसी के समय तक सामाजिक, राजनीतिक और सांस्कृतिक हलचल स्थिर हो चुकी थी। नए मूल्य बन चुके थे और स्वयं कबीर परम्परा के रूप में तुलसी के सामने थे। कबीर तुलसी के समकालीन होते तो सम्भवतः उनकी कविता में भी आलोचकों को शब्दिक हिंसा न दिखाई देती लेकिन जैसा कि पहले कहा गया, कबीर ने अपने समय के अनुरूप ही अपनी आवाज बुलन्द की है। उनकी कविता में उपेदशात्मकता और कथित नारेबाजी समय की जरूरत है। आरोपित अलंकरण की तरह कबीर ने उनका सम्मोहन नहीं रचा बल्कि कुशल शल्य-चिकित्सक की भाँति औजार के रूप में उनका प्रयोग करके समाज के विगलित अंगों का उपचार किया है। उन्होंने सत्य, नीति और कर्म की नैतिकता का मन्त्र देकर व्यक्ति ही नहीं समूचे समाज को मर्यादित करके काल-भय से मुक्त करने का महान् अनुष्ठान किया है।

पाद-टिप्पणियाँ

1. उद्धृत—अम्बादत्तपांडे : आलोचना, अंक 80, पृ. 45
2. क. ग्र. (श्यामसुन्दर दास), चितावणी कौ अंग, दो. 24, पृ. 18
3. वही, दो. 15, पृ. 17
4. क. ग्र. (श्यामसुन्दर दास), चितावणी कौ अंग, दो. 34, पृ. 19
5. वही, दो. 49, पृ. 18
6. क. ग्र. (श्यामसुन्दर दास), पद-50, पृ. 122
7. वही, निहकर्मी पतिव्रता कौ अंग, दो. 10, पृ. 122
8. उद्धृत—म. कबी. ए. कं. गां. के विचारों का तुल. अध्य.—रा. ला. सहायक, पृ. 105
9. क. ग्र. (श्यामसुन्दर दास), पृ. 187
10. उद्धृत—क. ए. गाँधी के विचारों का तुल. अध्ययन—राम. ला. सहायक, पृ. 106
11. क, पद-248, पृ. 128
12. क. ग्र. (श्यामसुन्दर दास), साँच कौ अंग, दो. 12, पृ. 33
13. क. एवं महा. गाँधी के विचारों का तुल. अध्ययन, रा. ला. सहायक, पृ. 106
14. क. ग्र. (श्यामसुन्दर दास) साँच कौ अंग, दो. 3, पृ. 33
15. वही, दो. 7, पृ. 33
16. क. ग्र. (श्यामसुन्दर दास) सांच कौ अंग, दो. 15, पृ. 34
17. वही, कामी कौ अंग, दो. 12, पृ. 31
18. वही, मन कौ अंग, दो. 13, पृ. 22
19. क. ग्र. (श्यामसुन्दर दास), मन कौ अंग, दो. 15, पृ. 22
20. वही, सबद को अंग, दो. 2, पृ. 70
21. कबीर बीजक (विचारदास की टीका), साखी-67
22. वही, पद-248, पृ. 128
23. वही, साखी-343
24. शांकर भाष्य, उद्धृत—अ. कबीर एवं म. गाँधी के वि. का तु. अ., रामजीलाल सहायक, पृ. 53
25. क. ग्र. (सं.) श्यामसुन्दर दास, पृ. 233
26. उद्धृत—कबीर : एक विश्लेषण : शिवदान सिंह चौहान, पृ. 28
27. डॉ. बलदेव वंशी का आलेख : जे. बी. जी. टा. (29-1-97), पृ. 2
28. रामजीलाल सहायक : म. क. एवं म. गां. के वि. का तु. अ., पृ. 101
29. क. ग्र. (सं.) श्यामसुन्दर दास, 22/15, पृ. 82
30. उद्धृत—दैनिक हिन्दुस्तान (गीता का आनन्दमय कर्मयोग) 2-11-97 प्रवेश सक्सेना, पृ. 7
31. उद्धृत—दैनिक हिन्दुस्तान (गीता का आनन्दमय कर्मयोग) 2-11-97, प्रवेश सक्सेना, पृ. 7
32. उद्धृत—सन्तों की बानी (चरणदास), पृ. 3
33. गीता 9/21

34. क. ग्र. (श्यामसुन्दर दास), पद-82, पृ. 70
35. वही, रमैनी, पृ. 180
36. वही, काल कौ अंग, पृ. 61
37. क. ग्र. (श्यामसुन्दर दास), काल कौ अंग, पद-207, पृ. 118
38. वही—चितावणी कौ अंग, दो. 21
39. वही—कथनी-करणीं कौ अंग, दो-1, पृ. 29
40. क. ग्र. (श्यामसुन्दर दास), कथनी-करणीं कौ अंग, दो. 9, पृ. 30
41. वही, दो. 3, पृ. 30
42. क. ग्र. (श्यामसुन्दर दास), पद 329, पृ. 150
43. क. ग्र. (श्यामसुन्दर दास), कामी नर कौ अंग, दो. 5, पृ. 31
44. वही, गुरुदेव को अंग, दो. 15, पृ. 2
45. क. ग्र. (श्यामसुन्दर दास), गुरुदेव को अंग, 16, दो. 13
46. वही, पद 296, पृ. 141
47. वही, दो. 12
48. क. ग्र., चितावणी कौ अंग, दो. 12, पृ. 16
49. वही, दो. 14, पृ. 17
50. क.—ग्रं. (सं.) श्यामसुन्दर दास, पद 121
51. क.—ग्र. (सं.) श्यामसुन्दरदास, अंग-53, दो. 9
52. कबीर नाशक (मूल), पृ. 25
53. उद्धृत—कबीर : एक विश्लेषण : सं. शिवदान सिंह चौहान, पृ. 28
54. क. ग्र. (श्यामसुन्दर दास), दो. 10, पृ. 15
55. क. ग्र. (श्यामसुन्दर दास), पृ. 6
56. कबीर वचनामृत—डॉ. विद्यानिवास मिश्र, पृ. 6-7
57. क. ग्र. (श्यामसुन्दर दास), पृ. 67
58. क. ग्र. (श्यामसुन्दर दास), पृ. 56
59. वही, पृ. 40
60. रामजीलाल सहायक : म. कबीर एवं महात्मा गाँधी, पृ. 106
61. वही, पृ. 192
62. प्रह्लाद मौर्य : कबीर का सामा. दर्शन, पृ. 185

पाँचवाँ अध्याय

कबीर के कालबोध का स्वरूप

कबीर का कालबोध भक्तिकालीन सन्तमत के वैचारिक आधारों पर निर्मित हुआ है। उसका स्वरूप इसलिए विशिष्ट है कि वह अपने युग के जटिल परिवेश की असंगतियों को अनदेखा नहीं करता बल्कि सीधे टकराने का संकल्प और साहस प्रदर्शित करता है। कबीर की कविता से गुजरते हुए हम देखते हैं कि वह अज्ञान और कर्मकांडीय पाखंडों से त्रस्त सामाजिक विषमताओं से आक्रान्त साधारण जन की पीड़ा पाठक को तत्कालीन मार्मिक युग-सत्य से परिचित करवाती है। कबीर नश्वर और क्षणभंगुर मानवीय जीवन को समझते हुए इस तथ्य पर गौर करते हैं कि उनके समय के सामाजिक, राजनीतिक अव्यवस्थित विन्यासवाली नियामक शक्तियों को सुधारने के लिए काल की अपरिहार्य शक्ति कारगर औजार हो सकती है।

कबीर इस तथ्य को व्यक्तिगत स्तर पर सत्यापित करके उसे सम्पूर्ण सामाजिक आचरण में देखना चाहते हैं। परिमाणस्वरूप एक वास्तविक धर्मनिरपेक्ष जीवन-दृष्टि विकसित होती है। वह सम्प्रदाय-विशेष से निस्संग रहकर, कुंठा-रहित होकर प्रहार करती है। इसलिए कबीर के यहाँ व्यंग्य-धर्मिता तेवर न रहकर पीड़ा की सृष्टि करती है, और सच्चे मनुष्य को मृत्यु से साक्षात्कार का साहस प्राप्त होता है। अहंकार शमित हो जाता है और व्यक्ति भक्ति की विशद् भूमि पर स्वयं को स्थित पाता है। सांसारिक दुख और सुख से परे उसे अखंडानुभूति होती है उसे समरसता कहते हैं। इसलिए कबीर का कालबोध सार्वकालिक और सार्वदेशिक स्वरूप धारण कर लेता हैं। इसे हम क्रमशः समझ सकते हैं।

काल की अपरिहार्य शक्ति

पतितोन्मुख समाज को नवीन दिशा प्रदान करने हेतु कबीर ने जनमानस को काल की अपरिहार्यता तथा निश्चितता से परिचित कराया। मृत्यु से प्रत्येक मनुष्य का साक्षात्कार किसी भी क्षण हो सकता है। मानव तो काल के हाथों का खिलौना मात्र है। काल के समक्ष उसकी इच्छा-अनिच्छा का कोई महत्त्व नहीं रह जाता। अतः संसार की अनित्यता

से अवगत होकर सत्कर्मों का संचय करना चाहिए ताकि मृत्यु के पश्चात् मोक्ष की प्राप्ति हो सके।

कबीर का कथन है कि जीवन पथिक है और मृत्यु के मार्ग पर खड़ा है। उसने अपने साथ धर्माधर्म की पोटली बाँध रखी है। शीघ्र ही उसका इस जगत् से प्रस्थान होनेवाला है। मृत्यु इसकी राह देख रही है, जीवन की इमारत कल्पना और झूठ पर टिकी है :

पन्थी ऊमा पन्थ सिरि, बुगचा बाँध्या पूठि ।
मरणां मुँह आगैं खड़ा, जीवण का सब झूठ।[1]

मानव अपने क्षणभंगुर तथा अनित्य जीवन के लिए आजीवन भौतिक साधनों को जोड़ने में लगा रहता है। क्षण-क्षण में पूरा जीवन समाप्त हो जाता है लेकिन व्यक्ति की सांसारिक व्यस्तता उसे दो घड़ी भी राम-नाम नहीं जपने देगी।

कबीर टग टग चौधताँ, पल पल गई बिहाइ।
जीव जंजाल न छाड़ई। जम दिया दमामाँ आइ।[2]

काल के हाथों कोई भी प्राणी न तो आज तक बचा है न बच सकेगा। यह संसार तो व्यक्ति की अनन्त यात्रा है। जीवन-यात्रा के बीच में तनिक विश्राम स्थल है। जीवन को आमोद-प्रमोद का साधन मानना ही जीव की सबसे बड़ी भूल है :

यहु जिब आया दूर थे, अजौं भी जासी दूरि।
बिच के बासें रमि रह्या डाल रह्या सरधूरि।[3]

कबीर को इस बात का गहरा दुख है कि काल की निश्चितता से परिचित होते हुए भी व्यक्ति सुखोपभोग में व्यस्त रहता है। रात-दिन अपने शरीर-रूपी महल को विभिन्न उपकरणों द्वारा सुसज्जित करने की चिन्ता में लीन रहता है। उसे ईश्वर स्मरण की सुध ही नहीं रहती। एक दिन अचानक यम-रूपी शत्रु मनुष्य के महल-रूपी शरीर को ध्वस्त कर देता है :

ऊँचां मन्दर घोलहर, मांटी चित्री पोलि।
एक रांम के नांव बिन, जमं पाड़ेगा रोलि।[4]

सन्त कबीरदास का कथन है कि समस्त पदार्थ काल के भोजन हैं। प्राणी मृत्यु के आघात को नित्यप्रति देखकर भी सचेत नहीं होता। मृत्यु के लिए राजा और रंक सभी समान हैं। राजा आजीवन भौतिक सुखों को भोगता है लेकिन उसके अन्त और एक भिक्षुक के अन्त में कोई फर्क नहीं होता :

कबीर थोड़ा जीवण मांडे बहुत मंडाण।
सबही ऊमा मेल्हि गया राव रंक सुल्तान।[5]

यह संसार पलाश-पुष्प के समान सुन्दर और आकर्षक है। मनुष्य काल को प्रत्यक्ष देखकर भी परमात्मा का ज्ञान प्राप्त नहीं करता। वस्तुतः यह सम्पूर्ण संसार, शरीर और वैभव स्वप्न-पदार्थ है। यह जीवन तो चार दिन का मेला है। जिस प्रकार धुएँ का महल आकार में स्थित होते हुए भी निरर्थक है, उसी प्रकार सभी सांसारिक पदार्थ निराधार है :

यहु ऐसा संसारा है, जैसा सैंबल फूल।
दिन दस के व्योहार कौं, झूठे रंगि न भूल।[6]

काल की अपरिहार्यता व्यक्ति के पद, रूप, धन, मान-सम्मान कुछ भी नहीं देखती। इस अनित्य संसार में कोई भी सम्बन्ध स्थायी नहीं है। मानव की नियति जन्म-मरण के मध्य झूलती रहती है इसलिए जीव को कभी अहंकार नहीं करना चाहिए। पद और शक्ति के अहंकार में मस्त व्यक्ति समाजोपयोगी कार्य की सदैव उपेक्षा करता आया है। अहंकारी व्यक्ति को समझाते हुए कबीर कहते हैं :

इक दिन ऐसा होइगा, सब सूं पड़े बिछोई।
राजा राणा छत्रपति, सावधान किन होई।[7]

पंचतत्त्वों से निर्मित शरीर हड्डियों का ढेर मात्र है। बड़े-बड़े राजा जो छत्र धारण कर घूमते हैं, मृत्यूपरान्त उनके शरीर भी मिट्टी में ही मिल जाते हैं :

कबीर कहा गरबियो, चांम पलेटे हड़।
हेंबर ऊपरि छत्र सिरि, तेभी देबा खड़।[8]

सन्त कबीर ने समाज में ज्ञान प्रसारित करते हुए प्राणी मात्र को यह सन्देश दिया कि संसार दुखों का भंडार है। मनुष्य विषय-वासनाओं को पूरा करने में सारा जीवन बिता देता है। समय (काल) आने पर सभी सगे-सम्बन्धी एक-एक करके चले जाते हैं। इसलिए हमें सद्वृत्तियों को अपनाकर अपने जीवन को सफल करना चाहिए क्योंकि काल के हाथों कोई नहीं बचा, आजकल में हमारी बारी भी आनेवाली है :

बारी बारी आपणीं, चले पियारे म्यन्त।
तेरी बारी रे जिया, नेड़ी आवे निन्त।[9]

शारीरिक सुन्दरता केवल चार दिनों की होती है। शरीर तो नश्वर है। मानव आजीवन शारीरिक सुखों की खोज में भटकता रहता है। अन्तिम समय में काल का ग्रास बनकर मिट्टी में ही मिलना है :

कबीर धूलि सकेलि करि, पुड़ी ज बाँधी एह
दिवस चारि का पेषणां, अन्ति षेह की षेह।[10]

काल तो जीव का भक्षक है। मनुष्य का काल पर कोई वश नहीं चलता। भवसागर ईश्वर की कृपा से ही पार किया जा सकता है। सांसारिक प्राणी किसी भी तरह काल को अपने वश में नहीं कर सकता :

कबीर करत है बीनती, भौसागर के ताँई।
बन्दे ऊपरि जोर होत है, जमं कूँ बरजि गुसाँई।[11]

इस नश्वर संसार में काल के सिवा किसी की सत्ता शाश्वत नहीं है। जो स्त्री सदैव सुखोपभोगों में मस्त रहती है, साजो-श्रृंगार में लीन रहती है, जिसे श्मशान देखने-भर से भय लगता था वही काल आने पर काल का ग्रास बनकर अग्नि की भेंट चढ़ गई :

कबीर मन्दिर आपणै, नित उठि करती आलि।
मड़हट देष्यां डरपती, चौड़े दीन्हीं जालि।[12]

कबीर का कहना था कि धीरे-धीरे काल सम्पूर्ण जगत् की ओर अग्रसर हो रहा है। नश्वर जगत् में स्थिरता और किसी से रक्षा की आशा करना व्यर्थ है। जो स्वयं मृत्यु से बच नहीं सकते वह दूसरे को क्या बचाएँगे :

रोवण हारे भी मुए, मुए जलांवण हार।
हा हा करते ते मुए, कासनि करो पुकार।[13]

कबीर समाज के सम्मुख मानवता, भाईचारा, एकता, अपनापन जैसे उच्च आदर्शों की स्थापना करना चाहते थे। इसके लिए सभी मनुष्यों के मन में समानता की भावना पैदा करना आवश्यक था। अतः कबीर ने काल की अपरिहार्य शक्ति का उद्घाटन कर सभी प्राणियों को एक-समान बताया। उनका कहना था कि देवता, मनुष्य, मुनि एवं असुर मृत्यु के पाश में आबद्ध हैं। मृत्यु परम दुख है। केवल राम-नाम परम सुख है :

कबीर सब सुख राम है, और दुखाँ की रासि।
सुर नर मुनियर असुर सब, पड़े काल की पासि।[14]

काल की अपरिहार्य शक्ति का बोध कराकर समाज का मार्गदर्शन करना एवं पतितोन्मुख लोगों के मन में ईश्वरीय ज्ञान की अमिट जोत जलाना ही कबीर का प्रमुख जीवनोद्देश्य था। उनका यह कहना ब्रह्म सत्य है कि संसार नश्वर है और मनुष्य अदृश्य काल-शक्ति के हाथों का खिलौना मात्र है। ईश्वरीय सत्य ही संसार का सार है। सांसारिक वैभवों और तृष्णाओं की मार मानव को पथ-भ्रष्ट कर देती है जिससे वह अपने शुद्ध चैतन्य स्वरूप को विस्मृत कर भौतिक भोग-विलासों में डूबकर अपने जीवन को सार्थक समझने लगता है। शक्ति तथा धन का अहंकार मनुष्य को कहीं का नहीं छोड़ता। अहंकारी प्राणी यह भूल जाता है कि एक दिन अवश्य ही उसे काल का सामना करना पड़ेगा। मध्यकाल में जीव की अन्तर्चेतना को जागृत करते हुए कबीर ने जो अमूल्य ज्ञान-गंगा प्रवाहित की थी, उसमें डूबकर आज का मानव भी अपना जीवन सार्थक कर अमर हो सकता है। उनका कहना था कि सभी प्राणियों को अकेले ही अपनी जीवन-यात्रा पूरी करनी होती है। अन्तिम समय कोई भी काम नहीं आता। मानव जीवन का कल्याण इसी में है कि वह काल की अपरिहार्य शक्ति को आत्मसात् करके आजीवन सद्कर्मों में प्रवृत्त रहें। शान्त, निश्चल, कपटहीन तथा आडम्बरहीन जीवन व्यतीत करनेवाले मनुष्यों के लिए जीवन-मरण का कोई मूल्य नहीं होता। काल-भय तो केवल असुर प्रवृत्तिवाले लोगों को होता है। ईश्वरीय साधना में निरत और आत्मज्ञानी साधकों के लिए काल का कोई महत्त्व नहीं है। हमें आजीवन भक्ति व सद्-प्रवृत्तियों के साथ जीवन व्यतीत करना चाहिए।

क्षणभंगुरता और नश्वरता

संसार नश्वर तथा क्षणभंगुर है। मानव-शरीर तो जल की बूँद की तरह क्षणिक है। जीवन की क्षणिकता और नश्वरता से परिचित होते हुए भी मानव अहंकार में डूबा रहता है। जीवन तो स्वप्न-सदृश है जो किसी भी क्षण समाप्त हो सकता है। इस संसार में कुछ

भी शाश्वत नहीं है। जिनके द्वार पर नौबत बजती थी और हाथी बँधते थे, ईश्वर-स्मरण के अभाव में उनका सम्पूर्ण जीवन ही व्यर्थ चला गया :

जिनके नौबति बाजती, मंगल बँधते बारि।
एकै हरि के नाव बिन, गए जन्म सब हारि।[15]

कबीर का कथन है—इस संसार में जीवन कुछ समय तक रहता है। धन, ऐश्वर्य, ऊँचे-ऊँचे महल सभी कुछ तो यहीं छूट जाता है, कोई भी मृत्यु के उपरान्त साथ नहीं देता :

राम थोरे दिन कौ धन करना, धन्धा बहुत निहाइति मरना।
कोटी धज साह हस्ती बँध राजा, क्रिपन को धन कौने काजा।
धन के गरबि नहिं जाना, नागा ह्वै जम पे गुदराना।
कहे कबीर चेतुहु रे भाई, हंस गया कुछ संगि न जाई।[16]

मनुष्य आजीवन सुख-साधनों को एकत्र करने में लगा रहता है। यह सभी क्षणभंगुर हैं तथा मरणोपरान्त मनुष्य का साथ छोड़े देते हैं। अल्पकालीन जीवन के लिए संग्रह निरर्थक है। सांसारिक वस्तुएँ स्वतः नाशवान हैं। काल के लिए राजा और भिक्षुक में कोई अन्तर नहीं है :

नां को बँध न भाई साथी, बाँधे रहे तुरंगम हाथी।
मेड़ी महल बावड़ी छाजा छाड़ि गए सब भूपति राजा।
कहै कबीर राम त्यो लाई, धरी रही माया काहू खाई।[17]

सन्त दादू का भी कहना है कि इस संसार में कोई किसी का सगा नहीं है। सांसारिक सम्बन्ध केवल मोह-ममता को प्रदर्शित करते हैं। मरण-काल में कोई किसी की सहायता नहीं करता। अतः इस अनित्य जगत् में ईश्वर-भक्ति ही नित्य है :

रे तू चेत न देष अन्धा, यहु माया मोह सब धन्धा।
रे काल मीच सिरि जागे, हरि सुमिरण काहे न लागे।[18]

कबीर युग की परिस्थितियों से परिचित थे। वह विषय-वासनाओं में डूबे लोगों के ज्ञान-चक्षु खोलना चाहते थे। इसलिए उन्होंने जनमानस को भौतिक आकर्षणों से विरक्त होकर आत्मज्ञान प्राप्त करने की शिक्षा दी। मायिक पदार्थ तो नाशवान है और मृत्यु शरीर को निगल जाने के लिए घात लगाए बैठी है। यह संसार तो मानव के लिए पक्षी के वृक्ष में बसेरे के समान है। जीवन रूपी आकाश में उड़ते हुए रात्रि के विश्रामस्थल सदृश है। व्यक्ति स्थिर नहीं है। जो उत्पन्न हुआ है, वह मरेगा अवश्य ही :

और मरत का रोइए, जो आपे थिर न रहाइ।
जो उपज्या सो बिना सिहे ताथें दुख करि मरे बलाई।[19]

कबीर के कथनानुसार शरीर पंचतत्त्वों की रचना है। भगवान की माया ही उसे बनाती, सँवारती और नष्ट करती है। शरीर अन्ततः नश्वर ही है यह जानकर भी मनुष्य आजीवन अन्जान बना रहता है और मानव की इस निर्भयता पर काल हँसता रहता है :

काची काया मन अथिर, थिर थिरकांम कँरत।
ज्यूँ-ज्यूँ नर निधड़क फिरें, त्यूँ त्यूँ काल हँसत।[20]

संसार से किसी भी प्रकार की आशा करना व्यर्थ है। अस्थिर शरीर को व्यक्ति सदैव स्थिर मानकर अपना सारा जीवन भटकने में गँवा देता है। शरीर की स्थिति उस बुलबुले तथा प्रभातकालीन तारे के समान है जिसका क्षणिक अस्तित्व है :

पांणी केरा बुदबुदा, इसी हमारि जाति।
एक दिना छिप जांहिगे, तारे ज्यूँ परमाति।[21]

चतुर शिकारी की भाँति काल सदैव निशाना लगाए तत्पर रहता है। जैसे बाज तीतर पर झपटता है वैसे ही काल अचानक मनुष्य के जीवन को क्षण-भर में समाप्त कर देता है :

कबीर पल की सुधि नहीं, करे काल्हि को साज।
काल अच्यन्ता झड़पसी, ज्यूँ तीतर को बाज।[22]

सन्त चरनदास के अनुसार यह संसार झूठा है। जीवन अस्थिर है। वह किसी भी समय शरीर को छोड़ सकता है। क्षण-क्षण में आयु घटती जा रही है। साधन की प्राप्ति के लिए भौतिक व्यवहारों का त्यागना आवश्यक है :

दम का नहीं भरोसा रे, करि ले चलने का सामान।
तन पिंजरे सूँ निकसि जायगो पल में पंछी प्रान।
चलते फिरते सोवत जागत करत खान अरु पान।
छिन छिन छिन आयु घटत है, होत देह की हानि।[23]

सन्त कबीरदास का कथन है कि सांसारिक यश-वैभव-सम्पन्न जिन महलों में कल रास और रंगों का जमघट था, उनमें आज मिट्टी और कूड़े के ढेर लग गए हैं। आज उनमें मनुष्य का वास नहीं है :

सातों सबद जु बाजते घरि घरि होते राग।
ते मन्दिर खाली पड़े बैसग लागे काग।[24]

सभी सांसारिक पदार्थ काल के भोजन हैं। आयु पूर्ण होने पर धन-दौलत, हीरे-जवाहरात सभी कुछ छोड़कर व्यक्ति अकेला ही परलोकगामी हो जाता है :

ढोल दमामा दुड़बड़ी, सहनाई संगि भेरि।
ओसर चल्या बजाइ करि, है कोई राखे फेरि।[25]

देखते ही देखते सारा संसार नष्ट होता चला जा रहा है। एक लाख पुत्र और सवा लाख नाती वाले रावण के घर पर दीया जलाने को भी कोई शेष न रहा :

इक लष पूत सवा लष नाती, ता रावन घरि दीया न बाती।[26]

उपर्युक्त विवेचन के पश्चात् कबीर की वाणी में हम यह कह सकते हैं कि सभी सांसारिक सम्बन्ध मिथ्या हैं। मनुष्य आजीवन सुखोपभोग में लगा रहता है तथा जीवन की क्षणिकता को विस्मृत कर बैठता है। भौतिक पदार्थों की असारता और अनित्यता स्पष्ट है। संसार स्वप्नवत् एवं मृग-मरीचिका के समान है। इस संसार के विलासों में मनुष्य अपने वास्तविक स्वरूप को भूल जाता है लेकिन मृत्यु के आघात से मानव को कोई भी नहीं बचा सकता। मरण-काल में सम्बन्धी भी मृत्यु को रोकने में असमर्थ होते

हैं। अनित्य संसार के सुख भी अनित्य हैं। अतः अनित्य को त्यागकर प्राणिमात्र को नित्य ब्रह्म अथवा आत्मज्ञान की प्राप्ति के लिए प्रयत्न करना चाहिए।

कबीर ने नश्वर तथा क्षणभंगुर मानव-जीवन की सच्चाई समाज के समक्ष प्रस्तुत करते हुए जीवन को सार्थकता तथा अमरता प्रदान करने की शिक्षा लोगों को दी। क्षण-भर में ही नष्ट होनेवाला यह शरीर अपने सद्‌कर्मों द्वारा ही अमर हो सकता है। कबीर ने लोगों को यह चेतावनी दी कि वह क्षणवादी संसार में क्षण की महत्ता को पहचाने अन्यथा जीवन के अन्तिम समय में पछताने के अतिरिक्त उनके पास कोई रास्ता नहीं बचेगा। जीवन क्षणों का ही पुंज है। हमारे जीवन में इन क्षणों की अनुभूतियों का बहुत महत्त्व है। इसलिए प्रत्येक क्षण को कीमती मानकर जीवन को व्यर्थ गँवाना नहीं चाहिए बल्कि अपने कर्मों द्वारा समाज के सम्मुख आदर्श स्थापित करना चाहिए। कबीर ने युगीन परिस्थितियों का भलीभाँति अवलोकन कर यह सत्य मानव के सम्मुख रखा था। 'अपने समय की परिस्थिति के सम्यक् निरीक्षण तथा पहचान की उनमें अच्छी योग्यता थी और उससे निकाले गए निष्कर्षों को सत्संग एवं आत्मचिन्तन की कसौटियों पर परखने में भी अत्यन्त कुशल थे। उन्होंने अपने समक्ष की बातों को देखकर निर्धारित किया संसार की सभी वस्तुएँ अस्थिर एवं नाशवान् हैं, इनमें स्थायित्व नहीं है। इसी कारण इनमें से किसी को भी सत्य मानकर उसे महत्त्व देना उचित नहीं।'[27]

कबीर के अनुसार जीवन की सत्यता इसी में निहित है कि हम क्षणों के महत्त्व को स्वीकारें तथा जीवन की एक-एक अनुभूति तथा पल-पल में आनेवाले संघर्षों का सहर्ष सामना करते हुए उद्यमी तथा सत्यवादी बनें।

अज्ञान

कबीर का कथन है कि मानव शरीर रज-वीर्य से निर्मित होता है। कौमार्य-यौवन एवं जरा इसकी विभिन्न दशाएँ हैं। इस सृष्टि में उत्पन्न कोई भी जीव काल से बच नहीं सकता। परमात्मा की माया इसे बनाती और सँवारती है तथा बिगाड़ती भी है। मानव-शरीर का रक्षक ईश्वर के अतिरिक्त और कोई नहीं। जन्म-मरण शरीर के प्रमुख धर्म हैं। मृत्यु के विशाल मार्ग का सेवन सभी प्राणियों को करना पड़ता है लेकिन इस तथ्य से मानव अनभिज्ञ रहता है। अज्ञानी मानव को एक दिन काल की निरकुंशता का शिकार होना पड़ता है। कबीर इस बात से दुखी होते हैं कि यह मानव जीवन की विडम्बना है कि इस तथ्य से परिचित होते हुए भी हम अच्छे कर्मों की ओर प्रवृत्त नहीं होते :

कबीर सूता क्या करे, उठि न रोवे दुक्ख।
जाका वासा गोर में, सो क्यूँ सोवे सुक्ख।[28]

मोह-माया-तृष्णा अज्ञान के ही रूप हैं। अज्ञान के कारण ही प्राणी आवागमन-चक्र में भटकता रहता है। मन ही जीव को संसार-बन्धन में डालनेवाली अविद्या है। कबीर के अनुसार जो आता-जाता है वही माया है। आता-जाता शब्द उत्पत्ति और विनाश के

सूचक हैं। समस्त दृश्य-जगत् प्रतिपल उत्पन्न और नष्ट होता है। अज्ञानी जीव यह नहीं समझ पाता कि संसार की सभी वस्तुएँ अनित्य हैं :

सन्तों आवै जाय सो माया।
है प्रतिपाल काल नहि वाकै ना कहुँ गया न आया।
ज्ञान ही करता सब भरमे मायै जग भरमा भाया।
दस अवतार ईसरी माया करता है जिन पूजा।
कहहि कबीर सुनो हो सन्तों उपजि खपै सो दूजा।[29]

सांसारिक भोगों में लिप्त अज्ञानी जीव को चेतावनी देते हुए कबीर कहते हैं कि तू इस मोह-निद्रा में क्यों सोया पड़ा है। मानव का निवास-स्थान काल का ग्रास है, फिर उसे चैन कहाँ? मोह-माया जीव के ज्ञान का अपहरण कर लेती है तथा उसे ब्रह्म से पृथक् कर देती है :

माया मोहि मोहि हित कीन्हा
ताथैं मेरा ग्यान ध्यान हरि लीन्हा।
संसार ऐसा सुपिन जैसा जीवन सुपिन समान।
साँच गाठि बाँध्यो छोड़ि मरम निधान।
नेन नेह पतंग हुलसै, पसू त पेरवै आगि।
काल पासि जु गुगध बाँध्या, कलंक कामिनी लागि।[30]

पाप और पुण्य के संस्कारों से शरीर जन्मता और मरता है। उत्पन्न और नष्ट होना, माया का धर्म और स्वभाव है लेकिन अज्ञानी जीव व्यक्तिगत स्वार्थ-सिद्धि में डूबकर यह भूल जाता है कि उसके सिर पर काल खड़ा है :

पाँचतत तीनि गुण जुगति करि सानिया।
अष्ट बिन होत नहीं क्रम काया।
पाप पुन बीज अंकुर जामै मरै।
उपजि विनसे जेती सर्व माया।[31]

भौतिक सुखों में लीन अज्ञानी प्राणियों को समझाते हुए कबीर कहते हैं कि मोह- निद्रा को त्यागकर प्रभु के सामने अपने कष्टों का वर्णन क्यों नहीं करते। हे जीवन ! तुम कब ? अपने ज्ञान-चक्षुओं को बन्द रखोगे काल तो अपराज्य एवं सर्वशक्तिमान है, वह अपनी गर्जना से ब्रह्मा का आसन तक हिला देता है, फिर इस तुच्छ प्राणी की क्या बिसात है :

कबीर सूता क्या करै, सूता होई अकाज।
ब्रह्मा का आसण खिस्या, सुनत काल की गाज।[32]

मनुष्य ईश्वर-ज्ञान में लीन न रहकर सांसारिक सुखों के पीछे भागते-भागते अपना सारा जीवन नष्ट कर देता है। उसकी इस अज्ञानता का लाभ काल निरन्तर उठा रहा :

कबीर सूता क्या करै, गुण गोविन्द के गाई।
तेरै सिर परि जम खड़ा, खरच कदै का खाइ।[33]

संसार त्रिगुणात्मक प्रवृत्ति का रूप है। बिना हरि की सत्य-स्वरूप नौका को पकड़े इस माया-जगत् से पार होना असम्भव है। काल के सामने आने पर कोई सगा-सम्बन्धी साथ नहीं

देता। मनुष्य के जन्म का प्रयोजन मुक्ति के लिए प्रयास है, उसके बिना जीवन निस्सार हैं :

कबीर हरि की भगति बिना, ध्रिग जीवण संसार।
धूवा केरा धौलहर, जात न लागे बार।[34]

अबोध मनुष्य भावात्मक पदार्थों के लिए दौड़ते-फिरते हैं और इस प्रकार उनका सारा जीवन सुखों की प्रतीक्षा में बीत जाता है। मायाकृत अज्ञान मानव को विवेक-चक्षुओं से रहित कर देता है जिससे मनुष्य अपने आत्मस्वरूप को विस्मृत कर बैठता है। जीव अज्ञान रूपी अन्धकार में ऐसा खो जाता है जो कि उसे अपनी अनित्यता का भी ज्ञान नहीं रहता। कबीर का कहना है कि व्यक्ति ईश्वर-प्रेम के सुख तथा विषयों के दुख में अन्तर नहीं समझ पाते वे काल से ग्रसित रहते हैं :

जिहि दुरमति डोल्यौं संसारा, परे असूझि वार नहीं पारा।
बिख अमृत एकै करि लीन्हा, जिनि चीन्हा सुख तिहकूँ हरि दीन्हा
सुख दुख जिनि चीन्हा नहीं जाना, ग्रासे काल सोग रुति माना।[35]

ईश्वर-भक्ति के बिना इस जीवन पर धिक्कार है। मानव-जीवन धूम या बादलों का महल है। इसे नष्ट होते देर नहीं लगती। अबोध जीव लौकिक विषय को ही रसाल प्रेम समझता है। संसार की नश्वरता से परिचित होते हुए भी जीव का विषयों के प्रति मोह कम नहीं होता। रसिक लौकिक प्रेम-रस के प्याले भर-भर के पीते रहते हैं, उन्हें काल का भास तक नहीं होता :

कहत सुनत जग जात है, विषै न सूझे काल।
कबीर प्याले प्रेम कै, भरि-भरि पिवै रसाल।।[36]

अज्ञानी जीव को चेतावनी देते हुए कबीर कहते हैं कि इस संसार को स्वप्नवत् मत समझो। ज्ञान के बिना मृत्यु सबका भक्षण कर डालती है। काल सर्वत्र शिकारी की भाँति घूम रहा है। जीव रूपी पशुओं को पकड़ने के लिए दुख-सन्ताप आदि यम के दूत चारों ओर घूमने लगे हैं। मृत्यु रात-दिन जीव के बालों को पकड़े रहती है। इसकी पाश अत्यन्त कठोर है, इसके समक्ष किसी का वश नहीं चलता। फिर भी तुम काल के भय से भयभीत नहीं होते तथा नश्वर सुखों के पीछे भागते रहते हो :

जम के चर चहुँ दिसि फिरि लागे, हंस पँखेरुवा अब कहां जाइबे।
केस गहें कर निस दिन रहई, जब धरि ऐंचे तब धरि चहई।
कठिन पासि कधू चलै न उपाई, जम दुवारि सीझे जब जाई।[37]

कबीर का कथन है कि सभी सांसारिक व्यापार और सम्बन्ध स्वार्थपूर्ण हैं। जीव को सांसारिक जीवन की यात्रा अकेले ही पूरी करनी पड़ती है। सभी भौतिक उपकरण यहीं रह जाते हैं। सांसारिक वैभवों की लालसा करते-करते और उसे भोगते-भोगते सारा संसार क्षीण होता जा रहा है :

कुसलहि कुसल करत जग खीना, पड़े काल भौ पासी।
कहै कबीर सबै जग विनस्या रहे राम अविनासी।[38]

जीव की अज्ञानता कबीर को सदैव दुखी करती है। वह इस बात से चिंतित रहते

हैं कि सारा संसार मगन-मस्त होकर अज्ञान और मोह की सुखपूर्ण निद्रा में लीन है। काल इनके सिर पर मँडरा रहा है, फिर भी इन्हें कोई चिंता नहीं। यम रूपी लुटेरों ने जीवन-मार्ग को घेरा हुआ है, वह जब चाहे इसे लूट सकता है। अतः हमें जागरूक होकर जीवन-संरक्षण का कोई उपाय खोजना चाहिए। काल किसी के अधूरे कार्यों की प्रतीक्षा नहीं करता :

जागहु रे नर सोवहु कहा
जम बटपारे रुँधै पहा।
जागि चेति कछू करौ उपाइ, मोटा बेरी है जमराइ।
सेत काग आए बन माहि, अजहूँ रे नर चेतैं. नाहि।
कहै कबीर तबै नर जागै, जम का डंड मूड मैं लागै।[39]

अज्ञानी-मन में विवेक और सद्‌भावना जागृत करते हुए कबीर ने कहा कि जो मनुष्य भगवा रूपी चिन्तामणि की प्राप्ति में प्रयत्नशील रहते हैं, वह काल-पाश से भयभीत नहीं होते। अज्ञानी मनुष्यों पर तो यमराज को दंड धरने का अधिकार है। क्योंकि उनके कर्म ही ऐसे होते हैं। इसके विपरीत ज्ञानी व्यक्ति मृत्यु पर विजय प्राप्त करने में सक्षम होता है :

निस बासुर जे सोवे नाही, ता नरि काल न खाई।
कहे कबीर गुर परसादें, सहजे रहया रागाई।[40]

जिस व्यक्ति का मन माया में उलझ जाता है, उस पर उपदेशों का कोई प्रभाव नहीं पड़ता। अन्त तक ऐसे व्यक्तियों का आत्मबोध जागृत नहीं होता। ऐसे प्राणियों की जीवन रक्षा का कोई उपाय नहीं :

कहत सुनत सब दिन गए, उरझि न सुरमया मन।
कहै कबीर चेत्या नहीं अजहूँ सुपहला दिन।[41]

अज्ञान के कारण जीवन पतनोन्मुख होता है। मनुष्य संसार की नश्वरता में रत होकर भौतिक सुखों को वास्तविक सुख मानकर आजीवन भटकता रहता है। अज्ञानी जीवन प्रभु-स्मरण से मुँह मोड़ता है तथा रागात्मक सम्बन्धों में उलझा रहता है। अज्ञानता मनुष्य के विवेक को पूर्णतः नष्ट कर देती है :

काल सिहांणे यों खड़ा, जागि पियारो म्यन्त।
राम सनेही बाहिरा, तूँ क्यूँ सोवै नच्यन्त।[42]

कबीर ने अपनी अमर लेखनी द्वारा जीव की अज्ञानता को दूर करने का भरसक प्रयास किया। मनुष्य को संसार के सभी पदार्थों की अनित्यता का बोध कराके केवल ईश्वरीय-भक्ति को शाश्वत सिद्ध किया। सांसारिक भोगों का अन्त कभी नहीं होता। मानव मिथ्या वासनाओं में उलझकर अपना सम्पूर्ण जीवन नष्ट कर देता है। आयु पल-पल में बीतती जाती है। अतः हमें मुक्ति-मार्ग अपनाना चाहिए। संसार के अनित्य और क्षणिक सम्बन्धों को भूलकर प्रभु से नित्य सम्बन्ध स्थापित करना चाहिए तथा सभी प्राणियों का कल्याण-मार्ग प्रशस्त करना चाहिए। तन-मन से मानव जाति की सेवा करना ही सच्ची भक्ति है और यही काल-भय से मुक्ति का उपाय है। सच्ची ज्ञानधारा को

प्रवाहित करते हुए कबीर कहते हैं कि मृगतृष्णा रूपी झूठे संसार की आशा को छोड़कर प्राणि मात्र को सत्कर्म करने चाहिए और प्रभु-स्मरण में लीन रहना चाहिए।

सामाजिक वैषम्य

मनुष्य एक सामाजिक प्राणी है। कोई भी मनुष्य समाज से असम्पृक्त नहीं रह सकता। जन्म से मृत्यु तक मनुष्य अपने सामाजिक परिवेश से प्रभावित होता रहता है। कवि स्रष्टा है तथा उसके काव्य का आधार समाज ही होता है। काव्य में सामाजिक जीवन की अभिव्यक्ति एक स्वाभाविक प्रक्रिया है। जहाँ एक ओर कवि अपने काव्य में सामाजिक जीवन के विभिन्न पक्षों को उजागर करता है वहीं दूसरी ओर समाज को नई दिशा दिखाने का महत्त्वपूर्ण कार्य भी करता है। युग की चेतना को अभिव्यक्त करनेवाला कवि ही युग-प्रतिनिधि कहलाता है। कबीर ने युग-प्रतिनिधित्व का कार्य बखूबी किया है।

जिस समय कबीर का आविर्भाव हुआ उस समय समाज के प्रत्येक क्षेत्र में अन्धकार, अस्तव्यस्तता और विश्रृंखलता का प्राधान्य था। समाज की दशा बड़ी शोचनीय थी। हिन्दू-मुसलमान के बीच संघर्ष बढ़ता ही जा रहा था। सर्वत्र असत्य एवं मिथ्याडम्बर का साम्राज्य था। मुस्लिम शासकों की अत्याचारपूर्ण नीतियों ने हिन्दू जाति को तन-मन से जर्जरित कर दिया था। समाज अपनी हीनावस्था में था। जाति-पाँति और ऊँच-नीच के आधार पर विभक्त समाज पर कबीर ने तीव्र कठोराघात किए हैं :

ऊँचे कुल का जनमियाँ, जे करणीं ऊँच न होइ।
सोवन कलस सुरै भर्या, साधू नींदे सोइ।[43]

कबीर ने अपने चारों ओर फैले समाज में व्याप्त विसंगति एवं विषमताओं को देखा और लोगों को पतन से बचाने के लिए प्रखर स्वर में कुरीतियों का विरोध भी किया। उन्होंने पुस्तकीय ज्ञान की अपेक्षा स्वानुभूति पर आधारित मानवीय ज्ञान को अधिक महत्त्व दिया। जन सामान्य के लिए पांडित्य-प्रदर्शन थोथा एवं निरर्थक है। केवल उच्च वंशोत्पन्न होना श्रेष्ठता का प्रमाण नहीं होता। कबीर की दृष्टि में उच्च वंशवाले की स्थिति 'मदिरा से भरे हुए स्वर्ण कलश' के समान अग्राह्य है। वेद-पुराण पढ़कर ब्राह्मण पांडित्य के अहंकार से विकृत हो जाता है :

ऊँचा कुल कै कारणे बंसबध्या अधिकारा।
वेद पुरान पड़त अस पांडे, खर चन्दन जैसे भारा।[44]

कबीर आदि सन्त कवियों ने जातिगत अर्जित प्रभाव एवं भ्रष्ट आचरणवाले व्यक्तियों का खुलकर विरोध किया। क्योंकि ऐसे लोगों के मन में सहानुभूति और लोक-करुणा का लेशमात्र भी नहीं होता और इनके कर्म क्रूर कसाइयों जैसे होते हैं :

बेद पड़्यां का यहु फल पांडे, सब घटि देखैं रामां।
जीव वधत अरु धरम कहत हो, अधरम कहाँ हैं भाई।
आप तो मुनिजन ह्वै बैठे, कासनि कहौं कसाई।[45]

निम्न आर्थिक अवस्था के कारण धोखाधड़ी, चोर-बाजारी एवं ठगी चारों ओर व्याप्त थी। कनक-कामिनी ने मनुष्य का मार्ग अवरुद्ध कर रखा था :

कबीर माया पापणीं, हरि सूँ करै हराम।
मुखि कड़ियाली कुमति की, कहण न देई राम।[46]

सर्वत्र विलासितापूर्ण वातावरण होने के कारण मानव की चारित्रिक विशेषताएँ नष्ट हो गई थीं—'यद्यपि यह भक्ति का युग था पर उसमें इतने शृंगारिक भाव आ गए थे कि समाज में विलासी वातावरण पैदा हो गया था। मुसलमानों की देखा-देखी हिन्दू समाज का वातावरण भी विलासी हो गया था। सुन्दरियों का बलात् अपहरण तथा राजदरबार में बहु नारी-संग्रह विलासिता के प्रतीक थे।[47] जनसामान्य इससे अछूता कैसे रह सकता था :

नर नारी सब नरक है, जब लग देह सकाम।
कहैं कबीर ते राम के, जो सुमिरैं निहकाम।[48]

सामन्तों अथवा शास्त्र-स्वामी ब्राह्मणों के मन में त्याग, तप, पवित्रता, अपरिग्रह की भावना के प्रति किंचित् भी सम्मान का भाव नहीं था।

कबीर कलि खोटी भई, मुनियर मिलै न कोइ।
लालच, लोभी, मसकरा, तिनकूँ आदर होइ।[49]

कबीरयुगीन समाज में अस्पृश्यता एक घातक बीमारी के रूप में फैली हुई थी। छुआछूत की यह बीमारी समाज के उच्च वर्गों एवं पाखंडी लोगों द्वारा फैलाई गई थी। 'छूत' की इस बुराई ने समाज को भयंकर रूप में जकड़ रखा था इसलिए कबीर ने इस असामाजिक बुराई का खुलकर विरोध किया :

काहे को कीजै पांडे छोति विचारा। छोति ही तें अपना सब संसारा।
छोति छोति करता तुम्ह ही जाए। तो ग्रभवास काहै कौं आए।
जनमत छोति मरत ही छोति। कहै कबीर हरि की निर्मल जोति।[50]

कबीर की मूल प्रवृत्ति समता के आधार पर लोकमंगल विधायिनी रही है। इसलिए उनसे ब्राह्मणवाद की सीमा से बाहर की जातियों का, समाज में होनेवाला अपमान सहन नहीं हुआ। कबीर की अन्तश्चेतना ने उस समय के जर्जर समाज की जातिगत दुरवस्था एवं दुर्बलताओं का जीवन्त प्रतिबिम्ब अंकित किया। कथनी और करणी में अन्तर करने वालों पर व्यंग्य करते हुए कबीर कहते हैं कि :

कथणीं कथी तौं क्या भया, जे करणी ना ठहराइ।
जैसी मुषतैं नीकसै, तैसी चालैं नाहिं।
मानिष नहीं ते स्वान गति, बाँध्या जमपुर जांहिं।[51]

निम्न कही जानेवाली जातियों के प्रति कबीर की सहज सहानुभूति उनकी वाणी में देखी जा सकती है। सदाचार और सदाशयता की कसौटी पर उन्होंने आदमी को श्रेष्ठ और हीन माना है। जो दुराचारी और दुष्ट हैं, वे उनकी दृष्टि में नीच हैं :

कबीर यहु जग अन्धला, जैसी अन्धी गाइ।
बछा था सो मरि गया, ऊभी चाम चराइ।[52]

कबीर ने सामन्ती समाज में व्याप्त नारी के प्रति लोलुप प्रवृत्ति की भी खुलकर भर्त्सना की है :

नर नारी सब नरक है, जब लग देह सकाम।
कहै कबीर ते राम के, गे सुमिरैं निहकाम।[53]

तत्कालीन समाज में स्त्रियों को भोग की वस्तु समझा जाता था। विलासिता के कारण कबीर ने नारी को समाज के पतन का कारण माना है :

नारी की झाँई पड़ी, अन्धा होत भुजंग।
कबिरा तिनको कौन गति, नित नारी को संग।[54]

जर्जरित समाज का उचित मार्गदर्शन करनेवाला कोई भी न था। थोथा अभिमान व अक्खड़पन जनसमुदाय में फैला था। तत्कालीन लोक-धर्म अन्धानुकरण था :

जाका गुर भी अन्धला चेला खरा निरन्ध
अन्धा अन्धा ठेलिया दून्यू कूप पड़न्त।[55]

कबीर के समाज में सारी व्यवस्थाएँ न्याय-रहित थीं। सामाजिक बुराइयाँ यथा जाति-पाँति, छुआछूत, ऊँच-नीच, हिन्दू-मुस्लिम-संघर्ष चरम पर था। मानवीय भावनाओं से आम आदमी को कोई सरोकार नहीं था। प्रसिद्ध इतिहासकार वर्कले मध्ययुगीन समाज के बारे में लिखते हैं–'जनता की धर्मान्धता तथा शासकों की नीति के कारण कबीर के जन्मकाल के समय में हिन्दू-मुसलमान का पारस्परिक विरोध बहुत बढ़ गया था। धर्म के सच्चे रहस्य को भूलकर कृत्रिम विभेदों द्वारा उत्तेजित होकर दोनों जातियाँ धर्म के नाम पर अधर्म कर रही थीं।'[56]

कबीर के समय समाज अपनी निम्नतर अवस्था में था। उसमें किसी प्रकार का उत्साह शेष नहीं रह गया था। धर्म के ठेकेदारों का साम्राज्य था और निम्न वर्ग शोषित जीवन बिता रहा था। समाज की इस हीन स्थिति को देखकर कबीर आदि सन्तों के क्रान्तिकारी वर्ग का उदय हुआ। उन्होंने इन विषम परिस्थितियों को दूर करने का बीड़ा उठाया–'साधारण जनता का-सा सादगी में जीवन व्यतीत करनेवाला सन्तों का एक ऐसा क्रान्तिकारी वर्ग था जिसने सभी अत्याचारों एवं दुर्व्यवस्थाओं के विरोध में अपना झंडा ऊँचा किया। इन सन्तों में अधिकतर निम्न जाति के लोग थे जो समाज और राज्य की तरफ से तिरस्कृत थे।'[57]

कबीर के समय में सामाजिक व्यवस्था में असामाजिकता-अराजकता दृष्टिगत होती है। वर्ण-वर्ण, धर्म-संस्कृति मिलकर समाज को जोड़ने की बजाय तोड़ रहे थे। कबीर ने एक सतर्क कवि की भूमिका निभाते हुए सामाजिक विसंगतियों पर तीव्र एवं कठोर प्रहार किए। कबीर की विद्रोही समाज-सुधारक भूमिका आज भी उतनी ही महत्त्वपूर्ण है।

कर्मकांड की विभीषिका

मध्यकालीन समाज जिस धार्मिक परिवेश में जीवनयापन कर रहा था, वह उसे परम्परा से प्राप्त हुआ था। समाज में शैव, शाक्त, वैष्णव, बौद्ध तथा जैन आदि धर्म प्रचलित

थे। मध्यकाल में जितने भी धर्म प्रचलित थे, उनमें पाखंड, भ्रष्टाचार तथा ढकोसलों की प्रधानता थी :

छह दरसन छयानबे पाषंड आकुल किनहूँ न जाना।
जप तप संजन पूजा अरचा जोतिग जग बौराना।[58]

बाह्याचारों अथवा धार्मिक रूढ़ियों ने मनुष्य को बुरी तरह जकड़ा हुआ था। मोह-आसक्ति की निर्बलता से पराधीन व्यक्ति तीर्थों में व्यर्थ ही भटकता रहता था। ऐसी मानसिकता में चेतना का विस्तार एवं समानता की अनुभूति कैसे सम्भव थी ? भ्रमित-कुंठित मानसिकता से व्यक्ति में कुंठाओं का जन्म होता है तथा उसका विकास-मार्ग अवरुद्ध होता है।

जल कै मंजन जो गति होई, मीना नित ही न्हावे।
मन में मेला तीरथ न्हावे, तिनि बैकुंठ न जाना।।
पाखंड करि-करि जगत भुलाना, नाहिन राम अयाना।[59]

कबीर आदि सन्त कवियों ने जागरूक एवं संवेदनशील व्यक्ति की भूमिका समाज में निभाई है। अतः धर्म के नाम पर हो रहे जबरन कुकर्मों के प्रति उनका विद्रोह स्वाभाविक ही है। कबीर ने हिन्दू-मुसलमान दोनों धर्मों में व्याप्त पाखंडों, रूढ़ियों का सम्पूर्ण वेग के साथ तिरस्कार किया है।

बैसनो भया तो क्या भया, बूझा नहीं विवेक।
छापा तिलक बनाइ करि, दग्ध्या लोक अनेक।[60]

मुसलमानों के पाखंड की हँसी उड़ाते हुए वे कहते हैं :

यह सब झूठी बन्दगी बरिया पंच निवाज
साँचे मारे झूठ पढ़ि काजी करै अकाज।[61]

तत्कालीन समाज में हिन्दू-मुस्लिम अपने-अपने धर्मों की श्रेष्ठता सिद्ध करने के लिए अधिकाधिक बाह्याचारों का आश्रय लेते थे। दार्शनिक पद्धतियों की जटिलता के कारण जनमानस विचारों के मायाजाल में उलझकर रह गया और धर्म के वास्तविक स्वरूप को समझ न पाया :

जप तप संजम पूजा अरचा, जोतिग जग बौराना।
कागद लिखि लिखि जगत मुलाना मन ही मन न समाना।

संतों ने तीर्थादि में भकटते मनुष्यों से सीधे प्रश्न किए हैं कि बिना कपट-ग्रन्थि खोले तीर्थों में जाने से क्या लाभ :

कासी गया और द्वारिका, तीरथ सकल भरमत फिरैं।
गाँठी न खोली कपट की, तीरथ गया तो क्या हुआ।[62]

सच्चा साधु माला-तिलकादि के मष-पाखंड की अपेक्षा नहीं करता :

माला फेरत जुग भया, फिरा न मनका फेर।
करका मनका डारि दे, मन का मनका फेर।[63]

भय-भावना से मुक्ति दिलाने के लिए, कबीर ने व्यावहारिक आधार पर निर्मित

स्वर्ग-नरक की अवधारणा का खंडन किया। वे कहते हैं कि सुनी-सुनाई बातों से अथवा किसी के कह देने भर से स्वर्ग नहीं मिल जाता। बैकुंठ की प्राप्ति के लिए कुंठा-रहित मानसिकता का होना आवश्यक है, यह कुंठा-रहित स्थिति साधु-सत्संग से ही सम्भव है :

जब लग है बैकुंठ की आसा, तब लग नहीं करि चरन निवासा।
कहै कबीर यह कहिए काहि, साध संगति बैकुंठहि आहि।[64]

कबीर ने धर्म के वास्तविक स्वरूप को समझने पर बल दिया। सच्चे धर्म में कर्मकांड का कोई स्थान नहीं होता। कबीर ने तीर्थाटन, मूर्तिपूजा, कीर्तन, जप आदि के रूप में व्याप्त कर्मकांडों का तीव्र तिरस्कार एवं खंडन किया :

जप तप दीसै थोथरा, तीरथ व्रत बेसास।
बेद पुरान सुमृत गुन पढ़ि पढ़ि, पढ़ि गुनि भरम न पावा।
संध्या गाइत्री अरु षट करमा, तिन थैं दूरि बतावा।[65]

कबीर एक स्वच्छ समाज का निर्माण करना चाहते थे। उनका लक्ष्य जनता को मिथ्याचारों के जाल से बाहर निकालकर सहज-सरल धर्म का मार्ग सुझाना था—'कबीर की कविता एक युगान्तकारी रचना है। भक्त कवियों की विनयशीलता और आत्मभर्त्सना के बीच वह स्पष्ट कंठ में कही गई धार्मिक और सामाजिक जीवन की पक्षपात रहित विवेचना है। हिन्दी साहित्य के धार्मिक काल के नेता के रूप में कबीर ने जितने साहस से परम्परागत हिन्दू धर्म के कर्मकांड से संघर्ष किया उतने ही साहस से उन्होंने भारत में ज़ड़ पकड़नेवाली इस्लाम की नवीन साम्प्रदायिक भावना से भी लोहा लिया।'[66]

कबीर सच्चे सन्त थे। वह मानव मात्र के प्रेमी थे। सामाजिक भ्रष्टाचारों और धार्मिक पाखंडों को देखकर उनका मन तिलमिला उठता था। उन्होंने दोनों धर्मों में व्याप्त कुरीतियों पर कठोराघात कर जनता का उचित मार्गदर्शन किया। व्यक्तिगत रूप से उनका किसी जाति से विरोध न था। धार्मिक और जातिगत विषमता को दूर कर वह जनता को नई राह दिखाना चाहते थे। साम्प्रदायिकता, ऊँच-नीच, छुआछूत जैसी कुत्सित प्रवृत्तियाँ लोगों में वर्ग-संघर्ष को उत्पन्न करती हैं तथा सामाजिक विकास के मार्ग को अवरुद्ध करती हैं। यह सब कबीर ने वर्षों पहले अनुभव किया था। कबीर ने कर्मकांड की विभीषिकाओं का यथार्थ अंकन करते हुए सरल तथा सदाचारपूर्ण लौकिक जीवन बिताने का सन्देश जनमानस में प्रसारित किया।

कबीर सम्पूर्ण समाज को सम्बोधित कर रहे हैं, केवल हिन्दुओं अथवा मुसलमानों को नहीं। उनकी वाणी तत्कालीन समाज के लिए जितनी प्रासंगिक थी उतनी ही आज भी सार्थक है।

परिणाम

कबीर के कालबोध का स्वरूप स्पष्ट और पारदर्शी है। कबीर अपने समय और समाज में व्याप्त अज्ञान, सामाजिक विसंगतियाँ, कर्मकांडीय पाखंड का प्रतिकार करने के लिए

संसार की नश्वरता और मनुष्य-देह की नश्वरता के समानान्तर काल की अज्ञेय, दुर्निवार शक्ति को प्रस्तावित करते हैं। परिणामस्वरूप ऐसी धर्म-निरपेक्ष जीवन-शैली का मार्ग प्रशस्त करते हैं जो पीड़ा में प्रहार करती है। इस दृष्टि को पानेवाला मनुष्य अकुंठ और निस्संग रहकर मृत्यु से प्रत्यक्षतः टकराता है। अहंकार-रहित होकर भक्ति सरीखे अमोघ अस्त्र को पाकर समरसता का अद्भुत अनुभव करता है और कालभय से सर्वथा मुक्त हो जाता है। इस प्रक्रिया को किंचित विस्तार से आगे विश्लेषित किया गया है।

धर्मनिरपेक्ष जीवन-दृष्टि

साम्प्रदायिक वैमनस्य सदैव ही समाज की स्थिति एवं प्रगति में बाधक रहा है। साम्प्रदायिक विद्वेष के कारण उपद्रवों का सृजन होता है तथा समाज में अशान्ति का वातावरण पैदा होता है। कबीर के युग में जाति-पाँति के भेदभाव ने सामाजिक जीवन को क्षत-विक्षत कर दिया था।

कबीरयुगीन समाज में हिन्दू-मुस्लिम धर्मों का प्राधान्य था। दोनों धर्मों में बढ़ते वैमनस्य से समाज में अशान्ति व अव्यवस्था फैल गई। दोनों सम्प्रदाय अपने धर्म को एक-दूसरे से उत्कृष्ट सिद्ध करने की कोशिश में लगे रहते थे जिसके कारण समाज में सदैव तनाव की स्थिति बनी रहती थी। युगद्रष्टा कबीर ने समाज में फैली विषमता, बाह्याचारों-कर्मकांडों को दूर करते हुए साम्प्रदायिक एकता स्थापित करने का स्तुत्य प्रयास किया। दोनों वर्गों के दोषों की कबीर ने कटु आलोचना की :

जौ र खुदाय मसीति बसत है, और मुलिक किस केरा।
तीरथ मूरति राम निवास, दुह में किनहूँ न डेरा।

कबीर का कथन था कि मन्दिर, मूर्ति और मस्जिद को लेकर परस्पर झगड़ा करना व्यर्थ है। कबीर ने सच्चे अर्थों में धर्मगत और संस्कारगत एकता स्थापित करने का प्रयास किया। व्यक्ति में अन्तर्हित ब्रह्म ही वास्तविक सत्य है। कबीर के अनुसार वर्गहीन समाज में ब्राह्मण और शूद्र, हिन्दू और मुसलमान में कोई जातिगत, धर्मगत भेद नहीं है। जाति, धर्म एवं वर्गगत भेदभावना अनुदार और मानवता-विरोधी है। हमें अपने मन और कर्म द्वारा कभी भी छुआछूत का भेदभाव मन में नहीं लाना चाहिए। जन्म से न कोई घृणित है और न अपवित्र :

ऊँचे कुल क्या जनमियाँ, जे करणीं ऊँच न होइ।
सोवन कलस सुरै भस्या, साधू निन्दा सोइ।[67]

कबीर के अनुसार उच्चता का विधायक उच्च करनी और सज्जनोचित आचरण है। धर्म-ग्रन्थों के आधार पर प्रस्तुत की गई वर्ग-व्यवस्था अमानवीय और तर्कहीन है :

विचिही भरम का भेद लगावो।
जोनि उपाई रची द्वै धरनीं दीन एक बीच गई करनीं।
राम रहीम जपत सुधि गई, उनि माला उनि तसबीं लई।
कहै कबीर चेतहु रे भौंदू, बोलनहारा तुरन न हिन्दू।[68]

धर्मनिरपेक्षता का विस्तार करते हुए कबीर ने पाखंडों की निन्दा की तथा मिथ्याचारों पर कठोर प्रहार किए :

स्वांग पहरि सो रहा, भया, खाया पीया बूंदि।
जिहि सोरि साधू नीकलै, सो तो मेल्ही मूंदि।[69]

कबीर ने धर्म को सरल एवं सामान्य बनाकर उसे ऐसा नैतिक आचरणयुक्त बनाया कि जिसका अनुसरण करके समाज में विषमता, द्वेष, घृणा और पारस्परिक वैमनस्य की भावना न फैले बल्कि समाज संगठित और सहनशील बनें। कबीर ने धर्म की नींव सत्य, अहिंसा, इन्द्रियनिग्रह, अच्छे आचरण पर रखी तथा हिंसा, द्वेष, घृणा, लोभ, क्रोध तथा मोह-माया को धर्म की सीमा से कोसों दूर बताया। सब परस्पर भाई-भाई हैं। सबको एक-दूसरे के कल्याण के लिए प्रयत्नशील रहना चाहिए।

कबीर के विचारानुसार हमें दूसरे धार्मिक विचारों के प्रति अविवेकपूर्ण दृष्टिकोण नहीं रखना चाहिए क्योंकि इससे धार्मिक विद्वेष और घृणा का जन्म होता है :

हिन्दू मुए राम कहि, मुसलमान खुदाइ।
कहै कबीर सोइ जीवता, दुइ में कदे न जाइ।[70]

कबीर के अनुसार राम और खुदा में भेदभाव करना मृत्यु को गले लगाना है। उनका कहना है कि पुरोहित-काजी-वर्ग द्वारा प्रतिपादित साम्प्रदायिक विधान, समाज में पाखंड और बाह्याडम्बर को प्रश्रय देता था, जिससे जन-सामान्य की मानसिकता का विकास अवरुद्ध हो जाए। इन्हीं वर्गों ने समाज में मूर्ति-पूजा, व्रत-उपवास, छापा-तिलक, मक्का-मदीना, रोज़ा-नमाज रूपी कर्मकांडों का जाल फैलाया हुआ था :

हम भी पाहन पूजते, होते रन के रोझ।
सतगुर की कृपा भई, डार्या सिर थैं बोझ।[71]

कबीर ने एक और हिन्दुओं के जप-तप, तीर्थ-व्रत आदि का विरोध किया तो दूसरी ओर मुसलमानों के नमाज, रोजा, हलाल आदि की खिल्ली उड़ाई। कबीर के सभी खंडन तर्क और बुद्धिवाद पर आधारित हैं। कबीर ने अन्ध-परम्पराओं को समूल नष्ट करने हेतु महत्त्वपूर्ण भूमिका निभाई तथा समाज को एक नवीन धर्मनिरपेक्ष दृष्टि प्रदान की जो आज भी उतनी ही प्रासंगिक है। 'कबीर के सहज धर्म में स्वानुभूति के साथ-साथ बुद्धिवादिता का भी पूरा स्थान है। जिस प्रकार उनके सहज धर्म का दर्शन अनुभूति पर टिका हुआ है उसी प्रकार उनके विश्वास बुद्धिवादिता पर टिके हुए हैं।'[72]

कबीर ने एक निरपेक्ष और स्वस्थ मानसिकतावाली धर्मदृष्टि का प्रसार किया। उनकी धर्मविषयक धारणा संकीर्णता से अछूती, व्यापक और उदार है। भ्रम में भटकते हुए समाज को अन्धविश्वासों, पाखंडों, रूढ़ियों की व्यर्थता दिखाते हुए उन्होंने सहज धर्म पर बल दिया, जिसका आधार आंतरिक शुचिता, विचारों की पवित्रता और आचरण की सात्त्विकता है जिसमें प्रेम, दया, सेवाभाव, अहिंसा, सत्य और औदार्य गुण विद्यमान है। कबीर ने एक ऐसे लोक-धर्म की आधारशिला रखी जिसमें दया और धर्म एक-दूसरे के पूरक हैं, किसी भी भेद-भावना का वहाँ स्थान नहीं। हिन्दू-मुसलमान, ब्राह्मण, शूद्र जहाँ

एक समान हैं। जहाँ पीड़ित और शोषित मनुष्यजाति को सान्त्वना और प्यार मिलता है। कबीर ने साम्प्रदायिक भेदभाव से विहीन सौमनस्यपूर्ण समाज की परिकल्पना की।

पीड़ा में प्रहारकता

सभी सन्त कवियों की तरह कबीर ने तत्कालीन समाज में व्याप्त अज्ञान, सामाजिक विकृतियों, राजनीतिक अत्याचारों और पाखंड में परिवर्तित कर्मकांड इत्यादि अनेक प्रकार के अन्धकार को अनुभव किया था। कबीर इन विषम परिस्थितियों से परास्त नहीं हुए बल्कि इनसे मिली पीड़ा ने उन्हें आक्रामक बनाया। इसलिए हम देखते हैं कि कबीर इनके प्रतिपक्ष में खड़े होते हैं। कबीर की पीड़ा सामाजिक प्रेम का परिणाम है। कबीर के साथ दादूदयाल, रैदास, दरियादास, मलूकदास, पलटूदास इत्यादि सन्त कवियों ने इसी तथ्य को सम्पूर्ण मार्मिकता के साथ प्रस्तुत किया है। रैदास का कथन है :

सो का जाने पीर पराई। जाके दिल में दरद न आई।[73]

दादूदयाल कहते हैं कि पीड़ा जीव को जगाए रखती है :

विरह जगावैं दरद को, दरद जगावै जीव।
पीर पुराणी ना पड़ै, जे अन्तर बेध होइ।[74]

जीव को मुक्ति की ओर सक्रिय करने की बात सन्त कवि अभिव्यक्त करते हैं। पीड़ा इसमें एक बड़ा नियामक है। पलटूदास के अनुसार—दुःख के भीतर मुक्ति है, सुख में नरक निदान।[75] धरणीदास मुक्ति का सच्चा मार्ग स्वयं पीड़ा झेलने में और पराई वेदना हरने में देखते हैं—पग पीर गहौ, पर पीर हरौ।[76] लगभग ऐसी ही बात मलूकदास ने भी कही है—मलूका सोई पीर है जो जाने पर पीर। जो पर पीर न जानहि सो काफिर बेपीर।[77] पीड़ा का यह अनुभव मनुष्य-प्रेम के नैरन्तर्य का परिचायक है :

कबीर पीर पिरावनीं, पंजर पीड़ न जाइ।
एक जु पीड़ परीति की, रही कलेजा छाइ।[78]

सच्चे मनुष्य की तरह कबीर इस पीड़ा से पलायन नहीं करते बल्कि कहते हैं—लागैं सो भाजै नहीं, सुख सिन्धु निहारि कबीर।[79] पीड़ा सहने का यह भाव अद्भुत, अपूर्व और विलक्षण है। जिस व्यक्ति में यह पीड़ा का भाव जाग जाता है वह सुख और दुख से ऊपर उठ जाता है। कबीर की सन्त-चेतना संवेदनशील और करुणामयी है। वह पीड़ा के सत्य को स्वीकार करते हैं; उसे निजी सन्दर्भों से उठाकर व्यापक धरातल पर देखते हैं इसलिए यह कबीर ही कह सकते हैं कि—

सुखिया सब संसार है, खावे अरु सोवे।
दुखिया दास कबीर है, जागे अरु रोवे।[80]

उल्लेखनीय तथ्य यह है कि कबीर अपने समय के मनुष्य को पीड़ित करनेवाले कारकों—अज्ञान, सामाजिक विकृतियों, राजनीतिक अत्याचारों और कर्मकांडीय पाखंडों के प्रति निर्मम रवैया अपनाते हैं और उन्हें दूर करने के लिए उन पर तीव्र प्रहार करते

हैं। समाज के प्रत्येक क्षेत्र में अन्धकार और अस्तव्यस्तता का प्राधान्य था। समाज की शोचनीय दशा और हिन्दू-मुस्लिम के बीच बढ़ते संघर्ष को देखकर कबीर का मन पीड़ा से भर उठता था। माया ने सबको अपने फन्दे में जकड़ रखा था :

माया मुई न मन मुवा, मरि मरि गया सरीर।
आसा त्रिष्णां नां मुई, यों कहि गया कबीर।[81]

राजनीतिक दृष्टि से यह युग कोलाहलपूर्ण और अशान्ति का समय थी। शासन अत्याचार पर टिका था और निरीह जनता उनके हाथ का खिलौना मात्र था। मानवीय मूल्यों का पूर्णतः ह्रास हो चुका था। भ्रष्ट शासकों पर प्रहार करते हुए कबीर कहते हैं :

कली का स्वामी लोभिया, पीतलि धरी बटाइ।
राज दुबारा यों फिरे, ज्यूँ हरि हाई गाइ।[82]

कबीरयुगीन परिस्थितियों में समाज को एक ठोस संबल की जरूरत थी। इसकी पूर्ति कबीर ने समाज को एक नए आत्मविश्वास की ओर प्रेरित करके की। धार्मिक कुरीतियों व पाखंडों पर व्यंग्यात्मक प्रहार करके उन्होंने समाज को नई दिशा दिखाई :

जप तप संजम पूजा अरचा, जातिग जग बौराना।[83]
कागद लिखि लिखि जगत भुलाना, मन ही मन न समाना।

समाज में जागरूकता लाने के लिए कबीर ने सभी कुरीतियों के निराकरण के लिए सत्य और क्रान्ति का सहारा लिया। बाह्याडम्बर और असत्य के प्रति उनकी करुणा और पीड़ा ने ही धर्म, समाज और मनुष्य के मन के कालुष्यों को धो डाला। सकारात्मक सामाजिक परिवर्तनों के रास्ते में आनेवाली निष्प्राण कुरीतियाँ और समाज और संस्कृति को पंगु बनानेवाले तत्त्व ही कबीर के व्यंग्य और प्रहारकता के निशाना बने हैं। समाज की पीड़ा को अनुभूत करके ही उनकी दृष्टि सार्वजनिक एवं सार्वभौम बनी। अपने काव्य में भौतिक जगत् के मानवीय दुखों को व्यक्त करते हुए लोगों को 'काल' के प्रति सावधान किया और जनता को ईश्वरीय चिन्तन की ओर उन्मुख किया।

कुंठा का अभाव

मनुष्य के आचार-विचार के अनुरूप ही समाज का निर्माण होना है। कबीर ने जीव को आत्मज्ञानी होने की शिक्षा दी है। व्यक्ति का सदाचारपूण आचरण सामाजिक उन्नति और विकास के लिए अवश्यंभावी है। समाज में एकता स्थापित करना और सामाजिक उत्थान के लिए सर्वस्व अर्पित कर देना मनुष्य का प्रथम लक्ष्य होना चाहिए। कबीर के जीवन के विभिन्न पक्षों का अवलोकन करते हुए हम कह सकते हैं कि कबीर ने जुलाहा-कर्म करते हुए अपने परिवार का पालन-पोषण किया तथा साथ ही साथ समाज का पथ-प्रदर्शन भी किया। कबीर अपने सम्पूण रचना-समय में कहीं भी कुंठा से ग्रस्त प्रतीत नहीं होते बल्कि अपने साधारण जीवनयापन की मिसाल पेश करते हुए उन्होंने समाज के सम्मुख सृष्टि, ईश्वर, काल जैसे विपयों पर गूढ़तम विचार काव्यबद्ध किए हैं।

कबीर सांसारिक विषय-वासनाओं पर विजय प्राप्त करने के कारण कुंठाग्रस्त नहीं हैं। तभी तो वह डंके की चोट पर कहते हैं कि मुझे अपनी शक्ति पर किसी प्रकार का संशय तथा शत्रु से कोई भय प्रतीत नहीं होता। क्योंकि ईश्वर से सत्य-प्रेम के कारण मुझे शक्ति मिल रही है इसलिए मैंने माया से युद्ध का आह्वान किया है :

कबीर संसा भैरै कोउ नहीं, हर सूँ लाग्गा हेत।
काम क्रोध सूँ झूझणा, चौड़े मांड्या खेत।[84]

शूरवीर व्यक्ति तो वही होता है जो कमल के फूल की तरह पानी में रहकर भी सांसारिक मोह-माया से ग्रस्त नहीं होता। संसार को युद्ध-क्षेत्र मानकर, जीवन-मृत्यु की परवाह न करके, डटकर सुख-दुखों का सामना करता है। भक्ति ईश्वर को पाने की साधना है। भक्त का जीवन-संग्राम ईश्वर के लिए है। इसलिए कबीर अपने मन को समझाते हुए कहते हैं कि अब तो युद्ध करने में ही कल्याण है। घर तो पीछे रह गया। स्वामी के लिए सिर अर्पित करने में हिचकना नहीं चाहिए अर्थात् मनुष्य को अपने कर्म-जाल को छोड़कर माया का मोह त्याग देना चाहिए। जीव के अहंभाव का विसर्जन ईश्वर-प्राप्ति के लिए आवश्यक है :

अब तो झूझयाँ हीं बणै, मुड़ि चाल्याँ घर दूरि।
सिर साहिब कों सौंपता, सोच न कीजै सूरि।[85]

कबीर संसारी विषयों को त्यागकर ऊपर उठ चुके हैं। अपनी इन्द्रियों को वश में करने के कारण उन्हें किसी भी प्रकार की आत्मग्लानि दुःखी नहीं करती इसलिए वह विचारपूर्वक मानवजाति से कहते हैं कि मेरी वस्त्र बुनने की नली के तमाम धागे हरिस्मरण रूपी वस्त्र में लग गए हैं। अब कोई भी वासना मेरे मन को परेशान नहीं करती, सब हरि-आराधना में लगकर समाप्त हो गए हैं :

जीव की गाँठि सब भागी, जहाँ की तहाँ ल्यौ लाई।
बेठि बेगारि बुराई थाकी, अनभै पद परकासा।
दास कबीर बुनत सच पाया, दुख संसारा सब नासा।[86]

कबीर ने जीवन के व्यावहारिक स्तरों पर व्याप्त अन्तर्विरोधों को मिटाने के लिए समन्वयवादी दृष्टिकोण को बढ़ावा दिया। मानव की उच्चता का आधार नैतिकता और सदाचार है। मनुष्य अपने मिथ्या अहंकार को त्यागकर और प्रेमपूर्वक भक्ति-मार्ग पर चलकर ही मानवजाति के कल्याण का साधन बन सकता है। कबीर की व्यथा किसी वर्ग-विशेष का दुख न होकर, सम्पूर्ण मानवजाति का दुख है। इस व्यथा का स्वर आध्यात्मिक एवं नैतिक है। कबीर के जीवन का आधार समन्वयवादी था। किसी भी प्रकार की आर्थिक सम्पन्नता, सामाजिक प्रतिष्ठा तथा लौकिक वस्तुओं के संग्रह को कबीर केवल अपने लिए नहीं बल्कि सम्पूर्ण मानवजाति के लिए तुच्छ मानते हैं। वह केवल समाज का आध्यात्मिक कल्याण और नैतिक उत्थान चाहते हैं।

सन्त-भक्त होने के कारण कुंठा का उनमें अभाव है। भक्ति, प्रेम और सदाचरण द्वारा वह भगवद्-प्राप्ति का सन्देश जन-जन तक पहुँचाना चाहते हैं। उनके लिए हिन्दू-

मुसलमान, ब्राह्मण-शूद्र सब समान हैं। कबीर केवल शुष्क उपदेशक ही नहीं हैं। संसार के मोह-माया से विरक्ति, अपरिग्रह, अहिंसा, दया, सत्य, मानव-प्रेम की भावना आदि सारभूत तथ्यों को अपने जीवन में आत्मसात् करके ही उन्होंने समाजोन्मुख रखा था। कबीर को इस बात का दुख है कि सारा संसार विषय-वासनाओं में डूबकर मस्ती से जीवन बिता रहा है और कबीर विषयों से वैराग्य होने के कारण दुखमय जीवन काट रहे हैं :

सुखिया सब संसार है, खावै अरु सोवे।
दुखिया दास कबीर है, जागै अरु रोवे।[87]

कबीर को इस बात का दुख है कि उन्हें सच्चा तथा विवेकी-हितैषी नहीं मिला, जिसमें श्रद्धा और विश्वास जम सके। सभी व्यक्ति अपनी-अपनी वासनाओं की आग में जल रहे हैं :

ऐसा कोई ना मिले, जासौं रहिए लागि।
सब जग जलता देखिए, अपणीं अपणीं आगि।[88]

सारा संसार मोह-माया से त्रस्त होकर झूठे सुखोपभोग में जीवन व्यतीत कर रहा है। कबीर ने मोह-माया रूपी घर जला दिया है और जलाने के साधन ज्ञान-भक्ति एवं वैराग्य रूपी मुराड़ा अपने हाथ में ले लिया है। इसलिए ग्लानि की भावना त्यागकर जो हमारे साथ भगवान् के पास जाना चाहता है; अब हम उसका घर जलाएँगे :

हम घर जाल्या आपणाँ, लिया मुराड़ा हाथि।
अब घर जालौं तास का, जे चलै हमारे साथि।[89]

कबीर जानते हैं कि वह वासना रहित निर्मल मन को भगवान् का सान्निध्य प्राप्त होता है। कबीर की सम्पूर्ण वासना नष्ट हो गई है :

कबीर मन मृतक भया, दुरबल भया सरीर।
तब पैंडे लागा हरि फिरै, कहत कहत कबीर।[90]

मानवजाति के कल्याण के लिए अहंकार-वृत्ति का शमन आवश्यक है क्योंकि 'अहं' व्यक्ति-व्यक्ति में भेदभाव उत्पन्न करता है। इस अहंकार को शामित करने के लिए आम आदमी के प्रति मानवीय दृष्टिकोण और सेवा-भाव को कबीर ने प्रमुखता दी। कबीर द्वारा प्रतिपादित साम्यमूलक अवधारणा एक लोकमंगलकारी समाज की नींव रखती है जिसमें मनुष्य की कुंठा का कोई स्थान नहीं रहता। उन्होंने स्वयं कष्ट सहकर भी सुखी करने की भावना को महत्त्व दिया है। यदि समता-भाव से प्रेरित होकर यह जीवन व्यतीत किया जाए तो यह संसार कष्टकर प्रतीत नहीं होता। जैसा मनुष्य स्वयं के विषय में अनुभव करता है वैसा ही सबके विषय में सोचे, तो बहुत सी समस्याओं का हल निकल जाएगा।

संक्षेप में कह सकते हैं कि कबीर इसीलिए अकुंठ हैं कि उनके विमर्श का केन्द्र समाज है। वह देखते हैं कि अज्ञानता से ग्रस्त और पाखंड-पीड़ित समाज विसंगतियों का दंश झेल रहा है। क्षणभंगुर संसार में नश्वर मनुष्य-देह काल की अपरिमित-अटल सत्ता के समाने क्षुद्र और निस्सहाय है। इस विवेक के जागृत होने के परिणामस्वरूप कबीर सकारात्मक सांस्कृतिक जीवन के दृष्टिकोण को व्यंजित करते हैं। इस प्रस्तावना

में पीड़ा के समक्ष समर्पण नहीं, प्रहार करने का सच्चा भाव लक्षित होता है। इस सन्दर्भ में कबीर समाज, व्यक्ति और स्वयं अपनी सम्यक् आलोचना करते हुए कुंठा को पास नहीं फटकने देते हैं। मृत्यु के सामने जीवन जीने के इस संकल्प में निस्संगता और मृत्यु से निर्भीक होकर जूझने का साहस व्यक्त होता है।

निस्संगता

काल की अपरिहार्य शक्ति को कबीर जीवन की अटूट जिजीविषा के सन्दर्भ में देखते हैं। वे समझते हैं कि मनुष्य-जीवन क्षणभंगुर और नश्वर है। इसी परिप्रेक्ष्य में कबीर कर्मकांडीय वितण्डा, सामाजिक विसंगतियों तथा चतुर्दिक व्याप्त अज्ञानता से संघर्ष करते हैं। यही कारण है कि सन्त-कवि कबीर धर्मनिरपेक्षता को जीवन की सहज शैली के रूप में बदल देते हैं। अकुंठ स्वभाव के इस कवि में प्रतिपक्ष पर प्रहार करने की अद्‌भुत क्षमता है क्योंकि वह सुख-दुख से अविचलित रहता है। किसी विशेष व्यक्ति, विचार और जगत्-प्रपंच से अलग रहने की निस्संगता ही काल से अभय प्रदान करती है।

कबीर की यह निस्संगता उनके सहज नीतिपरक धर्म की तरह सच्ची है। उसमें मिथ्याभिमान नहीं है :

ग्यानीं तौ नींडर भया, मानैं नांही संक।
इन्द्री केरे बसि पड्या, भूंचे (भूंजे) विषै निसंक।[91]

'अहम्मन्य ज्ञानी तो अपने ज्ञान के अहंकार में निडर हो गया है। उसके मन में जरा भी भय और संकोच नहीं है। वह इन्द्रियों के वश में हो गया है और निश्शंक होकर विषय-वासनाओं में लिप्त रहता है। यह विषयों में निश्शंक-होकर दग्ध हो रहा है। उसके साथ ही यह निस्संगता का मिथ्याभिमान भी रखता है।'[92] कबीर के यहाँ ज्ञान की अहम्मन्यता और ढोंग नहीं है। विषय उन्हें बाँधते नहीं हैं क्योंकि कबीर इस यथार्थ से परिचित हैं कि निस्संग होना जीवित अवस्था में ही संसार की ओर से मर जाना है अथवा असम्पृक्त होकर रहना है। कबीर के विचारानुसार मनुष्य को सांसारिक विषयों से निर्लिप्त रहकर जीवनयापन करना चाहिए। इस जीवावस्था में ही मृत्यु को प्राप्त होना चाहिए। जीवन रहते हुए मरने का अर्थ है संसार के सब काम करते हुए भी उनसे असंपृक्त रहना :

मरतां मरतां जग मुवा, आसर मुवा न कोइ।
कबीर ऐसैं मरि मुवा, ज्यूँ बहुरि न मरना होइ।[93]

अर्थात् सांसारिक विषय-वासनाओं में मरते-मरते यह संसार नष्ट हो रहा है। परन्तु किसी भी प्राणी को उचित अवसर पर मरना नहीं आया। संसार की मोह-माया का ज्ञानपूर्वक त्याग ही उचित अवसर की मृत्यु है।

कबीर ने मानवजाति को कमल की तरह निस्संग रहने की शिक्षा दी है। जिस प्रकार कमल पंक में जन्मता और बढ़ता है परन्तु जल की एक बूँद भी अपने ऊपर धारण

नहीं करता उसी प्रकार मनुष्य को भी संसार में रहते हुए सांसारिक विषय-वासनाओं को त्यागते हुए विनम्रता एवं प्रेमपूर्वक जीवन बिताना चाहिए :

आपा मेट्याँ हरि मिलै, हरि मेट्याँ सब जाइ।
अकथ कहांणीं प्रेम की, कह्याँ, न को पत्याइ।।[94]

अपने अहं को मिटाकर ही ईश्वर को प्राप्त कर सकते हैं। अहं द्वारा ईश्वरीय ज्ञान प्राप्त नहीं होता। प्रेम एवं विश्वास द्वारा ही प्रभु को पाया जा सकता है :

रौड़ा ह्वै रहो बाट का, तजि पाषंड अभिमान।
ऐसा जे जन ह्वे रहै, ताहि मिले भगवान।[95]

कबीर अपने जटिल पर्यावरण से अनथक संघर्ष करते हैं। समूची मध्ययुगीन जीवनगत परिस्थितियाँ मृत्यु के समक्ष जीवन की हीनता व्यक्त करती हैं। लेकिन कबीर का जीवन-दर्शन इससे विपरीत है। सुख में वह अतिरिक्त आह्लाद महसूस नहीं करते और दुख में वह काल तक से नहीं घबराते। क्योंकि कबीर ने ऐसी आन्तरिक व्यवस्था निर्मित कर दी है जहाँ जीवन समरस है। और कबीर हर प्रकार के अतिरेक से निस्संग। डॉ. बिन्दु माधव मिश्र के शब्दों में—'उनका हीनता बोध कहीं नहीं प्रकट होता। उनकी गहरी नैतिक अन्तर्दृष्टि जीवन की समरसता की तलाश में व्यवस्था से मोर्चा लेने के लिए उन्हें सन्नद्ध बनाए रहती है। वे समझौता कहीं नहीं करते। असहाय कभी नहीं होते। यही नैतिकता संसार के प्रति उनकी निस्संगता में सहायक बनती है। और मृत्यु से साक्षात्कार का साहस जुटाती है।'[96] यह महान् जीवन की आन्तरिक पहचान है।

कबीर की यह निस्संगता गीता के 'निष्काम योग' से भी साम्य रखती है। फलासक्ति से अहंभाव जागृत होता है। कबीर की दृष्टि में सत्कर्म स्वयं में साध्य है। जीवन जीने के प्रति यह व्यावहारिक रुझान कबीर के अकुंठ व्यक्तित्त्व और काल-भय पर प्रहार करने की क्षमता को व्यक्त करता है। इसलिए कबीर सत्कर्म करने की प्रेरणा देते हैं, फलासक्ति के द्वन्द्व में नहीं पड़ते क्योंकि—'फलासक्ति से रंजित कर्म मनुष्य को जन्म-मरण के बन्धन में डालता है। सुख-दुख, पाप-पुण्य, सिद्धि-असिद्धि जैसे द्वन्द्वों को फलासक्ति ही जन्म देती है।'[97] कबीर की निस्संगता उन्हें द्वन्द्वों से मुक्त रखती है। कबीर कहते हैं कि शरीर में प्राण रहते हुए विषय-वासनाओं से अनासक्त रहकर तथा सुखों का परित्याग करके भगवान् की पूजा-अर्जना की जा सकती है। ऐसे निस्संग भक्तों से दुख भी दूर भागते हैं :

जीवन मृतक ह्वे रहै, तजै जगत् की आस।
तब हरि सेवा आपण करैं, मति दुख पावैं दास।[98]

कबीर के विचारानुसार माया-मोह रूपी सांसारिक घर जलाकर वास्तविक घर की प्राप्ति होती है। अगर मैं इस संसार की रक्षा का प्रयत्न करूँ तो 'मैं' स्वरूप का विस्मरण हो जाता है और मेरा वास्तविक घर छूट जाता है। जीवन्मृत व्यक्ति काल को नष्ट कर देता है। मुक्त पुरुष के लिए काल नहीं रहता। यह दृश्य रूप जगत् केवल कल्पना पर आधारित है :

घर जालौं घर उबर, घर साखौ घर जाइ।
एक अचम्भा देखिया, मरा (मड़ा) काल कौं खाइ।[99]

विषय-वासनाओं का भाग तुच्छ जीवन है और उन वासनाओं से निवृत्ति ही मृत्यु है। वास्तविक मरना तो अज्ञान और वासना को त्यागकर प्रेम एवं ज्ञान रूप से भरकर मरना है। जो मनुष्य सांसारिक शरीर के छूटने से पूर्व ही वासनाओं से मुक्ति रूपी मृत्यु का वरण करता है, वह इस भक्तिकाल में अजर-अमर हो जाता है :

जीवन थैं मरिबौ भलौ, जौ मरि जानै कोइ।
मरनै पहली जे मरें, तो कलि अजरावर होइ।[100]

यही वास्तविक मुक्ति है। कबीर की निस्संगता बधिकों के बीच और दुर्निवार काल के सम्मुख जीवित रहने की शक्ति प्रदान करती है। सत्कर्म पर आस्था रखनेवाले कबीर की निर्लिप्तता उन्हें अविचलित रखती है :

कबीरा तेरी झोंपड़ी, गल-कट्टयन के पास।
जो बोएगा सो पाएगा, तू क्यों होत उदास।
कुछ लेना ना देना मगन रहना
पाँच तत्त्व का अपना पिंजरा, जामै बोले है मेरी मैना।
बेपटिया से मिलै रहना।।
तेरा साँई तेरे मन में बसत है, सखि खोल के देख नयना।[101]

लोक में प्रचलित यह पद निस्संगता को व्यंजित करता है।

सन्त 'लेना न देना मगन रहना' की निस्संगता को जीने की सही राह के रूप में प्रतिपादित करते हैं। कबीर के अनुसार व्यक्ति निस्पृह, निरहंकार, निस्संग, निर्विषय एवं सन्त समान होना चाहिए। कवि के शब्दों में :

निरवेरी निहः कमिता, साँई सेती नेह।
विपिया सूँ न्यारा रहे, सन्तनि का अंग राह।।[102]

विषयों से विरक्त रहने की यही निस्संगता अहंभाव को नष्ट करती है और भक्ति-परक सामरस्य की अनुभूति को जागृत करके मृत्यु से जूझने के साहस को पुष्ट करती है।

मृत्यु से साक्षात्कार का साहस

कबीर की आध्यात्मिक यात्रा का प्रयोजन युग वैषम्य का शमन करना था। वह समाज के प्रत्येक स्तर पर व्याप्त विषमता का उन्मूलन करना चाहते थे। कबीर की गहरी मानवीयता सहृदयता और नैतिक अन्तर्दृष्टि उनके कालबोध को तीव्र बनाए रखती है। कबीर का विद्रोही और क्रान्तिकारी स्वभाव ही समाज को मृत्यु से साक्षात्कार करने का साहस जुटाने की प्रेरणा देता है।

क़बीर के अनुसार मृत्यु मनुष्य की उन्नति का मार्ग है। स्वार्थ तथा मोह-माया में

डूबे प्राणियों को मृत्यु वलपूर्वक संसार से विलग कर देती है। मनुष्य के सभी दुखों का अन्त मृत्यु द्वारा ही होता है। इसलिए कबीर मृत्यु को कल्याणकारी मानते हैं। एक बार विषय-वासनाओं पर विजय प्राप्त कर लेने से मृत्यु का भय जाता रहता है :

गगन दमामां बाजिया, पड़्या निसानें धाव।
खेत बुहार्या सुरिवें, मुझ मरणे का चाव।[103]

मृत्यु से प्रत्येक व्यक्ति का साक्षात्कार होना अनिवार्य है। मृत्यु एक परिवर्तन का नाम है। शूरवीर इससे कभी भयभीत नहीं होते बल्कि इसे मुक्ति का द्वार समझकर हँसते-हँसते स्वीकारते हैं :

सूरैं सार संबाहिया पहूरया सहज संयोग।
अब के म्यांन गयन्द चढ़ि, खेत षडन का जोग।[104]

कबीर मृत्यु से संघर्ष करनेवाले कवि के रूप में हमारे सामने आते हैं। कबीर ने मानवजातिं को जीवन-संघर्षों से घबराकर भागने के बजाय उनका निडरतापूर्वक सामना करने के सकारात्मक रूप को अपनाने पर बल दिया।

कबीर जनमानस को काल से भयभीत नहीं करना चाहते। वह काल की शक्ति को पहचानते हैं। उनके अनुसार जीवन-संग्राम में अविचल भाव से संघर्षरत रहनेवाले प्राणी मृत्यु का सहर्ष स्वागत करते हैं। इसके विपरीत कर्मों से विमुख रहनेवाले व्यक्ति सदैव काल से भयभीत रहते हैं :

खेत न छाड़ें सूरिवाँ, झूझे द्वै दल माहिं।
आसा जीवन मरण की, मन में आंणें नाहिं।[105]

कबीर के विचारानुसार मोह-माया, आशा-तृष्णा और अहंकार का पूर्णतः शमन करके ही मृत्यु पर विजय प्राप्त की जा सकती है। संसार में गहरी आसक्ति रखनेवाले व्यक्ति सदेव मृत्यु से भयभीत रहते हैं। लेकिन कबीर ने अहंकार का पूर्णतः शमन करके काल पर विजय प्राप्त कर ली है :

जिस मरनै थै जग डरे, सो मेरे आनन्द।
कब मरिहिं कब देखिहूँ, पूरन परमानन्द।[106]

कबीर ने अपने काव्य में काल की भयानकता और अपरिहार्यता का विशद् वर्णन किया है लेकिन उनका उद्देश्य मानवजाति के अन्दर किसी प्रकार का भय उत्पन्न करना न होकर समाज के उत्पीड़ित और निर्वल व्यक्तियों के मन से मोह-माया के आवरण को हटाकर उन्हें आत्मविश्वासी एवं जागरूक बनाना था। कबीर के अनुसार आत्म-साक्षात्कार ही वास्तविक ज्ञान है। जब व्यक्ति की अन्तर्चेतना जागृत हो जाती है तब काल की भयानकता उसे किसी प्रकार से भयभीत नहीं करती। परमतत्त्व के स्वरूप का बोध हो जाने पर काल का आगमन सुखद प्रतीत होने लगता है।

कबीर के विचारानुसार कर्तव्यपूर्ण जीवन बिताने के बाद मानव के मन में मृत्यु से साक्षात्कार करने का साहस पैदा हो जाता है। परन्तु कुमार्गी और अपमानपूर्ण जीवन व्यतीत करनेवाले प्राणियों को असमय ही मृत्युबोध सताने लगता है—'व्यक्ति अपने कर्मों

के प्रति उत्तरदायी है। कुकर्म ही काल-भय उत्पन्न करते हैं। सदाचारी को काल का भय कभी नहीं सताता। जो मनुष्य जीवन में अपने द्वारा किए हुए वरण से उत्पन्न पीड़ा को सहर्ष स्वीकारता नहीं और भय के कारण दूसरे का नेतृत्व ग्रहण कर लेता है, उसे ही मृत्युबोध सताने लगता है।'[107] स्पष्टतः काल और कर्म में सघन सम्बन्ध है।

मनुष्य के लिए यह आवश्यक है कि वह इस सत्य का साक्षात्कार करे कि यह संसार निरुद्देश्य और निरर्थक है इसलिए मानव को जीवन उद्देश्य स्वयं निर्धारित करते हुए बाह्य के निरर्थक संसार को एक नवीन अर्थ देना चाहिए। चिन्तन के इसी क्रम में मनुष्य को अपने अस्तित्व का बोध होता है—'मनुष्य का समय मृत्युबोध महसूस करता रहता है, वह मृत्यु के लिए प्रतीक्षावान है।'[108] मृत्युबोध से अस्तित्वगत विवेक जागृत होता है।

कबीर के कथनानुसार एक दिन सभी का मृत्यु से साक्षात्कार होना अनिवार्य है। इसलिए मानव को अपने क्षणिक तथा नश्वर शरीर पर अभिमान नहीं करना चाहिए :

कबीर सब सुख राम हैं, और दुखाँ की रासि।
सुर नर मुनियर असुर सब, पड़े काल की पासि।[109]

कबीर ने यह अनुभव किया कि केवल भक्ति ही सत्य है। भय और त्रास हमें हमारे अस्तित्व का बोध कराते हैं। भौतिकता की दौड़ में हमें अपने व्यक्तित्त्व, अन्तरात्मा और आध्यात्मिक भावनाओं की रक्षा करनी चाहिए। भक्ति के बिना काल अत्यन्त भयंकर एवं दुखदायी रूप में हमारे सामने आता है।

कबीर के विचारानुसार मृत्यु मोक्ष का द्वार है, अतः वह सुखद है तथा मृत्युबोध के कारण ही संसार में सुन्दरता तथा प्रेम उत्पन्न होता है। इसी बोध के कारण व्यक्ति जीवन का वास्तविक आनन्द प्राप्त कर सकता है, समाज में व्यवस्था तथा सुख-शान्ति की स्थापना हो सकती है। अराजकतापूर्ण समाज को सत्कर्मों की ओर प्रेरित करने के लिए काल-भय का बोध कराना आवश्यक था। काल-भय को दूर करने का एकमात्र उपाय कबीर ने ईश्वर-स्मरण बताया :

अब मैं पाइबो रे पाइबो ब्रह्म गियान,
सहज समाधें सुख में रहिबौ कोटि कलप विश्राम।
गुर कृपाल कृपा जब कीन्हीं, हिरदै कँवल बिगासा।
भागा भ्रम दसौं दिस सुझया, परम जोति प्रकासा।
मृतक उ या धनक कर लीयै, काल अहेड़ी भागा।[110]

कबीर का जनमानस को मृत्यु से साक्षात्कार कराने का एकमात्र उद्देश्य उन्हें शूरवीर बनाना था। जीवन संघर्षों का नाम है। अकर्मण्य व्यक्ति सदैव काल से डरे रहते हैं क्योंकि उन्हें यह भय सताता रहता है कि मृत्यूपरान्त उन्हें अपने कर्मों का फल भोगना पड़ा। ज्ञानी और सदाचारी व्यक्ति कभी भी काल के आगमन से भयभीत नहीं होते। कर्मशील प्राणियों के लिए मृत्यु मात्र एक परिवर्तन का नाम है।

कबीर ने समय की माँग के अनुरूप पथभ्रष्ट समाज की सुप्त चेतना को जगाने का स्तुत्य प्रयास किया। आवागमन-चक्र से मुक्ति पाने के लिए अहंकार का नाश,

सांसारिक भोगों से विमुखता, मानवजाति से समानता का व्यवहार तथा ईश्वर-साधना को उपयोगी बताया। मृत्यु मोक्ष रूपी सीढ़ी का अन्तिम सोपान है।

अहंकार का शमन

कबीरयुगीन कुलीनतावादी समाज भोग और विलासिता में नष्ट हो रहा था। अहंकार के मद में मदमस्त इस वर्ग का प्रभाव समाज के अन्य हिस्सों पर भी पड़ रहा था। कबीर के विचारानुसार मनुष्य प्रभु-स्मरण को भूलकर अपने नश्वर शरीर और भौतिक साधनों पर व्यर्थ का अभिमान करता रहता है। व्यक्ति का अहं उसे नष्ट कर देता है। मोक्ष की प्राप्ति के लिए अहंकार का शमन अत्यावश्यक है।

नश्वर तथा क्षणभंगुर भौतिक साधनों और यौवन की शक्ति पर मनुष्य व्यर्थ ही अहंकार करते हैं। किन्तु मायिक पदार्थ अनित्य होने के कारण मनुष्य का अहंकार भी मिथ्या ठहरता है। पंचभूतात्मक तत्त्व विनाशशील है, केवल राम-नाम ही सत्य और नित्य है। कबीर के अनुसार जब तक शरीर में अहंभाव बना रहता है, तब तक मनुष्य जीवन-मरण के चक्कर में पड़ा रहता है। शरीर से अहंकार का पूर्णतः शमन कर देने पर मनुष्य काल के क्रूर पाश से सर्वदा मुक्त हो जाता है :

बैद मुवा रोगी मुवा मुवा सकल संसार।
एक कबीरा ना मुवा जाके राम अधार।[111]

कबीर के कथनानुसार मनुष्य आजीवन स्त्री, धन, पुत्र, विद्या, राज्य आदि अनित्य पदार्थों पर अभिमान करता है। ये सभी वस्तुएँ माया के रूप हैं और नश्वर हैं। इन अनित्य सम्वन्धों पर अहंकार करना कभी हितकर नहीं होता, यह मनुष्य के विवेक-ज्ञान का अपहरण कर लेती है :

माया मोहि मोहि हित कीन्हा,
ताथै मेरो ग्यान ध्यान हरि लीन्हा।
संसार ऐसा सुपिन जैसा जीवन सुपिन समान।
साँच गाँठि बाँध्यौ छाड़ि मरम निधान।[112]

मानव शरीर और यौवन तो क्षणभंगुर है। यह सब तो टेसू के फूल की तरह हैं। जिस तरह टेसू का फूल केवल चार दिन के लिए फूलता है, फिर कुम्हला जाता है, पलास भी अन्त में सूख जाता है उसी प्रकार यौवन भी कुछ क्षणों का मेहमान होता है। अन्त तो मृत्यु ही है, फिर अहंकार कैसा?

कबीर कहा गरबियौ, इस जोवन की आस।
टेसू फूले दिवस चारि, खंखर भए पलास।[113]

जीव माया के कारण अपने स्वरूप को भूलकर दुखी होता है। मनुष्य जब तक माया के वशीभूत होकर अहंकार करता है तब तक उसको आत्मस्वरूप का ज्ञान नहीं होता। यही अहंभाव जीव को ब्रह्म से पृथक करता है। जब अहंकार का यह भाव नष्ट हो जाता

है, जीव और ब्रह्म में ऐक्य स्थापित हो जाता है :

मन मार्‌या ममिता मुई, अहं गई सब छूटि।
जोगी था सो रमि गया, आसनि रही विभूति।[114]

कबीर के अनुसार अज्ञानी मनुष्य मिथ्या व्यावहारिक सम्बन्धों को सत्य मानकर जीवनपर्यन्त अहंकार में लीन रहता है। मनुष्य को चेतावनी देते हुए कबीर कहते हैं कि धन-ऐश्वर्य के सभी साधन यहीं छूट जाते हैं। कोई भी मृत्यु के उपरान्त साथ नहीं देता :

राम थोरे दिन कौं धन करना, धन्धा बहुत निहाइति भरना।
कोटी धज साह हस्ती बँध राजा, क्रिपन कौं धन कौनें काजा।
धन के गरबि राम नहिं जाना, नागा ह्वै जप पै गुदराना।
कहै कबीर चेतहु रे भाई, हंस गया कुछ संगि न जाई।[115]

मनुष्य सम्पूर्ण जीवन आडम्बरों में व्यस्त रहता है। धनवान बनने के लिए उलटे-सीधे कर्म करता है।

कबीर के विचारानुसार अहंकार बड़ी बला है। इससे बचने में ही मानव का कल्याण है। अहं भावना मनुष्य को भक्ति व साधना से दूर कर पतनोन्मुख करती है :

मैं मैं बड़ी बलाइ है, सकै तो निकसी भाजि।
कब लग राखौ हे सखी, रूई पलेटी आगि।[116]

जीवन के सभी दुखों का मूल कारण व्यक्ति का अहं होता है। अहंकार-शून्य होकर ज्ञानपूर्वक किए गए कर्म ही मोक्ष की ओर ले जाते हैं। तत्कालीन जनमानस में कबीर यही चेतना जाग्रत करना चाहते थे। अहंकार के मोह में परब्रह्म को भुलाना, काल को निमन्त्रण देना है। ज्ञान, योग, साधना और भक्ति द्वारा व्यक्ति के अहं का नाश किया जा सकता है तथा प्रभु से साक्षात्कार सम्भव है—

आप मेटे, हरि मिलै, हरि मेटे सब जाइ।
अकथ कहानी प्रेम की, कहे न कोई पतियाइ।[117]

कबीर स्पष्ट शब्दों में कहते हैं कि अहंकार और ममता मृत्यु के द्योतक हैं। कुसंगति का परिणाम ही काल है :

मेर नीसांणी मीच की, कुसंगति ही काल।
कबीर कहै रे प्राणियाँ, बाणीं, ब्रंस सँभाल।[118]

अपने अज्ञान एवं अहंभाव के कारण ही व्यक्ति ब्रह्म से दूर हो जाता है। अहं का समर्पण करते ही उसे ईश्वरीय ज्ञान की प्राप्ति होती है। अहंकार-शून्य और शरीर की आशा से विमुख जीवों का स्वागत स्वयं भगवान् करते हैं :

सूरे सीस उतारिया छाड़ी तन की आस।
आगे थे हरि मुलकिया, आवत देख्या दास।[119]

तत्कालीन शासकों की सत्ता और शक्ति के अहंकार पर व्यंग्य करते हुए कबीर कहते हैं—मानव इन ऊँचे-ऊँचे महलों को देखकर गर्व से फूला नहीं समाता। लेकिन यह सब अनित्य है, धराशायी होने वाले हैं :

कबीर कहा गरबियौ, ऊँचे देखि अवास।
काल्हि परयुं म्वै लौटणां, ऊपरि जामें घास।[20]

चौरासी लाख योनियों में भटकने के बाद मनुष्य को इस अमूल्य शरीर की प्राप्ति होती है। झूठे अहंकार के नशे में अपने अनमोल जीवन को नष्ट करना मानव की सबसे बड़ी भूल है। अपनी शक्ति, सौन्दर्य, धन-दौलत का अहंकार व्यक्ति को मृत्यु-पथ की ओर ले जाता है। अहंकारी व्यक्ति काल के नाम से भयभीत रहते हैं। ऐसे व्यक्ति जीवन के अन्त में पश्चाताप करते हैं लेकिन उस समय उनके पास कोई दूसरा रास्ता नहीं होता क्योंकि उनका सारा जीवन व्यर्थ ही बीत जाता है। अहंकार का त्याग करने से मानव में विशुद्ध एवं व्यापक मानवतत्त्व जागता है। व्यष्टि का यह विकास ही उसे समष्टि की ओर अग्रसर करता है तथा मानवता का कल्याण करता है। जो व्यक्ति मूर्ख और अहंकारी हैं वे अपने वैभव की बड़ाई में डूब जाते हैं। इसी अहंकार के कारण उन्हें काल-भय सताने लगता है। इसके विपरीत जो व्यक्ति अपने अहंकार का नाश कर देता है, उसे काल से किसी भी प्रकार का भय नहीं लगता :

यह तन पटकि पछाड़ि ले, सब आपा मिटि जाइ।
पगुँल ह्वै पिव पिव करै, पीछें काल न खाइ।[21]

पाखंड और अहंकार का त्याग ही ईश्वर-प्राप्ति का एकमात्र साधन है—

रोड़ा ह्वे रहो बाट का, तजि पाषंड अभिमान।
ऐसा जे जन ह्वै रहै, ताहि मिलै भगवान।[22]

शरीर की क्षणभंगुरता तथा प्रभु-भक्ति की सार्थकता के प्रति अपने विचार प्रकट करते हुए कबीर कहते हैं कि शरीर-रूपी मन्दिर लाख-करोड़ का है। इसमें बहुमूल्य हीरे-जवाहरात जड़े हैं अर्थात् मनुष्य इस संसार में अपने शरीर को बहुत कीमती मानता है और इसकी शोभा की चिन्ता में डूबा रहता है। परन्तु यह सब नश्वर और क्षणभंगुर है। इन सब अनित्य पदार्थों पर अहंकार करना मानवजाति की सबसे बड़ी भूल है :

कबीर मन्दिर लाष का, जड़िया हीरें लालि।
दिवस चारि का पेपणां, बिनस जाइगा काल्हि।[23]

मनुष्य को अपनी अहंकार-भावना त्यागकर प्रेमपूर्वक जीवन व्यतीत करना चाहिए। इसी में व्यक्ति और समाज का कल्याण है। मनुष्य अपने जीवन में अहंकार का शमन करके तथा कर्तव्यपूर्ण जीवन बिताकर ही काल पर विजय प्राप्त कर सकता है।

भक्ति की विशद् भूमि पर स्थिति

कबीर ने काल की अपरिमित और अपरिहार्य शक्ति को पहचाना और क्षणभंगुर तथा नश्वर मानवीय जीवन के वास्तविक सन्दर्भों में उसे समझा है। इतना ही नहीं, उन्होंने शोषक-शोषित के वर्ग-वैषम्य तथा ऊँच-नीच की जातिगत संकीर्णताओं से ग्रस्त अज्ञानी मनुष्य की पीड़ा और कर्मकांडीय पाखंडों से उसके दारुण संघर्ष को भी रेखांकित किया।

काल को समझने के इस विवेक-सम्पन्न दृष्टिकोण ने कबीर के द्वारा ऐसी कविता सम्भव की जो भक्ति की विशद् भूमि पर स्थित है और सामरस्य की अखंडित अनुभूति को प्रस्तुत करती है।

भक्ति को धर्म की भावात्मक अनुभूमि मानते हुए आचार्य रामचन्द्र शुक्ल ने भक्तिकालीन धार्मिक परिस्थितियों पर विचार करते हुए लिखा है कि 'पराजय और प्रेरणाहीन परिवेश में कालदर्शी भक्त कवि जनता के हृदय को सँभालने और लीन रखने के लिए दबी हुई भक्ति को जगाने लगे।...प्रेम स्वरूप ईश्वर को सामने लाकर भक्त-कवियों ने हिन्दुओं और मुसलमानों दोनों को मनुष्य के सामान्य रूप में दिखाया और भेदभाव के दृश्यों को हटाकर पीछे कर दिया।'[124] तत्कालीन देश-कालगत परिस्थितियों के सन्दर्भ में यह बहुत बड़ा काम था। निर्गुणपन्थ के सन्त-कवियों ने 'ऊँच नीच और जाति-पाँति के भाव का त्याग और ईश्वर की भक्ति के लिए मनुष्य मात्र के समान अधिकार'[125] पर बल दिया।

भक्ति-संवेदना की दृष्टि से कबीर-काव्य का महत्त्व असन्दिग्ध है। शुक्लजी के अनुसार, 'इसमें कोई सन्देह नहीं कि कबीर ने ठीक मौके पर जनता के उस बड़े भाग को सँभाला जो नाथ पन्थियों के प्रभाव से प्रेमभाव और भक्ति-रस से शून्य और शुष्क पड़ता जा रहा था। उनके द्वारा यह बहुत ही आवश्यक कार्य हुआ। इसके साथ ही मनुष्यत्व की सामान्य भावना को आगे करके निम्न श्रेणी की जनता में उन्होंने आत्मगौरव का भाव जगाया और भक्ति के ऊँचे से ऊँचे सोपान की ओर बढ़ने के लिए बढ़ावा दिया।'[126] कबीर का यह योगदान महान् और अविस्मरणीय है।

कबीर के विचारानुसार राम-नाम ही मुक्ति का द्वार है। भवसागर पार करने का सेतु है तथा काल-भय से मुक्त होने का उपाय है। कबीर का कहना था कि सांसारिकता में उलझे धार्मिक रूढ़ियों तथा आडम्वरों से ग्रस्त जीवों के लिए ईश्वरीय आराधना अत्यावश्यक है। मनुष्य को सचेत करते हुए कबीर ने शिक्षा दी कि संसार की नश्वरता तथा क्षणिकता से परिचित होकर ईश्वर-भक्ति में मन लगाना चाहिए। यदि भगवान् के प्रति सच्चा प्रेम नहीं उपजा है तो अन्त में अपने कर्मों से बँधे हुए जीव को यमपुर ही जाना पड़ेगा :

साची प्रीति विषे माया सूँ, हरि भगतनि सू हासी।
कहै कबीर प्रेम नहीं उपज्यो, बाँध्यो जमपुरि जासी।[127]

कबीरयुगीन समाज में सर्वत्र अस्तव्यस्ता और अशान्ति का वातावरण व्याप्त था। तत्कालीन राजनीतिक उच्छृंखलताओं, शासकों के अत्याचारों से व्यक्ति का अन्तर्मन दुखी था। व्यक्ति-व्यक्ति का विरोधी था। धार्मिक भावनाएँ लोगों के मन से लुप्त हो चुकी थीं। ऐसे समय में कबीर ने सच्ची भक्ति की आवश्यकता पर बल दिया। केवल प्रभु- स्मरण द्वारा ही काल-भय को दूर भगा सकते हैं :

चरन कँवल मन मानियाँ, और न भावै मोहि रे।
पट दल कँवल निवासिया, चहु कौं फेरि मिलाइ रे।
दहुँ के बीचि समाधियाँ, तहाँ काल न पासै आइ रे।[128]

कबीर ने बाह्याचार तथा आडम्बरों को भक्ति की संज्ञा नहीं दी। ऐसी भक्ति मृत्यु से छुटकारा दिखाने में सक्षम नहीं है। इस नश्वर संसार में कोई भी वस्तु स्थिर नहीं है। इस अनित्य जगत् में केवल चेतन तत्त्व ही सत्य है। ईश्वर-भक्ति में ही सबका कल्याण है :

लूटि सकै तो लूटियौं, राम नाम भंडार।
काल कंठ तैं गहेगा, रुँधे दसूँ दुवार।[129]

अज्ञानावस्था में लीन जीव को समझाते हुए कबीर कहते हैं कि अपना जीवन निरर्थक मत गँवाओ। प्रभु का गुणगान करो, उसी में तुम्हारी भलाई है :

कबीर सूता क्या करे, गुण गोविन्द के गाइ।
तेरे सिर परि जम खड़ा, खरच कदे का खाइ।[130]

विपय-वासनाओं को जीवन का सर्वस्व माननेवाले प्राणियों को समझाते हुए कबीर कहते हैं कि राम का जाप क्यों नहीं करते, राम-भजन के बिना यमराज का फन्दा तुम पर अवश्य ही पड़ेगा। केवल भगवान्-भजन से ही हमारा अन्त सुधर सकता है, मनुष्य मोक्ष को पा सकता है :

राम न जपहु कहा भयौ अन्धा,
राम बिना जन्म मेले फन्धा।
सुत दारा का किया पसारा, अन्त की बेर भए बटपारा।
माया ऊपरि माया माँडी, साथ न चलै पोपरी हाँडी।[131]

सच्ची आराधना मनुष्य को सन्मार्ग पर लाती है। कबीर ने परमतत्त्व के वास्तविक स्वरूप से साक्षात्कार कर लिया है। इसलिए वह कहते हैं कि मैं प्रभु-कृपा से काल को नष्ट कर दूँगा और मृत्यु को पराजित कर दूँगा :

परम तत आधारी मेरे, सिव नागरी घर मेरा।
कालहि पडूँ मीच विहँडूँ, बहुरि न करिहू फेरा।[132]

राम-नाम का सार जान लेने पर व्यक्ति के सब दुखों का अन्त हो जाता है। इसके विपरीत सांसारिक पदार्थों में लिप्त जीवन अपना बहुमूल्य जीवन व्यर्थ ही खो देते हैं और अन्त में उन्हें पछताना पड़ता है। एक पल भी जीवन की आशा नहीं की जा सकती। यम निरन्तर इसके श्वास गिनते रहते हैं। इसलिए हमें विवेकपूर्ण कर्मों द्वारा जीवन बिताना चाहिए :

एक पल जीवन की आसा नाहीं, जम निहारे सासा।
बाजीगर संसार कबीरा, जानि ढारो पासा।[133]

अहंकार के मद में मस्त मनुष्यों को वृद्धावस्था में काल-भय सताने लगता है। वह कभी आवागमन-चक्र से मुक्त नहीं होते। ऐसे अज्ञानी जीवों को चेतावनी देते हुए कबीर कहते हैं कि राम-नाम का स्मरण करने में तुम लज्जा का अनुभव क्यों कर रहे हो, क्षण-क्षण में आयु कम होती जा रही है। जिन्होंने राम-नाम भुला दिया, वे सब यमराज के समक्ष पराजित हुए हैं :

बालापन गयौ जोवन जासी, जरा मरण भो संकट आसी।
पलटे केस नैन जल छाया, भूरिख चेति बुढ़ापा आया।
राम कहत लज्जा क्यूँ कीजे, पल पल आउ घटे तन छीजै।
लज्या कहे हूँ जम की दासी, एके हाथि मुदिगर दूजै हाथि पासी।
कहै कबीर तिनहूँ सब हार्या, राम नाम जिनि मनहु बिसारया।[134]

कबीर के अनुसार राम-नाम स्मरण ही जीवन ही सच्ची आराधना है। कबीर का कहना है कि जब इस शरीर-रूपी घर में यमराज रूपी चोर घुसेगा, तब तुम किसका सहारा लोगे। अतः प्रभु का गुणगान उचित समय पर ही कर लेना चाहिए। राम की शरण गए बिना जीव निरन्तर जन्म-मरण के चक्र में भटकता रहता है :

जागि जागि नर काहे सोवे, सोइ सोइ कब जागैगा।
जब घर भीतरि चोर पड़ैगे, तब अंचलि किसके लागैगा।
कहै कबीर सुनहु रे सन्तौं, करि ल्यो जै कुछ करणा।
लख चौरासी जोनि फिरौगे, बिना राम की सरनां।[135]

सारे संसार पर छाए काल के प्रभाव से केवल राम-भक्त ही भय-मुक्त रहकर जीवन व्यतीत कर सकते हैं। कबीर के अनुसार सांसारिक वासनाओं पर विजय प्राप्त करना ही सच्ची भक्ति है। यह मन का स्वभाव है कि भक्ति के बिना उसमें यम का भय बना रहता है :

कहै कबीर मन को सुभाव, राम भगति बिन जम हो डाव।[136]

भक्ति के बिना जीवन निस्सार है तथा मरण अत्यन्त दुखदायी है। कबीर ने भक्ति-रूपी मणि प्राप्त कर ली है। अतः उन्हें मृत्यु से कोई भय नहीं :

कबीर हरि चरणों चल्या, माया मोह थें टूटि।
गगन मंडल आसण किया, काल गया सिर कूटि।[137]

कामी व्यक्ति को विषयों से ही प्रेम होता है, उन्हें भक्ति अच्छी नहीं लगती। लेकिन जब व्यक्ति भक्ति की महिमा जान लेता है, तब उसका चित्त भगवान् के चरणों में लग जाता है। ऐसे व्यक्ति के समक्ष काल शक्तिहीन हो जाता है :

कबीर मन तीषा किया, विरह लाइ परसाँड।
चित चूर्ण में चुभि रह्या, तहाँ नहीं काल की पाँण।[138]

कबीर जीव को चेतावनी देते हुए कहते हैं कि प्रभु-चरणों में मन लगा। असत् भावनाओं को त्याग दे। कसाइ के दरवाजे पर बँधे हुए पशु की आयु ही कितनी शेष रह जाती है। तुम उसी प्रकार यमराज के द्वार पर पहुँच गए हो। राम-नाम में ही तुम्हारा उद्धार है :

कबीर हरि सूँ हेत करि, कूँडे चित न लाव।
बाँध्या बार षटीक कें, ता पसु किती एक आव।[139]

कबीर के अनुसार चौरासी लाख योनियों में भटकने के बाद प्राप्त मानव-जीवन दुर्लभ है।

इसलिए भगवान् भक्ति में लीन रहकर हमें अपने अमूल्य शरीर का सदुपयोग करना चाहिए :

कबीर हरि की भगति करि, तजि विपिया रस चौज।
बार-बार नहीं पाइए, मनिषा जन्म की मौज।[140]

मनुष्य इस क्षणिक जीवन में भी भक्ति के बिना निरर्थक जीवन बिता देता है और अन्त में हाथ मलता है जब काल उसके द्वार पर दस्तक देता है :

निधड़क बैठा राम बिन, चेतनि करैं पुकार।
यहु तन जल का बुदबुदा, बिनसति नाहीं बार।[141]

मरणोपरान्त सभी भौतिक पदार्थ यहीं रह जाते हैं। राम-नाम के बिना मनुष्य के साथ कुछ भी नहीं जाता। जिन लोगों के पास लाखों और करोड़ों की सम्पत्ति थी, वे भी खाली हाथ गए। सांसारिक माया से अनासक्त होकर भगवद्-भजन रूपी पुण्य कर्मों का संचय करना चाहिए :

कबीर यह तन जात है, सकै तो लेहु बहोड़ि।
नागे हाथू ते गए, जिनके लाख करोड़ि।[142]

कबीर का कथन है कि भक्ति ही सब सुखों का सार है। ईश्वर-भक्ति जहाँ एक ओर जीवन के संघर्षों का सामना करने की शक्ति देती है, वहीं दूसरी ओर काल के भय से हमारे मन को मुक्त रखता है। परमतत्त्व के वास्तविक स्वरूप का ज्ञान मनुष्य में विवेक जागृत करता है, उसे सत्कर्मों की ओर प्रवृत्त करता है तथा सांसारिक वासनाओं पर विजय प्राप्त करने की शक्ति प्रदान करता है।

कबीर का विचार है कि भक्ति के बिना जीवन निस्सार तथा मरण दुखदायी है। कबीर ने काल की भयानकता का बोध व्यक्ति को अपने कर्त्तव्यों का ज्ञान करवाने के लिए किया, ताकि व्यक्ति अपना सम्पूर्ण जीवन राग-रंगों में न बिताकर ईश्वरोपासना में बिताए। जो मनुष्य काल को याद रखकर सदाचारपूर्ण, स्वच्छ, नैतिक जीवन व्यतीत करता है, वह कभी भी काल से भयभीत नहीं होता बल्कि सहर्ष उसका स्वागत करता है। ईश्वर-भक्ति ही मुक्ति का मार्ग है।

समरसता की अखंडानुभूति

कबीर की साधना-पद्धति सहजता में विश्वास रखती है। उनके सहज धर्म में शास्त्रवाद, वाद-विवाद के बजाय सदाचरण पर बल दिया गया है। सन्त कवियों और विशेषकर कबीर से बेहतर यह सत्य कौन प्रस्तावित कर सकता है कि जटिल, गरिष्ठ सिद्धान्तों पर टिका धर्म रीति-नीति में नियमबद्ध करने के बाद अन्ततः दिखावा और पाखंड बनकर रह जाता है। उसमें प्राण तत्त्वों का संचार तभी होता है जब वह मानवीय व्यवहार में ढलकर जीवन-शैली का सहज अंग बन जाए। यही कारण है कि सन्त-काव्य के मूल में सामरस्य की सम्वेदना सक्रिय है। यह काव्य की विशेष प्रवृत्ति और विशेषता भी है।

सुखात्मक-दुखात्मक भावों से अतीत होना भी सामरस्य को प्राप्त करना है। यह मानसिक और निजी समरसता है। कबीर-काव्य में समरसता की जो अखंडानुभूति अनुभूत होती है, उसके केन्द्र में सामाजिक वैषम्य की असमतल दरारों को पाटकर समता और सहिष्णुता पर आधारित समाज-स्थापना की भावना काम कर रही है। 'कबीर ने अपने सहज धर्म में समरसता को स्थापित किया है। मानव-जीवन में साम्यता स्थापित करने का तो मानो कबीर ने बीड़ा ही उठाया था। कबीर जीवन को धर्म और धर्म को साधना तथा नैतिकता से समरसता के ही आधार पर सम्बद्ध करके चले हैं।'[143] यह समस्या को सुलझाने का सकारात्मक उपाय है।

कबीरयुगीन समाज हिन्दू-मुस्लिम के परस्पर संघर्ष ही नहीं दोनों सम्प्रदायों के वर्ग-उपवर्ग में विभक्त अनुयायियों के आपसी वैमनस्य से भी त्रस्त था। हिन्दू-समाज ब्राह्मण, क्षत्रिय, वैश्य, शूद्र इत्यादि वर्णों में बँटा था, उसी के समान मुस्लिम-समाज भी शिया-सुन्नी, शैख-सैयद इत्यादि वर्गों में विभक्त था। उनमें होनेवाले झगड़े बृहत भारतीय समाज को अवनति के पथ पर धकेल रहे थे। आचार्य परशुराम चतुर्वेदी के अनुसार तद्‌युगीन समाज में व्याप्त 'विविध वैमनस्यों पर कोई गम्भीरता के साथ विचार नहीं कर रहा था। न उन्हें दूर करने का साहस ही करता था।'[144] कबीर-सरीखे सन्त कवियों ने यह साहस प्रदर्शित किया। उनके सामाजिक समरस दर्शन का आधार मानवीय प्रेम, सार्वकालिक सत्य, जातिगत स्वार्थों से रहित सहिष्णुता, विश्व-बन्धुत्व, आचरण की शुद्धता, सामाजिक न्यायपरक समता तथा सार्वभौमिक अहिंसा, दया, क्षमा इत्यादि मूल्य थे।

इस सामरस्य की स्थापना के लिए सन्तों ने व्यक्तिगत धरातल पर मृत्युंजयी 'मरजीवा' की परिकल्पना की—'मरजीवा की यह मानसिकता जागृत अवस्था की जागृति है जिसमें चेतना, समरसता, समता भाव या रमता राम अनुभूति करती है।[145] सन्त कवियों ने इस अनुभव को अपनी-अपनी शैली में कहा है :

सो पाबैगा लाल, जाइके गोता मारे।
मरजीवा ह्वै जाइ, लाल को तुरत निकारे।[146]
मृतकहिं देखि डरानो काल।[147]
मृतक उठ्या धनक कर लीए काल अंहेड़ी भागा।[148]
राम कसौटी सो टिकै, जो जीवन मृतक होइ।[149]

व्यापक सामाजिक धरातल पर भी समरसता की अनुभूति को व्यक्त करने के लिए कबीर का कालबोध महत्त्वपूर्ण भूमिका का निर्वाह करता है। नाशवान् मनुष्यों को परस्पर संघर्ष में जीवन व्यर्थ करते देखकर कबीर ने नश्वर जीवन के समानान्तर परम सत्य को रखा :

जो ऊग्या सो आथवै, फूल्या सो कुमिलाइ।
जो चिड़िया सो ढहि पड़ै, जो आया सो जाइ।

अर्थात् संसार की सभी वस्तुएँ अस्थिर एवं नाशवान् हैं। इसमें स्थायित्व नहीं है, इसी कारण इनमें से किसी को भी सत्य मानकर उसे महत्त्व देना उचित नहीं। सत्य वही

हो सकता है जो शाश्वत एवं चिरन्तन हो और जो सदा अद्वैत तथा एक समान अर्थात् केवल एकमात्र तथा अधिकृत भी रहता हो।'[150] उस परमतत्त्व को धर्म तथा सम्प्रदायगत संकीर्णताओं को तोड़कर कबीर ने देखा :

जोगी गोरख गोरख करै, हिन्दू राम नाम उच्चारै।
मुसलमान कहै एक खुदाई, कबीर को स्वामी घटि-घटि रह्यौ समाई।

अर्थात् 'हमें भिन्न-भिन्न नामों के फेर में न पड़कर उस अद्वितीय परमतत्त्व को स्वीकार करना चाहिए जो सबके मूल में स्थित सत्य स्वरूप है और जिसे प्रकट करने के ही यत्न में लोग बहुधा विविध नामों के प्रयोग कर डालते हैं। राम, रहीम, करीम, अल्लाह, खुदा व गोरख जैसे नामों के आधार पर उसे व्यक्ति-विशेष के रूप में समझ लेने की आवश्यकता नहीं है।'[151] स्पष्ट है कि परमतत्त्व को इस रूप में देखने पर ही समरसता की अनुभूति सम्भव है। कबीर को उद्धृत करते हुए आचार्य परशुराम चतुर्वेदी के शब्दों में कह सकते हैं कि 'सभी मनुष्य एक ही मानव समाज के अंग हैं। यह विशाल वृक्ष की विभिन्न शाखाओं के समान हैं, सबके मूल की ओर दृष्टि डालने पर उनमें कोई अन्तर नहीं दीखता, न इसी कारण, उसमें एक दूसरे को पृथक् व ऊँच-नीच समझने का आधार ही लक्षित होता है।'[152] इस दृष्टि से कबीर का योगदान अत्यन्त महत्त्वपूर्ण है। कबीर इस तथ्य को समझते थे कि समाज जीवन, राष्ट्र जीवन तभी समरस और समभाव होगा जब व्यक्ति-स्तर पर मिथ्याहंकार, नैतिक आचरण संकुचित धर्म, जातिवाद का त्याग करके स्वानुभूतिपूर्ण आचरण किया जाएगा। आध्यात्मिक देश भारत विश्व में पुनः एक अग्रणी-एकात्मभाव में संगठित राष्ट्र बनकर विश्व मानवता को राह दिखा पाएगा। कबीर वस्तुतः राष्ट्रीयता और अन्तर्राष्ट्रीयता के प्रतीक हैं और सदा रहेंगे।[153] अपने विचारों को कबीर ने अपने रचनाकर्म में शामिल किया है।

कबीर की यह प्रणाली परमतत्त्व को लोक-सत्य के सन्दर्भ में समझने के परिणामस्वरूप उत्पन्न हुई। वर्ण, वर्ग और धर्म सम्प्रदाय में विभक्त मनुष्य और उनके राम-रहीम को कबीर ने इस प्रकार समझाया :

खालिक खलक खलक मैं खलिक, सब घर रह्यो समाई।[154]
एकै पवन एक ही पाणीं, एक जोति संसारा।
एक ही खाक पड़े सब भांडे, एक ही सिरजनहारा।[155]

कबीर की इस वैज्ञानिक दृष्टि ने भारतीय मनुष्य और चतुर्दिक वैषम्य-ग्रस्त उसके समाज की असंगतियों, विषमताओं को समझाकर सामाजिक समता और समरसता का तर्क प्रस्तुत किया है। कह सकते हैं कि कबीर मानव मात्र को एक धर्म, एक समाज और एक ही नैतिक बन्धन में बाँधकर बाह्याडम्बरों की जटिल परम्पराओं से मुक्त कर देना चाहते थे। मानव जीवन की अनेक विषमताओं को जड़मूल से उखाड़कर उनके स्थान पर समतल स्थापित कर देने का आपने प्रयत्न किया। "इसके लिए उन्होंने समरस समाज की परिकल्पना की। यह समरसता ही कबीर के जीवन और धार्मिक सिद्धान्तों की वह उच्च शिखा है जिसकी ओर विचारक तथा भक्त सभी एक-सी श्रद्धा के साथ

लौ लगा कर एक भावना, एक कल्पना और एक विचार के साथ देखते हैं।'[156] यह पंक्तियाँ कबीर-काव्य में अनेक प्रकार के भय से रहित समरसता को अभिव्यक्त करती हैं।

कबीर साधना-प्रणाली समरसता पर आधारित होने के कारण सामाजिक वैभिन्य और भेदभावपूर्ण दृष्टि का प्रतिकार करने के साथ ही व्यक्ति के मानसिक धरातल पर सुख-दुख, लाभ-हानि, सम्मान-अपमान इत्यादि अनुभूतियों से अविचलित रहने का आदर्श भी सामने रखती है। कबीर व्यक्ति को ऐसे साधक के रूप में देखना चाहते हैं जिसकी दृष्टि में लोहा और कंचन समान हैं :

अस्तुति निन्दा आसा छांडे, तजे मांन अभिमान।
लोहा कंचन समि करि देखे, ते मूरति भगवान।[157]

कबीर के साथ ही कुतुबन, मंझन, जायसी, आलम, नानक, रैदास, दादू, सुन्दरदास इत्यादि कई सन्त कवियों ने हिन्दू-मुस्लिम, ब्राह्मण-अछूत, क्षत्रिय-वैश्य आदि भिन्न जातियों के होने पर भी ऐसे समाज के निर्माण में अमूल्य रचनात्मक योग दिया, जिसमें जीवित मानव सिद्धान्त और आचरण में समरसता को जी सके। कबीर-सरीखे सन्त-कवियों का कालबोध इसीलिए विशिष्ट है कि काल की अपरिहार्यता से भयभीत नहीं करता बल्कि ऐसी विशद् जीवन-दृष्टि प्रदान करता है जो अकुंठ, निस्संग रहकर मृत्यु से साक्षात्कार कराती है। भक्ति की उदात्त भूमि पर अवस्थित होने के कारण जीव कालभय से मुक्त होकर समरसता की अखंड अनुभूति का अनुभव करता है।

पाद-टिप्पणियाँ

1. चितावणी कौ अंग, दो. 5, पृ. 16
2. काल कौ अंग, दो. 7, पृ. 56
3. वही, दो-23, पृ. 59
4. काल कौ अंग, दो. 18, पृ. 58
5. चितावणी कौ अंग, दो. 5, पृ. 16
6. वही, दो-13, पृ. 16
7. चितावणी कौ अंग, दो. 6, पृ. 16
8. वही, दो-11, पृ. 16
9. काल कौ अंग, दो. 9, पृ. 57
10. चितावणी कौ अंग, दो. 20, पृ. 27
11. बीनती कौ अंग, दो. 5, पृ. 67
12. काल कौ अंग, दो. 16, पृ. 58
13. वही, दो. 31, पृ. 60
14. काल कौ अंग, दो. 29, पृ. 59

15. चितावणी कौ अंग (2), पृ. 16
16. क. ग्र., पदावली, पद-99, पृ. 92
17. वही, पद 100, पृ. 92
18. दादू दयाल की बानी, सबद, पद 302
19. क. ग्र. पदावली—पद 75, पृ. 87
20. काल कौ अंग, दो. 30, पृ. 60
21. काल कौ अंग, दो. 14, पृ. 57
22. वही, दो. 6, पृ. 57
23. चरनदास की बानी, भाग 1, चेतावनी, शब्द-15
24. चितावणी कौ अंग, दो. 4, पृ. 16
25. वही, दो. 3, पृ. 16
26. क. ग्र., पदावली, पद 93, पृ. 91
27. परशुराम चतुर्वेदी : कबीर साहित्य की परख, पृ. 117
28. सुमिरण कौ अंग, दो. 13, पृ. 4
29. कबीर बीजक, पद-8
30. कबीर ग्रन्थावली, पद-245, पृ. 127
31. कबीर ग्रन्थावली, पद 199, पृ. 116
32. सुमिरण कौ अंग, दो. 15, पृ. 5
33. वही, दो. 14, पृ. 5
34. चितावणी कौ अंग, दो. 27, पृ. 18
35. रमैणी, क. ग्र., पृ. 179
36. चितावणी कौ अंग, दो. 49, पृ. 20
37. पदावली, क. ग्र. पद—367, पृ. 158
38. वही, पद 366, पृ. 158
39. वही, पर 362, पृ. 155
40. पदावली, क. ग्र., पद 211, पृ. 119
41. निगुणां कौ अंग, दो. 7, पृ. 65
42. काल कौ अंग, दो. 3, पृ. 56
43. कुसंगति कौ अंग, दो. 7, पृ. 37
44. क. ग्र. (श्यामसुन्दर दास), पृ. 50
45. क. ग्र., पदावली, पद. 39, पृ. 78
46. माया कौ अंग, दो. 4, पृ. 84
47. गोविन्द त्रिगुणायत : कबीर की विचारधारा, पृ. 73
48. कामी नर कौ अंग, दो. 7
49. चाणक को अंग, दो. 15
50. क. ग्र., पद. 40
51. क. ग्र., पदावली, पद. 18
52. अपारिष कौ अंग, दो. 28, पृ. 59

53. कामी नर कौ अंग, पृ. 31, दो. 7
54. नारी कौ अंग, दो. 10, पृ. 30
55. गुरुदेव कौ अंग, दो. 15 पृ. 2
56. उद्धृत, हिन्दी साहित्य : युग और प्रवृत्तियाँ, शिवकुमार शर्मा, पृ. 150
57. हजारीप्रसाद द्विवेदी : मध्यकालीन धर्म साधना, पृ. 216
58. क. ग्र., पदावली, पद-34, पृ. 77
59. वही, पद 345, पृ. 153
60. वही, भेष कौ अंग, दो. 16, पृ. 36
61. साँच कौ अंग, दो. 5, पृ. 33
62. क. शब्दा. 1, पृ. 32
63. क. वचनावली, पृ. 10
64. क. ग्र., पदावली, पद-24
65. क. ग्र., पद-264
66. डॉ. रामकुमार वर्मा : सन्त कबीर, प्रस्तावना, पृ. 1
67. क. ग्र., कुसंगति कौ अंग, दो. 7, पृ. 37
68. वही, पदावली पद-56, पृ. 82
69. वही, भेष कौ अंग, दो. 15, पृ. 36
70. क. ग्र. (माताप्रसाद गुप्त), पृ. 40
71. क. ग्र., पदावली, पद-23
72. गोविन्द त्रिगुणायः कबीर की विचारधारा, पृ. 254
73. रैदास वाणी, पद-64
74. दादू बा. 1, 3 125, 381
75. स. का. संप्र. 1, पलटू, पृ. 220
76. धरणी, बा., पृ. 32
77. स. वा. संग्र. 1, पृ. 99
78. क. ग्र., पदावली पद-13
79. क. ग्र., (सं.) पारसनाथ तिवारी, रमैणी-16
80. क. ग्र., दो. 45, पृ. 11
81. क. ग्र., माया कौ अंग, दो. 11, पृ. 26
82. चाणक कौ अंग, दो. 6, पृ. 28
83. कबीर ग्र. (माताप्रसाद गुप्त), पृ. 55
84. क. ग्र. (श्यामसुन्द दास), सूरा तन कौ अंग, दो. 7
85. क. ग्र., (श्यामसुन्दर दास), सूरा तन कौ अंग, दो. 11
86. वही, पद-'287
87. क. ग्र. (श्यामसुन्दर दास), विरह कौ अंग, दो. 45
88. वही, गुरु सिप हेरा कौ अंग, दो. 5
89. वही, दो. 13
90. क. ग्र. (श्यामसुन्दर दास) जीवन-मृतक कौ अंग, दो. 2

91. क. ग्र. (सं) श्यामसुन्दर दास, कामी को अंग, 19/26
92. क. ग्र. (सं) भगवत् स्वरूप मिश्र, पृ. 103
93. क. ग्र. (श्यामसुन्दर दास) जीवन-मृतक कौ अंग, दो. 5
94. क. ग्र. वही, दो. 10
95. वही, दो. 14
96. डॉ. बिन्दु माधव मिश्र (सं.) मध्य हिन्दी काव्य, पृ. 28
97. प्रवेश सक्सेना—गीता का आनन्दमय कर्मयोग (लेख) दे. हि., 2-11-97, पृ. 7
98. क. ग्र. (श्यामसुन्दर दास) जीवन-मृतक कौ अंग, दो. 1
99. वही, दो. 4
100. क. ग्र. (श्यामसुन्दर दास) जीवन-मृतक कौ अंग, दो. 8
101. कबीर वचनावली (सं) अयोध्या सिंह उपाध्याय, पृ. 28
102. रामजीलाल सहा. : म. गाँधी स्वं म. कबीर के विचारों का तु. अध्य. पृ. 149
103. क. ग्र. (श्यामसुन्दर दास), सूरा तन कौ अंग, दो-6, पृ. 54
104. वही, दो. 8, पृ. 54
105. क. ग. (श्यामसुन्दर दास), सूरा तन कौ अंग, दो. 10, पृ. 54
106. वही, दो. 13, पृ. 54
107. डॉ. शिवप्रसाद सिंह आधुनिक परिवेश और अस्तित्ववाद, पृ. 78
108. डॉ हरिवंश पांडेय, धर्मवीर भारती : चिन्तन और अभिव्यक्ति, पृ. 102
109. क. ग्र., काल कौ अंग, दो. 26, पृ. 59
110. क. ग्र., पदा., पद-6, पृ. 71
111. क. ग्र., जीवन-मृतक कौ अंग. दो. 9, पृ.
112. क. ग्र., पद 245 पृ. 127
113. चितावणी कौ अंग, दो. 8, पृ. 16
114. जीवन मृतक कौ अंग, दो. 7, पृ. 50
115. क. ग्र. पदा., पद 99, पृ. 92
116. चितावणी कौ अंग, दो. 60, पृ. 21
117. जीवन मृतक कौ अंग, दो. 10, पृ. 51
118. कुसंगति कौ अंग, दो. 5, पृ. 37
119. सूरा तक कौ अंग, दो. 4, पृ. 60
120. चितावणी कौ अंग, दो. 10, पृ. 16
121. सजीवनी कौ अंग, दो. 4, पृ. 60
122. जीवन-मृतक कौ अंग, दो. 14, पृ. 51
123. चितावणी कौ अंग, दो. 19, पृ. 17
124. आचार्य रामचन्द्र शुक्ल : हिन्दी सा. का इति., पृ. 65
125. वही, पृ. 68
126. आचार्य रामचन्द्र : हि. सा. का इति. पृ. 67
127. क. ग्र., पदावली 40, पृ. 79
128. वही, प, पृ. 69

129. क. ग्र. सुमिरण कौ अंग, दो. 26, पृ. 5
130. वही, दो. 14, पृ. 5
131. वही, पदावली, 128, पृ. 98
132. वही, 196, पृ. 115
133. क. ग्र. पदावली 240, पृ. 126
134. वही, पद 242, पृ. 127
135. क. ग्र., पदावली 244, पृ. 127
136. वही, पद 388, पृ. 164
137. वही, सजीवनि कौ अंग, दो. 3, पृ. 60
138. वही, दो. 5, पृ. 60
139. क. ग्र. काल कौ अंग, दो. 27, पृ. 59
140. चितावणीं कौ अंग, दो. 35, पृ. 19
141. काल कौ अंग, दो. 13, पृ. 57
142. वही, दो. 37, पृ. 19
143. यज्ञदत्त शर्मा : कबीर साहित्य और सिद्धान्त, पृ. 122
144. आचार्य परशुराम चतुर्वेदी : क. सा. की परख, पृ. 116
145. रमेशचन्द्र मिश्र : सन्त साहित्य और समाज, पृ. 394
146. पलटू बानी 1 कुंड-126
147. सुन्दर ग्र. खंड-2, अंग-22
148. क. ग्र., पद-5
149. क. ग्र., 41/9
150. द्रष्टव्य–कबीर साहित्य की परख, परशुराम चतुर्वेदी, पृ. 117
151. द्रष्टव्य–वही, पृ. 118
152. द्रष्टव्य–कबीर साहित्य की परख, आ. परशुराम चतुर्वेदी, पृ. 119
153. डॉ. बलदेव वंशी का लेख. कबीर : सामा. समरसता के प्रतीक, जे. वी. जी. टा. 210, 29-6-97
154. क. ग्र. (श्यामसुन्दर दास), पद-51
155. वही, पद-55
156. डॉ. बलदेव वंशी : कबीर सामा. समरसता के प्रतीक, जे. वी. जी, टाइम्स, 29-6-97
157. क. ग्र. माताप्रसाद गुप्त, पृ. 88

छठा अध्याय

काल की पाश्चात्य अवधारणा और कबीर का कालबोध

पाश्चात्य काव्य और दर्शन में काल-तत्त्व

भारतीय काव्य एवं दर्शन की भाँति ही पश्चिम में भी काल पर अनेकायामी सृजन और चिन्तन हुआ है। प्रत्येक विचारशील मनुष्य की तरह पश्चिमी, लातीन अमेरिकी, पूर्व एवं मध्य एशियाई, प्राचीन तथा आधुनिक कवियों ने मृत्यु पर कविताएँ लिखी हैं क्योंकि काल का भय मृत्यु और व्यतीत होते जाने का यथार्थ है। जो कविता में मृत्यु से न उलझा हो वह भी कवि क्या?[1] तथा 'मृत्यु मनुष्य का एक चिरन्तन सरोकार है और चूँकि कविता मनुष्य के बुनियादी सरोकारों को हर समय में खोजती-सहेजती है, वह आदिकाल से एक स्थायी कवि समय भी है।'[2] अर्थात् मृत्यु सार्वकालिक एवं सार्वभौमिक मानवीय सत्य है।

प्रसिद्ध नाटककार शेक्सपियर का काव्यात्मक कथन है :

why, what is pomp, rule, regime but earth and dust?
and live we how we can, yet die we must.

अर्थात् 'शोभा, शासन व राज्य, मिट्टी और धूल के अतिरिक्त क्या है? और हम चाहे जैसे जीवित रहें, अन्त में मरना तो पड़ेगा ही।'[3]

फ्रांसिस बेकन के अनुसार संसार के सभी प्राणी मृत्यु से डरते हैं—Men Fear death as childern fear to go in dark. अर्थात् 'जिस प्रकार बच्चे अँधेरे में जाने से भयभीत होते हैं उसी प्रकार मनुष्य मृत्यु से भयभीत होते हैं।'[4]

काल को समय के सन्दर्भ में देखते हुए चीएडार रेटकी (1908-63) के शब्द उल्लेखनीय हैं—'हम समय के बदलने की प्रतीक्षा करते हैं तो समय हमें ही बदल देता है।'[5]

कीट्स का मानना है कि मृत्यु ही इस लोक में सबसे प्रबल तत्त्व है, वह हमारे जीवन का मूल्य है :

Verse, Fame and Beauty
Are intense indeed
But death intenser
Death is fine high meed.[6]

अर्थात् काव्य, यश और सौन्दर्य वास्तव में प्रबल हैं किन्तु मृत्यु अधिक प्रवल है। मृत्यु जीवन का पारितोषिक है।

मृत्यु में जीवन को देखने की दृष्टि पश्चिम में भी रही है। विलियम शेक्सपियर की पंक्तियाँ इस सन्दर्भ में द्रष्टव्य हैं :

ईवेन इन दि हालो आइज़ आव डैथ
आई स्पाई लाइफ़ पीअरिंग।[7]

अर्जेंटीना के आधुनिक कवि रावर्तो हुआरोज ने कहा है कि 'मृत्यु देखने का एक और ढंग है। वह होने, बीतने और पूरा होने को देखना है।'[8] उनके अनुसार मृत्यु और जीवन परम सत्य के दो पक्ष हैं। यह समानान्तर हैं :

या कि एक अकेला पक्षी
रहता है एक ही घोंसले में
जीवन के वृक्ष पर
और मृत्यु के वृक्ष पर।[9]

मृत्यु से टकराने का साहस वही कर सकता है जो उससे खेलने की क्षमता और परास्त करने की इच्छा रखता हो। फिलीस्तीन में अपने उचित अधिकारों के लिए संघर्षरत अरबी कवियों की कई कविताएँ इसी सन्दर्भ में उल्लेखनीय हैं। ज़ियाद अन्द-अल-फतह द्वारा सम्पादित कविता संग्रह 'मौत उनके लिए नहीं' (अनुवादक राधाकृष्ण अग्रवाल) में हसन जकतान मृत्यु के आधुनिक विचार-दर्शन को व्यक्त करते हुए कहते हैं :

जो देखते हैं अपनी मृत्यु को
अपने सामने घटित होते
वे कभी नहीं मरते।[10]

यहाँ कवि सैनिक की भूमिका निबाह रहा है। वस्तुतः कवि मृत्यु और कहें काल-भय के विरुद्ध कविता का इस्तेमाल एक कारगर और अचूक अस्त्र के रूप करते रहे हैं। क्योंकि नश्वरता मनुष्य का एक चिरन्तन प्रश्न है। कविता उस नश्वरता के विरुद्ध एक असमाप्य संघर्ष है और उसकी अनिवार्यता का सहज स्वीकार भी। हम कविता लिखते हैं क्योंकि हम जीना चाहते हैं, मरना नहीं। अन्तर्विरोध यह है कि हर कविता एक तरह का अवसान है। वह जीने के साथ ही मरने को भी खुली आँखों देखता-पहचानता है। असल में वही जीता है जो मरते हुए जीता है : कविता एक तरह से मरते हुए जीना है, जीतते हुए खिलना है। वह जीवन नहीं, अतिजीवन है।।[11]

काल के सन्दर्भ में कबीर ने कविता से यही गम्भीर कार्य सम्भव किया है। कबीर की स्मृति दिलानेवाले पश्चिम में एक कवि हुए हैं जॉन डन। सन् 1571 में जन्मे ब्रिटिश कवि जॉनडन और उनके समकालीन कवियों ने मृत्युबोधपरक अनेक कविताएँ लिखी हैं। जेम्सरीव द्वारा सम्पादित उनकी विशिष्ट कविताओं के संग्रह में प्रेम और विशेषकर मृत्यु को केन्द्र में रखकर मनुष्य की आकांक्षा, हताशा और नियति को समझा गया है।

'दिव्य कविताएँ' खंड के उन्नीस 'पवित्र सॉनेट्स' इसके साक्ष्य हैं। दसवें सॉनेट 'डेथ बी नाट प्राउड' (रचनाकाल सम्भवतः सन् 1609) में वे मृत्यु पर व्यंग्य करते हुए कहते हैं :

Death be not proud, though some have called thee,
Mighty and dreadfull, for, thou art not soe,

Die not, poore death, nor yet canstthou kill mee

and death shall be no more, death, thou shall die[12]

यह कविता बताती है कि मृत्यु भाग्य, संयोग, सम्राटों और हताश व्यक्तियों का सेवक है। आलोचक जेम्स रीव के अनुसार :

"Death is not the all powerful tyrant it is some times called It is itself the servent of 'fate, chance, kings, and desperatemen", and will in the end give way to ternal life."[13]

कई पाश्चात्य आलोचक इस कविता को Imortality Pardox में उलझी हुई सिद्ध करते हैं परन्तु इसमें भावात्मक विरोधाभास है क्योंकि मृत्यु विषय ही ऐसा है। कवि आलोचक अशोक वाजपेयी के शब्दों में—'मरना जीने का समान नहीं। अक्सर हम जीते-मरते साथ-ही-साथ हैं। हम जीवन में आगे बढ़ते हैं पर मृत्यु की ही ओर, भले हमें ऐसा लगता न हो।'[14]

स्पष्ट है कि पश्चिमी काव्य में भी मृत्यु विषयक महत्त्वपूर्ण कविताएँ लिखी गई हैं। मृत्यु सम्मोहित करने के साथ-साथ चुनौती देनेवाला विषय हमेशा से रहा है। देश कालगत उसकी अनुभूति और अभिव्यक्ति भले ही भिन्नता लिये हुए थे परन्तु उसका प्रभाव कवि-आलोचक-दार्शनिक और सामान्य पाठक पर सदा ही गहरा पड़ा है।

अस्तित्ववादी दर्शन में मृत्यु के प्रश्न

अस्तित्ववादी दर्शन मृत्यु के प्रश्न से जूझता हुआ दृष्टिगत होता है। अस्तित्ववादियों के अनुसार जीव के साथ काल का प्रश्न शाश्वत रूप से जुड़ा है। वह मृत्यु की ओर लगातार बढ़ रहा है। काल का सामना प्रत्येक व्यक्ति को स्वयं करना पड़ता है। मृत्यु किसी को सौंपी नहीं जा सकती। यह विचार इस भारतीय चिन्तन से मेल खाता है कि स्वयं मरकर ही स्वर्ग जाया जा सकता है। मृत्यु की गहन और निरपेक्ष सत्ता को लेकर इतना निश्चित होने के बावजूद अस्तित्ववादियों के मृत्युबोध में मृत्यु का त्रास मौजूद है—'मृत्यु का बोध त्रास में होता है। मृत्यु का त्रास अपने ही अन्दर परमसत् के त्रास से उत्पन्न होता है।'[15] अस्तित्ववादियों का यह मृत्यु-त्रास मृत्यु-भय नहीं है क्योंकि इसका कोई निश्चित कारण नहीं है। इसलिए वे जीवन-जगत् के प्रति भी शंकास्पद और भयग्रस्त पाए जाते हैं।

अस्तित्ववादी चिन्तन के अनुसार जीव प्रतिक्षण मृत्यु को प्राप्त होता है क्योंकि जन्म से ही मृत्यु उसमें जुड़ी हुई हैं। मनुष्य हर पल मृत्यु के निकट पहुँचता है। जीवन का एक-एक क्षण मृत्यु को निकट बुला रहा है। इस प्रकार सारा जीवन मृत्यु की ओर दौड़ते बीत जाता है।'[16] मृत्यु से त्रस्त होने का कारण है कि–'मृत्यु हमारे सामने न रहने (Being no more) की समस्या प्रस्तुत करती है'[17]

पूर्ववर्ती अस्तित्वादी हेडेगर मृत्यु को एक सम्भावना के रूप में रेखांकित करता है क्योंकि मृत्यु शरीर को नष्ट करती है, अस्तित्व को नहीं। परन्तु यह भाववादी पक्ष है। हेडेगर मानता है कि मृत्यु मानवीय अस्तित्व की सम्भावना है। जन्म होता है फलतः मृत्यु आती है। इस सम्भाव्य मृत्यु का सेवन मनुष्य प्रारम्भ से ही करता है। मृत्यु एक अस्तित्वगत सम्भावना है। मनुष्य शून्य से उत्पन्न होता है और शून्य में समा जाता है।[18]

सार्त्र इसका खंडन करता है और मानता है कि मृत्यु न जीवन की सम्भावना है न उससे परे की वस्तु। उसकी दृष्टि में मृत्यु मनुष्य-जीवन की एक सीमा है। जो मनुष्य के अहं के अर्थहीन अन्त को प्रकाशित करने के साथ-साथ उसकी समस्त संभावनाओं के निरर्थक विनाश को उजागर करती है–'जेस्पर्स की दृष्टि में मृत्यु जीवन की नश्वरता को प्रकट करके ईश्वर की नियत्ता में आस्था उत्पन्न करती है, हेडेगर के लिए मृत्यु मनुष्य को जीवन की पूर्णता की ओर अग्रसर करती है और सार्त्र समझता है कि वह जीवन को कोई अर्थ प्रदान करने के बजाय उसकी व्यर्थता और निरर्थकता सिद्ध करती है।'[19]

अस्तित्ववादी दर्शन यह मानकर चलता है कि मनुष्य जीवन का प्रत्येक क्षण मृत्यु के त्रास से मुक्त नहीं है। अस्तित्ववाद संसार को अकारण ही रूपायित मानता है। इनके अनुसार मृत्यु के अस्तित्व को न मानकर उसके परिणाम को माना गया है। मनुष्य का इस संसार में कर्मरत तथा संघर्षशील रहना आवश्यक है। मनुष्य दुख के बीच जन्म लेता है, अस्तित्व बनाए रखने के लिए चुनाव करता है। मृत्यु उसकी जागतिक स्थिति की सीमा है। अस्तित्ववादियों के अनुसार मृत्यु के बाद भी बोध की सम्भावना बनी रहती है। मृत्यु शून्यता की अनुभूति भी उत्पन्न करती है। जब मनुष्य अनुभव करता है कि वह मृत्यु की ओर अग्रसर हो रहा है और अपने अस्तित्व के निर्माणार्थ जो सम्भावनाएँ मनुष्य सँजोता है, वह पूरी नहीं हो पातीं तब मनुष्य शून्यता के भाव से घिर जाता है।

मनोविश्लेषणवादी मृत्यु-विश्लेषण

प्रसिद्ध मनोविश्लेषणवादी दार्शनिक सिगमंड फ्रायड मृत्यु को चेतनावस्था से अचेतन की ओर प्रस्थान के रूप में प्रस्तावित करता है। फ्रायड का मानना है कि 'मृत्यु अचेतन' मन की ओर ले जानेवाली शाही सड़क है। इन्होंने स्वप्न और मुक्त साहचर्य के विश्लेषण द्वारा स्पष्ट किया कि 'यात्रा' मृत्यु के अर्थ में ही आती है। डॉ. युंग ने मृत्यु की संकल्पना का आदि प्रतीक के साथ सम्बन्ध बताया है।[20] चेतना से अचेतन की ओर बढ़ने की यात्रा में जीवन का अभाव निहित है।

विकासवादी जीवन-मृत्यु के सम्बन्ध

विकासवादी दार्शनिकों ने जीवन-मृत्यु के गहन सम्बन्ध को समझने की पूरी कोशिश की है। मनुष्य की जीवनी शक्ति और पारिस्थितिक संघर्ष इनके चिन्तन के केन्द्र में है। स्पेंसर के अनुसार बाह्य पर्यावरण की भौतिक शक्तियों के साथ अन्तरंग जीवन शक्तियों (vidal forces) के सामंजस्य स्थापित करने के प्रयास को ही जीवन कहते हैं।[21] भौतिक जीवन का नश्वर पक्ष भी इनसे अछूता नहीं है। विकासवादी दार्शनिकों के अनुसार मृत्यु को शारीरिक धरातल के सन्दर्भ में इस प्रकार समझा जा सकता है—'देह कई प्रकार के भौतिक उपादानों से मिश्रित एक पदार्थ है। इन भौतिक उपादानों का विघटन ही मृत्यु कहलाती है।[22] मृत्यु को काल के परिवर्तन के सन्दर्भ में भी समझा गया है। सैम्युल एलग्जांडर का कहना है कि काल गति का कारण है।[23] ब्रैडले काल को आभास[24] मानता है जबकि मैंकिंटायर काल को निरन्तर प्रवाह[25] मानता है। रायस का मानना है कि काल यथार्थ सत्ता है। काल को विभिन्न घटनाओं का समन्वय कहा जा सकता है।[26]

विकासवादी दार्शनिक मृत्यु को काल परिवर्तन के सन्दर्भ में देखते हैं, एक ऐसे परिवर्तन के रूप में जो निरन्तर गतिमान रहता है।

मार्क्सवादी दर्शन में मृत्यु विषयक सन्दर्भ

मार्क्सवादी दर्शन गति और परिवर्तन के चक्र को काल के मूल में मानता है। इनके अनुसार जन्म और मृत्यु प्रत्येक वस्तु का अनिवार्य लक्षण है। स्तचेवत्सिकी के अनुसार—'प्रत्येक वस्तु अन्तर्सम्बद्ध है और निरन्तर जन्म लेती तथा मरती रहती है, वह गति और परिवर्तन की अन्तहीन अवस्था में रहती है।[27] एंगेल्स ने अपने 'डायलेक्टिस ऑफ नेचर' में कालचक्र के सन्दर्भ में कहा है कि 'यह कभी न बन्द होने वाला चक्र है जिसमें पदार्थ के अस्तित्व का प्रत्येक परिमित रूप, फिर यह चाहे सूर्य हो या नीहारिका वाष्प, कोई एक पशु हो अथवा पशुओं की नस्ल हो, कोई रासायनिक सम्मिश्रण हो अथवा विभाजन हो, समान रूप से क्षणभंगुर है और इसमें कोई भी वस्तु शाश्वत नहीं। वह केवल अनवरत रूप से गतिशील पदार्थ और वे नियम हैं जिनके अनुरूप वह गतिमान और परिवर्तनशील हैं।'[28] काल-परिवर्तन की इस व्यापकता को मार्क्स और अधिक सघनता प्रदान करते हुए कहते हैं—'कोई भी चीज शाश्वत नहीं है, सिवा परिवर्तन के।'[29]

मार्क्सवादी कालबोध अन्य पश्चिमी दर्शनों की भाँति जड़ नहीं है। इतना अवश्य है कि यहाँ काल की अवधारणा चक्राकार न होकर ऋतु रेखाकारी है, इसलिए वह गतिशील है। इस प्रकार मार्क्सवादी दर्शन के अनुसार काल यथार्थ और सर्वव्यापक तथ्य है।[30]

काल की दिशा को मोड़ा नहीं जा सकता। काल एक-दूसरे का स्थान ले रही

परिघटनाओं के अस्तित्व के क्रम को अभिव्यक्त करता है। प्रत्येक भौतिक प्रक्रिया, अतीत से भविष्य की ओर विकसित होती रहती है।

भारतीय एवं पाश्चात्य काल विषयक चिन्तन : मूलभूत अन्तर

भारतीय व पाश्चात्य विचारों का अवलोकन करने के पश्चात् यह स्पष्टतः कहा जा सकता है कि काल की अनिवार्यता दोनों ने स्वीकार की है। सृष्टि के किसी भी कोने में रह रहे जीवधारी के सम्मुख एक दिन काल अवश्य ही आएगा। आधुनिक विचारकों ने भी काल सम्बन्धी प्राचीन विचारों के प्रति एकमत से सहमति प्रकट करते हुए कहा है कि शरीर को तो एक दिन नष्ट होना ही है। 'संसार की आयु उसी प्रकार क्षीण हो जाती है जिस प्रकार अंजलि से बूँद-बूँद जल टपक जाता है।'[31]

भारतीय एवं पाश्चात्य काल-विषयक चिन्तन में दर्शनगत अन्तर है। विशेष रूप से ईसाई धर्म-दर्शन से प्रभावित चिन्तन और भारतीय वेदान्त दर्शन में मौलिक भेद हैं। पाश्चात्य दर्शन में मनुष्य जीवन को आदिम पापबोध के परिणाम के रूप में या सजा के रूप में समझा गया कि किस प्रकार आदम-हव्वा को स्वर्ग से वर्जित फल चुराकर खाने के बाद बहिष्कृत होना पड़ा। उसके बाद मानव संस्कृति का विकास हुआ। यहाँ जीवन को एक पापबोध से ग्रस्त माना जाता है। इस प्रकार पाश्चात्य दर्शन में मृत्यु की अवधारणा इस सोच को लेकर चलती है कि मृत्यु की सापेक्षता में जीवन एक 'एब्सर्डिटी' है अर्थात् एक असंगत सत्य। जबकि भारतीय दर्शन में मृत्यु को जीवन की पूर्ण आहुति माना गया है। मृत्यु से ज्यादा सुन्दर, शुभ व सत्य कुछ भी नहीं है।

जीवन : मूल्य अन्वेषण की प्रक्रिया

भारतीय दर्शन में जीवन-मृत्यु के बीच के सफर को मूल्यान्वेषण की प्रक्रिया के रूप में, जीवन को अधिकाधिक सार्थक बनाने का प्रयास किया जाता है। भारतीय दर्शन मानव जीवन को समाजोपयोगी तथा लोकोपयोगी बनाकर उसे सार्थकता प्रदान करना चाहता है, लेकिन पश्चिम में ऐसा नहीं है। विशेषकर अस्तित्ववादी दर्शन के अनुसार मनुष्य का जन्म लेना ही सबसे बड़ा अपराध है। यह अवधारणा शून्यवाद या निराशावाद की ओर ले जाती है। पश्चिमी दार्शनिक जीवन की सार्थकता को, जीवन को एक मूल्यान्वेषण की प्रक्रिया के रूप में, जन्म-मृत्यु के बीच में एक सार्थक यात्रा के रूप में मानने को तैयार नहीं हैं जबकि भारतीय दर्शन की यह मान्यता है कि जो उत्पन्न होता है, वह मृत्यु को भी प्राप्त होता है। जो जन्म लेता है, उसकी मृत्यु निश्चित है और जो मरता है, उसका जन्म भी निश्चित है। काल क्रूर तथा सर्वान्तकारी है फिर उसकी चिन्ता में हमें अपने भावी जीवन को नष्ट नहीं करना चाहिए। मृत्यु-भय से केवल कर्मशील मानव ही बच सकता है। जिस प्रकार फूल विकसित होने के बाद मुरझा जाते हैं, सूर्य प्रतिदिन

उदय व अस्त होता है उसी प्रकार मानव युवावस्था तथा वृद्धावस्था के पश्चात् मृत्यु को प्राप्त होता है। मृत्युलोक में कुछ भी शाश्वत नहीं है, फिर भय और शोक में डूबकर हमें जीवन के उन्माद व उल्लास का अन्त नहीं करना चाहिए। मृत्यु के पश्चात् ही नव्य जीवन का शुभारम्भ होता है। अतः हमें निर्भय होकर मृत्यु का स्वागत करना चाहिए तथा कर्मठतापूर्ण जीवनयापन करना चाहिए। मृत्यु तो मोक्ष का ही पर्याय है—'मृत्यु की सबसे बड़ी उपयोगिता यह है कि यह मोक्ष का द्वार अर्थात् मोक्ष की अवस्था में जाने का द्वार है। यह स्थूल शरीर ही तो दुख और सुख का कारण है और यही इच्छा, द्वेष और प्रयत्न का क्षेत्र है। मोक्ष की दशा में जब इस स्थूल शरीर से पीछा छूट जाता है, तो फिर दुख प्राप्ति की कोई आशंका नहीं रहती और न सुख के लिए कोई प्रयत्न करना पड़ता है। शरीर रूपी बन्धन से मृत्यु ही छुटकारा दिलाती है।'[32]

कबीर के विचारानुसार जीवन-मरण एक यात्रा के दो छोर हैं। सम्पूर्ण ब्रह्मांड मानव सम्पूर्णता का प्रतीक है तथा उसका जीवन एक कर्मक्षेत्र है। आवागमन का चक्र तो निरन्तर प्रवाहमान रहता है। मृत्यु तो यात्रा के बाद का विश्राम है। जैसे कार्यरत मानव कुछ देर आराम करके, अपनी थकान मिटाकर पुनः शक्तिमान होकर काम में डूब जाता है उसी प्रकार मरण के पश्चात् पुनः नवीन शरीर धारण करके जीव नवीन सम्भावनाओं, शक्ति से ओत-प्रोत होकर एक बार फिर अनन्त यात्रा के लिए उद्यमशील हो उठता है। इसलिए कबीर ने जीवन की अपेक्षा मृत्यु को अधिक महत्त्व दिया है तथा उसका उदार एवं व्यापक रूप अपने काव्य में वर्णित किया है। कबीर ने अपने काव्य में जीवन को, सामाजिकता, मूल्यान्वेषण की प्रक्रिया, मानवतावाद आदि प्रश्नों से जोड़कर अधिकाधिक सार्थक बनाने का प्रयास किया है।

मृत्यु पूर्णविराम : मरणोपरान्त जीवन

पश्चिम में मृत्यु को जीवन का पूर्णविराम माना गया है यानी आत्यन्तिक समापन। लेकिन भारतीय दर्शन के अनुसार—विशेषकर वेदान्त दर्शन जो हमारे यहाँ सर्वस्वीकृत दर्शन रहा है, वह यह स्वीकार करके चलता है कि मृत्यु है, जो काल है—जीवन का विराम नहीं है बल्कि जीवन के नैरन्तर्य के बीच का पड़ाव है। 'जीवन की सबसे बड़ी पहेली मृत्यु में है और जिसने मृत्यु को न जाना, वह जीवन से अपरिचित रह जाता है। जीवन को जानने की कुंजी मृत्यु में है। जीवन का सुलझाव मृत्यु में है। इसलिए जगत् में जो बड़े मनीषी हुए, उन्होंने मृत्यु को समझने की चेष्टा की है। साधारण जन मृत्यु से बचते हैं, भागते हैं। परिणाम में जीवन से वंचित रह जाते हैं। इस विरोधाभास को जितना ठीक से पहचान लो, उतना उपयोगी है।'[33]

इस प्रकार भारतीय लोक-जीवन को परिचालित करनेवाला दर्शन मृत्यु को क्षणिक स्थगन के रूप में ही स्वीकार करता है। तुलसी ने जीव की अवधारणा स्पष्ट करते हुए कहा है—ईश्वर अंश जीव अविनासी।

जीवन की यह अवधारणा सम्पूर्ण भक्तिकालीन काव्य में व्याप्त है। चार्वाक इत्यादि दर्शनों में भी जीव का यह स्वरूप मिलता है कि अनेक योनियों के बाद मानव जीवन की प्राप्ति होती है। सभी भारतीय दर्शन मानव जीवन की कर्मशील बनाने की सार्थकता के सिद्धान्तों को अपनी विशिष्ट शैली में प्रतिपादित करते हैं।

भारतीय दर्शन में जन्मान्तरवाद को माना जाता है अर्थात् मरणोपरान्त भी जीवन है। इसलिए यह अवधारणा बनी कि 'मृत्योमाअमृतगम्यम्' अर्थात् मृत्यु से हम अमरता की ओर जाएँ। भारतीय दर्शन पश्चिम की भाँति मृत्यु को जीवन का अन्त न मानकर जीवन का शुभारम्भ मानते हैं–'मृत्यु से भागना मत। जो मृत्यु से भागा, वह जीवन से ही भाग रहा है, क्योंकि मृत्यु जीवन की पूर्णाहुति है। मृत्यु है जीवन का आत्यन्तिक स्वर। जीवन मृत्यु पर समाप्त होता, पूरा होता। मृत्यु है फल। जीवन है यात्रा, मृत्यु है मंजिल। मौत से जो डरा, मौत से जो भागा, उसके ऊपर जीवन की वर्षा नहीं होती। वह जीवन से अछूता रह जाता है।'[34]

भारतीय दर्शन की यह विशेषता है कि यहाँ मृत्यु की सापेक्षता में जीवन 'एब्सर्ड' नहीं है बल्कि जीवन की सापेक्षता में मृत्यु 'एब्सर्ड' है। स्पष्ट है कि हमारे यहाँ मृत्यु जीवन का पूर्णविराम न होकर क्षणिक स्थगन है। इसे इस तरह भी कह सकते हैं कि मृत्यु अगले जीवन की तैयारी या पूर्व भूमिका के रूप में आती है। हमारे यहाँ जनमानस में मृत्यु से परास्त या त्रस्त होने का भाव नहीं है बल्कि सहज निर्वेद का भाव दृष्टिगत होता है। मृत्यु जीवन की आखिरी ऊँचाई है। मृत्यु के लिए साधना करनी पड़ती है। आनन्दपूर्वक व उल्लासपूर्वक मृत्यु ही जीवन की सफलता है। भारतीय जीवन-दर्शन में वर्णाश्रम धर्म की सभी अवस्थाओं का पालन करते हुए और कर्म को जीवन का आधार मानते हुए भी जीवन के प्रति सहज निर्वेद का भाव दृष्टिगत होता है। यह सहज निर्वेद मृत्यु के आतंक से उत्पन्न नहीं होता बल्कि मृत्यु को एक अवश्यंभावी सत्य के रूप में ग्रहण करने से उत्पन्न होता है।'–महावीर ने कहा है–जन्म है यह किनारा, मृत्यु है वह किनारा, शरीर है नाव और संसार है सागर। शरीर नाव है। अर्थ हुआ शरीर से पार जाना है। शरीर है नाव, बैठना है, उतरना भी है।'[35] मृत्यु के रूप में हमें बेहतर जीवन की सम्भावना दृष्टिगत होती है कि हमारा अगला जन्म इससे बेहतर होगा इसलिए यह जरूरी है कि हम पुण्यकर्मों का संचय करें। मृत्यु के बाद भी जीवन की निरन्तरता की अवधारणा, मृत्यु की सापेक्षता में जीवन को सकारात्मक अर्थ प्रदान करती है और मृत्यु को जीवन के क्षणिक स्थगन के रूप में स्वीकार करती है।

कबीर ने जन्म के सामान्तर ही मृत्यु को भी महत्त्व दिया है। जीवन और मृत्यु के सम्बन्ध में इनकी धारणा पूर्ववर्ती सन्तों व विद्वानों से भिन्न है। इनके विचारानुसार संसार एक रणक्षेत्र है और यहाँ जीवन-यापन के लिए मानव को संघर्षरत रहना पड़ता है। विचारणीय तथ्य यह है कि कबीर ने मृत्यु को दुखद न मानकर सुखद माना है। क्योंकि यह मनुष्य को सांसारिक पीड़ा के बन्धनों से मुक्त करती है।

काल की अवधारणा (कानसेसनेस ऑफ टाइम) भी मृत्यु के दर्शन से प्रभावित है। हमारी काल की अवधारणा समरैखिक विकासवाली नहीं है कि काल निरन्तर आगे ही बढ़ता चला जा रहा है। बल्कि यहाँ चक्राकार काल की अवधारणा मान्य है। सतयुग, त्रेतायुग, द्वापर, कलिकाल का आवर्त्तमान रूप इसी चक्र को आगे बढ़ाता है। भारतीय दर्शन के अनुसार काल की अवधारणा में नैरन्तर्य है। इस प्रकार काल के दो रूप हैं—निरन्तर विकासमान काल और जिस काल में, जिस समसामयिकता में हम जी रहे हैं। हम जिस समसामयिक, जिस स्थिर काल की बात करते हैं उसमें भी नैरन्तर्य और चक्राकार विकास निहित है। इसलिए हमारे यहाँ मृत्यु से डरने का प्रश्न और निराशा का भाव उत्पन्न नहीं होता। मृत्यु द्वारा तो परमात्मा का मिलन होता है। छोटे जीवन की अपेक्षा विराट जीवन की प्राप्ति होती है। असीम से आलिंगन का नाम ही मृत्यु है।

वैदिक और उपनिषद्-चिन्तन परम्परा में कहा गया है कि जो सोया हुआ है वह कलयुग है, जो उठ बैठा है वह त्रेता है, जो कर्म के लिए उद्यत हो उठा है वह द्वापर है और जिसके कदम जमीन पर आ गए हैं, जो चल पड़ा है उसे सतयुग माना गया है। इसीलिए कहा गया है—चरैवेति-चरैवेति अर्थात् चलते रहो-चलते रहो। जहाँ तक काल की सत्यता की बात है, निरन्तर विकासमान काल की बात है उसमें मृत्यु किसी भी स्थिति में हमारे लिए हताशा का कारण नहीं बनती बल्कि एक ऐसे सत्य के रूप में हमारे सामने आती है जो अनिवार्य है, अवश्यंभावी है, जिसका सामना हमें करना ही पड़ेगा। मरने पर संसार छूटता तो अवश्य है पर परमात्मा की सुखद छाया मिलती है। क्षणभंगुर और नश्वर संसार के बदले हमें शाश्वत की प्राप्ति होती है। 'मृत्यु से ज्यादा सुन्दर कुछ भी नहीं है। मृत्यु से ज्यादा शुभ और सत्य कुछ भी नहीं। लेकिन अपने भय के कारण मृत्यु का रूप हम विकृत कर लेते हैं। नहीं, मृत्यु भैंसे पर सवार होकर नहीं आती। मृत्यु परियों की तरह सुन्दर है। पक्षियों की तरह उड़कर आती। तुम्हें आलिंगन में ले लेती। तुम्हें गहनतम विश्राम और विराम देती।'[36] कितनी भव्य निर्भयता है!

मृत्यु की सापेक्षता में हमें जीवन को अधिकाधिक सार्थक और समाजोपयोगी बनाना चाहिए। यहाँ तक कि मोक्ष की अवधारणा के द्वारा उसे निरन्तर आवागमन के चक्र से मुक्त करके और दूसरे शब्दों में देश और काल के अक्ष से मुक्त करने की जो अवधारणा है उससे जोड़ने का सन्दर्भ, मृत्यु पैदा करती है। भारतीय जनमानस में मनुष्य जीवन की सार्थकता मोक्ष में देखी गई है। जीवन के आवागमन-चक्र से मुक्ति को ही मोक्ष कहा गया है। मोक्ष की तुलना में जीवन को हेय माना गया है लेकिन मृत्यु की तुलना में जीवन को हेय नहीं माना गया है।

भारतीय प्राचीन साहित्य में जीवन सम्बन्धी सकारात्मक भाव होने के बावजूद मृत्यु का भय विद्यमान है। भय इस बात का है कि हम अपने जीवन को मोक्ष रूपी परम पुरुषार्थ को प्राप्त करने के लिए तैयार कर पाए हैं या नहीं। हमने वह साधना अर्जित

कर ली है या नहीं जिसके द्वारा हम जीवन को उसकी सार्थकता में जीकर और मृत्यु का निर्भय होकर सामना कर सकें।

काल के द्वारा हमारे इस नश्वर शरीर का अन्त होना अवश्यंभावी है। लेकिन चिन्ता का विषय यह है कि आवागमन के चक्र में, जन्म-मृत्यु के चक्र में पड़ा हुआ जो जीवन है इसे हम पूर्णतया मृत्यु के भय से मुक्त करें। 'टाइम' और 'स्पेस' के डायमेंशन से बाहर निकलकर ही मृत्यु के भय को सदा के लिए समाप्त किया जा सकता है। यही जीवन का परम पुरुषार्थ है और इसी में जीवन की सार्थकता निहित है। सम्पूर्ण भक्तिकालीन काव्य में मृत्यु को एक अवश्यंभावी सत्य के रूप में स्वीकार किया गया है। अमरता के 'स्टेपिंग स्टोन' के रूप में उसकी परिकल्पना की गई है।

मृत्यु की पश्चिमी अवधारणा निराशावाद की ओर ले जाती है। अन्ततः शून्यवाद में परिणत होनेवाली यह सोच हमें मानव अस्तित्वगत निरर्थकता से भयभीत करती है। इसी सोच से मृत्यु की तुलना में जीवन को असंगत मानने की अवधारणा उपजती है। इसके बिल्कुल विपरीत भारतीय दर्शन है जो जीवन और मृत्यु के सम्बन्ध में सकारात्मक सोच लेकर चलती है। मृत्यु परमात्मा का रूप है। जीवन की सम्पूर्णता मृत्यु में ही निहित है।

समस्त दर्शन मानते हैं कि जन्म धारण करना मानव की नियति है। इस स्वर्णिम संसार में आकर जीवन विषय-वासनाओं, ईर्ष्या-द्वेष तथा मायामोह के सतरंगी जाल में उलझकर रह जाता है। लेकिन ज्ञानशील व्यक्ति इस आडम्बरपूर्ण परिवेश से व्यक्ति होकर अपने अस्तित्व के बारे में गहन चिन्तन करता है कि वह कौन है, क्या है, उसका जीवन-लक्ष्य क्या है आदि। इसके विपरीत भोग-विलास में रत प्राणियों के पास इस गूढ़ विषय पर गम्भीरतापूर्वक विचार-विमर्श करने का समय ही नहीं होता। मानव-जीवन के आदि-अन्त जैसे गूढ़ गम्भीर विषय पर जितनी सजीवता से कबीर ने चिन्तन किया है, शायद ही हिन्दी साहित्य के किसी पूर्ववर्ती या परवर्ती कवि ने किया हो। कबीर के विचारानुसार जीवन व्यथा और कष्टों से परिपूर्ण है और मृत्यु एक स्वच्छन्द आकाश की भाँति सुखद है। यही कबीर के कालबोध का वैशिष्ट्य है। आगामी पृष्ठों में इसका विवेचन करने का प्रयास किया गया है।

कबीर का वैशिष्ट्य

कबीर मध्यकाल के विशिष्ट कवि हैं। वह हिन्दी के पहले विद्रोही और आधुनिक कवि हैं। कबीर ने युगीन विसंगतियों के समक्ष जितना निर्भीक दृष्टिकोण अपनाया, उतना मध्यकाल के किसी अन्य कवि ने नहीं। कबीर के समय में समाज प्रत्येक स्तर पर वर्ग-वर्ण और अन्य युगीन जटिलताओं से ग्रस्त था। धर्म बाह्य कर्मकांड प्रदर्शनों में निष्प्राण हो रहा था। संस्कृति और मानवीय मूल्य पतन को प्राप्त हो रहे थे। ऐसे विपरीत समय में कबीर ने जनता का मार्गदर्शन करते हुए, मृत्यु को एक अवश्यंभावी सत्य के रूप में प्रतिपादित करते हुए, समाज को कर्मशील बनाने की शिक्षा दी :

झूठे सुख को सुख कहे, मानव हैं मन मोद।
खलक चबीणा काल का, कुछ मुख में कुंछ गोद।।[37]

कबीर ने जन्म के समानान्तर ही मृत्यु को भी महत्त्व दिया है। कबीर के विचारानुसार जीवन एक बहुत बड़ा युद्ध क्षेत्र है जहाँ जीवित रहने के लिए संघर्ष करना पड़ता है। काल पर विजय प्राप्त करना ही जीवन की सबसे बड़ी साधना है :

खरी कसौटी राम की, खोटा टिकै न कोइ।
राम कसौटी सौ टिकैं, जौ जीवन मृतक होइ।।[38]

कबीर ने मृत्यु को दुखद न मानकर सुखद माना है क्योंकि मृत्यु ही मनुष्य को सांसारिक पीड़ा के बन्धनों से मुक्त करती है :

जिस मरनै थैं जग डरै, सो मेरे आनन्द।
कब मरिहूँ कब देखिहूँ पूरन परमानन्द।।[39]

यह कबीर की विशेषता है कि काल की सर्वशक्तिमत्ता प्रतिपादित करते हुए भी उन्होंने मनुष्य को कायर की अपेक्षा साहसी बनने की प्रेरणा दी है।

कबीर ने संघर्षपूर्ण जीवन को ही सच्चे जीवन की संज्ञा दी है। संघर्ष-रूपी कसौटी में कसकर ही मानव का उज्ज्वल रूप प्रकट होता है। मानव को कायरता का जीवन कभी नहीं अपनाना चाहिए। इसलिए मृत्यु से पूर्व सुखपूर्वक तथा कर्मठ जीवन बिताना चाहिए। वीरता का भाव उन्हीं जनों में जागृत होता है जो आजीवन सांसारिक बन्धनों से विमुख ईश्वर-भक्ति में लीन रहते हैं तथा संसार की नश्वरता तथा क्षणभंगुरता को अच्छी तरह जानते हैं :

कबीर घोड़ा प्रेम का, चेतनि चढ़ि अवसार।
ग्याँन षड़ग गहि काल सिरि, भली मचाई मार।।[40]

कबीरयुगीन परिस्थितियों से भलीभाँति परिचित थे। विषय-वासनाओं में लीन जनों के ज्ञान-चक्षुओं को खोलना चाहते थे। अपने समय के सम्यक् निरीक्षण के पश्चात् उनसे निकले निष्कर्षों को आत्मचिन्तन की कसौटी पर कसकर ही उन्होंने यह शिक्षा लोगों को दी कि संसार की सभी वस्तुएँ अस्थिर एवं नाशवान हैं। इसमें किसी को भी सत्य मानकर महत्त्व देना उचित नहीं :

सातों सबद जु बाजते, धरि धरि होते राग।
ते मन्दिर खाली पड़े, बैसण लागे काग।[41]

कबीर ने नश्वर तथा क्षणभंगुर मानव जीवन की सच्चाई लोगों के सम्मुख प्रस्तुत करते हुए मानव जीवन को सद्कर्मों द्वारा सार्थकता प्रदान करने की शिक्षा दी :

प्राणीं लाल औसर चल्यौ रे बजाइ।
मुठी एक मठिया मुठि एक कठिया, संग कहू कै न जाइ।
देहली लग तेरी मिहरी सगी रे, फलसा लग संगी भाइ।
मड़हट लूँ सब लोग कुटुम्बी, हंस अकेलौं जाइ।
कहै कबीर जगनाथ भजहु रे, जन्म अकारथ जाइ।।[42]

16. वही, पृ. 214
17. वही, पृ. 251
18. पाश्चात्य काव्यशास्त्र—दृष्टि एवं दर्शन—डॉ. पुष्पा बंसल, पृ. 71
19. डॉ. हृदयनारायण मिश्र—प्रतापचन्द्र शुक्ल : अस्तित्ववाद, पृ. 299
20. डॉ. भागरानी कालरा : कादम्बिनी, अक्तूबर, 93, पृ. 46
21. उद्धृत—डॉ. ब्रह्मस्वरूप अग्रवाल : पाश्चात्य दर्शन, पृ. 44
22. वही, पृ. 176
23. समकालीन दर्शन : डॉ. अजित कुमार सिन्हा, पृ. 28
24. वही, पृ. 44
25. वही, पृ. 47
26. वही, पृ. 56
27. उद्धृत—भारतीय चिन्तन परम्परा : के. दामोदरन, पृ. 234
28. वही, पृ. 124
29. वही।
30. द्रष्टव्य : दर्शन कोश (सं.) आई. टी. फरोलेव, प्रगतिशील प्रकाशन, पृ. 157
31. रामकुमार वर्मा—जयवर्धमान, पृ. 80
32. पूर्णचन्द उपाध्याय—वैदिक संस्कृति का विश्वकोश, पृ. 45
33. ओशो : जीवन की पूर्णाहुति है मृत्यु—दैनिक जागरण, 20-12-94
34. वही।
35. वही।
36. वही।
37. क. ग्र. : श्यामसुन्दर दास : 'काल कौ अंग', पृ. 56
38. क. ग्र., श्यामसुन्दर दास, जीवन मृतक कौ अंग, दो. 9, पृ. 51
39. वही, सूरा तन कौ अंग, दो. 13, पृ. 54
40. क. ग्र., श्यामसुन्दर दास—सुरा तन कौ अंग, दो. 27, पृ. 55
41. वही, चितावणी कौ अंग, दो. 4, पृ. 16
42. वही, पदावली 315, पृ. 146
43. वही, चितावणी कौ अंग, दो. 14, पृ. 17
44. क. ग्र., श्यामसुन्दर दास, रमैणी, पृ. 175
45. वही, पदावली-42, पृ. 80
46. वही, पदावली-6, पृ. 71
47. वही, बीनती का अंग, दोहा. 3, पृ. 67
48. हजारी प्रसाद द्विवेदी : कबीर, उपसंहार, पृ. 222

सातवाँ अध्याय

कबीर का कालबोध : आधुनिक सन्दर्भ

इधर कुछ वर्षों से कबीर की आधुनिकता का विशेष उल्लेख होने लगा है। इसका कारण आलोचकों की दृष्टि में कबीर की काव्यवस्तु का सेक्युलर होना है। वस्तुतः करुणा और नैतिकता से सम्पन्न कालबोध ही कबीर को प्रगतिशील और प्रासंगिक बनाता है। कबीर दैन्यता या हीनता से पराभूत नहीं होते। उनकी गहरी नैतिक अन्तर्दृष्टि प्रतिपक्ष के विरुद्ध सशक्त मोर्चाबन्दी करती है और इस प्रक्रिया में समरसता की उनकी तलाश भी जारी रहती है। वे कभी समझौते नहीं करते। यही नैतिकता उन्हें जगत् के प्रति निस्संग बनाती है और मृत्यु से साक्षात्कार के समय निर्भय करती है। इस सर्वग्रासी काल की अपरिहार्यता उनकी भक्ति भावना की मूल प्रेरणा है। उनमें जीवन-जगत् की द्वन्द्वात्मकता को समग्रता में समझने की विलक्षण क्षमता है। जीना जीवित रहने के साथ ही मृत्यु के निकट आने की प्रक्रिया है। कबीर की रचना इसी अन्तर्विरोध पर स्थित है जो नैतिक अन्तर्दृष्टि का उत्स है। यह समस्त स्थितियाँ आधुनिक भावबोध के अति निकट हैं। इनका रचनात्मक संश्लेषण कबीर की कविता में है। इनके चलते कबीर का कालबोध आधुनिक सन्दर्भों में भी नैतिक और मानवीय है और इसीलिए प्रगतिशील और प्रासंगिक भी है।

नैतिकतावादी मानवीय कालबोध

कबीर मध्यकाल के विशिष्ट कवि हैं। वह हिन्दी के पहले विद्रोही और आधुनिक कवि हैं। कबीर-काव्य मनुष्य को मनुष्य के निकट लाने का सशक्त मंच है। कबीर जनता के कवि हैं। हजारीप्रसाद द्विवेदी ने कबीर के महत्त्व को ठीक पहचाना है–'जातिगत, कुलगत, धर्मगत, संस्कारगत, विश्वासगत, शास्त्रगत, सम्प्रदायगत बहुतेरी विशेषताओं के जाल को छिन्न करके ही वह आसन तैयार किया जा सकता है जहाँ एक मनुष्य दूसरे से मनुष्य की हैसियत से ही मिले। जब तक यह नहीं होता तब तक अशान्ति ही रहेगी, मारा-मारी रहेगी, हिंसा-प्रतिस्पर्द्धा रहेगी। कबीरदास ने इस महत्ती साधना का बीज बोया था।'[1] कबीर एजेंडा पारदर्शी है।

समाज कबीर का शिक्षक भी है और प्रेरक भी। दार्शनिक विखंडताओं, सामाजिक वर्गगत जटिलताओं और रूढ़ियों तथा धार्मिक बाह्याचारों से त्रस्त मानवजाति के लिए कबीर ने एक ऐसे वर्गहीन समाज के निर्माण का प्रयास किया, जिसमें जीवन की सरसता हो, नैतिकता और मानवता का वास हो। वे भेदभावना से ऊपर उठकर सबको समत्व दृष्टि से देखते हैं। कबीर व्यक्ति की अन्तर्निहित एकता में विश्वास रखते हैं :

कबीर खौजी राम का, गया जु सिंघल दीप।
रांम तो घट भीतर रंमि रहूया, जो आवे परतीत।[2]

कबीर के वर्गहीन समाज में ब्राह्मण और शूद्र, हिन्दू और मुसलमान में कोई जातिगत, धर्मगत भेद नहीं है। यह भेदभावमूलक दृष्टि मानवता विरोधी है। जन्म से कोई त्याज्य, घृणित और अपवित्र नहीं होता।

ऊँचे कुल क्या जनमियां, जे करणीं ऊँच न होइ।
सोवन कलस सुरै भरया, साधूँ निन्दा सोइ।[3]

कबीर काव्य में कर्म ही श्रेष्ठता का आधार है।

सामाजिक वैषम्य मिटाने के लिए कबीर ने पाखंडों की तीक्ष्ण निन्दा की :

तीरथ करि करि जग मुवा, डूंधै पांणी न्हाइ।
रांमहि राम जपतड़ा, काल घसीट्या जाइ।[4]

मिथ्याचारों पर कबीर ने अदम्य प्रहार किए। कुप्रथाओं की भर्त्सना करने के साथ-साथ कनक-कामिनी की असारता सिद्ध की :

एक कनक अरु कामनी, विष फल कीएउ पाइ।
देखै ही थैं विष चढ़ै, खांये सूँ मरि जाइ।[5]

समाज में व्याप्त आर्थिक विषमता को मिटाने के लिए कबीर ने संचय की मनोवृत्ति पर कुठाराघात करते हुए कहा है कि मनुष्य को अन्त समय खाली हाथ जाना पड़ता है :

कबीर सो धन संचिए, जो आगैं कूँ होई।
सीस चढ़ाएँ पोटली, ले जात न देख्या कोई।[6]

कबीर ने सत्य, क्षमा, दया, त्याग, विश्वबन्धुत्व, विनय, समता, सन्तोष, कथनी-करनी की एकता के द्वारा समाज को समुन्नत बनाने का प्रयास किया। सत्याचरण मानव-प्रेम की नींव है, क्षमा व्यक्ति को उदार और महान् बनाती है। विनय से अहंकार मिटता है, समता से विषमता का नाश होता है। कथनी और करनी की एकता से जीवन सन्तुलित होता है :

जैसी मुख तैं नीकसै, तैसी चालै चाल।
परब्रह्म नेड़ा रहे, पल में करे निहाल।[7]

काल के अखंड प्रवाह में जीवन-जगत् विषयक कुछ सूक्ष्म प्रश्न हमारे मस्तिष्क को उद्वेलित करते रहते हैं। व्यक्ति जीवन से मृत्यु तक एक विचित्र यात्रा करता है। जीवन दुखों का अथाह सागर है। मानव आजीवन जटिल तथा दुखद समस्याओं के साथ जूझता

रहता है। वह सदैव मृत्यु से अपने अस्तित्व की रक्षा के लिए प्रयत्नशील रहता है। मनुष्य महज जीवकोषधारी प्राणी नहीं है। व्यक्ति का एक वैचारिक व्यक्तित्त्व होता है जो मरने के बाद भी उच्च जीवन मूल्यों की माँग करता है।

कबीर उदारतावादी कवि हैं। उनका धर्म स्वानुभूति पर आधारित है। कबीर मानव की अन्तरात्मा को जगाना चाहते थे। वह मानव-मूल्यों के मन में विचारों की पवित्रता, आचरण की सात्त्विकता, आन्तरिक शुचिता की भावना पैदा करना चाहते थे। एक दिन तो सभी को यह संसार छोड़कर जाना है, फिर प्राणी दया, प्रेम, सेवाभाव, सत्य, अहिंसा के मार्ग को अपनाकर जीवन क्यों नहीं बिताता ?

इक दिन ऐसा होइगा, सब सूँ पड़े बिछोई।
राजा राणा छत्रपति, सावधान किन होई।[8]

कबीर के विचारानुसार दया और धर्म एक-दूसरे के पूरक हैं। मोह-माया तथा लालच की भावना को त्यागकर ही मनुष्य काल-भय से मुक्त हो सकता है :

जहाँ ज्ञान तहँ धर्म है जहाँ झूठ तहँ पाप।
जहाँ लोभ तहँ काल है जहाँ खिमा तहँ आप।[9]

कबीर साहित्य का मूलमन्त्र मानवतावाद है। उन्होंने जीवनपर्यन्त मानवीय भावों को समाज में प्रतिष्ठित करने का सद्प्रयास किया। मानवीय एकता की स्थापना के लिए उन्होंने निर्गुणोपासना पर जोर दिया। कबीर ने लोगों को हरि-भक्ति की प्रेरणा दी। इस मिथ्या और नश्वर संसार में प्रभु-स्मरण द्वारा ही मानव का उद्धार हो सकता है :

कबीर हरि की भगति बिन, ध्रिग जीवन संसार।
धूँवाँ केरा धोलहर, जात न लागै बार।[10]

कबीर ने मानवतावादी विचारों का प्रतिपादन करते हुए सत्य, अहिंसा, अस्तेय, अपरिग्रह, ब्रह्मचर्य, आस्वाद, अभय आदि बातों का प्रतिपादन किया। कबीर का विचार था कि इन व्रतों के पालन द्वारा मानव का व्यक्तिगत और समष्टिगत विकास सम्भव है तथा मनुष्य काल-भय से मुक्त होकर निर्भीक जीवन व्यतीत कर सकता है। कबीर ने सदा सत्य-व्यवहार, सत्य-वचन और सत्यानुभूति को जीवन के लिए अनिवार्य माना है। सत्यनिष्ठ व्यक्ति का मार्ग सदैव सुगम रहता है :

लेखा देणाँ सोहरा, जे दिल सांचा होइ।
उस चंगे दीवान में, पला न पकड़े कोइ।[11]

सत्याचरण से हृदय का विकार शून्य हो जाता है :

साँच ही कहत और साँच ही गहत है,
काँच कूँ त्याग कर साँच लागा।
कहै कबीर यूँ भक्त निर्भय हुआ,
जनम ओ मरन का भरम भागा।[12]

अहिंसा की महत्ता भारतीय वाङ्मय में सदैव स्वीकृत रही है। कबीर ने जीव-हिंसा को अधार्मिक कृत्य कहा है :

जीव बधत अरु धरम कहत् हौ, अधरम कहाँ है भाई।
आपन तौ मुनिजन है बैठे, कासनि कहौ कसाई।।[13]

अहिंसक व्यक्ति सहनशील, त्यागी होता है। कबीर का कथन है कि सभी प्राणियों को सप्रेम, सद्व्यवहारपूर्वक सात्त्विक जीवन व्यतीत करते हुए आत्म-साक्षात्कार का आनन्द भोगना चाहिए। यह संसार तो जीवन की अनन्त यात्रा है। मनुष्य अपने धर्माधर्म की पोटली साथ लेकर चलता है और उसी के अनुरूप उसे परिणाम भोगने पड़ते हैं :

पन्थी ऊभा पन्थ सिरि, बगुचा बाँध्या पूठि।
मरणाँ मुँह आगे खड़ा, जीवण का सब झूठि।[14]

नैतिकता के विकास में अस्तेय का विशेष महत्त्व है। कबीर का मत है कि जगत् के सभी पदार्थों पर ईश्वर का अधिकार है। वह सबको आवश्यकतानुसार देता है, इसलिए व्यक्ति को थोड़े में ही सन्तोष करना चाहिए :

जाको जेता निरमिया, ताको तेता होई।
रती घटे न तिल बढ़े, जो सिर कूटे कोई।[15]

धन एवं पदार्थों के संचय से समाज में असन्तुलन पैदा होता है। कबीर का मत है सन्त जन धन एकत्रित करने में अपना जीवन नष्ट नहीं करते :

सन्त न बाँधे गाठड़ी, पेट समाता लेई।
साँई सू सन्मुख रहे, जह माँगे तहँ देई।[16]

मनुष्य धन-सम्पदा के चक्कर में आजीवन भटकता रहता है। बड़े-बड़े महल, नौकर-चाकर सब क्षणभंगुर हैं। अन्त में मनुष्य खाली हाथ ही जाता है :

संसार ऐसा सुपिन जैसा, जीवन सुपिन समान,
साँच करि नरि गाँठि बाँध्यो, छाड़ि परम निधान।
नैन नेह पतंग हुलसै, पसू न पेखे आगि।
काल पासि जु मुगध बाँध्या, कलंक कामिनी लागि।[17]

कबीर ने ब्रह्मचर्य-पालन पर अत्यधिक जोर दिया है। ब्रह्मचर्य की साधना से देवताओं ने मृत्यु को मारा था। कबीर ने वासनात्मक जीवन को नारकीय तथा 'नर-नारी सब नरक है लगि देह सकाम' कहा है। वासना में डूबकर ही व्यक्ति काल का ग्रास बनता है :

एक कनक अरु कामनी, दोऊ अगनि की झाल।
देखें ही तन प्रजलै, परस्या ह्वे पैमाल।[18]

कबीरदास ने उच्च नैतिकतावादी दृष्टिकोण अपनाकर सन्त-मानसिकता में सद्भावना, सहनशीलता, उदारता और प्रेम-भाघना के तत्त्व पैदा किए। कबीर ने जीवन में व्याप्त सत्य को समझने का भरसक प्रयत्न किया। अपनी वाणी के माध्यम से इन्होंने वैचारिक क्रान्ति प्रस्तुत की और समूची मानवजाति का पथ-प्रदर्शन किया। ईश्वर एक है। मन्दिर-मस्जिद के नाम पर व्यर्थ झगड़ा नहीं करना चाहिए :

एकै पवन एक ही पानी, एक जोति संसारा।
एक ही खाक घड़े सब भांडे, एक ही सिरजनहारा।[19]

मानव जीवन नश्वर है। कबीर के अनुसार अपनी शक्ति, धन-दौलत का मिथ्याभिमान ही पतन का मूल कारण है। काल का ग्रास तो सभी को एक दिन बनना है। मनुष्य को अपने जीवन में दया, प्रेम, करुणा, क्षमा आदि भावों से उज्ज्वल बनाना चाहिए। सामाजिक परिवेश में व्याप्त निष्ठुरता, क्रूरता, हिंसा और अन्याय को कबीर ने अपने उदात्त एवं सात्त्विक विचारों द्वारा दूर करने का प्रयास किया। मानवता के उदात्त गुणों को अपनाकर ही मानव अमर हो सकता है। अन्यथा शरीर की स्थिति तो कच्चे घड़े के समान है, जो कभी भी फूट सकता है :

यहु तन काचा कुंभ है, लिया फिरै था साथि।
ढबका लागा फूटि गया, कछू न आया हाथि।[20]

शील और सहनशीलता के गुण ही व्यक्ति को महान् बनाते हैं। ऐसे गुणों की प्रतिष्ठा तत्कालीन समाज के लिए अत्यन्त आवश्यक थी। विषम एवं विपन्न जीवन में भी कबीर ने सन्तोष वृत्ति की भावना पर जोर दिया। मनुष्य को केवल भगवद्भक्ति में लीन रहना चाहिए क्योंकि प्रभु ही भव-सागर से पार लगाने में सक्षम है :

कबीर यह तन जात है, सकै तो लेहु बहोड़ि।
नागे हाथूँ ते गए, जिनके लाख करोड़ि।[21]

इन नैतिक गुणों के द्वारा ही कबीर ने साधारण विलासी गृहस्थ लोगों को जीवन की सार्थकता का अनुभव कराया। कबीर के अनुसार जन्म और मृत्यु के स्वरूप को पहचानकर मानव को बुरे एवं व्यर्थ के कार्य छोड़ देने चाहिए :

जामण मरण बिचारि करि, कूड़े काम निबारि।
जिनि पन्थू तुझ चालणां, सोई पन्थ सँवारि।[22]

परोपकार की भावना मानव को ऊँचा उठाती है एवं सामाजिक चेतना को विकसित करती है :

दाता तरवर दया फल, उपगारी जीवन्त
पंषी चले दिसावरां, बिरषा सुफल फलन्त।[23]

कबीर ने पथभ्रष्ट समाज को विकासोन्मुख करने के लिए, जन-जीवन को अनुशासित और नियन्त्रित करने के लिए काल के भयंकर पक्ष को वर्णित किया ताकि मानव सांसारिक भोग-विलासों को त्यागकर सच्चे मन से ईश्वर-भक्ति में लीन हो सके। कबीर के अनुसार काल-गति से कोई बच नहीं सकता :

कबीर सब दुख राम है और दुखाँ की रासि।
सुर नर मुनियर असुर सब, पड़े काल की पासि।[24]

कबीर की विचारधारा धर्म, जाति तथा समाज विशेष तक सीमित नहीं थी—उसमें मानव मात्र के कल्याण की भावना थी। इस भावना ने समाज के नैतिक और धार्मिक दोनों प्रकार के उत्थान में सहयोग दिया।[25]

कबीर की सहज भावना जनहित की भावना थी। कबीर ने मनुष्यजाति के उत्थान के लिए नैतिकता का उच्च रूप प्रस्तुत किया तथा समाज और धर्म के क्षेत्रों में व्याप्त संकुचित विचारों का खंडन किया एवं मानव जाति के उत्थान के लिए मानवता के उच्च स्वरूप का विकास किया। कबीर जनता के सुधारक और प्रतिनिधि कवि हैं। उनकी वाणी के प्रत्येक शब्द से जनहित की भावना झंकृत होती है। कबीर ने मनुष्य से 'आत्म-साक्षात्कार' की भावना पर बल दिया। अपने अहं को विसर्जित करके, सच्चे मन से ईश्वरीय साधना में लीन रहकर प्राणी काल-भय से मुक्त होकर एक सरल-सात्त्विक जीवन व्यतीत कर सकता है। उच्च मानवीय गुणों की जीवन में प्रतिस्थापना ही सच्चा जीवन सुख है। नैतिक मानवीय कालबोध सिखानेवाला कबीर-काव्य हमें यही अमूल्य शिक्षा प्रदान करता है।

कबीर का जीवोनोद्देश्य मानव-जीवन का पथ-प्रदर्शित करना था। पतित, भ्रष्ट, अत्याचार-अन्यायी तथा कुमार्गी व्यक्तियों को नैतिक तथा सदाचारपूर्ण जीवन व्यतीत करने की सीख वह मानव मात्र को देना चाहते थे। मनुष्य की सुप्त अन्तरात्मा में वह सद्वृत्तियों का प्रकाश आलोकित करना चाहते थे। सम्भवतः इसी कारण उन्होंने अपने काव्य में काल की अपरिहार्यता, अनिवार्यता तथा भय का बोध और व्यक्ति को उसके वास्तविक स्वरूप का ज्ञान कराके उसकी चेतना को जागृत करना ही उनका परम कर्त्तव्य था। कबीर मनुष्य को कर्मशील बनाकर उसके मन से काल-भय को दूर करना चाहते थे। मृत्यु से टकराने का यह साहस मनुष्य के अन्दर मानवता की भावना पैदा करता है।

समाज के पीड़ित-शोपित मानव को भव-बन्धन से मुक्त होने के लिए कबीर ने शाश्वत सत्य को अपनाने पर बल दिया। भक्ति-भावना द्वारा अपने अहंकार का शमन करके मनुष्य निडरतापूर्वक, मृत्यु से साक्षात्कार कर सकता है तथा सांसारिक आकर्षणों से मुक्त होकर भव-सागर को पार करने योग्य बन सकता है। इस तथ्य को आत्मसात करके कबीर ने मनुष्य को यह चेतावनी दी—'काल गहे कर केस' अर्थात् जीवन क्षणभंगुर है, काल सर्वशक्तिमान है। अपने अहं का विलयन करके जीवन को सरल व प्रेममय बनाओ। अहं को विसर्जित करके, स्वयं को निःशेष भाव से समर्पित करके ही ईश्वर-भजन किया जा सकता है। कबीर का मानवीय कालबोध इसी सन्दर्भ में उभरता है :

सुखिया सब संसार है, खावै अरु सोवे।
दुखिया दास कबीर है जागै अरु रोवे।

कबीर की साधना का अर्थ सामाजिक चिन्ता है। कबीर का नैतिकतावादी मानवीय कालबोध सामाजिक और उदार मानवतावादी चिन्तन से परिपूर्ण है।

व्यंग्य और करुणा का संश्लेषण

व्यंग्य यद्यपि अवधारणा है लेकिन कविता के धरातल पर कबीर हिन्दी के आदि

व्यंग्यकवि हैं। जिन्दादिल प्रवृत्ति के कवि कबीर की कविता में सजीवता और सक्रियता का मुख्य हेतु उनकी व्यंग्यधर्मिता है। व्यंग्य के माध्यम से प्रबल प्रहार करने की दृष्टि से वे सम्पूर्ण मध्यकाल के अकेले कवि हैं। आधुनिक युग में व्यंग्य स्वतंत्र विधा के रूप में समाहत होता है। मूलतः व्यंग्य प्रवृत्ति है। हरिशंकर परसाई, शरद जोशी, श्रीलाल शुक्ल इत्यादि व्यंग्यकारों ने इसे प्रतिष्ठित किया है। आधुनिक युग के प्रारम्भिक चरण में भारतेन्दु ने नाटकों के माध्यम से तथा निराला ने कविता के द्वारा व्यंग्य की कबीर-परम्परा को आगे बढ़ाया।

यहाँ ध्यान देने की बात है कि हास्य और व्यंग्य में काफी अन्तर होता है। व्यंग्य के पर्याय होते हैं—विदग्धता कटाक्ष, उपहास, विजय। हास्य के समानार्थी शब्द होते हैं परिहास, विनोद, मजाक। व्यंग्य अभाव से उत्पन्न होता है। इसकी चोट बेआवाज होती है। अन्दर तक तिलमिला देती है। हास्य परिस्थितिजन्य होता है। यह गुदगुदाता है। हास्य में हँसने का भाव छिपा है, व्यंग्य में पीड़ा का। कबीर अपने समय और समाज में चतुर्दिक व्याप्त अभावों से पीड़ित होते हैं। वे उन पर मजाक नहीं करते। क्योंकि कबीर अपने समकाल की विडम्बना और विसंगतियों को सतही दृष्टि से न देखकर गहन और सघन प्रभावों की नजर से उनकी पड़ताल करते हैं इसीलिए उनका व्यंग्य करुणा में बदल जाता है। यह व्यंग्य की उच्चतम कोटि है। क्योंकि करुणा ऐसा मानवीय मूल्य है जो मनुष्य की पीड़ा को गहराई से समझने की क्षमता प्रदान करता है। कबीर-काव्य में व्यंग्य के कई निशाने हैं। उनका व्यंग्य लक्ष्य पर मार्मिक चोट करता है और विनोद में व्यर्थ न होकर सहृदय में करुणा को जागृत करता है।

ऊँच-नीच तथा जाति-पाँति की भावना के प्रति कबीर का व्यंग्य और जातिगत वैषम्य से उत्पन्न करुणा : कबीरयुगीन समाज अपनी निम्नावस्था में था। समाज में ऊँच-नीच तथा जाति-पाँति की भावनाएँ व्याप्त थीं। कबीर जातिगत विषमता को दूर कर समाज को एक नई राह दिखाना चाहते थे। कबीर ने एक सशक्त समाज-सुधारक की भूमिका अदा करते हुए वर्षों पहले यह अनुभव किया कि साम्प्रदायिकता, ऊँच-नीच, छुआछूत जैसी विचारधाराएँ जनता में वर्ग-संघर्ष उत्पन्न करती हैं तथा सामाजिक विकास के मार्ग को अवरुद्ध करती हैं। हिन्दू-मुस्लिम के पक्षपात से रहित कबीर की तीखी टिप्पणियाँ समाज में फैली कुरीतियों के प्रति उनका तीव्र व्यंग्य प्रकट करती हैं :

ऐसा भेद बिगूचन भारी
बेद कुतेब दीन अरु दुनिया, कौने पुरिष कौन नारी।
एक बूँद एकै मल मूतर, एक चाम एक गूदा।
एक जाति थै सब उतपनां, कौन ब्राम्हन कौन सूदा।
माटी का प्यंड सहजि उतपनाँ नाद रूप ब्यंद समाना।
बिनसि गयाँ थै का नाँव धरिहौ, पढ़ि गुनि भ्रम जाना।[26]

अर्थात् कौन पुरुप है, कोन नारी है। सब जीव समान हैं। सब एक पिता की बूँद से पैदा हुए हैं। सब में एक ही मल-मूत्र है। एक ही चर्म और मांस है। सब एक ही

चेतन की ज्योति से उत्पन्न हुए हैं। इसलिए कौन ब्राह्मण है, कौन शूद्र है ? कबीर व्यंग्य करते हुए मनुष्य से पूछते हैं कि जब इस शरीर का नाश हो जाएगा तब इसका क्या नाम रखोगे।

कबीर ने सबसे पहले इस बात को समझा कि वर्ग, वर्ण, धर्म-संस्कृति आदि मिलकर समाज को जोड़ने की बजाय तोड़ रही है इसलिए कबीर ने एक सतर्क कवि की भूमिका समझकर सामाजिक विसंगतियों पर व्यंग्यात्मक प्रहार किए। कबीर का विचार था कि ईश्वर और जीवात्मा सब प्राणियों में एक समान है, केवल शारीरिक गुणों के कारण भिन्नता प्रतीत होती है। कबीर कहते हैं चाहे पाँच गायों का दूध निकाल लो, वह देखने में एक जैसा ही प्रतीत होता है :

पंच बरन दस दुहिए गाइ, एक दूध देखौ पति आइ।
कहै कबीर संसा करि दूरि, त्रिभवननाथ रह्या भरपूर।[27]

ऊँच-नीच तथा जाति-पाँति की भावना पर तीव्र व्यंग्य करते हुए कबीर का कहना है कि उत्पत्ति की दृष्टि से सब जीव समान हैं, न कोई ऊँचा है और न कोई नीचा। अगर ब्राह्मण उच्च जीव है तो जन्म के समय किसी अन्य मार्ग से क्यों नहीं आया। नीचा तो वह है जिसने कभी राम-नाम नहीं लिया :

जे तूँ बाँभन बभनी जाया, तो आन बाँट ह्वै काहे न आया।
जे तूँ तुरक तुरकनी जाया, तो भीतरि खतनाँ क्यूँ न कराया।
कहै कबीर मधिम नहीं कोई, सो मधिम जा मुखि राम न होई।[28]

यहाँ कितना मार्मिक व्यंग्य है।

पाखंडों तथा बाह्याचारों के प्रति कबीर का व्यंग्य : कबीर के समय में प्रचलित धर्मों में भ्रष्टाचार, ढकोसलों की प्रधानता थी। अनगिनत आडम्बरों और कुरीतियों के जाल से घिरा समाज पतन की ओर बढ़ रहा था। कबीर ने अपने युग के धार्मिक ह्रास को रोकने के लिए हिन्दू-मुस्लिम धर्मों के पाखंडों और अन्धविश्वासों का खुलकर विरोध करते हुए उस पर तीव्र व्यंग्य कसे हैं :

तीरथ करि करि जग मुवा, डूंधे पांणीं न्हाइ।
रामहि रांम जपंतड़ां, काल घसीटयाँ जाइ।[29]

लोगों की पाखंड भावना पर करुणित होते हुए कबीर का कहना है कि अन्तःकरण की सच्ची भक्ति के अभाव में सबको काल का ग्रास बनना पड़ेगा।

मूर्ति-पूजा में मनुष्य अपना पूरा जीवन खो देता है लेकिन पत्थर किसी से कुछ नहीं कहता, झूठी आशाओं में फँसा मनुष्य अन्धा होकर अपना जीवन व्यर्थ गँवा रहा है :

पाहन कूँ का पूजिए, जे जनम न देई जाब।
आँधा नर आसामुषी, योंही खोवै आब।[30]

कबीर के अनुसार माला जपने से ईश्वर की प्राप्ति नहीं होती। हृदय की शुद्धता तथा निर्मलता मनुष्य-कल्याण के लिए आवश्यक है। व्यंग्यपूर्ण वाणी में कबीर का कथन है :

माला पहरयां कुछ नहीं, काती मन कै साथि।
जब लग हरि प्रगटै नहीं, तब लग पड़ता हाथि।[31]

कबीर का कहना है कि सच्ची ईश्वर-भक्ति से रहित जप, तप, तीरथ, व्रत, धर्म, विश्वास आदि सब थोथे हैं। मनुष्य शालिग्राम की पूजा तो करता है, पर स्नेह माया से रखता है। कबीर अपनी करुणा एवं व्यंग्य व्यक्त करते हुए कहते हैं :

सेवैं सालिगराम कूँ, माया सेती हेत ।
वोढ़ें काला कापड़ा, नाव धरावै सेत ।[32]

मनुष्य के बाह्याडम्बरों पर व्यंग्य कसते हुए कबीर कहते हैं कि नग्न रहने अथवा बाघम्बर धारण करने से क्या लाभ ? अगर व्यक्ति अपनी आत्मा को नहीं पहचान सका तो ये सब व्यर्थ के बाह्याडम्बर हैं। अगर सिर मुँडाने से सिद्धि मिलती है तो कोई भेड़ अब तक स्वर्ग पहुँची है :

नागें फिरें जोग जे होई, बन का मृग मुकति गया कोई।
मूड मूड़ायें जो सिधि होई, स्वर्ग ही भेड़ न पहुँची कोई।[33]

कबीर मनुष्य की चेतना को अपने व्यंग्यों द्वारा जगाने का प्रयास करते हुए कहते हैं कि निर्बल व्यक्तियों पर अत्याचार करके अपने अवगुणों को पूजा-पाठ के पाखंडों से छिपाने से क्या लाभ? ईश्वर तो सर्वत्र विद्यमान है। वह हमारे हृदय में ही हमें मिल जाएगा, उसे पाने के लिए व्यर्थ भटकने की आवश्यकता नहीं। समाज में व्याप्त बाह्याडम्बरों और पाखंडों को देखकर कबीर का मन करुणा से भर जाता है और वह इन कुरीतियों पर कठोर व्यंग्य कसकर मनुष्य की सोई चेतना को जगाने का प्रयास आजीवन करते रहे।

हिंसा के प्रति व्यक्त व्यंग्य और पीड़ा से उत्पन्न करुणा : कबीर रक्तपात के कट्टर विरोधी थे। मानव की हिंसक प्रवृत्ति पर कबीर ने तीव्र व्यंग्य कसे हैं। कबीर का कथन है कि जब काजी और मौलवी ने जीव-हत्या के लिए अपने हाथ में छुरी पकड़ी उसी समय से वे धर्म के मार्ग से भटक गए :

काजी मुलां भ्रंमियां, चल्या दुनीं के साथि।
दिल थैं दींन बिसारिया करद लई जब हाथि।[34]

मनुष्य जीभ के स्वाद के वशीभूत होकर जीवन की हत्या करता है। काज़ी जीव को जबरदस्ती पकड़कर उसकी इच्छा के विरुद्ध हत्या करता है और उसे हलाल मानता है लेकिन जब ईश्वर के समक्ष उसके कर्मों का लेखा होगा, तब उस काजी की क्या दशा होगी :

जोरी करि जिबहै करैं, कहते हैं ज हलाल।
जब दफतर देखैया दई, तब ह्वैगा कौण हवाल।[35]

सभी जीवों में आत्मा का वास होता है। इसलिए किसी जीव को कष्ट देना उचित नहीं। मनुष्य मुर्गी और बकरी मारने में अपना अधिकार समझते हैं। सभी जीव भगवान् को प्रिय हैं अतः वह उनको मारने के पाप से बच नहीं सकते :

कुकड़ी मारै बकरी मारै, हक हक करि बोलैं।
सबै जीव साईं के प्यारे, उबरहुँगे किस बोलैं।[36]
दिल नहीं पाक पाक नहीं चीन्हाँ, उसदा षोज न जानां।
कहै कबीर भिसति छिटफाई, दोजग ही मन मानां।[37]

अपने स्वार्थ के वशीभूत होकर मानव जीवों पर घोर अत्याचार करता है और ईश्वर के समक्ष न्याय की कामना करता है :

जोरी कीयाँ जुलम है, माँगे न्याव खुदाइ।
खालिक दरि खूनी खड़ा मार मुहे मुहिं खाइ।[38]

यह व्यंग्यात्मक विडम्बना है।

विषय-वासनाओं में डूबे व्यक्तियों के प्रति प्रखर व्यंग्य और करुणा द्वारा व्यक्त आक्रोश : कबीर मूर्ख जीव को चेतावनी देते हुए कहते हैं कि तुम ईश्वर के प्रति अनुराग न रखकर सांसारिक ।वषयों में क्यों डूबे हुए हो। इस संसार रूपी वन में सर्वत्र यम के शिकार की चर्चा और भय व्याप्त है। इस जीव-रूपी पशुओं को घेरने के लिए दुख-सन्ताप आदि यम के दूत चारों ओर घूमने लगे हैं। हर प्राणी को यम के द्वार पर पहुँचकर यातना भोगनी पड़ती है :

जम के चर चहुँ दिसि फिरि लागे, हंस पँखेरुवा अब कहाँ जाइबे।
केस गहैं कर निस दिन रहई, जब धरिऐं थे तब धरि चहई।[39]

कबीर कहते हैं कि सांसारिक ऐश्वर्य में मानव जीवन-भर आसक्त रहता है लेकिन अन्ततः तो यमपुर जाना ही पड़ता है :

नर पछिताहुगे अन्धा।
चेति देखि नर जमपुरी जैहें, क्यूँ बिसरौ गोब्यन्दा।[40]

कबीर मानव की चेतना जागृत करते हुए जीव से कहते हैं कि इन सब विषय-वासनाओं से अपना सम्बन्ध तोड़कर सांसारिक दुखों को समाप्त करने का उपाय खोजना चाहिए :

सोई उपाव करि यहु दुख जाई, ए सब परहरि विषै सगाई।
माया मोह जरै जग आगी, ता संगि जरसिकवन रस लागी।[41]

प्राण निकलने के बाद सांसारिक वैभव किस काम का! मानव के कन्धे पर काल बैठा हुआ है, वह जब चाहे उस पर आक्रमण कर सकता है :

जीवत कछू न कीया प्रवानाँ, मूवा मरम की काँकर जानाँ।
कन्धि काल सुख कोई न सोवै, राजा रंक दोऊ मिलि रोवै।[42]

इस सांसारिक वैभवों में कुछ भी स्थिर नहीं है। एक लाख पुत्र और सवा लाख नाती वाले रावण के घर दीया-बत्ती करनेवाला भी शेष नहीं रहा। न तो जन्म के समय कोई साथ आता है और न मृत्यु के समय कोई साथ जाता है। द्वार पर हाथी बाँधने का क्या उपयोग :

आवत संग न जात सँगाती, कहा भयो दरि बाँधे हाथी।
कहै कबीर अन्त की बारी, हाथ झाड़ि जैसे चले जुवारी।[43]

मोह-माया जीव को भगवान् से विमुख करती है। माया ज्ञानी और बुद्धिमानों को भी मोहित कर लेती है :

कबीर माया पापणीं, हरि सूँ करै हराम।
मुखि कढ़ियाली कुमति की, कहण न देई राम।[44]

माया मोहिनी है। सारे संसार को इसने अपने बस में किया हुआ है। असंग और विरक्ति द्वारा ही मनुष्य इससे बच सकता है। माया सदैव जीवित रहती है और संसार के लोग मरते रहते हैं। इन्हीं वासनाओं के वशीभूत होकर जीव जन्म-मरण के चक्कर काटता रहता है :

माया मुई न मन मुवा, मरि मरि गया सरीर।
आसा तृष्णां ना मुई, यों कहि गया कबीर।[45]
यह कष्टदायक चक्र है।

निरर्थक अहंकार का व्यंग्य और करुणा द्वारा अहं शमन : कबीर के अनुसार भगवान्-भजन को भूलकर जीव अपने नश्वर शरीर और भौतिक साधनों पर व्यर्थ का अभिमान करता है। व्यक्ति का अहं ही उसे नष्ट कर देता है। मनुष्य को चेतावनी देते हुए कबीर कहते हैं कानों में मुद्रा पहनकर तथा सिर मुड़ाकर अहंकार में क्यों फूले हो, जब मृत्यु तुम्हारे गले में रस्सी डालकर खीचेंगी तब किसकी मान-हानि होगी :

मूँड मुड़ाइ फूलि का बैठे, काननि पहरि मंजूसा।
बाहरि देह षेह लपटानीं, भीतरि तो घर मूसा।[46]

क्षणभंगुर तथा नश्वर शरीर पर तथा यौवन की शक्ति का अहंकार व्यर्थ है। झूठे अहं के मद में अपने अमूल्य जीवन को नष्ट करना मानव की सबसे बड़ी भूल है। शक्ति-सौन्दर्य, धन का अहंकार व्यक्ति को मृत्यु-पथ की ओर ले जाता है :

कबीर कहा गरबियौ ऊँचे देखि अवास।
काल्हि परयुँ भ्वै लौटणाँ, ऊपरि जामैं घास।[47]

अहं भावना व्यक्ति को भक्ति एवं साधना से दूर कर पतितोन्मुख करती है। अहंकारी व्यक्ति काल के नाम से भयभीत रहते हैं। व्यर्थ जीवन गँवानेवाले व्यक्ति अन्त में पश्चाताप करते हैं। अहंकार को छोड़ देने में मानव में विशुद्ध एवं व्यापक मानवत्व जागता है। व्यष्टि का यह विकास ही उसे अमरता प्रदान करता है।

जीव की अज्ञानता और नश्वरता पर व्यंग्य का करुणा में पर्यवसान : मनुष्य काल की व्यापकता और सर्वशक्तिमत्ता से परिचित होते हुए भी जीवनपर्यन्त विषय-वासनाओं के जाल में फँसा रहता है। अनित्य मानव को काल की निरंकुशता का शिकार होना ही पड़ता है। इस बात पर करुणा व्यक्त करते हुए कबीर कहते हैं यह मानव जीवन की विडम्बना है कि काल से परिचित होते हुए भी हम सत्कर्मों की ओर प्रवृत्त नहीं होते :

कबीर सूता क्या करे, उठि न रोवै दुक्ख।
जाका वासा गोर में, सो क्यूँ सोवै सुक्ख।[48]

मनुष्य को समझाते हुए कबीर कहते हैं कि संसार के नश्वर सुखों की अन्धी दौड़

में न दौड़कर काल-मुक्ति के लिए ईश्वर-भजन करना चाहिए। तत्कालीन परिस्थितियों पर व्यंग्य करते हुए वह कहते हैं कि सर्वशक्तिमान् काल अपनी गर्जना से ब्रह्मा के आसन तक को हिला देता है, फिर तुच्छ प्राणी इससे कैसे बच सकता है :

कबीर सूता क्या करै, सुताँ होई अकाज।
ब्रह्मा का आसण खिस्या, सुनत काल की गाज।[49]

हे मनुष्य! अब तो जाग जाओ। अज्ञान-निद्रा में सोने का क्या लाभ? यम-रूपी लुटेरे ने जीवन-मार्ग को घेर रखा है, वह जब चाहे लूट सकता है। यमराज तुम्हारा सबसे बड़ा शत्रु है :

जागहु रे नर सोवहु कहा,
जम बटपारे रुँधे पहा।
जागि चेति कछू करो उपाई, मोटा बैरीं है जमराई।[50]

कबीर के अनुसार हमें विषयों में डूबकर अपने आत्मस्वरूप को भूलना नहीं चाहिए। मृगतृष्णा रूपी झूठे संसार के पीछे दौड़कर अपना जीवन नष्ट नहीं करना चाहिए। यम के दूत चारों ओर घूमते रहते हैं :

जम के चर चहुँ दिसि फिरि लागै, हंस पखेरुवा अब कहाँ जाइबे।
केस गहें कर निरा बिन रहई, जब धरि ऐंचे तब धरि चहई।[51]

अज्ञानता मनुष्य के विवेक को नष्ट कर देती है। सद्‌भावना और विवेक मनुष्य के आत्मबोध को जागृत कर उसे ईश्वर-प्राप्ति के मार्ग में सहायता प्रदान करते हैं। मानवमात्र को शिक्षा देते हुए कबीर कहते हैं कि हमें विषयों के प्रति आसक्ति छोड़कर ईश्वर में लगानी चाहिए तभी इस भवसागर से पार उतर सकते हैं। मानवजाति की सेवा ही सच्ची भक्ति है और काल-मुक्ति का उपाय है।

संसार क्षणिक तथा नश्वर है। जीवन की क्षणिकता से परिचित होते हुए मानव अहंकार में डूबा रहता है। मानव अस्थिर शरीर को स्थिर मानकर अपना सारा जीवन भटकने में गँवा देता है। मानव की इसी निर्भयता पर काल हँसता है :

काची काया मन अथिर, थिर थिर काम करन्त।
ज्यूँ ज्यूँ नर निधड़क फिरें, त्यूँ त्यूँ काल हसन्त।[52]

वासनाओं में डूबा व्यक्ति ईश्वर-स्मरण से जी चुराता है। चतुर शिकारी की भँति काल सदैव निशाना लगाए तत्पर रहता है :

कबीर पल की सुधि नहीं, करे काल्हि को साज।
काल अच्यन्ता झड़पसी, त्यूँ तीतर को बाज।[53]

कबीर ने सांसारिक पदार्थों की अनित्यता को समझकर यह निर्धारित किया कि संसार की सभी वस्तुएँ अस्थिर एवं नाशवान् हैं, इनमें स्थायित्व नहीं है। इसलिए इन पदार्थों के पीछे भटककर जीवन व्यर्थ हीं गँवाना चाहिए।

आज कहै हरि काल्हि भजोगाँ काल्हि कहे फिरि काल्हि।
आज ही काल्हि करन्तड़ा, औसर जासी चालि।[54]

मानव-जीवन की नश्वरता का ज्ञान कबीर ने अनेक दृष्टान्तों व व्यंग्यों द्वारा मानवजाति को दिया। नश्वर शरीर केवल अपने कर्मों द्वारा अमर हो सकता है। जीवन को सार्थकता मनुष्य के सत्कर्म ही प्रदान कर सकते हैं। मानव को जीवन के पल-पल का सदुपयोग करना चाहिए तथा उद्यमी एवं साहसी बनना चाहिए।

इस विवेचन से स्पष्ट है कि कबीर के समाज में ऊँच-नीच तथा जाति-पाँति की कथित श्रेष्ठता को लेकर व्यर्थ के मतवाद प्रचलित थे। धर्म के नाम पर कर्मकांडीय पाखंड तथा बाह्याचारों का बोलबाला था। धर्म अन्धविश्वास में परिवर्तित होता जा रहा था। धर्म के नाम पर ही हिंसा का कोलाहल मचा हुआ था। दूसरी ओर सांसारिक विषय-वासनाओं के प्रति प्रबल आसक्ति के चलते मनुष्य का चारित्रिक विकास अवरुद्ध हो चला था। निरर्थक अहंकार के मद में व्यक्ति अपने क्षणभंगुर जीवन को नष्ट कर रहा था। जीव की इन अज्ञानताओं को कबीर ने पहचाना कि यह व्यर्थ नष्ट होना उसके जीवन की विडम्बना है। यहाँ कबीर व्यंग्य करने में पीछे नहीं हटे। आचार्य हजारीप्रसाद द्विवेदी के शब्दों में, 'व्यंग्य करने में और चुटकी लेने में कबीर अपना प्रतिद्वन्द्वी नहीं जानते। पंडित और काजी, अवधू और जोगिया, मुल्ला और मौलवी सभी उनके व्यंग्य से तिलमिला जाते हैं। अत्यन्त सीधी भाषा में वे ऐसी गहरी चोट करते हैं कि चोट खाने वाला केवल धूल फाड़ के चल देने के सिवा और कोई रास्ता नहीं पाता।'[55] कबीर ने किसी अपराधी को नहीं छोड़ा, साथ ही मनुष्य को उनकी जीवनगत नश्वरता को पहचानने की बुद्धि दी। इसके लिए उन्होंने व्यंग्य के अचूक अस्त्र का इस्तेमाल किया। क्योंकि इसके केन्द्र में मनुष्य के नष्टप्राय जीवन के अभाव थे इसीलिए उस पर किया व्यंग्य करुणा में पर्यवसित होकर सोचने के लिए विवश करता है कि जीवन और उसकी सुविधाएँ नश्वर हैं तो उसे बेहतर तरीके से क्यों नहीं जिया जा सकता? कबीर का करुणाधर्मी व्यंग्य ऐसे कई प्रश्न जगाता है और कालभय से ग्रस्त संसार में बेहतर जीवन का आदर्श सामने रखता है।

कबीर की प्रगतिशीलता

कबीर हिन्दी साहित्य के सम्भवतः पहले प्रगतिशील कवि हैं। उनकी प्रगतिशीलता केवल सिद्धान्तों पर आधारित नहीं है, वल्कि इसी जमीन की उपज है। दार्शनिक अवधारणा की दृष्टि से देखने पर भी मार्क्सवादी काल की अवधारणा से कबीर का वैशिष्ट्य स्पष्ट है। मार्क्सवाद भौतिकयादी दर्शन है, इसलिए उसमें 'टाइम' एवं 'स्पेस' के चक्राकार गति वाले विकास को स्वीकार नहीं किया जाता। मार्क्सवाद भी अन्य भौतिकवादी दर्शनों की भाँति काल के समरैखिक विकास को स्वीकार करता है। इसके समानान्तर भारतीय दर्शन में काल की अवधारणा के अनुसार जो सबसे बेहतर था, पहले बीत चुका, उससे कम अच्छा त्रेता, उसके बाद बीता सन्देह का द्वापर युग, उसके बाद आया और अब जिस काल में हम रह रहे हैं, वह सबसे अधिक असहनीय, निकृष्ट, मानवीय मूल्य की

दृष्टि से अधोगति को प्राप्त काल है। दूसरी ओर मार्क्सवादी दर्शन यह स्वीकार करता है कि जब भी विकास होगा, अपने से बेहतर स्थिति में होगा। समाज-विकास की जो द्वन्द्वात्मक प्रक्रिया है—उसमें संघर्ष के द्वारा हम नया समाज और नया काल निर्मित करेंगे तो वह पूर्व के मानवीय, सामाजिक-सांस्कृतिक, राजनीतिक, आर्थिक सम्बन्धों से बेहतर समय और समाज होगा। यद्यपि दोनों विचारधाराओं में भिन्नता है तथापि भारतीय दर्शन की भाँति मार्क्सवादी दर्शन में भी जीवन को सार्थक, समाजोपयोगी, लोकोन्मुख और संघर्षशील बनाने की प्रेरणा मानव समाज को दी गई है।

भारतीय दर्शन के विचारानुसार मनुष्य को अपने नश्वर एवं क्षणभंगुर शरीर और अपने कीमती समय का यथासम्भव उपयोग करना चाहिए जबकि मार्क्सवाद यह मानकर चलता है कि प्रगति किसी देवता का दिया हुआ अलौकिक वरदान नहीं है। बल्कि वह स्वयं मनुष्य के संघर्ष के द्वारा मुक्ति की आशा पर विश्वास रखती है। इस प्रकार मृत्यु-भय से आधुनिक प्रगतिशील दृष्टि भी मुक्त है क्योंकि जहाँ सामाजिक संघर्ष पर विश्वास किया जाता है, वहाँ समाज का सपना मृत्यु के भय से त्रस्त न होकर शोषक और अन्यायी तन्त्र को चुनौती देना होता है। यही चुनौती हमें कबीर काव्य में दृष्टिगत होती है। कबीर वैयक्तिक धरातल पर मुक्ति की बात नहीं करते। उनके यहाँ अलौकिक और आध्यात्मिक मुक्ति के अर्थ सार्वभौमिक मनुष्य से प्रत्यक्ष जुड़े हैं। वह समाज के अन्दर मनुष्य की मुक्ति चाहते हैं। आर्थिक शोषण, राजनीतिक दमन, सामाजिक रूढ़ियों और सांस्कृतिक ठहराव से मनुष्य और सम्पूर्ण समाज की चिन्ता करते हैं। वह बार-बार समाज के लिए स्वयं को उत्सर्ग करने की बात करते हैं—कबिरा खड़ा बाजार में लिये लुकाठा हाथ या सीस सिधारे भुई धरे—ये तमाम बातें सामाजिक मुक्ति के विचार से जुड़ी हैं। कबीर-काव्य में मुक्ति के विचार से तात्पर्य है समाज के प्रत्येक आदमी का कल्याण। इस सन्दर्भ में लोकोन्मुख भक्ति-धारा के कबीर आदि महान् सन्त कवियों का गम्भीर चिन्तन आज भी प्रासंगिक और व्यापक मानवीय अर्थों में प्रगतिशील है।

निर्भीक होकर सच कहने का क्रान्तिकारी तेवर कबीर के सामाजिक सुधारवाद का अन्ग है। यहाँ विचारणीय तथ्य यह है कि कबीर का क्रान्तिकारी सुधारवाद समाज निरपेक्ष शाब्दिक नारेबाजी नहीं है बल्कि उसकी लोक से गहरी सम्पृक्ति है। कबीर का काव्य इसका प्रखर साक्ष्य है। प्रत्येक मानव से संगति का मार्ग अपनाने की शिक्षा देते हुए कबीर कहते हैं :

मेर नीसांणी मीच की, कुसंगति ही काल।
कबीर कहै रे प्रांणियाँ, बांणीं ब्रह्म सँभाल।[56]

अहंकार और ममता ही मृत्यु के द्योतक हैं। सदुपदेशों और ज्ञान द्वारा मनुष्य का कल्याण सम्भव है।

सकारात्मक सामाजिक परिवर्तनों के रास्ते में आनेवाली निष्प्राण कुरीतियाँ और संस्कृति को पाखंड बनानेवाले असामाजिक दबाव-समूह कबीर के व्यंग्य का निशाना बने हैं। तीर्थों में नहानेवाले भक्तजनों पर व्यंग्य कसते हुए कबीर कहते हैं :

तीरथ करि करि जग मुवा, डूंघ पाणीं न्हाइ।
रामहि राम जपतड़ाँ, काल घसीट्या जाइ।[57]

वाणी और व्यवहार में जैसी रचनात्मक अक्खड़ता कबीर की वाणी में मिलती है, वैसी अन्यत्र अप्राप्य है। अज्ञान-निद्रा में सुप्त जीव को चेतावनी देते हुए कबीर का कथन है :

कबीर सूता क्या करै, जागि न जपै मुरारि।
एक दिनाँ भी सोवणाँ, लम्बे पाँव पसारि।[58]

कबीर की सामाजिक चिन्ता उनकी आचरणगत ईमानदारी का परिणाम है। यही विशेषता कबीर के ईमानदार स्पष्टवक्ता होने का प्रमाण है। सम्भवतः इसी कारण हिन्दी-जगत् में कबीर को प्रथम विद्रोही और आधुनिक कवि माना जाता है। ऊँच-नीच का कृत्रिम भेद और धर्माडम्बर का खंडन करती कबीर की तीखी टिप्पणियाँ जातिवाद तथा वर्गवाद के भेद से रहित हैं। अपने सम्पूर्ण व्यक्तित्त्व एवं कृतित्त्व में कबीर मानवीयता के पक्षधर हैं। गहरे मानवीय सरोकार उनके काव्य में झलकते हैं। द्विवेदीजी के कथनानुसार—'कबीर युगावतार की शक्ति और विश्वास लेकर पैदा हुए थे और युग-प्रवर्तक की दृढ़ता उनमें विद्यमान थी, इसलिए वह युग प्रवर्तन कर सके।'[59]

कबीर ने अपने सहज धर्म में सहज और सरल प्रवृत्तियों को स्थान दिया है। कबीर ने अपनी वाणी द्वारा व्यर्थ ही भ्रमात्मकता का जाल नहीं फैलाया अपितु सहज अनुभूतियों द्वारा जनमानस को नैतिकता की सीख दी। कबीर की कविता सहजता और सरलता से अनुप्राणित तथा बौद्धिक चेतना से उद्भासित है। मानव-सेवा और मानव-हित की भावना कबीर की कविता का प्राण-तत्त्व है। भावना, अनुभूति और विचारों की त्रिवेणी द्वारा कबीर ने अपने उद्‌गारों को व्यक्त किया :

कबीर निज घर प्रेम का, मारग अगम अगाध।
सीस उतारि पग तलि धरै, तब निकट प्रेम का स्वाद।[60]

कबीर का विचार था कि बिना आचरण की श्रेष्ठता से व्यक्ति का नैतिक उत्कर्ष सम्भव नहीं। उनका कहना है कि चरित्र का उत्थान ही व्यक्ति का उत्थान है और व्यक्ति के उत्थान में ही समाज का उत्थान निहित है। कोरे सिद्धान्तों की बातें ही नहीं करते रहना चाहिए अपितु उच्च सिद्धान्तों को जीवन में मूर्तिमान करके ही मानव-जीवन सफल हो सकता है :

कथणीं कथी तौ क्या भया, जे करणीं ना ठहराइ।
काल बूत के कोट ज्यूँ, देव तहीं ढहिं जाइ।[61]

वर्ग और वर्ण की असंगतियों से रहित समाज की परिकल्पना कबीर-काव्य में मिलती है—'कबीर ने भारतीय जनता में भेदभावविहीन सहज धर्म और सामाजिक नियमों का जो ढाँचा खड़ा किया उससे जनता को बल मिला, उनके नैतिक जीवन में सुधार की प्रवृत्ति जागरूक हो उठी और सभी में, अपने जीवन, अपने समाज और अपने धर्म के प्रति स्वतन्त्र रूप से विचार करने की प्रवृत्ति ने जन्म लिया।'[62] संस्कृति के प्रति

भी यह वैज्ञानिक दृष्टि है।

प्रगतिशील दृष्टिकोण अपनाकर कबीर मनुष्य को मनुष्य के करीब लाना चाहते थे। कबीर-काव्य सच्चा मानवतावादी काव्य है जो मनुष्य के विकास का मार्ग प्रशस्त करता है। कबीर ने अपनी प्रगतिशील विचारधारा का परिचय देते हुए ऐसे समाज की स्थापना की जिसमें सह-अस्तित्व की भावना हो, परिश्रम और उद्यमी व्यक्ति हो, परिवेशजन्य कोई भय उनके मन में न हो। कबीर-काव्य में सत्य और शिव की प्रधानता है। कबीर की यह साखी अपने समय के शोपण और अत्याचार के साथ-साथ और भी बहुत कुछ व्यंजित करती है :

मूरों को का रोइए, जो अपणे घर जाइ।
रोइए बन्दीवान को, जो हारैं हार बिकाइ।[63]

कबीर ने जन-सामान्य के आन्तरिक विश्वास और आचरणगत पवित्रता को जल प्रदान किया। कबीर ने एक ओर सामाजिक परिवेश में जकड़े मानवों को रूढ़ि-आडम्बरों से मुक्ति दिलाने का प्रयास किया तो दूसरी ओर भय-आतंक के वातावरण में आस्था और विश्वास का संचार करते हुए निर्भय होने की प्रेरणा दी।

इस प्रकार कबीर ने जन-चेतना का मन्थन करते हुए नवीन विचारों को समाज के सम्मुख प्रस्तुत किया। ईश्वर के सम्मुख दैन्य-भाव जगाकर, जीवन की दरिद्रता और विवशता की उपेक्षा करके तथा मानव मात्र के मन में आत्मगौरव की भावना जागृत कर अपने प्रगतिशील होने का उदाहरण प्रस्तुत किया। कबीर ने जीवन-संघर्षों से भागकर संन्यास लेने की अपेक्षा 'घर की खोज' को अधिक महत्त्व दिया :

अनल आकासां घर किया, मधि निरन्तर बास।
बसुधा व्योम विरक्त रहै, विना ठौर बिसवास।[64]

निम्नवर्गीय परिस्थितियों में जीवन-यापन करके भी कबीर ने परिपक्व चेतना को प्रसारित किया। उनका उद्देश्य आचरण की श्रेष्ठता द्वारा मनुष्य की चेतना का उत्कर्ष करना है। समता का यह विचार आधुनिक प्रगतिवादियों को भी पीछे छोड़ देता है जिसके द्वारा कबीर ने समाज के प्रत्येक वर्ग में मुक्ति की नवीन भावना जागृत की थी—'कबीर जनता का विचारक, जनता का धर्माचार्य, जनता का सुधारक और जनता का प्रतिनिधि था। उनकी वाणी के शब्द-शब्द से जन-हित की भावना झंकृत होती थी।'[65]

कबीर का सन्देश व्यक्ति या जाति-विशेष के लिए न होकर सम्पूर्ण मानवजाति के लिए था। कबीर हिन्दी साहित्य के महान् प्रगतिशील कवि हैं, जिन्होंने समाज में व्याप्त शोषण और अन्याय की दीवारों को गिराकर समता लाने का सार्थक प्रयास किया। रूढ़िवादी विचारों के प्रति जोरदार आवाज उठाई और मानव का सच्चे अर्थों में पथ-प्रदर्शन कर जीवनोत्थान किया।

प्रासंगिकता का प्रश्न

शताब्दियों पश्चात् भी आज कबीर हमारे लिए उतने ही प्रासंगिक हैं। कबीर की काव्य-रचना का उद्देश्य इच्छा-पूर्ति या लोक-यश प्राप्त करना नहीं था बल्कि वह तो आंतरिक शान्ति की खोज कर जन-जीवन का कल्याण करना चाहते थे। कबीर ने कठिन परिस्थितियों में, मानव के अन्दर संघर्षपूर्ण जीवन की प्रेरणा भरकर, मानव मन में निराशा के स्थान पर आशा का संचार किया।–'जीवनगत सुदृढ़ वैयक्तिकता के कारण ही कबीर-साहित्य शाश्वत शक्ति एवं नूतनता से संयुक्त है। प्रवृत्तिजन्य उल्लास एवं निवृत्तिजन्य सन्तोप का समावेश होने के कारण कबीर साहित्य की दृष्टि, जीवन के प्रति स्वस्थ एवं सन्तुलित है। कबीर ने प्रभावोत्पादक ढंग से सरल, सदाचारपूर्ण लौकिक जीवन बिताने का उपदेश दिया और स्वयं भी उसे अपने आचरण में ढालने के कारण जनता के श्रद्धेय बन गए।'[66] अपने समय की कठोरतम परिस्थितियों को सहते हुए भी कबीर ने अपने विचार बड़े स्पष्ट शब्दों में निर्भीकतापूर्वक व्यक्त किए हैं।

कबीर के मारे आग्रह मनुष्य, जीवन और जगत् को सँवारने के रहे हैं। कबीर की सोच और चिन्त।ओं का केन्द्र बिन्दु मानव जीवन रहा है। कबीर कर्म, नैतिक-अन्तर्दृष्टिकोण, सच्चरित्रता, संवेदनशीलता और स्पष्टता के मार्ग पर चलकर ईश्वर को पाना चाहते हैं। उनके लिए समूचा ब्रह्मांड राममय है। तत्कालीन समाज में व्याप्त अन्धविश्वासों और रूढ़ियों का तार्किक खंडन कबीर ने किया। आज धार्मिक-मजहबी कट्टरतावादी ताकतें आपस में टकरा रही हैं। खूनी झड़पें, फसाद हो रहे हैं और परस्पर शत्रुता, बदला लेने के स्थायी मोर्चे ठन गए हैं। कबीर के युग में भी कुछ-कुछ ऐसी ही स्थितियाँ थीं। पर कबीर ने एक उदार, स्वतन्त्र, मुक्त व्यक्ति के रूप में नई दिशा सुझाई। स्वतन्त्रता अर्जित की। एक कठिन कार्य कर दिखाया।[67] उनके अनुसार ईश्वर सूक्ष्म रूप में पृथ्वी के कण-कण में समाया हुआ है। ईश्वर, अल्लाह एक हैं, राम-रहीम एक हैं, इनमें कोई मौलिक अन्तर नहीं है। कबीर सजग विचारक थे। वह मनुष्य के दैनिक जीवन में सजगता के साथ-साथ ऐसी भावना पैदा करना चाहते थे कि प्रत्येक काम अपनी बुद्धि और तर्क-शक्ति के आधार पर करना चाहिए। वह मानवजाति को स्वावलम्बी एवं आत्मविश्वासी बनाना चाहते थे। साम्प्रदायिक भेदभाव मनुष्य के अन्दर कटुता पैदा करते हैं। 'कबीर ने आध्यात्मिकता को सम्प्रदायगत, संकुचित बाह्य-आचारों, पूजा-विधियों की तरह प्रचारित नहीं किया बल्कि साम्प्रदायिक कुहासों को छाँटने का काम किया। उन्होंने अध्यात्म को भी सामाजिक मूल्य बनाकर प्रस्तुत किया है तथा धर्म-दर्शन के द्वैत की खाई को पाटकर हिन्दू-मुसलमान दोनों को आत्म-अध्यात्म के एक मूल सूत्र में जोड़ने का काम किया। कबीर का अध्यात्म वह मूल्य-आधार है जिसके द्वारा समूचे विश्व में पुनः एक परिवर्तन और क्रान्ति घटित हो सकती है।'[68] ऐसे ही उदात्त धार्मिक विचारों के कारण कबीर आज भी उतने ही प्रासंगिक हैं। उनके विचारों को आत्मसात् करके ही हम समाज को उन्मुक्त व स्वच्छ वातावरण प्रदान कर सकते हैं, जिसमें धार्मिक

कालुष्य न हो, हिन्दू-मुस्लिम भेदभाव न हो। इसीलिए भारत की वर्तमान परिस्थितियों को देखते हुए यह निःसंकोच कहा जा सकता है कि कबीर आज अपने विचारों के कारण पहले से अधिक प्रासंगिक हैं, बल्कि अनिवार्य हो गए हैं। साम्प्रदायिकता, जातिवाद, गैर-बराबरी, हिंसा-हत्या से त्रस्त भारतीय समाज की वर्तमान व्याधियों को अपने काल में ही लक्षित कर इसके उपचार सुझानेवाले कबीर की वाणी आज सुनिश्चित अचूक औषधि है :

आगि जो लागी सरवर में
सरवर जरि भौ धूरि हो।

सरोवर में आग लग गई और सरोवर जलकर धूल हो गया, हमारा वर्तमान इससे भिन्न कहाँ है? प्रत्येक जीवन, जो भरा-पूरा चैतन्य जल से लबालब भरे सरोवर जैसा है—आज जलकर सूख ही नहीं गया बल्कि धूल में बदल गया है।[69] जीवन ही संकटग्रस्त हो गया है। आज भी राम-रहीम का भेद दिखाकर कुछ स्वार्थी-राजनीतिक शक्तियाँ समाज में संघर्ष उत्पन्न कर रही हैं। कबीर राजनीतिक सत्ता-व्यवस्था को काल की अपरिहार्यता समझाना चाहते थे :

कबीर थोड़ा जीवणां, माड़े बहुत मंडाण।
सबही ऊभा मेल्हि गया, राप रंक सुलितान।[70]

आज भी राजनीतिक दल निरंकुश, स्वार्थी, भ्रष्ट और अनैतिक हैं। अपने वोट-बैंक को सुरक्षित रखने के लिए यह शक्तियाँ घृणित हथकंडे अपनाकर धार्मिक, सांस्कृतिक, असहिष्णुता का वातावरण समाज में पैदा कर रही हैं। कबीर ऐसी अराजक और अमानवीय प्रवृत्तियोंवाले शासकों के प्रति जन-समाज को सजग करके अंकुश लगाना चाहते थे। कबीर के यह विचार आज भी प्रासंगिक हैं।

सामाजिक क्षेत्र में भी कबीर के विचार अत्यन्त महत्त्वपूर्ण एवं प्रासंगिक हैं। वे वर्गीय, जातीय, सम्प्रदायगत भेदभाव के कट्टर शत्रु हैं। भले ही हिन्दू हों या मुसलमान, शैव हों या वैष्णव, नाथ, योगी हों या बौद्ध-सिद्ध, पंडित हों या मुल्ला, राजशाही हो या अन्धविश्वासी सामाजिक सत्ता—कबीर निर्द्वन्द्व, निर्मम, निष्पक्ष, अचूक वार करने से नहीं चूकते। दूसरी ओर राजसत्ता के हाथों उत्पीड़न सहा, सामाजिक उपहास बर्दाश्त किये, धार्मिक आक्रमणों का साहस, विवेक से सामना किया।[71] कबीर मानव-मानव के बीच समानता चाहते थे। उनके अनुसार सभी व्यक्ति समान हैं तथा एक ही ईश्वर की सन्तान हैं। ब्राह्मण, क्षत्रिय, शूद्र, ऊँच-नीच आदि के भेदभाव समाज को तोड़ने एवं निहित स्वार्थों को पूरा करने का बहाना मात्र हैं। कबीर ने अपने व्यंग्यों और तर्कों के द्वारा सामाजिक विषमताओं का खंडन किया है :

पांडे कौन कुमति तोहि लागी
तू राम न जवहि अभागी
वेद पुरान पढ़त अस पांडे, खर चन्दन जैसे भारा।
राम नाम तत समझत नाहीं, अन्त पड़े मुखि छारा।

वेद पढ्या का यहु फल पांडे, सब घर देखें रामा।
जन्म मरन थैं तौ तूँ छूटे सुफल हहि सब कामा।[72]

कबीर ने सामाजिक वैषम्य को दूर करने हेतु जनता को जागरूक करने का प्रयास किया। कबीर की यह दृष्टि भी आज पथ-प्रदर्शक है। आज भी मानव वर्गगत बेड़ियों में जकड़ा है। ऊँच-नीच का भेदभाव आज भी मान्य है। वर्षों पहले कबीर के समानता के विचार आज भी उतने ही प्रासंगिक हैं। समाज के चतुर्दिक विकास के लिए आज हमारे लिए कबीर के विचारों को अपने जीवन में ढालना अत्यन्त आवश्यक है। कबीर का यह तर्क कितना सटीक व स्पष्ट है :

जे तू बाभन बभनीं जाया, तो आन बाट ह्वै काहे न आया।
जे तू तुरक तुरकनी जाया, तो भीतरि खतना क्यूँ न कराया।

एक जोति से सब उत्पन्न, कौन बाम्हन कौन सूदा।
माटी का प्यंड सहजि उतपनां, नाद रु ब्यन्द समाना।[73]

वस्तुतः कबीर ने सर्वथा पृथक् एक मर्यादित, संयमित, सात्त्विक चिन्तन पद्धति का विकास किया और समूचे समाज को नैतिक बल की आधार-स्थली पर ला खड़ा किया। सामाजिक विखराव को रोका। विशृंखलित होकर बिखरने से बचाया। अतः धर्म के साथ समाज के आचरण को जोड़कर कबीर ने बहुत बड़ी भूमिका निभाई। इस भूमिका पर उन्होंने दोनों ओर की साम्प्रदायिक कट्टरता पर आक्रमण किए तो दोनों धर्मों की शास्त्रीय धर्म-पद्धतियों की जकड़बन्दियों और लौह किलेबन्दियों को अकाट्य तर्कों से काटा। ऐसी तर्कशैली विकसित की जिसकी काट नहीं हुई। इस तर्कशीलता और सजग प्रश्नशीलता के सामने कट्टरता के मजबूत दुर्ग ढहते-डगमगाते मिले। हर रूढ़ आचरण, वैचारिक अन्धता और तर्कहीन पद्धति के आगे ऐसे प्रश्न-चिह्न खड़े किए कबीर ने जिनसे बचकर निकल पाने का कोई रास्ता नहीं रहा।[74] कबीर ने सदैव हृदयगत सरलता, सहजता और निश्छलता पर बल दिया है। उनके अनुसार हृदय की शुद्धता के बिना हरि नहीं मिल सकता। सच्चाई का मार्ग अपनाना तथा दूसरों के प्रति शुद्ध भाव रखना नितान्त आवश्यक है, फिर चाहे कोई लम्बे बाल रखे या मुँडवा दे, कोई फर्क नहीं पड़ता :

'हरि न मिलै बिन हिरदै सूध
साई सेति साच चल औरों सो सुधमाय
भावै लाम्ने केस कर भावै धुरड़ि मुड़ाय।[75]

कबीर ने धार्मिक समानता के लिए तर्क, बुद्धि और ज्ञान की कसौटी स्थापित की। कट्टरपन्थी ब्राह्मणों और मुसलमानों के विरोधों का डटकर सामना किया। तरह-तरह के उत्पीड़न और अपमानों को झेलते हुए भी उन्होंने अन्धविश्वासों पर करारी चोट की है। कबीर ने समाज में समरता लाने के लिए 'भाव-भगति' का प्रसार किया। इसी भाव-भक्ति के सहारे उन्होंने समाज को संस्कारित और संयमित किया। कबीर की

निर्गुणोपासना में बाह्याचारों का पूर्ण निषेध है। कबीर बाह्याडम्बर, मिथ्याचार एवं कर्मकांड के विरोधी थे। सामाजिक और नैतिक सुधारक के नाते आज भी उनका महत्त्व अक्षुण्ण है। हिन्दू और मुस्लिम दोनों की अन्धश्रद्धा को उन्होंने चुनौती दी :

काजी कौन कतेब बषाने।
पढ़त-पढ़त केते दिन बीते, गति एकै नहीं जाने।
सकति से नहे पकरि करि सुमति, यहु न बदूँ रे भाई।[76]

कबीर के अनुसार बाह्याचार अर्थहीन हैं। भस्म लगाना, तीर्थयात्रा पर जाना, माला फेरना आदि कबीर के तीव्र व्यंग्य और घोर उपहास के विषय हैं। 'कबीर सब प्रकार के सम्प्रदायवाद और संकीर्ण मन और दृष्टिकोणों के कटु आलोचक थे। न ब्राह्मण ऊँची जाति का है न शूद्र। फिर क्यों एक दूसरे से द्वेष करते हैं? यह मूर्खता है।'[77] कबीर की यह सामाजिक चेतना आज भी प्रासंगिक है और सामाजिक भेदभाव को दूर करने के लिए आवश्यक भी। काल की अपरिहार्यता का शिकार प्रत्येक मनुष्य को होना है। फिर व्यर्थ के झगड़ों में हमें अपना जीवन नष्ट नहीं करना चाहिए। सभी मनुष्यों से प्रेमपूर्वक व्यवहार करना ही मानवजाति का सर्वश्रेष्ठ धर्म है :

कबीर टगटग चोघताँ, पल-पल गई बिहाइ।
जीव जंजाल न छाड़ई, जम दिया दमामाँ आइ।[78]

कबीर पहचानते हैं कि सांसारिक जंजाल में फँसकर जीव काल का ग्रास बनता जा रहा है। इस अन्धकार में धँसते मनुष्य को कबीर की कविता आलोक का मार्ग दिखाती हैं...अन्धकार के...अनेक रूप विद्यमान हैं हमारे समाज में। अहंकार (पद या धन का) लोभ, काम, क्रोध—इन सब प्रकार के आत्मिक अँधेरों के विरुद्ध कबीर जागरूक बनाते हैं। हमें इनके प्रभाव से मुक्त होने को सदा सचेत करते हैं।[79] आज के समय में कोई अन्य कविता इतना क्रान्तिकारी कार्य नहीं कर सकती है।

भारतीय दर्शन में 'कर्म' का विशेष महत्त्व रहा है। जुलाहा कर्म में रत रहते हुए, अजपा-जाप करते हुए कबीर ने अपने कर्म को सर्वोच्च गरिमा प्रदान की। कबीर ने अपने समाज में राजसत्ता की उच्छृंखलता, हिंसा और क्रूर व्यवहारों को देखा था। इसलिए वह प्रत्येक मनुष्य को आत्म-सन्तोष और परिश्रम का महत्त्व बताना चाहते थे। आत्मनिर्भरता प्रत्येक के लिए अनिवार्य है। कबीर ने हाथ के काम को ज्यादा महत्त्व दिया। आधुनिक काल में गाँधीजी का चरखा चलाना भी कबीर के मत की पुष्टि करता है। आज के मशीनी युग में कबीर के हस्तकला के विचार भी पूर्णतः प्रासंगिक प्रतीत होते हैं। क्योंकि इसके माध्यम से निर्मम मशीनीकरण का प्रखर प्रतिवाद किया जा सकता है।

कबीर का मानवतावादी दृष्टिकोण गहरी संवेदना से ओतप्रोत है। कबीर के पास—'मानव-मुक्ति के लिए विस्तीर्ण आकाश जैसा विश्वास है, तो अस्तित्व-रक्षा के लिए अगाध श्रद्धामयी अक्षय जीवन-कोशमयी धरती। कबीर प्रेम और करुणा के अवतार हैं। धरती के अन्तिम प्राणी और प्रकृति की निष्कलुष वाणी हैं। महलों की

बेचैनी और शोषण के सामने खड़े हुए झोंपड़े का सन्तोष और ईमान हैं।'[80] कबीर ने जाति, धर्म, वर्ण, मत आदि बाधाओं से हटकर एक सहज धर्म की स्थापना की, जो सबके लिए सुलभ था। कबीर के जीवन का प्रमुख लक्ष्य मानव मात्र में समता और एकता स्थापित करना था। कबीर ने कष्ट-सहिष्णुता, परोपकार, दया, क्षमा, अपरिग्रह की भावना को जन-जन तक पहुँचाया। आज भी कबीर का मानवतावादी दृष्टिकोण समाज की आवश्यकता है। नैतिक पतन के इस दौर में कबीर के यह विचार अत्यन्त मूल्यवान प्रतीत होते हैं। इन्हें अपनाकर खंडित हो रही मनुष्यता को कुछ हद तक बचाया जा सकता है। छः सौ साल पहले कबीर की जितनी जरूरत थी, आज उससे भी कहीं अधिक है। आज देश और समाज की हालत कबीरयुगीन समय से भी बदतर है, ऐसे में कबीर और भी प्रासंगिक हो उठे हैं। कबीर ने धर्म को सम्प्रदायगत, संकुचित बाह्य आचारों और पूजा विधियों के जंजाल से निकालकर प्रस्तुत किया। उन्होंने धर्म-दर्शन के द्वैत की खाई को भरकर हिन्दू-मुस्लिम दोनों को आत्म-अध्यात्म के एक मूल सूत्र में जोड़ने का काम किया।

कबीर-काव्य की दार्शनिक पृष्ठभूमि या कहें कि वैचारिक भित्ति अत्यन्त सुदृढ़ है। इस दृष्टि से भी कबीर प्रासंगिक हैं। क्योंकि आज का लेखक हो या तत्त्ववेत्ता, समूचा बुद्धिजीवी-वर्ग अपनी बौद्धिक गरिमा खो चुका है। ऐसे में कबीर योग्य शिक्षक हो सकते हैं। आधुनिक विश्व के अस्तित्ववादियों को अभी भी कुछ और सीखना हो, तो वे कबीर के पास आएँ और सीखें। जो घर के फूँकने की दुनियावी सम्पदा को अपने हाथों नष्ट करने और निहंग तथा निःसंग हो जाने की चरम अनुभूति की तीखी नोंक पर स्थित हो, वह जीवन की कैसी उद्‌गधजीवंतता को माथे पर कलंगी की तरह सँजोए हो सकता है। अपने को आधुनिक और बौद्धिक और साहित्यिक माननेवालों के लिए कबीर के पास अभी इतना बड़ा खजाना है कि जिसे वे आने वाली कई-कई सदियों में भी खोदते-सहेजते रहे तो भी वह रीतेगा नहीं।[81] मात्र अस्तित्ववादी ही नहीं, समस्त धाराओं के विचारकों, सृजकों के लिए कबीर के यहाँ बहुत कुछ ऐसा है जो महत्त्वपूर्ण है। कबीर ने वह मानवीय सत्य व्यक्त किया था जिसे आज का लेखक भी प्रस्तुत करता है। विश्व के आधुनिक दार्शनिक-लेखकों, कामू, काफ्का, सार्त्र, इलियट आदि ने अस्तित्ववाद के जो नए दर्शन दिए हैं उन दार्शनिक सिद्धान्तों को कबीर पहले ही अपनी वाणी में व्यक्त कर चुके हैं। और इन चुनौतियों को जीवन में साहसपूर्ण झेल चुके हैं।[82] उनका दर्शन जीवन से उपजा है। कबीर का काव्य मानवीय जीवन-सत्य से प्राथमिक परिचय है। 'कागद की लेखी' से 'आँखों की देखी' के और क्या अर्थ हैं, कि अपने जीवन अनुभव से ही हमें अपने जीवन-परिवेश को समझना और समझ कर लेना है। आज का हमारा संसार पूरी तरह भिन्न है। इसकी समस्याएँ भिन्न हैं। फिर जो जोखिम उत्पन्न हों, चुनौतियाँ मिलें तो उन्हें हँसकर सहना-स्वीकार करना चाहिए, क्योंकि वे हमारी सोच का हिस्सा हैं—फल हैं।...स्पन्दनों-खिला जीवन ही, वास्तविक जीवन है। दे दिया गया जीवन हमें स्वीकार नहीं। अर्जित जीवन स्वीकार करना चाहिए। जीवन के स्पन्दन-संवेदन ही

हमें सच्ची अनुभूतियों तक ले जाते हैं।[83] सच का यही स्पर्श पाठक को उत्तेजित करता है, उसकी चेतना को जगाता है। आज जबकि मानवीय मूल्यों और सम्पूर्ण जीवन से व्यक्ति उदासीन होता जा रहा है, कबीर की कविता उसे सकारात्मक सोच का जीवन-दर्शन देती है।

प्रासंगिकता की दृष्टि से हम देखते हैं कि कबीर ने जीवन-संघर्षों से घबराकर नकारात्मक पक्षों की बजाय जीवन के सकारात्मक रूप को महत्त्व दिया है। हिन्दू-मुस्लिम द्वेष को बढ़ानेवाली स्वार्थ-प्रेरित राजनीतिक शक्तियों के साथ-साथ मनुष्य को शैव, शाक्त, वैष्णव, बौद्ध, जैन इत्यादि आधार पर विभक्त करनेवाले धार्मिक नेताओं की राजनीति भी कबीर ने पहचानी है। हिन्दू और मुस्लिम धर्मों के आडम्बर-पाखंड-अन्धविश्वास पर निर्भीक होकर प्रहार करनेवाले कबीर अपने युगबोध को समझनेवाले कालदर्शी कवि थे। इसलिए आज का साहित्यकार अपने को कबीर की परम्परा से जोड़ने में गर्व का अनुभव करता है। क्योंकि कबीर समाज में व्याप्त मिथ्याडम्बर के तन्त्रजाल को काटने के साहस से उसे जोड़ते हैं। कबीर अपने युग के तनावों को झेलते हुए अपने सहज जीवन-बोध और गतियों को बरकरार रखते हैं। स्वयं शिकार नहीं बन जाते। बल्कि तनाव देनेवाली विसंगतियों को लक्ष्य करके प्रहार करते हैं। विसंगतियाँ रचनेवाली सामाजिक, धार्मिक शक्तियों पर निर्मम चोट करते हैं। वे अपने समय से जुड़े हुए थे। ऐसे ही कवि कालजयी होते हैं और प्रत्येक युग में उनकी कविता निर्विवाद रूप से प्रासंगिक सिद्ध होती है।

कबीर का काव्य-दर्शन भी आज प्रासंगिक है क्योंकि वह ईश्वर पर आस्था, व्यक्ति की सद्वृत्तियों, दया, प्रेम और करुणा जैसे उदारतावादी मानवीय मूल्यों पर विश्वास व्यक्त करता है। इतने सुदृढ़ रचनात्मक आधारवाले कवि अपने समकालीन समाज के दमन, शोषण और अन्याय के विरुद्ध अपना सार्थक विरोध और विद्रोह दर्ज करते हैं। बुरी तरह बिगड़े हुए समाज को सुधार का मार्ग दिखलाने की कबीर की विशिष्ट शैली उनके प्रखर समाज-सुधारक रूप को प्रस्तावित करती है। इस दृष्टि से कबीर की आवश्यकता आज भी है क्योंकि सत्ता को चुनौती देनेवाली कविता कबीर सरीखे कवियों द्वारा ही सम्भव है। अन्यायी, अत्याचारी और संकीर्ण मस्तिष्कवाली प्रतिगामी शक्तियों को सावधान करते हुए कबीर ही कह सकते हैं कि दूसरों को नष्ट करनेवाले स्वयं काल पाश से जकड़े हुए हैं और कोई कितना ही शक्तिशाली हो वह अपने काल को टाल नहीं सकता। आज की मुख्यधारा की कविता में कबीर की अमिट छाप और स्पष्ट गूँज सुनाई देती है। वस्तुतः विश्व में जब तक दमन, शोषण, अन्याय, वर्ग, वर्ण-भेद रहेंगे, उनके सशक्त प्रतिपक्ष के रूप में कबीर साहसपूर्वक खड़े दिखलाई देंगे और उनकी कविता की सार्वकालिक और सार्वदेशिक प्रासंगिकता भी वर्तमान रहेगी।

पाद-टिप्पणियाँ

1. अम्बादत्त् पांडे—आलोचना (अंक-80), पृ. 45
2. क. ग्र. (श्यामसुन्दर दास), कुसंगति कौ अंग, दो. 7, पृ. 37
3. वही, कस्तूरियाँ मृग कौ अंग, दो. 4
4. क. ग्र. (श्यामसुन्दर दास), चाणक को अंग, दोहा-18
5. वही, कामी नर कौ अंग, दो. 11, पृ. 31
6. वही, सूषिम जनम कौ अंग, दो. 13, पृ. 26
7. वही, कथणी-करणी कौ अंग, दो. 2, पृ. 30
8. क. ग्र. (श्यामसुन्दर दास), चितावणी कौ अंग, दो. 6, पृ. 16
9. वही, परिशिष्ट, दो. 176, पृ. 199
10. क. ग्र. (श्यामसुन्दर दास), चितावणी कौ अंग, दो. 27, पृ. 18
11. वही, साँच कौ अंग, दो. 2, पृ. 33
12. द्रष्टव्य—कबीर एवं महात्मा गाँधी—रामजीलाल सहाय, पृ. 106
13. क. ग्र., पारसनाथ तिवारी, पृ. 10
14. क. ग्र. (श्यामसुन्दर दास), काल कौ अंग
15. वही।
16. वही, पृ. 64
17. क. ग्र. (श्यामसुन्दर दास), पद-245
18. कबीर ग्रन्थावली श्यामसुन्दर दास : कामी नर कौ अंग, दो. 12, पृ. 31
19. क. ग्र. (श्यामसुन्दर दास), पद-55, पृ. 61
20. क. ग्र. (श्यामसुन्दर दास), चितावणी कौ अंग, दो. 39
21. वही, दो. 37
22. वही, दो. 14
23. वही, सजीवनि कौ अंग, दो. 7, पृ. 60
24. क. ग्र. (श्यामसुन्दर दास), काल कौ अंग, दो. 29
25. कबीर-साहित्य और सिद्धान्त—यज्ञदत्त शर्मा, पृ. 127
26. क. ग्र. (श्यामसुन्दर दास), पद-57, पृ. 82
27. वही, पद-54, पृ. 80
28. क. ग्र. (श्यामसुन्दर दास), पद-41, पृ. 79
29. वही, चाणक कौ अंग, दो. 18, पृ. 29
30. वही, भ्रम बिधौंसण कौ अंग, दो. 3, पृ. 34
31. क. ग्र. (श्यामसुन्दर दास), भेप कौ अंग, दो. 8, पृ. 35
32. वही, भ्रम बिधौंसण कौ अंग, दो. 7, पृ. 34
33. वही, पद-132, पृ. 99
34. क. ग्र. (श्यामसुन्दर दास), सांच कौ अंग, दो. 7, पृ. 33
35. वही, दो. 8
36. वही, साँच कौ अंग, पद-62, पृ. 84

37. वही, पद-62
38. क. ग्र. (श्यामसुन्दर दास) साँच को अंग, दो. 9, पृ. 33
39. वही, बड़ी अष्टपदी रमैणी (3-5), पृ. 182
40. वही, पद 401, पृ. 167
41. वही, सतपदी रमैणी (2-6), पृ. 173
42. क. ग्र. (श्यामसुन्दर दास) बड़ी अष्टपदी रमैणी, पद-131, पृ. 99
43. वही, पद-98, पृ. 92
44. वही, माया कौ अंग, 4, पृ. 25
45. वही, 11, पृ. 26
46. क. ग्र. (श्यामसुन्दर दास), माया कौ अंग, पद 134, पृ. 99
47. वही, चितावणी कौ अंग, दो. 10, पृ. 16
48. क. ग्र. (श्यामसुन्दर दास) सुमिरण कौ अंग, दो. 13, पृ. 4
49. वही, दो. 15, पृ. 5
50. वही, पद-35, पृ. 155
51. वही, बड़ी अष्टपदी रमैणी, पृ. 175
52. क. ग्र. (श्यामसुन्दर दास) काल कौ अंग, दो. 30, पृ. 60
53. वही, दो. 6, पृ. 57
54. वही, दो. 5, पृ. 56
55. हजारीप्रसाद द्विवेदी, कबीर, पृ. 70
56. क. ग्र. (श्यामसुन्दर दास) संगति कौ अंग, दो. 5
57. वही, चांणक कौ अंग, दो. 18
58. क. ग्र. (श्यामसुन्दर दास), सुमिरण कौ अंग, दो. 12
59. हजारीप्रसाद द्विवेदी : कबीर, पृ. 177
60. क. ग्र. (श्यामसुन्दर दास) सूरा तन कौ अंग, दो. 20
61. क. ग्र. (श्यामसुन्दर दास), कथणी-करणी कौ अंग, दो. 1
62. यज्ञदत्त शर्मा : कबीर साहित्य और सिद्धान्त, पृ. 133
63. क. ग्र. (श्यामसुन्दर दास) सुन्दरि कौ अंग, दो. 3
64. क. ग्र. (श्यामसुन्दर दास), पृ. 313
65. यज्ञदत्त शर्मा कबीर : साहित्य और सिद्धान्त, पृ. 138
66. डॉ. आर्याप्रसाद त्रिपाठी : क. सा. का सांस्कृतिक अध्ययन, पृ. 73
67. डॉ. बलदेव वंशी : कहत कबीर कबीर, पृ. 58
68. डॉ. बलदेव वंशी का लेख '600 साल से जीवित कबीर', नभाटा, 20-6-97
69. डॉ. बलदेव वंशी : कहत कबीर कबीर, पृ. 57
70. क. ग्र. (श्यामसुन्दर दास), चिता कौ अंग, दो. 5, पृ. 16
71. डॉ. बलदेव वंशी : कहत कबीर कबीर, पृ. 60
72. क. ग्र. (श्यामसुन्दर दास), पद 39, पृ. 78
73. वही, पद-41, पृ. 79
74. डॉ. बलदेव वंशी : कहत कबीर कबीर, पृ. 58

75. वही, पृ. 79
76. क. ग्र. (श्यामसुन्दर दास), पद-59, पृ. 83
77. प्रभाकर माचवे—कबीर, पृ. 29
78. क. ग्र. (श्यामसुन्दर दास) काल कौ अंग, दो. 7, पृ. 56
79. डॉ. बलदेव वंशी : कहत कबीर कबीर, पृ. 25
80. डॉ. बलदेव वंशी का लेख '600 साल से जीवित कबीर', नभाटा, 20-6-97
81. डॉ. बलदेव वंशी : कहत कबीर कबीर, पृ. 62
82. वही, पृ. 60
83. वही।

आठवाँ अध्याय

कबीर कालबोध : अभिव्यंजना-सामर्थ्य : भाषिक मूल्यांकन

कबीर भाव-सम्पन्न रचनाकार हैं। यद्यपि उनका रचनाकर्म कोरी कविताई नहीं है; क्योंकि कविता तो उनका औजार है। समाज के विकारों को दुरुस्त करने का ऐसा औजार जिसकी पकड़ गहरी और चोट अचूक है। इसीलिए समाज-सुधारक या सामाजिक नेता कबीर के लिए कविता साध्य नहीं, साधन है। कविता के माध्यम से कबीर जनमानस को जीवन-यथार्थ से परिचित कराना चाहते थे। इस जगत्-सत्य से उन्होंने स्वयं प्रत्यक्ष साक्षात्कार किया था। इसलिए उनके काव्य में कोरी कलात्मक उत्तेजना नहीं है। उसमें तो समृद्ध मर्मस्पर्शी मानवीय भावनाएँ विद्यमान हैं। आत्मा के गायक और सत्य के साक्षात्कारकर्ता कबीर की कविता अभिव्यक्तिजन्य सौन्दर्य से रहित नहीं बल्कि कबीर की अभिव्यंजना-प्रणाली ही ऐसी है कि रूप और संवेदना आरोपित न रहकर एक हो गए हैं। कबीर के यहाँ विषय शिल्प को निर्धारित करता है।

कबीर के काव्य-व्यक्तित्त्व पर सन्त और सुधारक का रूप काफी हावी रहा है। कबीर सरीखे उच्चतम कोटि के कवि की उपेक्षा का इससे चरम उदाहरण और क्या होगा कि उन्हें कवि रूप में नोबेल पुरस्कार से सम्मानित महान् बांग्ला कवि गुरुदेव रवीन्द्रनाथ ठाकुर ने सर्वप्रथम पहचाना। यह हिन्दीभाषी समाज के आलोचकों के पूर्वग्रह और उनकी सीमा की ओर संकेत करनेवाली विडम्बना है। कुछ लोगों ने कबीर को 'कवि' मानने से ही अस्वीकार कर दिया। कहा गया कि 'कबीर की रचना उपदेश तो देती है, पर भावोन्मेष नहीं लाती। उनके उपदेशों को अत्यन्त ऊँचा मानकर भी उसे साहित्य या काव्य कहने में बहुतों को संकोच होता है।' रवि ठाकुर को नोबेल पुरस्कार मिलने पर प्रख्यात कवि-समीक्षक टी. एस. इलियट ने कहा था कि अगर मैंने कबीर को पढ़ा होता तो उनकी जगह पर मुझे यह पुरस्कार मिलता। उनके यह उद्‌गार कबीर-काव्य पर महत्त्वपूर्ण टिप्पणी है। क्योंकि कबीर मात्र उपदेशक या 'धार्मिक रचनाकार' नहीं है, अपनी तरह के विशिष्ट कवि हैं।[1]

यथार्थ और कल्पना कविता के दो प्रमुख चिह्न हैं। यथार्थपरक काव्य-विषय तथा उदात्त कल्पनाशील रूपविधान कविता को उच्चतम धरातल पर स्थापित करते हैं। मानवीय जीवन की जटिलताओं को कवि इस तरह से प्रस्तुत करते हैं कि उसकी पंक्तियाँ पाठक के मर्म को स्पर्श करने के बाद उसे सोचने पर विवश कर देती हैं। ऐसी कविता सार्वजनीन और सार्वकालिक हो जाती है। स्पष्ट है कि मानवीय जीवन को प्रस्तुत करने वाली कविता ही वास्तविक काव्य होती है। मनुष्य के कठिन जीवन की स्पष्ट-सरल और गम्भीर प्रस्तुति ही महान् कविता में सम्भव होती है। इस कसौटी पर कबीर-काव्य खरा उतरता है। इस सन्दर्भ में जब हम कबीर के काव्य को परखते हैं, तब हम उन्हें उच्चकोटि का सिद्धहस्त कवि पाते हैं। वस्तुतः उनका सम्पूर्ण काव्य आध्यात्मिक आनन्द की अनुभूति की अभिव्यक्ति है। उन्होंने एक पद में स्वयं कहा है कि उनका काव्य गाने या मनोरंजन की वस्तु नहीं है। उसमें अनुभवजन्य ब्रह्म ज्ञान का प्रतिपादन किया गया है। उसमें आत्मज्ञान के साधन का सार समझाया गया है। उनकी कविता निजी अनुभूति का निचोड़ है। इसका उद्देश्य है—लोकमंगल :

तुम्ह जिनि जानो गीत है, यह निज ब्रह्म विचार।
केवल कहि समझाइया, आतम साधन सार।।[2]

मनुष्य जीवन से गहन सम्पृक्ति रखनेवाली कबीर की कविता जीवनी शक्ति से भरपूर है। उसमें समृद्ध जीवन-रस छलकता है। इसीलिए यह कविता मृत्यु-भय से मुक्त है। कबीर की इस कविता में 'भक्ति, ज्ञान और रहस्यवाद की अनुभूति निश्चय ही साधक एवं भक्त हृदय को परमतत्त्व के साक्षात्कार तथा उसमें तन्मय होने के अलौकिक आह्लाद के रूप में होती है जो काव्यानुभूति के स्तर से अतिक्रान्त ब्रह्मानन्द की झलक देती है। साथ ही काव्यशास्त्र की बँधी-बँधाई रूढ़ियों से ऊपर उठकर स्वच्छन्द काव्य-चिन्तन के विकास में कबीर का योगदान भी कम महत्त्वपूर्ण नहीं है।'[3] स्पष्टतः कबीर ने कविता को ही नहीं; आलोचना-पद्धतियों को भी गहरे प्रभावित किया है।

कबीर का काव्यत्व, काव्यार्थ की दृष्टि से असीम है। उनका काव्य-विषय जहाँ हृदयगत यथार्थ को अभिव्यक्त करता है वहीं उनके रूपविधान में बुद्धि और भावतत्त्व के साथ-साथ सहज कल्पना का भी सामंजस्य है। कबीर की कविता जीवन से जुड़ी है। इस धरातल पर वह बड़ी कविता है क्योंकि काव्य का काव्यत्व इसी में है कि वह अन्तर्जीवन को व्यक्त करे। जिसका भाव जीवन में अनुभूत नहीं वह कविता नहीं हो सकती। परिश्रमपूर्वक प्रस्तुत की गई रचना कविता का बनावटी प्रतिरूप हो सकती है, किन्तु उसे काव्य नहीं कह सकते। जीवन में जितनी अधिक गम्भीरता होगी, उतना ही सरल व स्वच्छ उसका व्यक्तीकरण भी होगा और उसी के अनुसार उसे सच्चा काव्य भी कहेंगे।[4] कबीर के काव्यत्व को भी निर्धारित करनेवाले यही तत्त्व हैं।

एक तत्त्वदर्शी का चिन्तन और जीवन-समर में जूझते सामान्यजन का विवेक

कबीर-काव्य में ज्ञान-तत्त्व के रूप में व्यक्त हुआ है। यहाँ उनकी बौद्धिकता रेखांकित की जा सकती है। कुछ आलोचक कबीर के यहाँ बुद्धितत्त्व की प्रधानता लक्षित करते हैं :

कबीरदासजी की रचनाओं का निरीक्षण करने से यह स्पष्ट हो जाता है कि उनकी रचनाओं में बुद्धितत्त्व की प्रधानता है। परन्तु आपका बुद्धितत्त्व शुष्क और नीरस तर्कवाद का आश्रय लेकर नहीं चलता। वह तो कवि की स्वाभाविक उक्तियों और भावनाओं को ही आश्रय मानकर खड़ा होता है। आत्मा और परमात्मा के सम्बन्धों का सूक्ष्म चित्रण आपने सरल-से-सरल भाषा में किया है, जिससे सुन्दर भावमयी अनुभूतियों की अभिव्यक्ति होती है :

(1) कबीर पाणी केरा-पूतला, राख्या पवन सँवारि।
नांनां बांणी बोलिया, जोति धरी करतारी।।
(2) झिरिमिरि झिरिमिरि बरषिया, पांहण ऊपरिमेह।
माटी गलि सें जल भई, पांहण वोही तेह।।
(3) जाति न पूछो साध की, पूछ लीजिए ज्ञान।
मोल करो तलवार का, पड़ा रहन दो म्यान।।
(4) हस्ती चढ़िए ज्ञान को, सहज दुलीचा डारि।
स्वान रूप संसार है, भूंकन दे झक मारि।।

इस प्रकार आध्यात्मिक तत्त्वों का आपसे सरस, सरल और भावपूर्ण चित्रण तथा विश्लेषण अभी तक कोई अन्य कवि नहीं कर पाया।'[5] कबीर मनुष्य जीवन का महत्त्वपूर्ण विचारों के प्रस्तोता कवि हैं इसलिए उनकी बौद्धिकता सहज ज्ञान पर आधारित है।

कबीर बुद्धिवादी नहीं हैं क्योंकि वे मूलतः कवि हैं। उनकी कविता का भावनात्मक रसास्वाद उच्चकोटि का है। वस्तुतः 'कबीर की कविता में तो भावना नृत्य करती है और उसी से रस का प्रवाह होता है। कबीर की रहस्यमयी कविताओं में जो रस की धारा बहती है वह आत्मा को कामना और वासना के क्षेत्र से बाहर निकालकर निर्वाण के परमानन्द की स्थिति को प्राप्त कराने में समर्थ होती है।...भावनात्मक साहित्य का इससे सुन्दर उदाहरण और कहाँ उपलब्ध हो सकेगा :

नैनों की करि कोठरी, पुतरी पलंग बिछाय।
पलकों की चिक डारिकै, पिया को लिया रिझाय।।

प्रीतम को पतिया लिखूँ, जो कहुँ होय बिदेस।
तन में, मन में, नैन में, ताकों कहा सन्देस।।

कबिरा प्याला प्रेम का, अन्तर दिया लगाय।
रोम-रोम में रमि रहा, और अमल क्या खाय।।

दाता माता नाम का, पीया प्रेम अघाय।
मतवाला दीदार का माँगे मुक्ति बलाय।।[6]

इस प्रकार हम देखते हैं कि कबीर-काव्य केवल शुष्क उपदेश मात्र नहीं है। संसार के माया-मोह से विरक्ति, अपरिग्रह, सत्य, अहिंसा, मानव-प्रेम आदि के आपाततः उपदेश से प्रतीत होनेवाले स्थल भी कबीर के आध्यात्मिक जीवन की अनुभूति से सरस हैं। ये सब नीति-सिद्धान्त कबीर के साक्षात्कृत जीचन-सत्य एवं मानव-मूल्य हैं, इसलिए इनकी अभिव्यक्ति भी बुद्धि से नहीं अपितु हृदय से ही हो रही है।[7] इसीलिए उनकी कविता भाव-कोटि का उत्कृष्ट काव्य है। भावपरक कलात्मक कविता के कई उदाहरण कबीर-काव्य में उपलब्ध हैं जो सिद्ध करते हैं कि उनकी कविता में गहन भावात्मक सौन्दर्य विद्यमान है।

कल्पना काव्य का प्राण-तत्त्व है। इसके अभाव में काव्य-सृजन सम्भव नहीं है। भारतीय तथा पाश्चात्य, दोनों ही काव्यशास्त्री इसका असन्दिग्ध महत्त्व प्रतिपादित करते हैं। भावों को तीव्र, प्रांजल एवं सजीव बनाने में कवि को कल्पना ही सहायता देता है। कतिपय पाश्चात्य विचारकों ने कल्पना को साधन न मानकर साध्य माना है। यह सच है कि कल्पना के बिना कमनीयता और रमणीयता नहीं आ पाती है। तीव्र कल्पना के सहारे भाव सजीव हो उठते हैं। कबीर की निम्नलिखित साखियों में व्यक्त कल्पना किसे प्रभावित नहीं करती है :

(1) केला तबहि न चेतिया, जब ढिग लागी बेरि।
अब के चेते क्या भया, काँटों लीन्हीं घेरि।।

(2) साथी हमरे चलिं गए, हम भी चालण हार।
कागद में बाकी रही, ताते लागी बार।।

(3) जो ऊगै सो अत्थवै, फूले सो कुम्लिहाय।
जो चुनिए सो ढहि परै, जामै सो मरि जाय।।

(4) पलटू मैं रोवन लगा, जरौ जगत की रीति।
जहँ देखो तहँ कपट है, कासों कीजे प्रीति।।

इन साखियों में प्रतिपादित विषय और व्यक्त कल्पना में प्रभावित करने की सामर्थ्य है।[8] कबीर की प्रभावोत्पादक कल्पना-शक्ति में वैविध्य है। जीवन-संघर्ष, जगत्-यथार्थ, जीव-परमात्मा के भावात्मक सम्बन्ध और विरह-मिलन के मर्मस्पर्शी बिम्ब उनकी वैविध्यपूर्ण कल्पना के प्रमाण हैं। यह समूचे सन्त-साहित्य की विशेषता है। जिस प्रकार सन्तों के वर्ण्य-विषय में विविधता है उसी प्रकार उनकी कल्पनाएँ भी विविधतापूर्ण हैं। उनकी ब्रह्म, संसार, जीवन और कालविषयक कल्पनाएँ विविधता से परिपूर्ण हैं।...उनकी विशेषता देखिए :

रैन गई मत दिन भी जाइ, भवर उड़े बग बैठे आई।
काँचे करवै रहैं न पानी, हंसा उड़ा काया कुमिलानी।।
कावा उड़ावत मेरी वहियाँ सिरानी,
कहे कबीर मेरी काया सिरानी।।

इन पंक्तियों में 'जीवन और जगत् की अस्थिरता' अभिव्यक्त हुई है।[9] कल्पनापरक लालित्य और वैभव से समृद्ध वैविध्यपूर्ण पंक्तियों में वायवीय अनुभूतियाँ नहीं हैं बल्कि उनमें मनोवैज्ञानिक यथार्थ व्यंजित हुआ है।

सन्त कवियों की भाँति कबीर की कल्पना औचित्य से रहित नहीं है। प्रत्यक्ष और कल्पित का परस्पर साम्य और सम्बन्ध के मध्य ऐसा सन्तुलन अन्यत्र दुर्लभ है। वस्तुतः कल्पना के औचित्य पर उनकी विशेष दृष्टि थी :

बड़ा हुआ तो क्या हुआ, जैसे पेड़ खजूर।
पन्थी को छाया नहीं, फल लागै अति दूर।।

यहाँ प्रस्तुत और अप्रस्तुत में भाव तथा रूप साम्य है। समाज के तथाकथित बड़े आदमियों के लिए खजूर की कल्पना की है। इनमें स्वभाव और व्यापार काम्य हैं। अतः ये कल्पनाएँ औचित्यपूर्ण हैं।[10] यह औचित्यपूर्ण चिन्तन-प्रक्रिया कबीर काव्य का मूलाधार है। कबीर स्वयं अपनी रचना के समझने तथा रसास्वाद की प्रक्रिया बता देते हैं। उनके काव्य का आनन्द कल्पना की उड़ान का आनन्द नहीं अपितु वह तो अन्दर-अन्दर ही चिन्तन, मनन और चर्वणा का आनन्द है। 'आपहि आप विचारिए, तब केता होइ अनन्द रे' इससे कबीर आत्मानुरागरति में तन्मय तथा हृदय के द्रवीभूत हो जाने के आनन्द का संकेत करना चाहते हैं। यही कबीर के काव्य-सौष्ठव की मूल आधार-भित्ति है।[11] वैविध्य एवं औचित्यपूर्ण कल्पना ही पाठक की चेतना को जागृत कर सकती है। अनुभूति और भावुकता पर आधारित कल्पना सन्तकाव्य की पहचान है। उनकी कल्पनाएँ और वर्ण्य-विषय जनजीवन से ग्रहण किए गए हैं। इसीलिए उनमें भाव व्यंजकता है :

(1) *माली आवत देखकर कलियन करी पुकार।*
फूले फूले चुन लिये, काल्हि हमारी बार।।

(2) *पानी केरा बुदबुदा, अस मानुष की जात।*
देखत ही छिप जाएगा, ज्यों तारा परभात।।

(3) *साहिब तुमहि दयाल हौं, तुम लगि मेरी दौर।*
जैसे काग जहाज को, सूझे और न ठौर।।

इन साखियों से नश्वरता का भाव व्यंजित हो उठता है। यही है कवि की कल्पना की सफलता।[12] कबीर की सशक्त कल्पना स्वाभाविकता से रहित नहीं है। कबीर की कविता में जहाँ तक कल्पना-तत्त्व का सम्बन्ध है, वह रूपक और उपमा अलंकारों में स्वयं ही आकर उपस्थित हो जाता है। यों व्यर्थ के लिए कल्पना के पीछे लम्बी उड़ानें

भरना उनका लक्ष्य नहीं रहा।...कल्पना का स्वाभाविक विकास हमें कबीर की रचनाओं में मिलता है।[13] कबीर की कल्पना भाव और बुद्धि से सम्पन्न है। यह उनके समृद्ध काव्यत्व की शक्ति है।

सृजन-उद्देश्य

कबीर नैसर्गिक प्रतिभा-सम्पन्न कवि हैं। उनकी कविता में हृदय और मस्तिष्क का अपूर्व योग है। कबीर काव्य-अभ्यासी कवि नहीं हैं; कविता उनका जन्मजात संस्कार है। अभ्यास के द्वारा उन्होंने काव्य-लेखन में निपुणता प्राप्त नहीं की है। नवोन्मेषशालिनी प्रतिभा कबीर में अन्तर्बोध के रूप में मिलती है। इसीलिए उनकी कविता सहज काव्य का उत्कृष्ट उदाहरण है। समूचे मध्यकाल में वे सम्भवतः अकेले कवि हैं जिनका सृजन-उद्देश्य स्वान्तः सुखाय न होकर व्यापक जनमंगल पर आधारित है। कबीर ने इसे स्पष्ट करते हुए कहा है :

हरि जी यहे विचारिया, साखी कहाँ कबीर।
भौसागर में जीव है, सुनिकै लागे तीर।।[14] *(क. वाङ्., पृ. 234)*

भवसागर में जीवन-मरण के जंजाल में फँसा, आवागमन के चक्र से मुक्त होने के लिए छटपटाते जीवन अर्थात् सम्पूर्ण लोक के मंगल के लिए कबीर ने कविता लिखी।

कबीर-काव्य की अन्तर्योजना में भक्त हृदय की सच्ची अनुभूति और लोकमंगल की भावना का प्रमुख स्थान है :

'कबीर का काव्य नीति के उपदेशों, ज्ञानचर्चा, दार्शनिक सिद्धान्तों, योग-साधना के जटिल रहस्यों, उलटबाँसियों की रहस्यात्मक अनुभूतियों की मुक्तक साखियों तथा गेय पदों का बेमेल समूह सा प्रतीत होता है। पर इन सबको आध्यात्मिक अनुभूति, भक्त हृदय की परानुरक्ति, रहस्यवादी की सौन्दर्य चेतना तथा परमतत्त्व में विलय की तीव्र आकांक्षा, ज्ञानी की अद्वैतानुभूति एवं लोकमंगल की भावना के व्यापक सन्दर्भ में देखने से इनके मूल में कबीर के कवि हृदय का अजस्र-स्रोत बहता प्रतीत होता है।'[15] कह सकते हैं कि लोकमंगल का भाव कबीर-काव्य की मूल संवेदना निर्धारित करनेवाला तत्त्व है।

सन्त कवियों ने कविता, मात्र कविता लिखने के लिए नहीं लिखी। वे कलावादी नहीं थे। काव्य चमत्कार का उनकी दृष्टि में कोई मूल्य नहीं था। 'उनके लिए कविता साधन मात्र थी, जिसके द्वारा वे जन-जन में सत्य का प्रचार करना चाहते थे।...उनके काव्य में अभिव्यक्तिजन्य सौन्दर्य खोजना निरर्थक है। उसमें तो केवल भाव सौन्दर्य के ही मोती मिलेंगे।...क्योंकि वह शरीर के नहीं, आत्मा के गायक थे।'[16] भाव-सौन्दर्य-सम्पन्न कबीर-काव्य में अभिव्यक्ति के उपकरण आरोपित नहीं हैं; उसमें आन्तरिक सौन्दर्य मौजूद है क्योंकि यह कविता जनजीवन की पीड़ा को वाणी प्रदान करने का महान् कार्य करती है :

'कबीर की काव्ययात्रा में लोकहित की चिन्ता और लोक से अलग अकेलापन, समष्टि में एकाकार होने का सुख और व्यष्टि रूप में बिछुड़न की बेचैनी, झूठ को नकारने वाली तीखी चुटीली तप्त भापा और समाधि की सेज से उठी हुई बर्फ पिघली हुई भिगोनवाली भाषा छन्दोवद्ध रूप में मिलते हैं।'[17] वस्तुतः लोकहित की मंगलकामना ही कबीर की कविता में छन्दोबद्ध हुई है।

कविता कबीर के लिए आत्मानुभव को सार्वजनीन करने का सशक्त माध्यम है। वे आँखिन देखी पर विश्वास करते हैं। इसीलिए उनके अनुभव प्राथमिक हैं और उनकी अभिव्यक्ति प्रामाणिक। कविकर्म और कविपद की अहम्मन्यता कबीर में नहीं है। कबीर आदि सभी निर्गुण भक्तों ने अपनी आत्मानुभूति की सहज अभिव्यक्ति का रसास्वाद किया है। उनमें उक्ति की सजावट, अलंकरण तथा चमत्कार के द्वारा विदग्ध पाठकों के मनोरंजन की प्रवृत्ति के दर्शन नहीं होते हैं। वे 'कविकर्म' के अहंकार को लेकर चलने वाले कवियों की भर्त्सना करते हैं। इसलिए वे कविपद के अहंभाव को वहन करने के इच्छुक नहीं हैं। वे स्वयं अपनी रचना को गीत न कहकर 'ब्रह्मविचार' कहते हैं :

तुम्ह जिनि जानों गीत है, यहु निज ब्रह्म विचार।
केवल महि समझाइया आतम साधन रे।।[18]

स्पष्ट है कि अपने काव्य को गीत की उच्चतम श्रेणी में परिगणित होने की कवि की यशलिप्सा नहीं है। गीत अर्थात् संरचना विशेष पर बल न देकर वे ब्रह्म विचार अर्थात् 'कंटेंट' पर, वस्तु पर ध्यान देते हैं। यह उनके काव्यत्व की बड़ी पहचान है।

कबीर सन्त हैं। समाज का अधोपतन उन्हें पीड़ित करता है, इसलिए समाज-सुधार की भावना उनकी दृष्टि से ओझल नहीं होती बल्कि प्रबल होकर सामने आती है। कबीर कवि हैं इसलिए कविता ही उनके समाज-सुधार का प्रमुख हथियार है। कबीर की उपदेश प्रधान और नीतिपरक काव्य-पंक्तियों में कविता कम मिलती है लेकिन इससे उनका सम्पूर्ण कवि-रूप प्रभावित नहीं होता है। उपदश अपने समय और समाज को ध्यान में रखकर बिहारी, मतिराम, देव सरीखे रीतिकालीन रससिद्ध कवियों ने ही नहीं दिए बल्कि हिन्दी के महानतम महाकवि तुलसीदास के काव्य में भी नीति और उपदेश को सहज ही रेखांकित किया जा सकता है। वस्तुतः कबीर दार्शनिक थे, समाज-सुधारक भी थे। समाज-सुधार अर्थात् जनजीवन का उत्थान उनके जीवन की साधना थी। पर यह सुधार की आकांक्षा बौद्धिक स्तर मात्र की नहीं है। कबीर का सन्त-हृदय लोकमंगल की भावना से द्रवीभूत हो गया था। उनका यह द्रवीभूत हृदय ही उपदेशों में बहा है। कबीर मूलतः मानव के आध्यात्मिक कल्याण के उपदेश हैं। इसी में वे व्यक्ति का वास्तविक मंगल देखते भी हैं। समाज के स्तर का कबीर का नीतिवादी दृष्टिकोण वस्तुतः अध्यात्म-प्रेरित है। इसलिए कबीर दार्शनिक सुधारक हैं। पर जैसे कबीर का लोकमंगल बुद्धि की नहीं, हृदय की वस्तु है, वैसे ही उनकी आध्यात्मिकता भी हृदय से ही अनुभूत और साक्षात्कृत है। इस प्रकार कबीर के समाज-सुधारक और दार्शनिक-दोनों ही व्यक्तित्त्व कवि के आवरण में ही अभिव्यक्त हुए हैं और हो सकते थे। कबीर की साखियाँ, पद आदि का

सम्पूर्ण साहित्य मूलतः उनके कवि-व्यक्तित्त्व की अभिव्यक्ति है।[19] स्पष्ट है कि सुधारवादी दृष्टि के चलते कबीर की कविता कमजोर नहीं पड़ी है। कवि और सुधारक कबीर के व्यक्तित्त्व के दो पक्ष हैं। दोनों में द्वैत या परस्पर विरोध नहीं है। दोनों एक-दूसरे की मददगार भूमिका का निर्वाह करते हैं। इससे कबीर का काव्यत्व या काव्य सौष्ठव विशिष्ट होता है।

लोकमंगल कबीर के समाज-सुधारक कवि का उद्देश्य है। अपना काव्य-प्रयोजन सिद्ध करते हुए कबीर मुक्तक, गीति या प्रबन्ध जैसे खानाबद्ध दृष्टि से काव्य-सृजन नहीं करते अपितु अपने सृजन को प्रमुखता देते हैं। तब भी एक विशिष्ट सौष्ठव उनकी कविता में मिलता है। जीवात्मा के परमात्मा के प्रति प्रेम की जागृति से तन्मयता की, पूर्ण विलय तथा आत्म-साक्षात्कार की अपेक्षानुभूति की अवस्था तक साधक क्रमशः पहुँचा है। उसकी कृपा से साधक में जो परमतत्त्व के प्रति प्रेम जागा है वह विरह को जगाता हुआ परिचय और मिलन की अवस्था तक पहुँचा है। पर परमावस्था को पहुँचते साधक और भक्त जिस अलौकिक आनन्द के आह्लाद के पारावार में हिलोरें लेने लगता है, पूर्णतया रसाक्षिप्त हृदय हो जाता है, वह अवस्था उपचित हुई है। इससे मुक्तक और गीतिकाव्य के अन्तस्तल में विराजमान एक विशेष प्रकार के प्रबन्ध-सौष्ठव का आनन्द भी कबीर के काव्य में आ जाता है।[20] वस्तुतः कबीर अपने काव्य-सृजन के उद्देश्य को दृष्टि से ओझल नहीं करते। यह काम वह कविता के धरातल पर जोखिम उठाकर करते हैं। उनका काव्य सृजन के उद्देश्य लोकमंगल की सहभावना को उनकी कविता में अनेक स्थलों पर रेखांकित किया जा सकता है।

प्रतीक-पद्धति

भाषा विशिष्ट प्रतीकों की व्यवस्था है। डॉ. पीताम्बरदत्त बड़थ्वाल के अनुसार मानव जीवन का सारा यन्त्र ही अपनी गति के लिए उस पर आश्रित रहता है। धर्म का कर्मकांड सम्बन्धी अंश भी विशुद्ध प्रतीकाश्रित विधियों के सिवाय और कुछ भी नहीं। भाषा भी वस्तुतः एक प्रतीकात्मक उपाय मात्र है।[21] भाषा हृदय और मस्तिष्क के भावों तथा विचारों को व्यक्त करने का सर्वाधिक प्रामाणिक उपकरण है। मनुष्य के हृदय और मस्तिष्क, भावों तथा विचारों को व्यक्त करने का सर्वाधिक प्रामाणिक उपकरण है। मनुष्य के हृदय और मस्तिष्क, भावों तथा विचारों की अपार शक्ति के सागर हैं। उनमें ऐसी संवेदना उत्पन्न होती रहती है, जिसे व्यक्त करने में सामान्य भाषा असमर्थ होती है और बिम्ब एवं संकेत भी उसे समग्रता में व्यक्त नहीं कर पाते हैं। इसीलिए सूक्ष्मतम एवं अमूर्त भाव की स्पष्ट अभिव्यक्ति के लिए मनुष्य की बुद्धि ऐसे संकेत अवयव चिह्न, चित्र या रूपाकारों का आश्रय लेती है जिसे प्रतीक कहते हैं।

काव्य में प्रतीकों का निर्विवाद महत्त्व है। पाश्चात्य काव्यशास्त्री कालरिज के शब्दों में प्रतीकों की यह विशेषता है कि वह व्यष्टि में किसी विशेष सत्ता का अथवा विशेष

में किसी सामान्य सत्ता का अथवा सामान्य में किसी सर्वव्यापी तत्त्व का आभास देता है और सबसे ऊपर नश्वर वस्तु में अनश्वर की झलक पैदा करता है।[22] यह कथन प्रतीकों में निहित अभिव्यक्ति की असीम क्षमता की ओर संकेत करता है।

प्रतीक द्वारा सांकेतिक वस्तु के गुण और रूपाकार का अनुमान होता है। प्रतीक-योजना की सफलता इसमें है कि रूप और प्रभाव की समता के माध्यम से भाव एवं विचार शृंखला को सक्रिय कर सके। सांकेतिक वस्तु और प्रतीक के मध्य साहस हेतु सान्निध्य से अधिक महत्त्व इन्हीं का है। वस्तुतः भावना को मूर्त्त रूप देने के लिए प्रतीकों का आश्रय ग्रहण किया जाता है। यही प्रतीकों के प्रयोग का मुख्य प्रयोजन है। इसके अतिरिक्त कौतूहल और विस्मय उत्पन्न करने तथा गोपनीय वस्तुओं को दूसरों से गुप्त रखने के निमित्त भी प्रतीकों का सहारा लिया जाता है। कबीरदास ने प्रतीकों का प्रयोग प्रथम और द्वितीय प्रयोजन की सिद्धि के लिए ही किया। गोपनीय को दूसरों से गुप्त रखने की प्रवृत्ति उनमें न थी; क्योंकि वह कवि और भक्त होने के साथ-साथ समाज-सुधारक भी थे।[23] मानवीय भावनाओं को मूर्त्तित तथा उत्सुकता जागृत करने वाली प्रतीक-पद्धति द्वारा सम्प्रेषण की कई शैलियाँ सन्त-साहित्य में दृष्टिगत होती हैं। उनमें प्रमुख है वस्तुओं द्वारा अनन्त सत्ता की परिकल्पना, चेतन-अचेतन के मध्य सामरस्य-दर्शन और ईश्वर को मानवीय-सम्बन्धों के रूप में प्रस्तुत करना।

प्रतीक-माध्यम से अपना तथ्य-निरूपण करने की परम्परा रही है। कबीर ने वैदिक साहित्य से हंस, पद, वृक्ष आदि, सिद्ध और नाथ साहित्य से गंगा, यमुना, संसार, अहेरी, मृग आदि तथा तत्कालीन वातावरण और व्यवसाय से विष, अमृत, चादर, दीपक, बाती, इत्यादि से मुख्यतः प्रतीक चुने हैं।[24] प्रवृत्ति की दृष्टि से कबीर के प्रतीकों को चार वर्गों[25] में विभाजित कर देखा जा सकता है :

—साधना-पद्धति से सम्बन्धित विशिष्ट पारिभाषिक प्रतीक—गगन गुफा, गगन मंडल, चन्द, सूर, घट, डाँइनि, बाघिनी, औंधा कुआ, ज्योति, अवधू, नाद, बिन्द, सहज आदि।

—संख्यावाची शब्दों के साथ प्रयुक्त प्रतीक—एकै कुवां, दोइपुर, तीनिजगाती, पंचचोर, पांचा नाग, पाँच किरसांना, सात समुन्द, सात सूत, पंचनारि, छप्पन कोटि, तैतीस करोड़ी, सवा लाख, चौरासी लाख आदि।

—रूपक, अन्योक्ति के माध्यम से प्रस्तुत भावमूलक प्रतीक—जन्त्र, मन्दिर, हीरा, तरवर, पंखि, गज, बनमाली, मृग, खेव, गाऊँ, दुलहिनी, बालम, राज, बाबी, विसहर, गारड़ू, बालक, सहतारी आदि।

—उलटबाँसियों के प्रतीक-मच्छ, सिन्ध, समुन्दर, नीर, आगि, मुआ, काल, मिरिग (मृग), ससा, हरिनि, चीता, काग, बटेर, बाज, मूस, मंजार, स्यारि, स्वांन, दादुल, मुवंगा, बैल,

गाह, बछरा, दादुर, सर्प आदि।

कबीर ने अनेक स्रोतों से अपनी प्रतीक योजना को समृद्ध किया है और उनकी महान् प्रतिभा के कारण अनेक प्रतीक विशिष्ट अर्थों से सम्पन्न हैं। कबीर की प्रतीक-पद्धति में साम्यमूलक और विरोधपरक दोनों अर्थ-सन्दर्भ मौजूद हैं। पारिभाषिक योग साधनात्मक, संख्यावाचक और रूपक-अन्योक्ति के माध्यम से प्रस्तुत प्रतीक साम्यमूलक है, वहीं दूसरी तरफ कबीर ने उलटबाँसी के रूप में विरोधमूलक प्रतीक-प्रणाली भी रची है।

काल की अपरिहार्य शक्ति और उसे चुनौती देनेवाले कारकों को भी कबीर ने प्रतीकों के माध्यम से अभिव्यक्त किया है। 'ब्रह्मरन्ध्र' यौगिक-साधना के केन्द्र में है। इसी को खोलने के लिए अनथक साधना के उपरान्त साधक-सिद्धि को प्राप्त करता है। ब्रह्मरन्ध्र के खुलते ही अमृत झरने लगता हैं। ब्रह्मरन्ध्र हेतु 'गगन गुफा' के प्रतीक माध्यम से कबीर कहते हैं गगन गुफा पहुँचने के बाद साधक लौटता नहीं है, काल की भी वहाँ गति नहीं है :

कहैं कबीर जोगी जुगति कमाई। गगन गया सो आवै न जाई।
गगन मंडल आसन किया, काल रहा सिर कूटि।[26]

गगनमंडल पहुँचने के बाद काल-भय नष्ट हो जाता है।

संख्यावाचक प्रतीक के माध्यम से कबीर पंचतत्त्व से निर्मित मनुष्य देह की नियति व्यक्त करते हैं :

एकै कुवाँ पाँच पनिहारी। एकै लेजु भरैं नौ नारी।
फटि गया कुवाँ बिनसि गई बारी। बिलग गई पाँचों पनिहारी।[27]

यहाँ शरीर के लिए 'एक कुवाँ' तथा पंचत्त्व या इन्द्रियों के लिए पाँच पनिहारी प्रतीक कबीर प्रस्तुत करते हैं। देह का अन्त होते ही पाँचों तत्त्व बिखर जाते हैं।

कबीर के अनुसार यह शरीर वैसे ही नश्वर है जैसे जल बुद्बुद् अथवा प्रातःकालीन नक्षत्र। इसी प्रकार की क्षणभंगुरता के लिए सभी उपमान लोहार की भट्टी से लिये गए हैं। जब तक लोहार बैठा काम करता रहता है, तब तक उसकी धौंकनी चालू रहती है, अंगारे जाज्वल्यमान रहते हैं और उसकी निहाई पर लोहे का घन चलता रहता है। परन्तु जब वह कार्य बन्द करके चलता है तब धौंकनी का कार्य बन्द हो जाता है, अंगारे ठंडे पड़ जाते हैं और उसकी निहाई क्रिया-शून्य पड़ी रहती है। यही दशा शरीर की है। लोहार-रूपी जीवात्मा के शरीर में रहने से स्वांस-प्रस्वास रूपी धौंकनी चलती रहती है, जीवन तत्त्वरूपी अंगारे की ऊष्णता बनी रहती है और शरीर-रूपी निहाई क्रियाशील रहती है। किन्तु जब जीवात्मा इस शरीर को छोड़ देता है तब सब कुछ क्रिया-शून्य हो जाता है :

धवणि धवन्ती रहि गई, बुझि गए अंगारा।
अहरनि रहा भूकड़ा, जब उठि चला लुहारा।[28]

शरीर की आत्मारहित होने की कितनी संश्लिष्ट व्यंजना है।

कबीर-काव्य में रूपक-अन्योक्ति के रूप में प्रस्तुत प्रतीक-प्रणाली कई स्थलों पर

दृष्टिगत होती है। कबीर के अनुसार यह संसार-रूपी घर व्यक्ति का अपना नहीं है :

झूठा लोग कहैं घर मेरा
जा घर माँ है बोलै डोलै, सोई नहीं तन तेरा।
नौ मन सूत उरझि नहीं सुरझै, जनमि जनमि उरझेरा।।[29]

नश्वर जगत् को अपना समझने का अज्ञान जगत्-प्रपंच के कारण गहराता जाता है और परिणामस्वरूप जीव जन्म-मृत्यु के चक्र से मुक्त नहीं हो पाता।

संसार की नश्वरता को स्पष्ट करने के लिए कबीर ने किंशुक के पुष्पों की अल्पकालीन सुन्दरता, सर्प की केंचुली, मन्दिर के ढहने, धुआँ के धवल गृह, काठ की हाँडी, वृक्ष से फल गिरने आदि प्रतीकों को लिया है।[30]

नश्वर जगत् की निस्सारता एवं काल की भूमिका को कबीर अन्योक्ति में अभिव्यक्त करते हैं :

माली आवत देखि कै, कलियाँ करैं पुकार।
फूली-फूली चुनि गई, काल्हि हमारी बार।।
पात झरन्ता यों कहै, सुनि तरवर वनराइ।
अब के बिछुड़े नां मिलैं, कहूँ दूर पड़ैंगे जाइ।।[31]

कबीर ने कितनी मार्मिक अभिव्यक्ति की है। काल ही व्यतीत नहीं होता, मनुष्य भी बीतता जाता है और हर क्षण मृत्यु उसके निकट आती जाती है। मृत्यु जब शरीर-यन्त्र को ध्वस्त कर देती है, उस क्षण नश्वर देह की विवशता को कबीर व्यक्त करते हैं :

कबीर जन्त्र न बाजई, टूटि गए सब तार।
जन्त्र बिचारा क्या करै, चले बजावनहार।।[32]

तार का टूटना यानी जीवन की लय का टूटना, कितना कुछ स्पष्ट कर देता है।

कबीर ने जीवन की क्षणभंगुरता के प्रदर्शन के लिए अनेक प्रकार के दृश्य उपस्थित किए हैं। इस दृष्टि से 'झूठे तन कौ क्या गरबावै', 'भाई रे बिरलै दोस्त कबीर के', 'चहु तन बार-बार कासौं कहिए' तथा 'फिरहु का फूले फूले' आदि पद विशेष रूप से द्रष्टव्य हैं।[33] यह स्पष्ट है कि कबीर ने विभिन्न स्रोतों से प्रतीक-ग्रहण कर, अपनी अभिव्यंजना प्रणाली को समृद्ध किया है। उनकी सहज, स्पष्ट एवं संश्लिष्ट प्रतीक-पद्धति से उनकी समकालीन ही नहीं, परवर्ती कवि भी गहरे प्रभावित हुए हैं।

विपर्यय शैली

कबीर की उलटबाँसियाँ प्रसिद्ध हैं। कुछ विद्वान् उलटबाँसी को उनके विरोधमूलक प्रतीक-विधान के अन्तर्गत रखते हैं। यह कबीर के आश्चर्यचकित करनेवाले रूपक हैं। कबीर ने योगमार्ग से समन्वित प्रेमपरक भक्ति की प्राप्ति के उपकरणों की अभिव्यक्ति विपर्यय शैली में की है। कौतूहल और अस्पष्टता इस शैली के सम्मोहन हैं। इसे विद्वानों ने सन्धा भाषा, संध्या भाषा, कूट कथन, उलटा वेद, उलटी चरचा, उलटी नीति, उलटा

मन्त्र, श्लिष्ट कथन, विपर्ययोक्ति इत्यादि कई नाम दिए हैं। इनमें सन्ध्या भाषा सर्वाधिक प्रचलित है। 'सन्ध्या भाषा से मतलब ऐसी भाषा से है जिसका कुछ अंश समझ में आए और कुछ अस्पष्ट लगे, पर ज्ञान के दीपक से जिसका सब स्पष्ट हो जाए।'[34] कबीर के समय में व्याप्त जड़ता और अज्ञानता को ध्यान में रखने पर उनकी उलटबाँसियों का प्रतिपाद्य स्पष्ट हो जाता है।

उलटबाँसियाँ अन्तस्साधनात्मक अनुभूतियों को व्यक्त करने की विशिष्ट प्रणाली है। इनकी अभिव्यंजना प्रणाली असामान्य होती है। डॉ. पीताम्बरदत्त बड़थ्वाल के अनुसार, 'आध्यात्मिक अनुभव की अनिर्वचनीयता के कारण साधक को कभी-कभी परस्पर विरोधी उक्तियों द्वारा व्यक्त करने का ढंग अपनाना पड़ता है जैसे चन्द्रविहीन चाँदनी, सूर्यविहीन सूर्य-प्रकाश आदि और इनके आधार पर ऐसे गूढ़ प्रतीकों की सृष्टि हो जाती है जिन्हें उलटबाँसी या 'विपर्यय' कहते हैं। जब सत्य की अभिव्यक्ति बिना इस परस्पर विरोधी कथनों के सहारे नहीं हो पाती, तो उसे आवश्यक सत्याभास कह सकते हैं। किन्तु कभी-कभी इन उलटबाँसियों का प्रयोग अर्थ को जानबूझकर छिपाने के लिए भी हुआ करता है जिससे आध्यात्मिक मार्ग के रहस्यों का पता अयोग्य व्यक्तियों को न लगने पावे।'[35]

अपनी विपर्ययोक्तियों में कबीर सचेत-सतर्क होकर जागते रहने का परामर्श देते हैं। तभी देह के नष्ट होने की चिन्ता और काल-भय से मुक्ति सम्भव है :

सन्तो, जागत नींद न कीजै।
काल न खाय, कल्प नहिं व्यापै, देह जरा नहिं छीजै।
ससा सो उलटि सिंह को ग्रासै, ई अचरज कोउ बूझै।

स्पष्टतः प्रथम वाचन में ये पद ऐसे लगते हैं जैसे अर्थहीन प्रलाप हों। परन्तु हर शब्द का कोई-न-कोई अर्थ होता है।[36] सार्थकता प्रत्येक उलटबाँसी में है। 'नित उठि स्यार सिंघ सौं जूझैं'[37] (पद-120) में विपर्यय कथन के माध्यम से कबीर जीव और काल के परस्पर संघर्ष को साकार कर देते हैं। यहाँ 'स्यार' एवं 'सिंघ' क्रमशः जीव और काल का प्रतीकार्थ स्पष्ट करते हैं। जब जीव काल को जीत लेता है तभी वास्तविक मुक्ति सम्भव होती है :

जब लगि सिंघ रहै बन माहि। तब लगि यहु बन फूलै नाहि।
उलटि सियार सिंघ कौं खाइ। तब यहु फूले सभ वनराइ।।[38]

स्पष्ट है कि कबीर ने उलटबाँसियों की विपर्यय शैली में काल और जीवन का सतत संघर्ष और काल-भय से मुक्ति की राह दिखलाई है। कला की दृष्टि से कबीर की उलटबाँसियों में एक विशेष प्रकार का आलंकारिक चमत्कार देखने को मिलता है। यह चमत्कार उन उक्तियों की नीरसता और शुष्कता को सर्वथा नष्ट कर देता है और उसमें एक चमत्कारिक सौन्दर्य दिखलाई देने लगता है।...साथ ही इसमें व्यंजना के विविध रूप भी पाए जाते हैं। रूपक और प्रतीकात्मकता के अलंकारों से सजकर 'जब कबीर की उलटबाँसियों साहित्य के क्षेत्र में विचरण करती हैं तो उनका सौन्दर्य देखते ही बनता

है।[39] कबीर के यहाँ उलटबाँसियाँ चमत्कृत करनेवाले कलात्मक उपकरण नहीं, साधनात्मक अनुभवों को व्यक्त करने का माध्यम हैं। इनका कबीर ने रचनात्मक उपयोग किया है।

अप्रस्तुत विधान

कबीर-काव्य में सामाजिक रूढ़िया के साथ-साथ काव्यगत जड़ताओं की आलोचना भी मिलती है। कबीर कविता को सामाजिक परिवर्तन का सशक्त औजार बनाना चाहते थे जबकि अधिकांश कवि-समाज कविता को कौतुक और चमत्कार का माध्यम के रूप में देख रहा था। इसीलिए कबीर की दृष्टि में कवि तत्त्व को त्यागकर सारहीन पदार्थों में रमा रहता है। कबीर कवि को मृत समझते थे—'कवि कवीने कविता मुये'। कबीर ग्रन्थ-रचना और काव्य-लेखन को व्यर्थ परिक्रम समझते थे। कारण कि इसके द्वारा कभी कोई परमतत्त्व को प्राप्त करनेवाला पंडित न वन सका—पढ़ि-पढ़ि पोथी जग मुआ पंडित भया न कोई।[40] कवि-कर्म की इतनी तटस्थ समीक्षा अन्यत्र दुर्लभ है।

महत्त्वपूर्ण तथ्य यह है कि कबीर ने अपने काव्य को साहित्यिक बनाने की चेष्टा नहीं की थी।...उक्ति और उपदेशों को अत्यधिक प्रभावात्मक बनाने के प्रयत्न में स्वाभाविक अलंकारों की योजना स्वतः हो गई हो। अलंकार कबीर के लिए साध्य नहीं, स्वाभाविक साधन मात्र थे।[41] डॉ. गोविन्द त्रिगुणायत की यह पंक्तियाँ कबीर के अप्रस्तुत विधान की भूमिका पर प्रकाश डालती हैं।

कबीर की अलंकार योजना अनायास और इसीलिए सहज है। 'इन अलंकारों से उनके काव्य में चारुत्व वृद्धि हुई है, क्योंकि वे सायास, ऊपर से थोपे हुए नहीं हैं अपितु स्वाभाविक रूप से आए हैं। कबीर द्वारा सर्वाधिक प्रयुक्त अलंकार रूपशयोक्ति, साँगरूपक और निरवय रूपक हैं।'[42] कबीर का अनुभव क्षेत्र व्यापक है।

सन्त और सामान्य आदमी के व्यक्तित्त्व और कर्म का जैसा संयोग कबीर में दिखाई देता है, वह अद्भुत है। मनुष्य जीवन की क्षणभंगुरता और देह की नश्वरता को काल के समानान्तर रखते हुए कबीर अपूर्व काव्य सौन्दर्य की सृष्टि करते हैं। 'कबीर ने उपमानों का चयन सामान्य लोकजीवन से ही अधिक किया है, जैसे पाणीं केरा बुदबुदा, इसी हमारी जाति', 'यह तनु काचा कुम्भ है, चोट चहूँ दिसि खाई, यहु ऐसा संसार है, जैसे सेंबल फूल', 'हाड़ जरै ज्यों लाकड़ी, केस जरै ज्यों घास'—आदि। कबीर का अप्रस्तुत विधान यथार्थ की ठोस भूमि पर आधारित है। डॉ. सरनाम सिंह शर्मा ने इस प्रकार के उपमानों में निहित सादृश्य को 'बोधक' ही नहीं, उत्तेजक भी माना है।[43]

साधारण व्यक्ति जैसा परिश्रम-आश्रित जीवन और सन्त-सरीखी उच्चतम मूल्यों पर आधारित विचारधारा से ही ऐसे अर्थपूर्ण अलंकार सम्भव हैं। निम्नलिखित उदाहरणों से यह कथन अधिक स्पष्ट होगा :

विभावना : *मारा है जै मरेगा, बिनु सर थोथी भालि।*
पड़ा पुकारै ब्रिछ तरि, आजि मरै कै काल्हि।[44] *4/2*

विनोक्ति : *यह तन काचा कुम्भ है, चोट चहूँ दिसि खाइ।*
एक राम के नाव बिन, जदि तदि परलै जाइ।।[45] *12/38*

रूपक : *यह संसार कागद की पुड़िया, बूँद पड़े घुल जाना है।*[46]

अन्योक्ति : *जो अग्या सो आथवै, फूल्या सो कुमिलाइ।*
जो चिणियाँ सो ढहि पड़े, जो आया सो जाइ।।[47]

श्लेष : कबीर ने एकाधिक अर्थ के अभिधान हेतु 'शिलष्ट पद' का प्रयोग किया है :

एक कनक अरु कामिनी, विष फल किए उपाइ।
देखै ही धे विष चढ़ै, खांए सूँ मरि जाइ।।[48]

कबीर की उपरोक्त पंक्तियाँ अलंकारों के शाब्दिक उदाहरण मात्र नहीं हैं बल्कि इनके माध्यम से कबीर मनुष्य-जीवन के शाश्वत सत्य 'आजि मरै कै काल्हि' से लेकर उसके प्रमुख हत्यारों 'कनक अरु कामिनी' की पहचान भी करते हैं।

सूक्ष्म-निरीक्षण-दृष्टि, अप्रस्तुत और प्रस्तावित विषय-साम्य की दृष्टि से कबीर के दृष्टान्त देखने योग्य हैं। अद्वैत-दर्शन के विवर्तवादी सिद्धान्त की काव्यात्मक अभिव्यंजना कबीर दृष्टान्तों के माध्यम से करते हैं :

(1) पाणी ही थे हिम भया, हिम ह्वैं गया विलाय।
जो कुछ था सोई भया, अब कछु कहा न जाय।।[49]

(2) जैसे बहु कंचन के भूषण ये कहि गालि तवाहिगे।
ऐसे हम लोक वेद के बिछुरे, सुन्नहि माहि समावहिगे।।[50]

दर्शन के नीरस और गूढ़ सत्य की सरस प्रस्तुति में बुनकर जीवन का निजी अनुभव कबीर की कई जगह मदद करता है। रूपक के माध्यम से जीवन की क्रमशः गति को कबीर बखूबी पकड़ते हैं :

धागा ज्यू छूटै त्यों जोरि।
तूटै तूटनि होइगी, ना ऊँ मिले बहोरि।।[51]

ऐसे प्रयोग कबीर के यहाँ कई हैं जहाँ जीवन का अर्थ-वैभव अलंकार को अनिवार्य बना देता है। क्योंकि कबीर जीवन के कवि हैं।

जीवन असंगतियों से भरा हुआ है। कार्य-कारण और स्थान-काल की परस्पर स्थिति सामान्य नियम से विरुद्ध, जीवन में दृष्टिगत होती है। असंगति अलंकार मनुष्य जीवन के विसंगत यथार्थ को व्यक्त करनेवाला सर्वाधिक समर्थ अलंकार है। कबीर ने भी जीवन की उलटी रीति को इसके माध्यम से वाणी प्रदान की है :

अगिन जु लागी नीर में, कहू जलिया झारि।
उतर दषिन के पंडिता रहे विचार विचारि।।[52]

एक ही शब्द की भिन्न-भिन्न अर्थों में आवृत्ति में यमक अलंकार होता है। कबीर मनुष्य देह को अनेक सन्दर्भों में अर्थ देते हुए, उसके द्वारा जीवन सार्थक करने का मार्ग सहज में ही व्यक्त कर देते हैं :

देह धरे को गुन यही, देद देह कछु देह।
बहुरि न देही पाइए, अबकी देह सो देह।।[53]

कबीर की अप्रस्तुत-योजना यथार्थपरक, ध्वन्यात्मक, भाव-उत्प्रेरक, मार्मिक होने के कारण, रमणीय और सम्मोहन है। उसमें अप्रस्तुत और वर्ण्य-वस्तु के परस्पर गुण, रूप और प्रभाव साम्य का ध्यान रखा गया है :

झूठे सुख को सुख कहत मानत है मन मोद।
जगत चबेना काल का, कुछ मुख में कुछ गोद।।[54]

कबीर और अन्य सन्त कवियों में प्रतीक, बिम्ब अलंकारादि काव्य के सजावटी उपकरण नहीं हैं, बल्कि कविता की सहज आन्तरिक आवश्यकता के तहत आए हैं। सन्त-काव्य-धारा अकृत्रिम है। 'कहीं-कहीं दुरूह चिन्तन, दार्शनिक विचारों और आध्यात्मिक अनुभूतियों को अशिक्षित, अपढ़ तथा ग्रामीण जनता तक पहुँचाने के लिए इन सन्तों ने अप्रस्तुतों का भी विधान किया है। रूपक, उपमा, अन्योक्ति, प्रतीक और उलटबाँसियों की सहायता से उन्होंने अपने कठिन विषय को बोधगम्य बनाने की चेष्टा की। इतना होने पर भी विषय और अप्रस्तुत के व्यापार तथा प्रकृति साम्य एवं औचित्य पर इनकी दृष्टि हमेशा रही।[55] स्पष्ट है कि कबीर आलंकारिक कवि नहीं हैं। उनकी कविता रूपवादी प्रतिमानों के निषेध का चरम उदाहरण है। कलावाद का स्थान कबीर के यहाँ नहीं है इसलिए उक्ति सौन्दर्य यानी अलंकारों की उनकी वाणी को आवश्यकता नहीं है। उनकी कविता में अलंकारों का आगमन अनायास है। कबीर ने सचेष्ट होकर आलंकारिक प्रयोग नहीं किए हैं। उनकी अभिव्यक्ति की विशेषता यह है कि उनकी अलंकार-योजना सप्रयास एवं सायास नहीं है। उनके काव्य में 'स्वाभाविक अलंकारों की जो योजना स्वतः आई है उससे काव्य की प्रभावात्मकता में बहुत वृद्धि हुई है। आपकी साखियों में आलंकारिक सजावट का प्रयास नहीं के तुल्य ही है। कबीर ने अलंकारों को साध्य रूप में ग्रहण न करके स्वाभाविक सौन्दर्य वृद्धि के साधन स्वरूप ग्रहण किया है। अज्ञात रूप से भाव के प्रभाव को बढ़ानेवाले अलंकार स्वतः काव्य में प्रस्फुटित हुए हैं।' यहाँ भी कबीर ने अपनी सर्वथा नवीन परम्परा का सूत्रपात करने का प्रयास किया है। उनके रूपकों और अलंकारों की विशेषता यह है कि वह परंपरागत न होकर अधिकांश से मौलिक होते हैं। सामान्य जीवन से उठकर कवि उन्हें अपनी वाणी से साकार चमत्कार प्रदान करता है।[56] अप्रस्तुत-विधान की दृष्टि से कबीर-काव्य सम्पूर्ण सन्त-काव्य परम्परा में अपनी अलग पहचान रखता है।

निर्गुण तथा निराकार के प्रति निरुपाधिक प्रेम एवं अरूप सौन्दर्य की अनुभूति को हृदय-ग्राह्य तथा प्रेषणीय बनाने के लिए कवियों को मूर्त, रूपवान् तथा इन्द्रिय ग्राह्य विषयों का सहारा लेना पड़ता है। वे उन विषयों तथा तज्जनित अनुभूतियों की ओर संकेत भी कर देते हैं। इससे ये अमूर्त्त एवं सूक्ष्म अनुभूतियाँ अभिधा का विषय न बनने तथा केवल लक्षित एवं ध्वनित होने के कारण अधिक मर्मस्पर्शी एवं सजीव हो जाती हैं। कवि की अनुभूति के विधुतन से सजीव शब्दार्थ-पाठक में वैसी ही अनुभूति जगाते

हैं। बोध-पक्ष का सीधा व्यवधान न होने से पाठक की अनुभूति उद्‌बुद्ध होकर चर्वणा का विषय बन जाती है। ऐसी अनुभूतियों में अधिक आह्लाद एवं तन्मयता का यही कारण है। पंचेन्द्रियों के विजयोल्लास के माध्यम से अभिव्यक्त कबीर की सौन्दर्यानुभूति में एक यह दृष्टि भी है।[57] प्रतिनिधि निर्गुण कवि कबीर का अप्रस्तुत विधान उनकी सौन्दर्यानुभूति में वृद्धि करता है।

काव्य-गुण

कई प्राचीन काव्यशास्त्री ओज, प्रसाद, माधुर्य इत्यादि गुणों को काव्य के शोभाकारक धर्म मानकर उन्हें अलंकारों से अधिक महत्त्व प्रदान करते हैं। कबीर-काव्य में ओज को छोड़कर प्रसाद और माधुर्य दोनों गुण मिलते हैं। यह अद्‌भुत लग सकता है कि अपनी बात बिना लाग-लपेट के, दो टूक कहनेवाले कवि की कविता में भाषागत प्रसादात्मकता और शब्द माधुरी का अभाव न होकर, उसका यह पक्ष पर्याप्त सम्पन्न हो। कबीर की उपदेश-प्रधान रचनाओं में भी प्रसाद गुण मौजूद है। उनकी सुधारवादी संवेदना को प्रस्तुत करनेवाली पंक्तियों में भी इसके उदाहरण मिल जाते हैं :

1. राम नाम जारायों नहीं, लागी मोटी खोड़ि।
काया हाँडी काठ की, नाऊ चढ़ै बहोड़ि।।

2. यह तन काचा कुम्भ है, लिया फिरैंथा साथि।
डबका लागा फूटि गया, कछू न आया हाथि।।

3. राम नाम जाराया नहीं, पाल्या कटक कुटम्ब।
धन्धा ही में मरि गया, बाहर हुई न बम्ब।।

4. कस्तूरी कुंडलि बसे, मृग ढूँढ़ै बन माहिं।
ऐसे घट-घट राम हैं, दुनिया देखे नाहिं।।

इस प्रकार की रचनाओं में कवि की भाषा बहुत सरल, स्पष्ट और साफ-सुथरी है। न तो व्यर्थ के अलंकारों की ही ठूँस-ठाँस है और जो उदाहरण, उपमा, दृष्टान्त इत्यादि छंडे-छीदे अलंकार आ भी गए हैं तो उनसे भाषा की प्रसादात्मकता को और प्रश्रय ही मिलता है।[58]

प्रसाद गुण की भाँति माधुर्य भी काव्य का महत्त्वपूर्ण गुण है। कबीर ने आत्मा और परमात्मा के मिलन को दाम्पत्य-प्रेम के माध्यम से व्यक्त किया है। कबीर की रहस्यात्मक रचनाओं में ऐसे-ऐसे अनेक प्रसंग मिलते हैं। दाम्पत्य-जीवन के संयोग और वियोग पक्षों के मार्मिक चित्रण में माधुर्य गुण रेखांकित किया जा सकता है :

1. बहुत दिनन की जोवती, बाट तुम्हारी राम।
जिव तरसैं तुझ मिलन कूँ, मानि नाहीं विश्राम।।

2\. *पन्थु निहारे कामिनी लोचन भर ले उसासा।*
उरन भीजैं पथु ना हरि दर्शन की आशा।।

3\. *साई विन दरद करेजे होय*
दिन नहिं चैन रात नहिं निंदिया, कासे कहूँ दुख होय।

4\. *रितु फागन नियरानी, कोई पिया से मिलावे।*
पिया को रूप कहाँ लग बरनू रूपहिं माँहि समानी।।
रो रंग रँगे सकल छवि छाके, तन मन सभी भुलानी।[59]

कबीर ने काव्यशास्त्र का अध्ययन नहीं किया था लेकिन माधुर्य गुण-सम्पन्न यह पंक्तियाँ सिद्ध करती हैं कि वे जन-जीवन के गम्भीर अध्येता थे। यह कहना समीचीन ही है कि आचार्य मम्मट ने माधुर्य गुण के जो लक्षण दिए हैं उन्हें पढ़ने के लिए कबीर कभी शास्त्रों को लेकर नहीं बैठे। परन्तु उनकी कविता में तो मिठास स्वाभाविक प्रवाह और आत्माभिव्यक्ति के फलस्वरूप ही प्रस्फुटित हुआ है। कबीर की कविता में कर्ण-कटु शब्द तो हमें उनकी कटु उक्तियों में भी देखने को कठिनाई से ही मिलेंगे।[60] यह बेहतर कविता में ही सम्भव है।

अनेक आचार्यों ने काव्य गुणों को शोभादायी उपादान मानते हुए उन्हें अलंकारों से अधिक महत्त्वपूर्ण समझा है। कबीर के अभिव्यंजना कौशल के सन्दर्भ में कबीर-काव्य में गुणगत रमणीयता को रेखांकित करते हुए डॉ. गोविन्द त्रिगुणायत कहते हैं कि 'जहाँ तक कबीर की रचनाओं का सम्बन्ध है उनमें माधुर्य गुण की प्रधानता है। उपदेशात्मक उक्तियों में प्रसाद गुण भी पर्याप्त मात्रा में पाया जाता है। कबीर का रहस्यवाद अत्यन्त मधुर एवं रसात्मक है। उसमें श्रृंगार के दोनों पक्षों की अभिव्यक्ति हुई है। रहस्यवाद की श्रृंगार रसपूर्ण उक्तियों में माधुर्य गुण की पूर्ण प्रतिष्ठा मिलती है'[61] स्पष्ट है कि माधुर्य और प्रसाद गुण कबीर-काव्य में अनायास रेखांकित किए जा सकते हैं।

जर्जर परम्परा, गलित रूढ़ियों औरं मिथ्याचरण पर प्रखर प्रहार करनेवाले कबीर में इनके प्रति तीव्र आक्रोश है। उनके यहाँ ओज गुण सम्भवतः कतई न हो लेकिन ओजस्वी स्वर अवश्य है। प्रकाशचन्द्र गुप्त के अनुसार अपने विचारों को कबीर जिस ओज और वेग से रखते हैं, वह अन्यत्र दुर्लभ है। कबीर का जीवन और काव्य भारत की सामन्ती व्यवस्था की रूढ़ियों, पाखंडों, आडम्बर और मिथ्याचार के प्रति तीव्र विद्रोह की भावना से भरा है। उनके जीवन और काव्य में सम्पूर्ण तथ्य को उनकी मृत्यु से सम्बन्धित घटना चरितार्थ करती है। कहते हैं कि यदि किसी की मृत्यु काशी में होती है, तो वह स्वर्ग जाता है, और यदि मगहर में होती है, तो नरक में जाता है। कबीर कहते हैं—जो कबिरा कासी मरै, तो रामै कौन निहोर?[62] मृत्यु को ऐसे ओजस्वी-निर्भीक स्वर में चुनौती केवल कबीर-काव्य में गूँजती है। काव्यशास्त्रीय गुण-इत्यादि से अलग हटकर देखें तो कबीर-काव्य में यही वह वास्तविक गुण हैं, जिनके कारण उनकी कविता पाठकों के मानस में शोभित है।

रस योजना

काव्य अनिवार्यतः रसात्मक होता है। इसीलिए रस को काव्य-आत्मा कहा गया है। कबीर-काव्य में उपदेशपरक, यौगिक-दार्शनिक, सुधारवादी नीरस अंश कम नहीं है। भक्तिपरक शान्तरसात्मक, अद्भुतरसपूर्ण विपर्यय, आध्यात्मिक शृंगार रसमय पंक्तियों की संख्या अधिक है।

आचार्य द्विवेदी के अनुसार कबीर ने कहीं काव्य लिखने की प्रतिज्ञा नहीं की तथापि उनकी आध्यात्मिक रास की गगरी से छलकते हुए रस से काव्य की कटोरी में भी कम रस इकट्ठा नहीं हुआ।[63] ऐसा उदात्त रस कबीर-काव्य में ही उपलब्ध है।

कबीर ने नश्वर-जीवन सार्थक करने के लिए राम-भक्ति को आवश्यक बताया है—कबीर निरभै रामजपि, जब लगि दीवें बाति। तेल घट्या बनति बुझी, तब सोवैंगा दिनरात।[64] शान्त रस की ऐसी ही मार्मिक व्यंजना के साथ ही अद्भुत रसपूर्ण विपर्यय के माध्यम से जगत् की विसंगतियों को कबीर व्यक्त करते हैं—समन्दर लागी आगि, नदिया जलि कोइला भई। देखि कबीरा जगि, मंछी रूखा चढ़ि गई।[65] इसी तरह कबीर शृंगाररस को आध्यात्मिक उदात्तता प्रदान करते हुए मृत्युभय से निर्भय होने का मन्त्र देते हैं—ज्ञान गली मैं खबर मिल गए, हमें मिली पिया की पाती। वा पाती में आम संदेसा, अब हम मरने को ना डराती।[66] कबीर की भाव-समृद्ध कविता में उच्चतम कोटि का काव्यरस मिलता है। कबीर की (इन सभी प्रकार की) अनुभूतियों के मूल में उनका भगवत्प्रेम ही अनुस्यूत एवं रस-रूप में प्रवाहित है जो अन्त में जाकर अद्वैतानन्द के रूप में निश्छल, शान्त, गम्भीर, अपार पारावार में रूप में परिणत होता है। इसलिए रस की दृष्टि से कबीर में भक्ति रस ही मानना चाहिए।[67] स्पष्ट है कि कबीर की रसयोजना उन्हें रससिद्ध कवि सिद्ध करती है।

छन्द विधान और काव्य रूप

अपनी जीवन-शैली के अनुरूप कबीर ने ऐसे छन्दों का प्रयोग किया है, जिन्हें सधुक्कड़ी छन्द कहा जा सकता है। इनमें प्रमुखतः साखी, चौपाई, सबद, रमैनी, दोहा इत्यादि हैं। कबीर के शब्द पदों में विन्यस्त और राग-रागनियों में निबद्ध हैं। इन छन्दों के अतिरिक्त कहरा, हिंडोला, वसन्त, चौंतीसी, विप्रमतीसी, बेलि, चाचर आदि छन्द भी कबीर-काव्य की अभिव्यंजना पद्धति में शामिल हैं। कबीर का छन्द विधान शास्त्रीयतावादी आतंक से मुक्त और उनके फक्कड़ उन्मुक्त स्वभाव के अनुकूल हैं। कबीर के छन्दों में आन्तरिक लय-विधान और प्रवाह मिलता है। यज्ञदत्त शर्मा के अनुसार, 'मात्रा की अपेक्षा इन छन्दों में कवि ने लय और गीत को ही प्रमुख रूप से ध्यान में रखा है। छन्द की बन्दिशें उनके भावों के प्रसार और विचारों के प्रकाशन में प्रतिबन्ध बन जाएँ यह वह सहन नहीं कर सकते थे। कबीर जैसे स्वतन्त्र प्रकृति के कवि के लिए प्रधानता

भावना और विचार की थी, छन्द-बद्धता की नहीं। इस धरातल पर कबीर के योगदान की बराबरी आधुनिक युग में छायावादी दौर के महान् प्रगतिशील कवि निराला ने की है। इस दृष्टि से महाकवि कबीर की भाषा को उस काल में छन्दों के रूढ़िवादी बन्धनों से मुक्त कर देना अवश्य ही एक महान् श्रेयस्कर प्रयास था।'[68] छन्द के बन्धनों को खोलनेवाले कबीर कोई सचेतन नागर कवि नहीं थे। वे अपना उल्लास और सन्त्रास ऐसी भाषा में व्यक्त करना चाहते थे, जो उन्हें सहज मिलती गई। वे न तो तराशे हुए शब्द की प्रतीक्षा करते थे, न उन्हें रसज्ञ भावक की तालियों की परवाह थी। इसलिए उनकी रचना में एक अनगढ़पन और भदेसपन है जो कि उनमें अद्‌भुत आकर्षण का निर्माण करता है। उनका छान्दोविधान बहुत सरल है फिर भी वह मन को छूता है और अपनी अनुगूँज छोड़ जाता है।[69] यह उनके सहज छन्द विधान की विशेषता है।

कबीर ने शास्त्र-अध्ययन से नहीं, जगत् से छन्द-साधना सीखी थी। कबीर ने अधिकतर सधुक्कड़ी छन्दों का प्रयोग किया है। इन छन्दों में कबीर को कुछ ग्रामीण बोलियों से और कुछ साधु परम्परा से प्राप्त हुए थे। इनमें कोई छन्द पिंगल के नियमों से नहीं बँधा है। इनके अपने नियम हैं और इनमें प्रायः गीत और लय पर ही विशेष ध्यान दिया गया है। एक मुसलमान विद्वान्...उन्हें उर्दू भाषा का प्रथम गज्जाल करार देते हैं।[70] डा. गोविन्द त्रिगुणायत की यह पंक्तियाँ कबीर के सहज-समृद्ध छन्द-विधान की ओर संकेत करती है।

काव्य रूपों की दृष्टि से भी कबीर का महत्त्व असन्दिग्ध है। कबीर के समय का समाज और मनुष्य बिखरे हुए थे। सर्वत्र अशान्ति और अराजकता थी। भाग-दौड़ के उस वातावरण में भावानुभूतियों को प्रबन्धात्मक रूप में समग्रता से व्यक्त करना लगभग असम्भव था। कबीर ने मुक्तकों द्वारा यह काम अच्छी तरह किया। आचार्य परशुराम चतुर्वेदी ने कबीर साहित्य में काव्य प्रकार तथा छन्द योजना का गहन विवेचन करते हुए, साखी, पद, रमैनी, बावनी, चौंतीसा, थिन्ती, वार, बसन्त, चाँचर, हिंडोला, कहरा, बेलि, बिरहुल और विप्रमतीसी इत्यादि काव्य-रूपों को रेखांकित करते हुए साखी, पद और रमैनी में ही शेष सभी काव्य प्रकारों को समाविष्ट किया है। उनके अनुसार कई काव्य प्रकार वस्तुतः प्रचलित लोकगीतों का प्रतिनिधित्व करते हैं और उनका वर्गीकरण एक अन्य ढंग से भी किया जा सकता है। उदाहरण के लिए 'बसन्त,' 'चाचर' तथा 'हिंडोला' वाली रचनाएँ किसी ऋतु विशेष विषयक भावना की दृष्टि से लिखी गई हैं। 'कहरा', 'बेलि' तथा 'बिरहुली' भी किसी-न-किसी ऐसी ही विशेषता की परिचायक हैं। शेष रचनाओं में हमें धार्मिक साहित्य की कतिपय रूढ़िगत रचना-पंक्तियों का अनुसरण देखता है। 'बावणी' तथा 'चौंतीसा' में जहाँ वर्णमाला के क्रम का निर्वाह करने का यत्न है, वहाँ 'थिन्ती' और 'वार' में क्रमशः तिथियों और दिनों के नामानुसार दैनिक साधना पद्धति का निर्देश किया गया है। फिर भी ये सभी रचनाएँ उपर्युक्त तीनों काव्य प्रकारों में से ही किसी-न-किसी के अन्तर्गत समाविष्ट की जा सकती हैं।[71] स्पष्ट है कबीर ने मुक्तक काव्य रूपों का सफलतापूर्वक प्रयोग किया है। कबीर-काव्य का मुख्य रूप

मुक्तक है। कबीर की मुक्तक काव्य परम्परा की प्रासंगिकता इस बात से स्वतः सिद्ध हो जाती है कि आगे की समस्त सन्त-काव्यधारा में इसकी प्रमुखता बनी रही। भक्त कवियों ने गीति अथवा पदशैली को अपनाया। दोहा-शैली के अनुसरण पर अनेक सतसइयों की रचना हुई। दोहा-चौपाई-शैली को प्रेमाख्यानक काव्यों तथा रामचरितमानस में यथेष्ट स्थान मिला। इन शैलियों के प्रोत्साहन में निश्चय ही कबीर का महान् योग है।[72] वस्तुतः परवर्ती कवियों के लिए काव्य रूप का आदर्श कबीर ने ही रखा है।

वैविध्यपूर्ण शब्द भंडार से समृद्ध जीवनानुभव की भाषा

कबीर की भाषा शाब्दिक सतह पर सरल और अर्थ के धरातल पर सघन है। तत्त्वदर्शी सुकवि और परिश्रमी जुलाहा, कबीर का व्यक्तित्त्व इन विरोधी लगते तत्त्वों से मिलकर निर्मित हुआ है। उनके कृतित्त्व पर भी इसकी स्पष्ट छाप है। कबीर की भाषा इससे अछूती कैसे रह सकती है। मनुष्य-जीवन की महत्ता और उसका सदुपयोग, देह की नश्वरता, असार संसार का सत्य और सबको नष्ट कर देनेवाले काल का भय—ऐसी जटिल मानवीय संवेदनाओं, चिन्ताओं को भाषा का अनुभव बनानेवाले कबीर सरीखे समर्थ कवि बहुत कम हैं।

कबीर की भाषा की शक्ति और क्षमता का परिचय उनके शब्द भंडार से मिलता है। उनका शब्द भंडार असीम था। तत्कालीन प्रचलित ब्रज, अवधी, खड़ीबोली, बुन्देली, राजस्थानी, भोजपुरी आदि बोलियों के अतिरिक्त पंजाबी, गुजराती आदि भारतीय भाषाओं तथा अरबी-फारसी आदि विदेशी भाषाओं के लोक-प्रचलित शब्द उनके काव्य में अनायास और स्वाभाविक रूप से प्रयुक्त दिखाई पड़ते हैं। उन्होंने शब्दों का चयन जीवन के विस्तृत क्षेत्र से किया था।[73] कबीर ने विभिन्न पेशों, वर्गों एवं वर्णों से शब्द-चयन किया है। उन्होंने कृत्रिम और जीवन रस से रहित शब्दावली की बजाय सक्रिय और जीवन्त रस-सम्पन्न शब्दों के द्वारा कविता सम्भव की है। कबीर के शब्द मौलिक और इतने सार्थक हैं कि उनके पर्याय ढूँढ़ना असम्भव है।

कबीर का शब्द ज्ञान गहन है। अरबी-फारसी का कबीर के समकालीन सांस्कृतिक राजनीतिक परिदृश्य पर गहरा हस्तक्षेप था। अरबी-फारसी क्रमशः तत्कालीन धर्म एवं राजभाषा के रूप में प्रचलित थी। कबीर ने इन भाषाओं से परहेज नहीं किया क्योंकि कबीर शब्द-चयन की दृष्टि से साम्प्रदायिक नहीं हैं। वह भाषा की इस संकीर्ण राजनीति से ऊपर थे। कबीर की कविता भाषा और समाज की उदात्त राजनीति का प्रामाणिक दस्तावेज है। इसीलिए कबीर ने धर्म-सम्प्रदाय, क्षेत्रवाद या भाषा शास्त्रीय दृष्टि से शब्दों का चयन नहीं किया। बल्कि जनजीवन में रचे-बसे शब्दों से अपनी भाषा को अपूर्व रचनाशीलता प्रदान की है।

कबीर ने तत्सम, तद्भव, देशज शब्दों के अतिरिक्त, राजस्थानी, पंजाबी तथा अरबी-फारसी इत्यादि भाषाओं से उन शब्दों को चुना जो सरल है और भारतीय मानस

में रच-बस गए हैं :

तत्सम शब्द	:	नीर, जल, गम्भीर, कष्ट, क्रोध, उदार, पुर, गगन, काम, मुनि, पावक, मद, लोभ, सज्जन, कुंडलिनी।
देशज	:	घूँट, जंजाल, बाँगर, पेड़, थोथा।
पंजाबी	:	लोड़ (जरूरत), बाझ (छोड़कर भागना), नाल (साथ में), लूण (नमक)।
राजस्थानी	:	डागल, अपूग।
तद्भव	:	सहस, कसनी, हजारी, अहरासी, अनियाले, मुसि, नेवगी, कस।
अरबी	:	असरार, मुदकम, मीरां, सदके, जिबहे, हलाल, ख़ालिक, साबित, विलायत।
फारसी	:	दीदार, मिहर, दरिया, दोजख, आब, खसम, कबीर, बिसमिल इत्यादि ऐसे ही कुछ शब्द हैं जो कबीर की विशिष्ट काव्यभाषा को विन्यस्त करते हैं।

कबीर ने पात्रानुकूल, समयानुरूप और विषय-सन्दर्भ को दृष्टि में रखकर शब्दों का इस्तेमाल किया। 'उन्होंने जब हिन्दू विधि-विधानों का खंडन किया है, तब संस्कृत के तत्सम-तद्भव शब्दों का प्रयोग किया है और जब मुल्ला-मौलवी को फटकारा है तब फारसी-अरबी शब्दों का सहारा लिया है। इससे कथन में स्वाभाविकता आ गई है।[74] सहज स्वाभाविक सम्प्रेषण के लिए यह अनिवार्य है। कबीर की भाषा विषयनिष्ठ है। आचार्य हजारीप्रसाद द्विवेदी के अनुसार राम के प्रति प्रेम और समर्पण की भावना में उनकी भाषा मधुर और गम्भीर है; पर सामाजिक सुधार के क्षेत्र में वह बहुत कठोर और उत्तेजनापूर्ण है। मूर्त्ति-पूजा, अवतारवाद, तीर्थयात्रा एवं पुण्यार्जन हेतु नदियों में स्नान और इसी तरह की विधियों से परलोक में आनन्द पाने की धारणाओं के विरोध में कबीर ने कड़ी भाषा का प्रयोग किया है।[75] द्विवेदीजी ने कबीर की शब्द शैली का सूक्ष्म विश्लेषण किया है। वस्तुतः कबीर सभी को अपने अनुभवों से अवगत कराना चाहते थे। डॉ. विद्यानिवास मिश्र के अनुसार कबीर ने अपने अनुभव में साझेदारी के लिए साधु, सज्जन, सन्त, अवधूत साधारण जन सभी को पुकारा। अलग-अलग प्रकार की अलग-अलग भाषा है, साधुओं व सन्तों के सम्बोधनवाली भाषा बराबरीवाले व्यवहार की भाषा है, अवधूत सम्बोधनवाली भाषा भीतर डूबने की भाषा है। लोगों को सम्बोधित भाषा लोक-व्यवहार की लेन-देन की भाषा है, और एक भाषा और है जहाँ सम्बोध्य कोई नहीं है, कबीर और उनके सम्बोध्य उनके प्रियतम एक हो गए, यहाँ भाषा अत्यन्त सरल हो गई है।[76] अपनी बात को दूसरों तक सम्प्रेषित करने के लिए उसी की भाषा का प्रयोग शब्दों की गहरी समझदारी का परिचायक है। कबीर ने भाषा, शास्त्र से नहीं जीवन से सीखी थी। वे भाषा मर्मज्ञ थे। समय, विषय और पात्र के विषय में अधिकारपूर्वक लिखनेवाले कबीर के पास शब्दों का अक्षय भंडार है। वे भाषागत पूर्वग्रहों-बन्धनों से परे हैं। उपर्युक्त शब्द का असन्दिग्ध प्रयोग, जटिल विषय को बातचीत की शब्दावली

में कविता में ढालने का काम कबीर ही कर सकते हैं। कबीर के यहाँ कंटेंट (विषय) महत्त्वपूर्ण है; फॉर्म (रूप) नहीं। विषय का दबाव उनकी कविता का रूप निर्धारित करता है, उनकी भाषा इसका प्रमाण है।

वैविध्यपूर्ण शब्द भंडार से सम्पन्न कबीर की भाषा को लेकर परस्पर विरोधी टिप्पणियाँ मिलती हैं। सधुक्कड़ी, बेमेल खिचड़ी, अव्यवस्थित शब्दों की संरचना से लेकर उनकी भाषा को खड़ी बोली, ब्रजभाषा, अवधी, राजस्थानी, भोजपुरी यहाँ तक कि मैथिली अलग-अलग खानों में रखने की कोशिश विद्वानों ने की है। वस्तुतः कबीर अपने व्यक्तित्त्व एवं कृतित्त्व से सामान्य कवि नहीं हैं। उनकी काव्यगत समस्याओं की तरह उनका भाषा निर्धारण संकट में डालनेवाला और प्रायः विवादास्पद है। आचार्य शुक्ल उनकी भाषा को सधुक्कड़ी अर्थात् राजस्थानी-पंजाबी मिली खड़ीबोली मानते हैं तो बीजक की भूमिका में विचारदास अपना विचार व्यक्त करते हैं कि इनकी भाषा ठेठ पूर्वी है। श्यामसुन्दर दास कबीर-काव्य में कई भाषाओं के शब्द, क्रियापद, कारक चिह्नादि देखते हैं तो डॉ. उदयनारायण तिवारी का कहना है कि कबीर की मातृभाषा बनारसी बोली थी जो भोजपुरी का ही मूल रूप है। सूर्यकरण पारीक साहसपूर्वक कहते हैं कि कबीर की भाषा राजस्थानी है। डॉ. बाबूराम सक्सेना तथा रामकुमार वर्मा ने कबीर की भाषा को पंजाबी प्रभावित अवधी का रूप कहा है।[77] इतना ही नहीं, कबीर की भाषा में मैथिली-बांग्ला प्रभाव भी आलोचकों ने रेखांकित किया है। डॉ. त्रिगुणायत के अनुसार कबीर ने किसी एक भाषा का प्रयोग नहीं किया है। उनकी बानियों में हिन्दी, उर्दू, फारसी आदि कई भाषाओं का सम्मिश्रण तो मिलता ही है, साथ-ही-साथ खड़ी बोली, अवधी, भोजपुरी, पंजाबी, मारवाड़ी आदि उपभाषाओं का भी प्रचुर प्रयोग किया गया है। डॉ. त्रिगुणायत के शब्दों में कबीर काव्य की भाषागत सामान्य प्रवृत्तियाँ इस प्रकार हैं :

1. उसमें पंजाबीपन अधिक है।
2. उसमें भोजपुरी भाषा के संज्ञा और क्रिया रूप प्रचुरता से मिलते हैं।
3. उसकी भाषा में कहीं-कहीं खड़ी बोली के अच्छे उदाहरण मिलते हैं।
4. भाषा का रूप अधिकतर विषय और भाषा के अनुरूप है।
5. उसमें विविध प्रान्तीय भाषाओं का मेल है।
6. वह अत्यन्त सरल और सीधी-सादी है।
7. उसमें संकेतात्मकता, प्रतीकात्मकता और पारिभाषिकता अधिक है।
8. उसमें किसी एक भाषा के नियमों का पालन नहीं किया गया।[78]

यह प्रवृत्तियाँ परस्पर विरोधी स्थापनाएँ लगती हैं। कबीर की कुछ काव्य पंक्तियाँ प्रस्तुत हैं। जो इन स्थापनाओं को पुष्ट करती हैं :

खड़ीबोली

1. एक अचम्भा ऐसा भया। (वाणी पद-329)
2. आऊँगा न जाऊँगा मरूँगा न जीऊँगा।
   गुरु के सबद में रमि-रमि रहूँगा।। (वाणी पद-331)

ब्रजभाषा

3. लेट्यो भोमि बहुत पछितान्यौ। (वाणी पद-97)

अवधी बोली

4. जस तू तस तोहि कोई न जान। (वाणी पद-47)

राजस्थानी

5. बीछड़ियाँ मिलिबौ नहीं (वाणी साखी 12/9)
6. क्या जाणों उस पीव कूँ, कैसी रहसी रङ्ग। (वाणी सा-11/16)

भोजपुरी

7. त्रिगुण रहित फल रमि हम राखल तब हमरो नाउँ रामराई हो।[79]
   फूल भल फूलल मालिन भल गाँभल। फुलवा बिनसि गैल भौंरा निरासल।[80]

भाषा के इतने संस्करण या भाषिक धरातल पर इतनी परस्पर विविधता उस संक्रान्तिकालीन परिवेश और कबीर की विशिष्ट जीवन-शैली की देन है जिसमें कबीर रचनाकर्म कर रहे थे।

कबीर-काव्य में भाषा एवं साहित्य के प्राचीन एवं नए रूपान्तर मिलते हैं। डॉ. बिन्दु माधव मिश्र ने कबीर ग्रन्थावली का भाषाशास्त्रीय विवेचन करते हुए लिखा है कि प्राचीन काल से साहित्यिक भाषा की जो परम्परा पश्चिमी प्राकृत-अपभ्रंश पुरानी हिन्दी की चली आती थी जिसमें जैन-चरित तथा पुराण-काव्य, वज्रयानी सिद्धों तथा नाथ योगियों की रचनाएँ और प्राकृत पैंगलम् जैसे संग्रह ग्रन्थ मिलते हैं, वह कबीर की रचनाओं में अपने विकसित रूप में पूरी तरह सुरक्षित है साथ ही यहाँ नवागत संस्कृत का तत्सम और अर्धतत्सम शब्दावली तथा उसके फलस्वरूप ध्वनि संघटना में परिवर्तन के चिह्न भी मिलते हैं। भाषागत धरातल के साथ-साथ विषय की दृष्टि से कबीर की कविता का महत्त्व है। साथ ही विदेशी शब्दावली का पर्याप्त प्रभाव भी मिलता है जो कबीर से पूर्व केवल स्फुट रूप में प्राप्त है।[81] स्पष्ट है कि भाषा, साहित्य और संस्कृति का संक्रमणशील प्रभाव कबीर-काव्य में दृष्टिगत होता है।

कबीर की कविता में कई भाषाओं, विभाषाओं और बोलियों का संगम मिलता है। वस्तुतः उस समय तक काव्य-भाषा का साहित्यिक रूप स्पष्ट-स्थिर नहीं हुआ था साथ-ही-साथ भाषा के रूप में भाषागत प्रयोग क्षेत्र-विशेष के आधार पर नहीं होता था। डॉ. बिन्दु माधव मिश्र के अनुसार कबीर की भाषा का विन्यास बहुवैभाषिक तत्त्वों से निर्मित हुआ है। उनकी भाषा तत्कालीन काव्य भाषा है। कबीर की भाषा का मूल ढाँचा शौरसेनी प्रसूत मध्यदेशीय भाषा का है जो ब्रज, पूर्वी राजस्थानी, खड़ीबोली और अवधी की सामूहिक विशेषताओं का परिचय देता है और इनमें कोई स्पष्ट भेदक रेखा नहीं खींची जा सकती। यह एक ओर भोजपुरी और दूसरी ओर पश्चिमी राजस्थानी तथा अपवाद रूप में गुजराती और पंजाबी के तत्त्वों से संवलित है। भाषागत विभिन्न तत्त्वों

की स्थिति इसका संकेत है कि कबीर के समय तक साहित्यिक व्यवहार की भाषा में क्षेत्रीय भेद नहीं उत्पन्न हो सका था।[82] इस प्रकार कबीर की कविता बहुवैभाषिक तत्त्वों से संवलित रचना सिद्ध होती है जिसका मूल ढाँचा ब्रज, पूर्वी राजस्थानी, खड़ी बोली और अवधी के तत्त्वों से निर्मित है तथा जिसमें फुटकल रूप में पश्चिमी राजस्थानी और भोजपुरी तथा अपवाद रूप में गुजराती और पंजाबी के तत्त्व पाए जाते हैं।[83] स्पष्ट है कि कबीर ने देशी-विदेशी सभी जीवित स्रोतों से शब्द-ग्रहण करके एक ऐसी जीवन्त भाषा को प्रस्तावित किया जिसने परवर्ती काव्यभाषा को गहरे संस्कारित किया है। उस समय जबकि काव्यभाषा का कोई स्थिर प्रारूप नहीं था कबीर ने यह क्रान्तिकारी प्रयास किया है। कबीर ने उदार लोकोन्मुखी दृष्टि का परिचय देते हुए शब्द-चयन किया है इसीलिए आध्यात्मिक विषय हों या जीवन की दैनन्दिन घटनाएँ, कबीर उन्हें सहज व्यक्त कर लेते हैं। भाषा की दृष्टि से कबीर सच्चे लोकनायक थे। उन्होंने अपनी बात लोकभाषा में कही है। उनकी भाषा का निर्माण उस विस्तृत भू-भाग से हुआ था जो पूर्व में बिहार से लेकर पश्चिम में राजस्थान-पंजाब तक फैला हुआ है। वह भाषा को बहते नीर के समान सर्वजन-सुलभ देखना चाहते थे। उनकी भाषा बेमेल खिचड़ी नहीं है, अपितु समूचे उत्तर भारत के जन-मानस का प्रतिनिधित्व करती है। जहाँ तक भाषा की शक्ति का प्रश्न है, उन्होंने अरूप अलख और अगोचर ब्रह्म को वाणी का विषय बनाया है। उसे अभिधा द्वारा व्यक्त करना सम्भव नहीं। कबीर ने उसका ध्वनन किया है। यह ध्वनि या व्यंजना ही काव्य की सबसे बड़ी शक्ति है।[84] कबीर ने कवियों को यह सिखाया है कि सरल-सहज शब्दों के द्वारा सांकेतिक सार्थकता कैसी अभिव्यंजित की जा सकती है।

कबीर की कविता अबूझ पहेलियों और सरलीकृत, दोनों से बचती है। प्रतीक, अलंकार, गुण, छन्द, रस सभी उनकी शब्दावली में अनायास व्यक्त हुए हैं। कबीर शब्दों से मनचाहा काम लेते हैं। उनकी भाषा में किसी प्रकार का मिथ्या क्लिष्टत्व नहीं है। वह बिल्कुल सीधी-सादी और सरल है। उसमें व्यर्थ के अलंकार नहीं मिलेंगे। उनकी अभिव्यक्ति की स्वाभाविकता ही उनकी भाषा का सौष्ठंव है। उसको किसी भी प्रकार के बाह्य आडम्बरों से सजाने की चेष्टा नहीं की गई है।[85] वस्तुतः कबीर का भाषा पर एकाधिकार है। भाषानुकूल और समयानुकूल भाषा गढ़कर तथा काट-छाँटकर उससे अपनी स्वेच्छानुसार अभिव्यक्त कर लेना उन्हें खूब आता है। तभी तो उनकी उक्तियों में इतना प्रभाव, प्रवेग और प्रेषणीयता है।[86] भाषा एवं भाव का यह आवेग मिश्रण एवं सजावट के अभाव के बावजूद है। भाषाशास्त्री डॉ. भोलानाथ तिवारी के अनुसार मिश्रण एवं निरवादः संवाद की कमी आदि के कारण कबीर की भाषा अनगढ़ है, किन्तु उसका यह गुण इस युगान्तरकारी कवि के क्रान्तिकारी व्यक्तित्त्व के सर्वथा अनुरूप ही है। उनके व्यक्तित्त्व की ही भाँति उनकी भाषा भी बड़ी ही प्रभविष्णु एवं शक्तिशालिनी है। वे सचमुच ही भाषा के डिक्टेटर थे।[87] कबीर सरल शब्दों के माध्यम से तीखा व्यंग्य करने में प्रवीण हैं। हजारीप्रसाद द्विवेदी के शब्दों में, 'व्यंग्य करने में और चुटकी लेने में भी

कबीर अपना प्रतिद्वन्द्वी नहीं जानते। पंडित और काज़ी, अवधू और जोगिया, मुल्ला और मौलवी...सभी उनके व्यंग्य से तिलमिला जाते हैं। अत्यन्त सीधी भाषा में वे ऐसी गहरी चोट करते हैं कि चोट खानेवाला केवल धूल झाड़के चल देने के सिवा और कोई रास्ता नहीं पाता। क्योंकि भाषा पर कबीर का जबर्दस्त अधिकार था। वे वाणी के डिक्टेटर थे। जिस बात को उन्होंने जिस रूप में प्रकट करना चाहा है, उसे उसी रूप में भाषा से कहलवा दिया है—बन गया है तो सीधे-सीधे, नहीं तो दरेरा देकर। भाषा कुछ कबीर के सामने लाचार सी नजर नहीं आती है। उसमें मानो ऐसी हिम्मत ही नहीं है कि इस लापरवाह फक्कड़ की किसी फरमाइश को नाहीं कर सके। और अकथ अकहानी को रूप देकर मनोग्राही बना देने की जैसी ताकत कबीर की भाषा में है वैसी बहुत कम लेखकों में पाई जाती है। असीम, अनन्त, ब्रह्मानन्द में आत्मा का साक्षीभूत होकर मिलना कुछ वाणी ने अगोचर, पकड़ में न आ सकनेवाली ही बात है। पर, 'बेहदी मैदान में रहा कबीरा सोय।' में न केवल उस गम्भीर निगूढ़ तत्त्व को मूर्तिमान कर दिया है, बल्कि अपनी फक्कड़ाना प्रकृति की मोहर भी मार दी गई है। वाणी के ऐसे बादशाह को साहित्य-रसिक काव्यानन्द का आस्वाद करानेवाला समझें तो उन्हें दोष नहीं दिया जा सकता।'[88] आचार्य द्विवेदी की यह पंक्तियाँ कबीर का भाषा पर समग्र अधिकार और सीधी भाषा में प्रखर व्यंग्य करनेवाले उनके अतुलनीय काव्य-सामर्थ्य की ओर संकेत करती हैं।

कबीर में जो स्वभावगत फक्कड़पन है, वही उनकी भाषा की स्वच्छन्द प्रवृत्ति को भी निर्धारित करता है। उन्होंने जो उचित समझा, निःशंक लिखा है। बौद्धिकता एवं भावना दोनों उनकी भाषा में भी हैं। इसी भाषा के माध्यम से कबीर निर्भीक होकर काल से होड़ लेते हैं।

संक्षेप में कह सकते हैं कि वाणी का प्राण अभिव्यक्ति है। भावाभिव्यंजना में समर्थ भाषा बड़े कवि की पहचान है। कबीर-काव्य का भाषिक धरातल अत्यन्त सुदृढ़ है और उनकी भाषा में उच्चकोटि की अभिव्यंजना क्षमता है। भगवत्-प्रेम, आत्मा-परमात्मा विरह, नश्वर-सांसारिकता, देह की क्षणभंगुरता इत्यादि अनुभूतियों को सहज ही व्यक्त करनेवाले कबीर की भाषा में कोमल, मधुर, रसमय वर्ण-विन्यास भी है। छन्द-बद्धता, गत्यात्मकता, लय इत्यादि नाद-सौन्दर्य से मुक्त वर्ण-विन्यास भाव और रस के अनुकूल है। वर्ण-विन्यास की उत्तमता देखिए :

अब की बेर मिल न जो पाऊँ। कह कबीर भोजाल नहीं आऊँ।।[89]

ध्वन्यात्मक भावपरक सरल वर्ण-विन्यास के माध्यम से कबीर जन्म-मृत्यु से मुक्त होने का उपाय कितनी सहजता से सुझाते हैं।

कबीर को शब्दों की गहरी पहचान है। उनका शब्द-चयन प्रसंग को अर्थ प्रदान करता है। सार्थक भावाभिव्यक्ति और वातावरण की साकार प्रस्तुति के लिए कबीर का शब्द-चयन प्रभावशाली है। मृत्यु के उपरान्त सांसारिक सम्बन्धों के यथार्थ को कबीर कितनी मार्मिकता से उपस्थित करते हैं :

मन फूला फूला फिरै, जगत में कैसा नाता रे।
माता कहै यह पुत्र हमारा बहिन कहै विर मेरा।।
भाई कहै यह भुजा हमारी, नारि कहै नर मेरा।
पेट पकरि के माता रोवै, बाँह पकरि के भाई।।
लपटि झपटि के तिरिया रोवै, हंस अकेला जाई।
जब लगि जीवे माता रोवै, बहिन रोवै दस मासा।।
तेरह दिन तक तिरिया रोवैं, फेर करै घरवासा।
चार गजी चरगजी मँगाया, चढ़ा काठ की घोड़ी।।
चारों कोने आग लगाया, फूँक दियो जस होरी।।
हाड़ जरै जसलाह कड़ी को, केस जरै जस घासा।
सोना ऐसी काया जरि गइ, कोइ न आयो पासा।।
घर की तिरिया ढूँढ़न लागी, ढूँढ़ि फिरि चहुँ देसा।
कहै कबीर सुनो भाई साधो, छाड़ौ जग की आसा।।[90]

इस पद में अर्थ और उच्चारण की ध्वन्यात्मकता तथा स्वर और व्यंजना की गहरी पहचान देखी जा सकती है। यह विशेषताएँ जगत् की क्षणभंगुरता को सघन कर देती हैं।

काल को मृत्यु और समय के समानान्तर नैरन्तर्य में प्रस्तुत करनेवाली कबीर की यह पंक्तियाँ भाव-आवेग और सम्प्रेषणीयता का उदाहरण बन जाती हैं :

काल्ह करै सो आज कर, आज करै सो अब्ब।
पल में परलै होयगी, बहुरि करेगा कब्ब।।[91]

यहाँ कविता मुहावरे-लोकोक्ति में बदल जाती है।

प्रांजलता और गत्यात्मकता के कारण कबीर की भाषा भाव-ग्राहृय बन जाती है। सायास अलंकृत भावहीन भाषा का प्रवाह अवरुद्ध होता है। कबीर की भाषा सरल, और प्रभावशाली स्वाभाविक भाषा है। उसके माध्यम से कबीर सनातन शाश्वत मानवीय संवेदना का सत्य सम्प्रेषित करते हैं :

करम गति टारे नाहिं टरी।
...सीता हरन मरन दसरथ कों, बन में विपति परी।।
...कहत कबीर सुनो भाइ साधो, होनी होके रही।।[92]

तमाम सुविधाओं और उपायों के बावजूद भगवान् श्रीराम के पिता दशरथ की मृत्यु भी टलती नहीं है।

शब्द-चयन, वाक्य-विन्यास एवं वर्णन-विधि, रूपवादी प्रतिमान है तो भाव-गाम्भीर्य, अर्थ-सम्पन्नता एवं उद्‌देश्यपरकता इत्यादि वस्तु की श्रेष्ठता को मापने वाले निकष हैं। सन्त कवियों की भाषा में यह विशेषताएँ हैं। उनकी भाषा जीवन की क्षणभंगुरता, काल की भयानकता, मृत्यु की भयंकरता और संसार की विनाशशीलता को उभार करके, साकार रूप में हमारे समक्ष प्रस्तुत कर देती है।[93] कबीर सरीखे समर्थ कवि वातावरण

को साकार कर देते हैं। उनके द्वारा वर्णित संसार की अनस्थिरता, मानव की क्षणभंगुरता, काल की कठोरता और विकरालता, पढ़ते-पढ़ते एक वातावरण की सृष्टि हो जाती है, जो हमें अपनी सशक्त भावधारा के साथ बहा ले जाता है और हमारे मस्तिष्क पर सजातीय भावों की रचना कर देता है।[94] कबीर की भाषा में इसे सहज ही देख सकते हैं।

कबीर की भाषा में मिश्रण और अनपढ़पन भले हो, क्लिष्टता, विश्रृंखलता, जटिलता और असंगतता नहीं है। उनकी भाषा भावों को सक्रिय तीव्रता प्रदान करने वाली भावपरक सम्मोहक भाषा है। कबीर की स्वाभाविक, सहज, जीवन्त और प्रभावशाली भाषा में जीवन-रस है जिसके कारण कबीर-काव्य दार्शनिक सघनता के बावजूद पाठक तक सीधे पहुँचने में समर्थ है कबीर का अभिव्यंजना-पक्ष अत्यन्त समृद्ध है। उनकी भाषिक प्रणाली कालबोध के सहज और सशक्त सम्प्रेषण में कारगर सिद्ध होती है।

पाद-टिप्पणियाँ

1. द्रष्टव्य—कबीर वाणी पीयूष : जयदेव सिंह—वासुदेव सिंह पृ. 58
2. वही, पृ. 60
3. भगवत् : स्वरूप मिश्र (सं.), क. ग्र.—पृ. 36
4. पीताम्बरदत्त बड़थ्वाल : हि. का. में नि. सं., पृ. 345
5. द्रष्टव्य—यज्ञदत्त शर्मा : क. सा. और सि., पृ. 44
6. वही, पृ. 46
7. भगवत् स्वरूप मिश्र (सं.) क. ग्र., पृ. 35
8. त्रिलोकी नारायण दीक्षित : हि. सन्त सा., पृ. 187
9. वही, पृ. 188
10. वही, पृ. 189
11. भ. स्वरूप मिश्र : क. ग्र., पृ. 29
12. त्रि. ना. दीक्षित : हि. स. सा., पृ. 4
13. यज्ञदत्त शर्मा : क. सा. सि., पृ. 46
14. उद्धृत : क. वा. पी. (सं.), जयदेव वासुदेव सिंह, पृ. 61
15. भगवत् स्वरूप मिश्र, (सं.), क. ग्र., पृ. 35
16. जयदेव वासुदेव सिंह : स. क. वा. पी., पृ. 61
17. विद्यानिवास मिश्र, क. वचनामृत, पृ. 12
18. भगवत् स्वरूप मिश्र (सं.), क. ग्र., पृ. 29
19. वही, पृ. 28
20. भगवंत् स्वरूप मिश्र, (सं.) क. ग्र., पृ. 36
21. डॉ. पी. द. बड़थ्वाल : हि. क. में नि. सं., पृ. 340

22. उद्धृत—हि. सन्त सा.-त्रि. नाथ दीक्षित, पृ. 194
23. कबीर : सं. विजयेन्द्र स्नातक, पृ. 203
24. कबीर : सं. विजयेन्द्र स्नातक, पृ. 214
25. वही, पृ. 216
26. क. ग्र. सं. श्यामसुन्दर दास, पृ. 61
27. वही, पृ. 82
28. द्रष्टव्य—क. वा. पीयूष सं. जयदेव सिंह, वासुदेव सिंह, पृ. 71
29. क. ग्र. सं. श्यामसुन्दर दास, पृ. 52
30. द्रष्टव्य—क : वा. पी. (सं.) जयदेव, वासुदेव सिंह, पृ. 71
31. क. ग्रन्थावली पृ. 22
32. वही, पृ. 25
33. जयदेव सिंह, वासुदेव सिंह (सं.), क. वा. पीयूष, पृ. 71
34. हजारीप्रसाद द्विवेदी : कबीर, पृ. 95
35. पीताम्बरदत्त बड़थ्वाल—हि. का. में नि. संप्र., पृ. 409
36. प्रभाकर माचवे : कबीर, पृ. 39
37. क. ग्र. सं. श्यामसुन्दर दास, पृ. 55
38. वही, पृ. 61
39. यज्ञदत्त शर्मा : क. सा. और सि., पृ. 58
40. त्रिलोकी नारायण दीक्षित : हि. सन्त सा., पृ. 97
41. कबीर, संपा. : विजयेन्द्र स्नातक, पृ. 168
42. जयदेव सिंह, वासुदेव सिंह (सं.) : क. वा. पीयूष, पृ. 76
43. डॉ. सुरेन्द्रनाथ श्रीवास्तव : कबीर एवं गंगादास के का. का तु. अ., पृ. 310
44. कबीर ग्रन्थावली, 4/2
45. वही, 12/38
46. वही, पृ. 106, पद-128
47. वही, पृ. 81, पद-104
48. कबीर ग्रन्थावली, पृ. 81, पद-104
49. वही, पृ. 22
50. वही, पृ. 13
51. वही, पृ. 94, पद-108
52. कबीर ग्रन्थावली, पृ. 11
53. वही, पृ. 40
54. वही, पृ. 25
55. डॉ. त्रिलोकी नारायण दीक्षित : हि. सन्त सा., पृ. 146-47
56. यज्ञदत्त शर्मा : कबीर साहित्य और सिद्धान्त, पृ. 53
57. भ. स्व. मिश्र (सं.) क. ग्र., पृ. 34
58. द्रष्टव्य—यज्ञदत्त शर्मा : क. सा. और सि. पृ. 54
59. कबीर हजारीप्रसाद द्विवेदी, उद्धृत—कबीर-सा. और सि., यज्ञदत्तशर्मा, पृ. 55

60. यज्ञदत्त शर्मा : कबीर सा. और सि., पृ. 54
61. द्रष्टव्य—कबीर (सं.) विजयेन्द्र स्नातक, पृ. 171
62. शिवदान सिंह चौहान (सं.) : कबीर एक विश्लेषण, पृ. 29
63. हजारीप्रसाद द्विवेदी : कबीर, पृ. 97
64. उद्धृत—क. सा. और सि. : यज्ञदत्त शर्मा, पृ. 51
65. वही।
66. वही, पृ. 49
67. भगवत् स्व. मिश्र (सं.), क. ग्र., पृ. 35
68. यज्ञदत्त शर्मा : कबीर सा. और सिद्धान्त, पृ. 48
69. प्रभाकर माचवे : कबीर, पृ. 41
70. विजयेन्द्र स्नातक (सं.), कबीर, पृ. 175
71. आचार्य परशुराम चतुर्वेदी : क. सा. की परख, पृ. 204
72. सुरेन्द्रनाथ श्रीवास्तव : क. एवं गं. के का. का तु. अ., पृ. 234
73. जयदेव सिंह, वासुदेव सिंह : पृ. 75
74. वही, पृ. 75
75. प्रभाकर माचवे : कबीर, पृ. 5
76. विद्यानिवास मिश्र (सं.) : कबीर, पृ. 8
77. द्रष्टव्य—भोलानाथ तिवारी का लेख, क़बीर : सं. विजयेन्द्र स्नातक, पृ. 238-39
78. विजयेन्द्र स्नातक (सं.) कबीर, पृ. 172
79. 1 से 6 तक उद्धृत, क. सा. और सि.—यज्ञदत्त शर्मा, पृ. 35
80. 7 उद्धृत—कबीर (सं.) विजयेन्द्र स्नातक, पृ. 240
81. डॉ. बिन्दू माधव मिश्र : क. ग्र. की भाषा, पृ. 4-5
82. वही, पृ. 4
83. वही, पृ. 17
84. जयदेव सिंह, वासुदेव सिंह : क. वा. पी., पृ. 73
85. विजयेन्द्र स्नातक (सं.) कबीर, पृ. 174
86. वही, पृ. 175
87. विजयेन्द्र स्नातक (सं.) कबीर, पृ. 243
88. हजारीप्रसाद द्विवेदी : कबीर, पृ. 40
89. क. ग्र., स. माताप्रसाद गुप्त, पृ. 11
90. उद्धृत : हि. सन्त सा. : त्रि. ना. दीक्षित, पृ. 293
91. वही, पृ. 293
92. वही, पृ. 297
93. त्रि. ना. दीक्षित : हि. सन्त सां., पृ. 298
94. वही, पृ. 299

अन्त में

काल भारतीय काव्य का केन्द्रीय विमर्श रहा है। परिवर्तन जीवन-जगत् का स्वाभाविक लक्षण है। समय और मृत्यु दोनों को इसीलिए काल के सन्दर्भ में देखा गया है। समय के नैरन्तर्य को काल की गति के रूप में पहचानने का प्रयास हमारे तत्त्व-चिन्तक और काव्य-मनीषी आदिकाल से करते आ रहे हैं। मनुष्य-जीवन की सार्थकता इसी में है कि समय का सार्थक उपयोग किया जाए। प्रतिक्षण जीव मृत्यु के निकट पहुँचता है। भौतिक संसार में नश्वर देह सत्कर्म करने के लिए मिली है। राजा हो या प्रजा, काल किसी को छोड़ता नहीं है।

समय या काल ही जागतिक प्रपंच में परिवर्तन उपस्थित करता है। यह परिवर्तन सामान्य प्राणी-जगत् के लिए मृत्यु के रूप में भय उत्पन्न करता है। लेकिन सन्तों और कवियों को जीवन जीने की सकारात्मक दृष्टि प्रदान करता है। उनके लिए मृत्यु की निर्दयी नियति शाश्वत जीवन का संकल्प बनकर उपस्थित होती है। काल-भय से मुक्ति मिलती है और जीवन समय की तरह अन्तहीन अर्थ धारण कर लेता है।

दर्शन, शब्दकोश, वैदिक एवं पौराणिक ग्रन्थ, विभिन्न धर्म-ग्रन्थों के साथ-साथ संस्कृत काव्य, आदिकालीन और मध्यकालीन-काव्य से लेकर आधुनिक कविता के लिए भी काल चुनौती प्रस्तुत करता है। भारतीय काव्य और दर्शन के अतिरिक्त पाश्चात्य दार्शनिक और सृजक भी काल से जूझते हैं। अस्तित्ववादी मृत्यु से सन्त्रस्त, जगत् के प्रति शंकित तथा जीवन को लेकर भयग्रस्त पाए जाते हैं। मृत्यु उनके लिए अस्तित्वहीन हो जाने की समस्या खड़ी करती है। मनोविश्लेषणवादी मृत्यु को चेतन से अवचेतन की यात्रा के रूप में देखते हैं। विकासवादी भौतिक उपादानों के विघटन को मृत्यु मानते हैं। काल की रैखिक गति मानते हुए वे मृत्यु को अप्रिय परिवर्तन के रूप में देखते हैं। मार्क्सवादी चिन्तक परिवर्तन को सर्वाधिक शाश्वत सत्य मानते हैं। समय की गति के कारण ही उनकी दृष्टि में प्रत्येक वस्तु नष्ट होती है। भारतीय और पाश्चात्य दोनों ही काल की अनिवार्यता को स्वीकार करते हैं। परन्तु दोनों में बुनियादी अन्तर है। पश्चिम में जीवन असंगत सत्य माना गया है क्योंकि वहाँ मनुष्य देह को धारण करना या जन्म लेना पापबोध से ग्रस्त है जबकि हमारे यहाँ मृत्यु को ऐसा सत्य माना गया है जिसके द्वारा जीवन सम्पूर्णता प्राप्त करता है। पश्चिम की कविता भी मृत्यु को लेकर भावात्मक विरोधाभास से मुक्त नहीं है। उनके यहाँ मृत्यु एक उलझा हुआ विषय है। समस्त पूर्वी

विश्व में जीवन को अन्त नहीं, क्षणिक स्थगन के रूप में देखा गया है। इसीलिए जन्म और मृत्यु के मध्य जीवन-यात्रा मूल्यान्वेषण की प्रक्रिया है। मृत्यु मोक्ष का पर्याय है। कबीर भी जीवन-मरण को यात्रा के दो छोरों के रूप में देखते हैं। इसीलिए वे मनुष्य देह की सार्थकता उसकी सामाजिकता में सिद्ध करते हैं। मृत्यु को जीवन के नैरन्तर्य के मध्य का पड़ाव माननेवाले कबीर मृत्यु को इस अर्थ में सुखद मानते हैं कि वह मनुष्य को सांसारिक पीड़ा से मुक्त करती है। सत्कर्म और सदाचरण करनेवाले व्यक्ति को मृत्यु भयभीत नहीं करती है। सांसारिक मोह-बन्धनों के प्रति विराग उत्पन्न करने, पद-प्रतिष्ठा के अहंकार को नष्ट करने और व्यापक सामाजिक शील की स्थापना के लिए कबीर बार-बार काल के अस्त्र का उपयोग करते हैं। सन्त कवि कबीर का कालबोध इसीलिए विशिष्ट है कि वह भगवत्‌भक्ति का प्रेरक उपादान है।

कबीर ने अपने काव्य का आधार शास्त्रों की अपेक्षा आँखों देखी और प्राथमिक प्रामाणिक अनुभवों को माना है। वह साधारण आदमी की नब्ज पहचानते थे इसीलिए अपने सामाजिक परिवेश के प्रति वह अत्यधिक जागरूक थे। कबीर आम आदमी के कवि हैं। वह समाज के वैषम्य को दूर कर विभिन्न वर्गों में सूत्रबद्धता, सामंजस्य की भावना पैदा करना चाहते थे। कबीर ने अपनी साहसी और ओजस्वी वाणी द्वारा समाज का यथार्थ अंकन अपने काव्य में किया है। कबीर वैयक्तिकता की भावना को सामाजिकता की भावना में विलय करके समाज में लोकमंगलकारी चेतना का प्रसार करना अपना प्रथम कर्त्तव्य समझते थे। कबीर-काव्य लोक करुणा और लोक-संवेदना से पोषित है।

कबीर की मानव-कल्याणी विचारधारा ने समाज के नैतिक और धार्मिक उत्थान में सहयोग दिया। कबीर ने जहाँ एक ओर लोगों को रूढ़ि-आडम्बरों से मुक्ति दिलाने का प्रयास किया, वहीं दूसरी ओर जनसामान्य को निडर जीवन-यापन की प्रेरणा दी है। कर्मकांडों और मिथ्याचारों को त्यागकर समतापूर्ण जीवन बिताकर ही मनुष्य जीवन में सफलता प्राप्त कर सकता है। साम्प्रदायिकता, छुआछूत, ऊँच-नीच जैसी भावनाएँ वर्ग-संघर्ष उत्पन्न करती हैं तथा सामाजिक विकास के मार्ग को अवरुद्ध करती हैं। अपनी ओजस्वी वाणी और क्रान्तिकारी विचारों के द्वारा अनाचार और शोषण का विरोध किया।

कबीर के व्यक्तित्त्व की सबसे बड़ी विशेषता उनके ईमानदार और सत्यवक्ता होने की है। वह आजीवन सत्यानुभूतियों का प्रचार-प्रसार करते रहे। कबीर मध्ययुग के सबसे बड़े जनवादी विचारक थे। उन्होंने समाज को सम-भावना का मार्ग दिखाया है। सदाचार, समता और सद्‌भावनापूर्ण विचारों ने ही उन्हें सार्वजनिक और सार्वभौमिक बनाया। सामाजिक न्याय, समतापूर्ण दृष्टि और कालदर्शी विचारों के द्वारा कबीर युग-प्रवर्त्तन कर सके।

कबीरयुगीन समाज में असंगति और वैषम्य की प्रधानता थी। सामाजिक दशा अत्यन्त शोचनीय, अस्त-व्यस्त और विशृंखल थी। जनता में शिक्षा और नैतिकता की

कमी थी। समाज में अत्याचारपूर्ण नीतियों का प्राधान्य था। मानव प्रवृत्ति लोभी व कामुक हो गई थी। विलासी वातावरण सामाजिक पतन का कारण था। कबीर ने इस अनैतिक वातावरण के प्रति लोगों के हृदय में विरक्ति और आत्मालोचना से युक्त ग्लानि का भाव पैदा कर भक्ति की श्रेष्ठता प्रतिपादित की।

कबीर के समय देश की राजनीतिक दशा अत्यन्त शोचनीय थी। देश में चारों ओर अव्यवस्था, अराजकता और अशान्ति का वातावरण था। मुस्लिम शासकों के अत्याचारों ने लोगों का मनोबल छीन लिया था। तत्कालीन समाज में शासक वर्ग शक्तिशाली तथा शासित वर्ग निरीह और कमजोर था। हिन्दुओं पर किए गए भयंकर अत्याचार दिल दहला देनेवाले हैं। तभी तो तुर्कों का शासन काल नृशंसता का काल कहा जाता है। कबीर इस अशान्त वातावरण से व्यथित थे, इसलिए उन्होंने दया, सहनशीलता, परोपकार, क्षमा, विश्वबन्धुत्व जैसे उदात्त भावों का प्रसार कर समाज को सन्मार्ग पर लाने का प्रयास किया है।

कबीर ने सामन्ती समाज में समन्वय की भावना का प्रसार किया। जन-जीवन अपने आचरण व कर्मों द्वारा सदाचार, नैतिकतापूर्ण जीवन व्यतीत कर सकते हैं।

साहित्य समाज और धर्म से घनिष्ठ रूप से जुड़ा है। मध्यकाल में धार्मिक कट्टरता, कर्मकांड और बाह्याडम्बरों की प्रधानता के कारण आध्यात्मिकता के नाम पर विभिन्न मतवादों का प्राधान्य था। मध्यकालीन जनता के सामने शैव, शाक्त, वैष्णव, जैन तथा बौद्ध धर्म थे तथा सभी धर्मों में भ्रष्टाचारों और पाखंडों की प्रमुखता थी। कबीर ने अस्त-व्यस्त धार्मिक परिवेश को सँभालने की बहुत कोशिश की। उन्होंने हिन्दू-मुस्लिम धर्मों में व्याप्त आडम्बरों, कुरीतियों और पाखंडों का खुलकर विरोध किया। कबीर ने सभी धर्मों के बीच सामंजस्य स्थापित करने का सराहनीय प्रयास किया। आध्यात्मिक विश्वास के प्रति आस्था जागृत करके, अवगुणों को त्यागकर तथा सद्गुणों को ग्रहण करके मनुष्य धर्म के वास्तविक स्वरूप से साक्षात्कार कर सकता है। कबीर ने युग-युग के लिए समन्वयात्मक एकता का द्वार खोला तथा लोगों के मन से हिंसा, द्वेष, घृणा के विष को दूर करके प्रेम और स्नेह के सम्बन्धों की प्रतिष्ठा की। उन्होंने समाज को मिथ्याचारों के जाल से निकालकर सहज धर्म के मार्ग पर स्थापित किया। कबीर ने अपने समय की अमानवीय प्रवृत्तियों का विरोध कर मानवधर्म की स्थापना की है। कबीर का सहज धर्म कर्मकांडों और पाखंडों से सर्वथा मुक्त और नैतिकता से ओतप्रोत है।

कबीर के व्यक्तित्त्व की सम्पूर्ण झलक उनके काव्य में मिलती है। कबीर का सम्पूर्ण जीवन मानव-कल्याण तथा समाजोपयोगी भावनाओं से सम्पृक्त है। कबीर हमारे सामने एक सन्त, विचारक, क्रान्तिकारी नेता तथा समाज-सुधारक रूप में आते हैं। कबीर के सन्देश आज भी ग्राह्य हैं क्योंकि उनमें जीवन की सरसता और व्यावहारिकता है। अपरिग्रह, परदुखकातरता, कष्ट-सहिष्णुता की भावना का प्रसार कबीर ने मानवतावाद की स्थापना के लिए किया। कबीर ने समाज को पारस्परिक प्रेम और सद्भावना का जो सन्देश दिया है वह आज भी उतना ही प्रासंगिक है।

कबीर के कालबोध के नियामक तत्त्वों के स्रोत उनके काव्य में रचनात्मक रूप में मिलते हैं। शंकर का मायावाद, योगदर्शन, सूफी-प्रेमतत्त्व और भक्ति इनमें प्रमुख हैं। शंकर ने अपने मायावाद में स्पष्ट किया है कि व्यावहारिक दृष्टि से संसार सत्य है और पारमार्थिक दृष्टि से असत्य। जीव ब्रह्म से अभिन्न है लेकिन माया के आवरण के कारण वह अपने वास्तविक स्वरूप को पहचान नहीं पाता है। कबीर जहाँ भी काल की बात करते हैं वहाँ शंकर मायावाद का स्पष्ट प्रभाव देखा जा सकता है। आचार्य हजारीप्रसाद द्विवेदी और डॉ. गोविन्द त्रिगुणायत ने भी कबीर के मायावाद को शंकर की माया के समान अनिर्वचनीय तत्त्व माना है। महाठगिनी माया जीवन को भ्रमित कर ज्ञान एवं ध्यान से दूर ले जाकर काल-पाश में बाँध देती है। विवेकशील मनुष्य ज्ञान और भक्ति द्वारा माया का मुकाबला करते हैं तथा जीवन को वास्तविक अर्थों में जीने की शिक्षा देते हैं।

योगदर्शन के प्रवर्तक महर्षि पतंजलि का प्रभाव भी कबीर-काव्य में दृष्टिगोचर होता है। पतंजलि ईश्वर की सत्ता को मानते हैं किन्तु ईश्वर-प्राप्ति के लिए चित्त की एकाग्रता एवं आत्मज्ञान आवश्यक है। कबीर-साहित्य में योगदर्शन का वर्णन विस्तार से हुआ है। अष्टांग योग के अन्तर्गत अहिंसा, सत्य, ब्रह्मचर्य, अस्तेय और अपरिग्रह का विशद् विवेचन कबीर ने मानवजाति को शिक्षित करने के लिए किया है। मोक्ष प्राप्ति हेतु शरीर की बाह्य स्वच्छता के साथ-साथ आन्तरिक स्वच्छता भी आवश्यक है। जीवन की पवित्रता और आत्मिक निर्मलता के लिए शोच, सन्तोष, तपश्चर्या, स्वाध्याय और ईश्वरोपासना को कबीर ने महत्त्वपूर्ण स्थान अपने काव्य में प्रदान किया है। योग की सफलता के लिए साधना तथा यौगिक क्रियाओं का अभ्यास जरूरी है। कबीर-काव्य में योग वर्णन का उद्देश्य सामाजिक जीवन में नैतिकता की उच्च भावभूमि उपस्थित करना तथा आध्यात्मिक क्षेत्र में कर्मकांडपूर्ण भक्ति की अपेक्षा सहज सात्त्विक भक्ति भावना का प्रसार करना था जिससे मनुष्य सदाचारपूर्ण जीवन व्यतीत करके काल-भय से मुक्त हो सके।

बौद्ध दर्शन के शून्यवाद का प्रभाव भी कबीर-काव्य पर परिलक्षित होता है। शून्यवाद के अनुसार काल की स्थिति और उत्पत्ति नहीं है क्योंकि वह प्रतीत्य प्रत्युत्पन्न है। महात्मा बुद्ध ने भी जगत् को दुखमय माना है तथा दुख का मूल कारण तृष्णा है। कबीर के अनुसार जगत् दुखों से परिपूर्ण है क्योंकि आशारूपिणी तृष्णा विश्वव्यापी है। सांसारिक मोह-माया के आवरणों को दूर करने के लिए कबीर ने जागतिक शून्यता, निरर्थकता को व्यक्त किया है। जीवन-जगत् के क्षणवादी दर्शन को 'पानी केरा बुदबुदा' के रूप में व्यक्त करनेवाले कबीर काव्य में यह भाव निहित है कि संसार दुखों का सागर है, आँसुओं का दरिया है। अन्ततः सभी चीजें कालग्रस्त हो जाती हैं। अतः काल-भय से मुक्ति हेतु जगत् की निस्सारता को जानकर इनसे बचना और ईश्वरीय साधना में लीन रहना आवश्यक है।

सूफियों की प्रेम-भावना का प्रभाव भी कबीर काव्य में स्पष्ट नजर आता है। भारत

में सूफी कवियों ने हिन्दू-मुस्लिम एकता स्थापित करने और मनुष्य के हृदय में प्रेम की पीर जगाकर ईश्वरोन्मुख करने का सराहनीय प्रयास किया है। कबीर-काव्य में प्रेम की मस्ती और मादकता सूफियों के प्रभाव के कारण हैं। सूफी धर्म के अनुरूप ही कबीर ने धार्मिक कर्मकांडों का तीव्र विरोध किया तथा बाहरी ज्ञान की अपेक्षा आन्तरिक ज्ञान की महत्ता पर बल दिया है। सूफियों की भाँति कबीर ने भी पुस्तकीय ज्ञान का विरोध किया तथा अनुभूतिजन्य ज्ञान को प्रमुखता दी। सूफियों के अनुसार आवागमन चक्र से मुक्ति का मार्ग गुरु ही बताता है। कबीर ने भी सद्गुरु को मनुष्य के कल्याण का हेतु माना है।

अद्वैतवाद कबीर और सूफी दोनों को मान्य रहा है। कबीर की माधुर्य भावना के अन्तर्गत ईश्वर के साथ विभिन्न सम्बन्धों की स्थापना तथा कबीर की तन्मयतापूर्ण भक्ति-भावना पर सूफी-प्रभाव परिलक्षित होता है। कबीर ने प्रेम की तन्मयता के साथ मिलन के आनन्द और विरह की पीड़ा का हृदयग्राही वर्णन किया है। परस्पर मानवीय सम्बन्धों की रागात्मक अभिव्यक्ति और मनुष्य जीवन में धर्म-सम्प्रदायगत एकता के अनेक जीवन्त और प्रामाणिक उदाहरण कबीर काव्य में मिलते हैं। निष्काम प्रेम की उदात्त और अशरीरी भावना कबीर काव्य में लोक से अलौकिक स्तरों पर संचरित होती है। कबीर का प्रेम वर्णन तुच्छ सांसारिक भोगों के प्रति उदासीन कर ईश्वरोन्मुख बनाता है तथा मृत्यु-भय से मुक्ति का मार्ग प्रशस्त करता है।

भक्ति के द्वारा भक्त भगवान् के साथ अपना रागात्मक सम्बन्ध स्थापित करता है। भक्ति चित्त की वह वृत्ति है जिसके द्वारा व्यक्ति के सारे कर्म और आचार ईश्वर को अर्पित हो जाते हैं। शांडिल्य भक्तिसूत्र में ईश्वर में परम अनुरक्ति को भक्ति कहा गया है। कबीर की भक्ति भावना पर नारदी भक्ति के प्रेमतत्त्व के साथ-साथ तत्कालीन सूफी प्रेम-भावना, सिद्धों और नाथों की बानियों का भी प्रभाव है। कबीर ने अपनी निर्गुणोपासना में ज्ञान और धर्म को प्रमुख माना है। ज्ञान के द्वारा ही धर्म के नाम पर हो रहे बाह्याचारों और कर्मकांडों का खंडन कबीर ने किया। मानव जीवन की सफलता के लिए आत्मज्ञान आवश्यक है क्योंकि इसी के द्वारा व्यक्ति आचरण की शुद्धता पर ध्यान देता है तथा अभिमान और कुसंगति जैसे दुर्गुणों को त्यागकर ईश्वर-साधना में सफल होता है। कबीर की भक्ति-भावना व्यक्तिगत धरातल से बृहद सामाजिक स्तरों पर व्याप्त है। सभी धर्मों, जातियों को साथ लेकर चलनेवाले भक्तिभाव प्रकट किए हैं। कबीर की अहंकार रहित भक्ति-भावना काल-भय से मुक्त करके नैतिक-मानवीय जीवन की ओर प्रेरित करती है। जीवन को आवागमन चक्र से मुक्ति तथा काल-भय का निवारण केवल भक्ति द्वारा ही सम्भव है।

कबीर की कविता शोषण से सन्त्रस्त मानव की पीड़ा को अर्थ प्रदान करती है। मध्यकालीन परिवेश में व्याप्त विसंगतियों, असन्तुलन और वर्ण-वर्ग भेद से उत्पन्न अलगाव को दूर करने का स्तुत्य प्रयास कबीर ने किया। समकालीन जटिल परिस्थितियों में कबीर का संघर्षशील व्यक्तित्त्व उभरकर सामने आता है। कबीर काव्य में जीवन मूल्यों

की पुनर्स्थापना पर बल दिया गया है। संकीर्ण साम्प्रदायिकता के स्थान पर परस्पर सहिष्णुता और सहअस्तित्व की बात करनेवाले कबीर अस्पृश्यता के स्थान पर करुणा को रखते हैं।

सशक्त जनकवि के रूप में कबीर की कविता आत्मपरिष्कार और समाज-सुधार दोनों मार्ग साथ-साथ प्रशस्त करती चलती है। शांकर मायावाद, योगदर्शन, बौद्धदर्शन सूफी-प्रेमतत्त्व और भक्ति कबीर के कालबोध के नियामक तत्त्व हैं। अपने समय के अन्तर्विरोधों का अतिक्रमण करते हुए कबीर नैतिकतावादी कालबोध को विकसित करते हैं।

सामाजिक न्याय और समता की भावना कबीर काव्य के आधारभूत तत्त्व हैं। कबीर का युग विसंगतियों और कर्मकांडीय पाखंडों का समय था। धर्म के वास्तविक स्वरूप के स्थान पर विकृति छाई हुई थी। कबीर ने असामान्य अन्तर्विरोधों को सहते हुए नैतिकता के लिए संघर्ष किया और क्रान्तिकारी कवि के रूप में हमारे सामने आए। कबीर की यही शिक्षा है कि मानवीय मूल्यों को जीवन में अपनाकर ही व्यक्ति काल के भय से मुक्त हो सकता है। सद्कर्म का रास्ता व्यक्ति को काल-भय से मुक्त रखता है। कबीर के कालबोध में सत्य, नीति और सद्कर्मों का प्रमुख स्थान है। कबीर ने अपने समय में संस्कृति, मानवीय मूल्यों और नैतिकता का पतन होते देखा था इसलिए कबीर काल की अपरिहार्यता और मानव जीवन की क्षणभंगुरता और नश्वरता का सूक्ष्म वर्णन कर मनुष्य की अन्तर्चेतना को जागृत करना चाहते थे। सत्याचरण, दया, क्षमा, प्रेम, परोपकार आदि मानवीय मूल्य व्यक्ति की सोच को विस्तृत कर उसके जीवन को सार्थकता प्रदान करते हैं। असत्य, अहंकार, मोह-माया के आवरणों को त्यागकर मानव काल-भय से मुक्त हो जाता है।

ईश्वर का साक्षात्कार करने के लिए तथा मोक्ष की प्राप्ति के लिए मानव चित्त निर्मल, निर्विकार, निश्छल तथा शान्त होना चाहिए तथा सदैव सत्य-मार्ग का साधक होना चाहिए। आत्मशुद्धि के बिना आत्म-साक्षात्कार सम्भव नहीं तथा आत्मशुद्धि के लिए सत्य का पालन आवश्यक है। कबीर ने सत्य बोलने एवं सत्यधर्म का पालन करने का उपदेश मानवजाति को दिया। सत्याचरण से हृदय विकारशून्य हो जाता है तथा चरम सत्य का साक्षात्कार होता है। कबीर का यही मानना है कि सत्यनिष्ठ व्यक्ति आत्मविश्वास एवं उल्लास के साथ परलोक की यात्रा करता है। सत्यानुभूति के लिए मन पर कठोर नियन्त्रण तथा वैराग्य, इन्द्रिय निग्रह की भावना आवश्यक है। मन विषय-वासनाओं में डूबकर सत्य मार्ग से हट जाता है तथा अनैतिक कर्मों में प्रवृत्त हो जाता है, गुरु-भक्ति, वैराग्य और सेवा भावना द्वारा ही मन पर नियन्त्रण किया जा सकता है। सत्यशील व्यक्ति निर्भीक होता है तथा सत्य का पालक काल-भय से मुक्त होकर अमरता को प्राप्त करता है। सत्य नैतिकता का ही विस्तार है और नैतिक व्यक्ति को काल-भय नहीं सताता।

कबीर के काल-विवेक में नीति का विशेष स्थान है क्योंकि नीति का उद्गम सत्य

से होता है। जहाँ नैतिकता है वहाँ सत्य है। सत्य का आचरण करनेवाला व्यक्ति अनैतिकता का सदैव प्रतिकार करता है। परिवर्तनशील जगत् मिथ्या है, असत्य है। सत्य केवल वही है जो सदैव अखंड रूप में विद्यमान है। जीवन की सार्थकता इसी में है कि नैतिक संयम द्वारा, हृदय को पवित्र करके, सत्य मार्ग का आचरण करके मनुष्य अपने जीवन को व्यतीत करे। सत्पथ का पथिक ही उच्च जीवन मूल्यों को ग्रहण करके निर्भीक जीवन जी सकता है और मृत्यु के सामने निःशंक रह सकता है।

सम्पूर्ण सृष्टि कर्मचक्र से बँधी हुई है। बिना कर्म किए जीवन यात्रा सम्भव नहीं। मनुष्य को अपने कर्मों की फसल काटनी पड़ती है अर्थात् जैसे कर्म हम करेंगे वैसा ही परिणाम हमारे सामने आएगा। कबीर का विचार है कि जन्म-मृत्यु दुख का कारण है। सभी कर्म बन्धनों के कारण हैं। कबीर समाज के सम्मुख कर्मण्यता का आदर्श प्रस्तुत करना चाहते थे। सत्कर्मों द्वारा ही मनुष्य अपनी दुखदायी परिस्थितियों का परिहार कर पाता है। कर्म को पूजा मानकर ही ईश्वर को पाया जा सकता है। सत्कर्मों की निष्काम भावना मानवजाति के कल्याण तथा काल-भय से मुक्ति का उपाय है।

कबीर मध्ययुग के प्रतिनिधि कवि थे। उनके काव्य में समाज के विभिन्न पक्षों की अभिव्यक्ति स्वाभाविक रूप में हुई है। सामाजिक संगठन की दृष्टि से कबीर का युग असंगति वैषम्य और अस्तव्यस्तता का युग था। असंख्य कुरीतियों के कारण सामाजिक नैतिकता का तीव्र गति से ह्रास हो रहा था। कबीर वैयक्तिक सुधार के माध्यम से पतित समाज को सन्मार्ग पर लाना चाहते थे। जीवन के उच्चादर्शों यथा मानव मात्र के प्रति प्रेम, समरसता, सहानुभूति की भावना रखनी चाहिए। कबीर ने नैतिक संयम और शुद्धाचरण की महत्ता पर बल दिया है। समाज से विषमता, द्वेष, घृणा, पारस्परिक कलह को दूर करके ही सामाजिक कल्याण का मार्ग प्रशस्त किया जा सकता है। मानव की प्रतिष्ठा आचारनिष्ठ जीवन में ही सम्भव है। सदाचारपूर्ण जीवन सामाजिक उत्थान की सीढ़ी है। कबीर के विचारानुसार नैतिक पतन ही मृत्यु है। नैतिकता ही कबीर की सामाजिक चेतना का प्रमुख सूत्र है। नैतिक दृष्टिकोण द्वारा व्यक्तिगत और सामाजिक जीवन में सुधार आता है।

यही दृष्टि कबीर की कविता को आधुनिक सन्दर्भ में प्रासंगिक बना देती है। नैतिकता के कारण ही उनके काल-बोध में मानवीय ऊष्मा का संचार होता है। उनकी प्रखर व्यंग्यधर्मिता करुणा को उत्पन्न करती है और निर्भीक होकर कबीर जर्जर रूढ़ियों पर प्रहार करते हैं। कबीर मृत्यु के समानान्तर जीवन की महत्ता प्रतिपादित करते हैं। यही वास्तविक आधुनिक दृष्टि है जो कबीर-काव्य को आज भी प्रासंगिक बनाती है।

कबीर का समृद्ध अभिव्यंजना पक्ष और विशिष्ट भाषा-पद्धति उनके कालबोध की सहज और सशक्त अभिव्यक्ति में पर्याप्त सहायता करते हैं। कबीर के अप्रस्तुत, रस-विधान, छन्द योजना, काव्य रूप और जीवन अनुभवों से सम्पन्न भाषा-शैली इसका पुष्ट प्रमाण है।

संक्षेप में कह सकते हैं कि सन्त मत की वैचारिक भित्ति पर स्थापित कबीर का

कालबोध अपने समकाल के जटिल पर्यावरण के वैषम्य को अनदेखा नहीं करता बल्कि उनसे प्रत्यक्ष संघर्ष करने का संकल्प और साहस को व्यंजित करता है। कबीर की कविता अज्ञान और कर्मकांडीय पाखंडों का सशक्त प्रतिपक्ष है। नश्वर जगत् और क्षणभंगुर जीवन से उठाकर कबीर काल की भूमिका का विस्तार करते हैं। इसके माध्यम से कबीर अपने युग के बिगड़े हुए विन्यास को सुधारने का उपक्रम करते हैं। इस सत्य को वे व्यक्ति के स्तर पर सत्यापित करके उसे सम्पूर्ण सामाजिक आचरण में देखना चाहते हैं। इसी के चलते धर्मनिरपेक्ष जीवन-दृष्टि जागृत होती है। वह सम्प्रदाय विशेष या परिस्थितियों से निस्संग रहकर, अकुंठ होकर पीड़ित करनेवाले कारकों पर प्रहार करती है। ईमानदार मनुष्य को ही यह दृष्टि उपलब्ध होती है और वह मृत्यु से भयमुक्त होकर उसे चुनौती देता है क्योंकि जीवन के वास्तविक अर्थ उसे ज्ञात हो जाते हैं। उसका निरर्थक अहंकार दूर हो जाता है। भगवत्भक्ति की विशद् भूमि पर वह सामरस्य की उदात्त अनुभूति का अखंड अनुभव करता है।

पुस्तक-सूची

अयोध्यासिंह उपाध्याय (सं.) कबीर वचनावली
जयदेव सिंह, वासुदेव सिंह (सं.) कबीर वाणी पीयूष
पारसनाथ तिवारी (सं.) कबीर ग्रन्थावली
भगवत् स्वरूप मिश्र (सं.) कबीर ग्रन्थावली
माताप्रसाद गुप्त (सं.) कबीर ग्रन्थावली
युगेश्वर (सं.) कबीर समग्र
वासुदेव सिंह (सं.) कबीर वाङ्मय
विचारदास शास्त्री (सं.) बीजक
विद्यानिवास मिश्र (सं.) कबीर वचनामृत
श्यामसुन्दर दास (सं.) कबीर ग्रन्थावली
डॉ. आर्याप्रसाद त्रिपाठी : कबीर साहित्य का सांस्कृतिक अध्ययन
अजित कुमार सिन्हा : समकालीन दर्शन
अयोध्यासिंह उपाध्याय : हरिऔध सतसई
अयोध्यासिंह उपाध्याय : प्रियप्रवास
अशोक वाजपेयी : जो नहीं हैं
अशोक वाजपेयी : समय से बाहर
के. दामोदरन : भारतीय चिन्तन परम्परा
कासिमशाह : हंस जवाहिर
डॉ. कानन झींगन : निर्गुण काव्य में शान्तरस
गरीबदास की बानी : बेलवेडियर प्रेस, प्रयाग, 1956
गोविन्द त्रिगुणायत : हिन्दी की निर्गुण काव्यधारा और उसकी दार्शनिक पृष्ठभूमि
गोविन्द त्रिगुणायत : कबीर की विचारधारा
चन्दबरदायी : पृथ्वीराजरासो (सं.) मोहनलाल विष्णुलाल पंड्या तथा श्यामसुन्दर दास
चरनदास की बानी—बेलवेडियर प्रेस, प्रयाग, तृतीय आवृत्ति
जितेन्द्र कुमार : ऐसे भी तो सम्भव है मृत्यु
जगजीवन साहब की शब्दावली—बेवेहिलर प्रेस, प्रयाग, द्वितीय आवृत्ति
जगत नारायण दुबे : भारतीय संस्कृति में ऋपियों का योगदान

जगदीशवरानन्द स्वामी (संकलन तथा भाष्यकार) : अथर्ववेद सूक्ति सुधा
जयशंकर प्रसाद : आँसू
जयशंकर प्रसाद : कामायनी
जयशंकर प्रसाद : लहर
तारकनाथ बाली : युग द्रष्टा कबीर
तारकनाथ बाली (सं.) कबीर साखी सार
तुलसीदास : रामचरितमानस (सं.) हनुमानप्रसाद पोद्दार
तुलसीदास : विनय पत्रिका (सं.) हनुमानप्रसाद पोद्दार
दादूदयाल की बानी : बेलवेडियर प्रेस, इलाहाबाद, द्वितीय आवृत्ति
देवकी नन्दन गौतम : कालचक्र
धर्मेन्द्रनाथ शास्त्री : सूक्तियाँ
धर्मदास शब्दावली : बेलवेडियर प्रेस, इलाहाबाद, तृतीय आवृत्ति
डॉ. नगेन्द्र (सं.) हिन्दी साहित्य का इतिहास
नरेश मेहता : संशय की एक रात
नानक वाणी : डॉ. जयराम मिश्र, श्रीकृष्णदास
डॉ. नारायण प्रसाद वाजपेयी : भक्तिकाव्य की दार्शनिक चेतना
डॉ. नारायण प्रसाद वाजपेयी : कबीर चिन्तन
नूरमोहम्मद : इन्द्रावती (प्रथम भाग) (सं.) श्यामसुन्दर दास बी. ए.
परशुराम चतुर्वेदी : उत्तरी भारत की सन्त परम्परा
परशुराम चतुर्वेदी : कबीर साहित्य की परख
परशुराम चतुर्वेदी : कबीर साहित्य चिन्तन
पलटू साहब की बानी : बेलवेडियर प्रेस, इलाहाबाद, छठी आवृत्ति, 1962
पीताम्बरदत्त बड़थ्वाल : (सं.) गोरखवाणी
पीताम्बरदत्त बड़थ्वाल : हिन्दी काव्य में निर्गुण सम्प्रदाय : (सं.) भागीरथ मिश्र
पुष्पा बंसल : पाश्चात्य काव्यशास्त्र–दृष्टि एवं दर्शन
पूर्णचन्द उपाध्याय : वैदिक संस्कृति का विश्वकोश
प्रेम प्रकाश रस्तोगी : छायावाद और वैदिक दर्शन
प्रभाकर माचवे : कबीर
प्रह्लाद मौर्य : कबीर का सामाजिक दर्शन
डॉ. बच्चन सिंह : हिन्दी साहित्य का इतिहास
डॉ. विन्दु माधव मिश्र : (सं.) मध्यकालीन हिन्दी काव्य
डॉ. बिन्दु माधव मिश्र : कबीर ग्रन्थावली की भापा
डॉ. बलदेव वंशी : कहत कबीर कवीर
व्रह्मस्वरूप अग्रवाल : पाश्चात्य दर्शन
डॉ. वाबूराम जोशी : सन्तकाव्य में परोक्ष सत्ता का स्वरूप

डॉ. भोलानाथ तिवारी : कबीर और उनका काव्य
डॉ. भगवानदास : मध्यकालीन बोध–मानवीय प्रयोजन
भगवानसिंह राणा : चाणक्य सूत्र
मैथिलीशरण गुप्त, : भारत भारती
डॉ. मत्स्येन्द्र शुक्ल : कबीर-मूल्यांकन का एक ओर निकर्ष
मलूकदास की बानी : बेलवेडियर प्रेस, इलाहाबाद, 1998
डॉ. यदुनाथ सिन्हा : भारतीय दर्शन
डॉ. यज्ञदत्त शर्मा : कबीर साहित्य और सिद्धान्त
रैदास की बानी : बेलवेडियर प्रेस, छठी आवृत्ति, 1998
रज्जब वाणी (सं.) ब्रजलाल शर्मा
डॉ. रामकुमार वर्मा : सन्त कबीर
डॉ. रामकुमार वर्मा : कबीर का रहस्यवाद
डॉ. रामकुमार वर्मा : हिन्दी साहित्य का आलोचनात्मक इतिहास
राधारमण अग्रवाल (अनुवादक) : मौत उनके लिए नहीं
रामखेलावन पांडेय : मध्यकालीन सन्त साहित्य
डॉ. रामगोपाल शर्मा 'दिनेश' : हिन्दी काव्य में नियतिवाद
रामचन्द्र शुक्ल (सं.) : जायसी ग्रन्थावली
रामचन्द्र शुक्ल : हिन्दी साहित्य का इतिहास
डॉ. रामजीलाल सहायक : महात्मा गाँधी एवं महात्मा कबीर के विचारों का तुलनात्मक अध्ययन
रामधारी सिंह दिनकर : परशुराम की प्रतीक्षा
रामधारी सिंह दिनकर : संस्कृति के चार अध्याय
डॉ. रामानन्द तिवारी : शंकराचार्य का आचार-दर्शन
रामनरेश त्रिपाठी : स्वप्न
डॉ. रामपूजन तिवारी : सूफी मत साधना और साहित्य
डॉ. रामस्वरूप चतुर्वेदी : मध्यकालीन हिन्दी काव्य भाषा
डॉ. रामस्वरूप चतुर्वेदी : हिन्दी साहित्य और संवेदना का विकास
डॉ. राजदेव सिंह : सन्त साहित्य-पुनर्मूल्यांकन
राहुल सांकृत्यायन : साहित्य और संस्कृति
रविन्द्रनाथ टैगोर : गीतांजलि (अनु. पृथ्वीनाथ शास्त्री)
डॉ. रमेशचन्द्र मिश्र : सन्त साहित्य और समाज
लोकमान्य बाल गंगाधर तिलक : गीता रहस्य
वात्सलाव हावेल : सत्य की खोज
डॉ. विजयेन्द्र स्नातक : हिन्दी साहित्य का इतिहास
डॉ. विजयेन्द्र स्नातक : (सं.) कबीर

डॉ. विश्वनाथ त्रिपाठी : लोकवादी तुलसीदास
शरतचन्द्र : शेष परिचय
डॉ. शान्तिस्वरूप त्रिपाठी, शांकर अद्वैत वेदान्त का निर्गुण काव्य का प्रभाव
डॉ. शिवकुमार शर्मा : हिन्दी साहित्य युग और प्रवृत्तियाँ
शिवदान सिंह चौहान : (सं.) कबीर एक विश्लेषण
डॉ. शिवप्रसाद सिंह : आधुनिक परिवेश और अस्तित्ववाद
डॉ. शुकदेव सिंह : कबीर बीजक
शेख रहीम शब्दावली
डॉ. सुदर्शन सिंह मजीठिया : सन्त साहित्य
सुन्दर ग्रन्थावली : (सं.) रमेशचन्द्र मिश्र
सुमित्रानन्दन पन्त : गीतहंस
डॉ. सुरेन्द्रनाथ श्रीवास्तव : कबीर एवं गंगादास के काव्य का तुलनात्मक अध्ययन
स्तेपान स्तुलगिंस्की : सृष्टि, पृथ्वी और मनुष्य
सन्तवाणी (दो भाग) : बेलवेडियर प्रेस, प्रयाग, दसवीं आवृत्ति
सन्तों की बानी : राधास्वामी सत्संग न्यास, अमृतसर, मार्च, 1983
डॉ. सरनाम सिंह शर्मा : कबीर-व्यक्तित्त्व, कृतित्त्व एवं सिद्धान्त, भारतीय शोध संस्थान
डॉ. सरनाम सिंह शर्मा : कबीर—एक विवेचन
सहजोबाई की बानी : बेलवेडियर प्रेस, दसवीं आवृत्ति, 1962
हजारीप्रसाद द्विवेदी : कबीर
हजारीप्रसाद द्विवेदी : हिन्दी साहित्य की भूमिका
हजारीप्रसाद द्विवेदी ग्रन्थावली (5 खंड)
हजारीप्रसाद द्विवेदी : हिन्दी साहित्य—उद्भव और विकास
हजारीप्रसाद द्विवेदी : मध्यकालीन धर्म साधना
हरिमोहन झा (सं.) दार्शनिक विवेचनाएँ
डॉ. हरिवंश कोछड़ : अपभ्रंश साहित्य
डॉ. हरिवंश पांडेय : धर्मवीर भारती—चिन्तन और अभिव्यक्ति
डॉ. हरिवंश राय बच्चन : निशा निमन्त्रण
डॉ. हरिश्चन्द्र वर्मा : हिन्दी साहित्य का इतिहास
हीरानन्द सच्चिदानन्द वात्स्यायन 'अज्ञेय' : नदी के द्वीप
हृदय नारायण मिश्र—प्रतापचन्द्र शुक्ल : अस्तित्ववाद
डॉ. त्रिलोकी नारायण दीक्षित : हिन्दी सन्त साहित्य

कोश

कबीर कोश : परशुराम चतुर्वेदी (सं.) और डॉ. महेन्द्र
दर्शन कोश (हिन्दी संस्करण) : आई. टी. फरोलेव (सं.)

विश्वसूक्ति कोश (प्रथम और द्वितीय खंड) : डॉ. श्यामबहादुर शर्मा (सं.)
हिन्दी विश्वकोश (खंड-2) : धीरेन्द्र वर्मा इत्यादि (सं.)
हिन्दी शब्द सागर (द्वितीय भाग) : श्यामसुन्दर दास (सं.)
हिन्दी साहित्य कोश : डॉ. धीरेन्द्र वर्मा (सं.)
हिन्दू धर्म कोश : राजबली पांडेय (सं.)

पत्र-पत्रिकाएँ

आलोचना : अंक-80
आजकल : अक्तूबर-1996
कल्याण : उपनिषदांक-1949
कादम्बिनी : अक्तूबर-1993
जे. वी. जी. टाइम्स; 29-6-97
दैनिक जागरण : 20-12-94
दैनिक हिन्दुस्तान : 2-11-97
नवभारत टाइम्स : 20 मई, 1993, 12 सितम्बर, 1993, 3 जुलाई, 1994, 31 जुलाई, 1994, 7 अगस्त, 1994
सर्वोत्तम : नवम्बर, 1993

संस्कृत ग्रन्थ

ऋग्वेद संहिता
कठोपनिषद्
भागवत् गीता
भामिनी विलास : जगन्नाथ (अनु. महावीरप्रसाद)
खेमराज श्री कृष्णदास
महाभारत
वैराग्यशतक : जनार्दन भट्ट, अप्पय दीक्षित इत्यादि
वाल्मीकि रामायण

अंग्रेजी ग्रन्थ

Herbert, J. C. Grierson (Ed.)
James Reevs : Selected poems of John Donne
Maciver, R.M. and Charles H : Society
Murray, James (Ed.)
Dr. Radha Krishnan : Indian Philoshophy

●●●